哲学史家文库

第2辑

朱熹与退溪思想比较研究

A Series of Books by the Historian of Philosophy

张立文 著

人民出版社

编辑主持:方国根

责任编辑:段海宝

图书在版编目(CIP)数据

朱熹与退溪思想比较研究/张立文 著.-北京:人民出版社,2014.9
(哲学史家文库. 第 2 辑)
ISBN 978－7－01－013263－1

Ⅰ.①朱…　Ⅱ.①张…　Ⅲ.①朱熹(1130～1200)-哲学思想-研究
②李退溪(1501～1570)-哲学思想-研究　Ⅳ.①B244.75②B312

中国版本图书馆 CIP 数据核字(2014)第 042480 号

朱熹与退溪思想比较研究
ZHUXI YU TUIXI SIXIANG BIJIAO YANJIU

张立文　著

人民出版社 出版发行
(100706　北京市东城区隆福寺街 99 号)

北京龙之冉印务有限公司印刷　新华书店经销

2014 年 9 月第 1 版　2014 年 9 月北京第 1 次印刷
开本:710 毫米×1000 毫米 1/16　印张:20.75
字数:330 千字　印数:0,001-2,000 册

ISBN 978－7－01－013263－1　定价:49.00 元

邮购地址 100706　北京市东城区隆福寺街 99 号
人民东方图书销售中心　电话 (010)65250042　65289539

目　录

上　篇
朱熹思想研究

下　篇
朱子与退溪思想之比较

自　序

　　1960年以来,我连续在报纸杂志上发表了一百五十多篇论文,但从未想过结成集子。前几年学术著作出版情况稍好一些,曾有友好向我建议选编出版文集,因我手头要写的东西较多,没有顾得上选编,就放下了。近几年学术著作"不吃香",出版又不景气,也便不再想此事了。最近蒙几位友好鼓励,于是鼓起勇气,从数十篇朱子与退溪的论文中,选编了这本集子。

　　拙著《朱熹思想研究》自1981年出版以后,曾在国内外引起一定的反响。但朱子"致广大,尽精微,综罗百代",52万字的《朱熹思想研究》亦只析其思想之一二,故又从各个角度、方面进行研究,以窥其广大和精微。这里所选10篇,就是在这个思想指导下写的。特别需要提到的是《朱熹易学思想辨析》这篇论文,是陈荣捷教授看了我的《周易思想研究》和《朱熹思想研究》两书后,给我出的题目,作为参加1982年美国朱子国际会议的论文;其他论文的撰写,也曾得到国际退溪学会和退溪学研究院的会长、院长、理事长及友好的帮助。

　　朱子学在东亚的传播和影响,本应在朱子思想研究范围之内。适蒙国际退溪学会的邀请,参加了第6届退溪学国际学术会议后之历届会议,因而有退溪学论文之作。我认为朱子学之所以在朝鲜得到传播与发展,其重要原因是与朝鲜的传统思想相结合。退溪的贡献,是在于把朱子学与朝鲜传统思想相融合过程中,发展了性理学。因此,从比较的角度,研究朱子学与退溪学的异同,既可以认识朝鲜是怎样和从哪些方面吸收朱子学,而与本国的实际相结合,并在结合中使朱子学获得新生命、新发展;也可以认识朱子学的普遍性与特殊性,即哪些方面在传播中得到了发展,哪些方面在传播中没有生命力。无论是传播还是吸收,都是一个严肃的选择过程。在这个选择过程中,不免出现各种各样问题的论争。每一次论争都是吸收者对本国传统文化思想和被吸收者文化思想的再认识，也是传播者对自身文化思想和被吸收者国家传统文化思想的再认识。反复地论争和认识、再认识，使得朱子学深深地融进了朝鲜的传统文化思想之中，而成为朝鲜自己的传统文化思想。

同时，朱子学与朝鲜传统文化思想的融合，就意味着和合地创造，这个创造的成果就是以退溪学、栗谷学等为代表的朝鲜当时整个时代的精华——朝鲜新儒学（性理学）的出现，并影响日本。所以，对朱子学与退溪学进行比较研究是很有意义的。在这方面，我准备还要进行深入的研究。

研究的深入，有赖于研究方法的变革。从某种意义上说，一切理论的探讨，归根到底都关联着理论方法的探讨；一切理论的变革，亦往往以方法的变革作为它的先导。特定学科的研究方法之完善程度在一定意义上体现着该学科的成熟程度。中国自先秦以来，有关理论研究方法的变革，大体经历五个阶段：一是，先秦各家儒、道、墨、名、法、阴阳各有自家的方法，呈现为多元性。二是，自汉至清基本上是经学的方法，这又分古文经学与今文经学的方法，古文经学重训诂考证、名物制度，今文经学重义理、微言大义，而展现为汉学与宋学。三是，明中叶以后，西学东渐，至五四运动，西方工业文化的重实证的方法影响中国学术理论界，产生了以实证为指导的理论研究方法。四是，五四运动以来，西方各种理论学派涌入中国，中国学术思想理论界在接受、吸收西方各学派理论的同时，亦接受、吸收了各学派的理论方法，对中国学术思想（包括中国哲学）进行研究，而呈多样性的特征，而近40年来主要是采取苏联哲学教科书的主客二分的条块方法。五是，20世纪80年代，笔者发扬中国传统"字义"、"范畴"的方法，又吸收西方现代理论方法，提出具有中国特色的哲学逻辑结构理论方法（参见拙著《中国哲学逻辑结构论——中国文化哲学发微》，中国社会科学出版社1989年版），已引起学术界的关注。本书的各篇，都是运用哲学逻辑结构论方法的尝试和案例。

本书虽分上、下两篇，但这两部分紧密联系，相互补充，读者可获得互相启迪之功效。最后，还要感谢叶海烟教授、陈慧剑先生和文津出版社的邱镇京教授，由于他们的帮助，此书才有可能得以问世，而呈献给读者。

张立文

1993年12月于北京

上　篇

朱熹思想研究

一、朱熹哲学的逻辑结构

一个哲学的逻辑结构,是指其哲学自身的内在联系。一个哲学家的哲学体系的基本范畴及其各个方面之间,盘根错节,交互渗透。只有深入揭示其体系的内在逻辑结构,才能如实地反映其体系的本来面目。本文试图对朱熹哲学的逻辑结构进行若干具体的分析,不当之处,望方家指正。

(一)哲学逻辑结构的起点

朱熹(1130—1200年)哲学虽然博大精深,但总有线索可寻。他的哲学体系内在的逻辑结构,在《朱子语类》中是这样表述的:

> 自下推而上去,五行只是二气,二气又只是一理;自上推而下来,只是此一个理,万物分之以为体,万物之中又各具一理,所谓"乾道变化,各正性命",然总又只是一个理。①

从"上推下来","理"——"气"——"物",或从"下推上去","物"——"气"——"理",这就是朱熹哲学结构的骨架子,也即是他的世界图式;"理"("太极"、"道")、"气"("阴阳"、"器")、"物"("五行")则是其哲学结构的基本范畴。揭示其哲学结构的骨架及其基本范畴间的内在逻辑联系,便能把握其哲学结构的实质。

先剖析"理"——"气"这一逻辑结构的基本范畴。

"理",《说文》:"治玉也,从玉,里声。"段玉裁注:"《战国策》郑人谓玉

---

① 黎靖德编:《朱子语类》卷九十四,中华书局1986年版。

之未理者为璞,是理为剖析也。……理以成器,不难谓之理。"①"理"是指治理,引申为条分缕析。先秦孟子说"理",有条理、道理和准则的意思,"始条理者,智之事也;终条理者,圣之事也。"②庄子说:"依乎天理,批大郤,道大窾。"③荀子也说:"物之理也。"④韩非子在《解老》中说:"万物各异理。"这些"理"字皆有道理、法则的意思,但都没有把"理"作为其哲学的主要范畴。佛教华严宗提出"理法界"、"事法界"⑤,以"理法界"为根本,而成为其哲学的主要范畴。二程援佛老入儒,把"理"作为其哲学的最高范畴,而为朱熹所继承和发展。

"理"是朱熹哲学的最高范畴,也是其哲学的逻辑起点和终点。本体"理"未发时自身具有独一无二、寂然不动、"无造作"、"无计度"等特点。但其中蕴含着"动"、"造作"、"计度"的潜在性。它是一个纯然绝对、远离尘世、"洁净空阔"的世界。对于这样一个悬空无着落的本体"理",朱熹也曾为其无处"安顿"、"挂搭"、"附著"而伤脑筋,这样,"理"便下降到"气"上,借"气"而实存,依"气"而展开他的哲学的逻辑结构。

"理"自身纯然绝对,但它是"气"、"万物"的所以然之故,即所赖以存在的宇宙本体。在朱熹看来,不论自然界的草木禽兽,还是社会上的人类,不论是宇宙星辰,还是蝼蚁粟粒,都以它为自身存在的根据。假如说客观的自然观是对自然界本来面目的自然的了解而不附加任何外来的成分的话,那么,朱熹则在自然界的日月星辰、草木禽兽出现之前,附加了一个抽象的、异在的"理"。他说:

> 天地中间,上是天,下是地,中间有许多日月星辰,山川草木,人物禽兽,此皆形而下之器也。然这形而下之器之中,便各自有个道理,此便是形而上之道。⑥

朱熹把日月星辰、山川草木、人物禽兽等,区分为形而下与形而上或"物"与"理"两个方面。"物"是指自然界事物本身而言,是"形而下之器","理"是

---

① 段玉裁:《说文解字注》第一上,上海古籍出版社1981年版。
② 《孟子·万章下》,《孟子集注》卷十,《朱子全书》,上海古籍出版社、安徽教育出版社2002年版。
③ 《庄子·养生主》,中华书局1961年版。
④ 《荀子·解蔽》,中华书局1979年版。
⑤ 宗密:《注华严法界观门》,《大正藏》卷四十五。
⑥ 黎靖德编:《朱子语类》卷六十二。

指自然界事物中所存在的那个"理",是"形而上之道"。朱熹哲学的思辨在于:他把草木禽兽的"理"与具体的草木禽兽分裂开来,然后,把事物的"理"加以抽象,使它离开客观存在的具体山川人物、草木禽兽。这样,事物的"理"就成为"形而上之道",具体事物便成了"形而下之器"。事物的"理"便成为具体事物之前而存在的东西。反过来,又由"形而上之理"来作为具体的日月星辰、山川草木和人物禽兽存在的原因。于是,一个超越自然界而又比自然界更普遍、更有力的"理"就存在了。这就是朱熹的形而上之理的哲学建构。中国古代哲学家讲"形而上者谓之道,形而下者谓之器"①。朱熹注曰:"阴阳皆形而下者,其理则道也。"②形而上与形而下的区别,犹西方哲学所讲的形式与质料、本体与现象的关系。不能由于中国古代哲学家没有用本体与现象概念,便否定中国古代哲学家的哲学思辨。各个民族都有用以表述自己民族理论思维的概念、范畴,而不能强求一律。朱熹的"理"作为"单个的存在物",就是附加在事物"之上"、"之先"的"神化了的绝对"。朱熹说:"未有天地之先,毕竟也只是理。有此理,便有此天地;若无此理,便亦无天地,无人无物,都无该载了。"③"理",先天地、先人物;无理,也就无天地、无人物。因此,"理"是天地、人物的主宰。从这个意义看,"理为不生不灭",犹如释氏"以神识为不生不灭"④。"且如万一山河大地都陷了,毕竟理却只在这里。"⑤这就把"理"的异在于自然界的性质,描绘得很清楚了。在这里,形而上与形而下的关系是分明的。

既然"理"是一个无情意、无计度、无造作的精神本体,那么怎么能派生出活生生的现实世界和千差万别的具体事物呢? 这显然是朱熹哲学逻辑结构的一个难题和矛盾。

朱熹为了解决本体"理"和具体事物之间的矛盾,为了达到某种现实内容的假象,他不得不从形而上的"理"返回到形而下的事物,即从一般的、普遍的形式返回到具体的"事物",也就是从抽象的"理"返回到具体的草木禽兽。但是,从"一般果实"返回到"具体的果实",从"理"返回到"物",从本

---

① 朱熹:《系辞上传》,《周易本义》卷三,世界书局 1963 年版。
② 朱熹:《系辞上传》,《周易本义》卷三。
③ 黎靖德编:《朱子语类》卷一。
④ 黎靖德编:《朱子语类》卷一二六。
⑤ 黎靖德编:《朱子语类》卷一。

体到自然界,是一个不可克服的难关。然而,哲学家总是千方百计地企图摆脱他们所面临的困境。

柏拉图采取了"分有理念"的方法,黑格尔曾把绝对观念描绘成一个过程,绝对观念从逻辑经自然到精神三个阶段而回到自身,即以不断"外化"的方法来解决这个矛盾。但朱熹的"理"与柏拉图和黑格尔的理念、绝对观念不同,因为,他的"理"尽管是具体事物的所以然者,而其本身毕竟是寂然不动的。因此,他在解决"理"返回到"物"的时候,在"理"——"物"之间,不得不在其形而上的"洁净空阔"哲学的逻辑结构里加进了形而下具体的器或阴阳的内容,纳入被张载所发展了的"气"这个范畴,作为"理"派生万物的一个重要的中间环节,构成"理"——"气"这对范畴的矛盾,并在"理"中达到了统一。这是朱熹哲学逻辑结构的特点也是其弱点。它既意味着朱熹哲学没有能够把形而下的"气"完全消化在自己的体系之中,又破坏了"理"生"物"而返回"理"的体系的严密性和完整性。

朱熹认为,"气"与本体"理"相比,其不同特点是,"气"是一个生气勃勃,既能"凝聚",又能"造作"的东西。他说:

> 盖气则能凝结造作……且如天地间人物草木禽兽,其生也莫不有种,定不会无种子白地生出一个物事,这个都是气。①

> 气则能酝酿凝聚生物也。但有此气,则理便在其中。②

"气"把"理"——"物"联系、沟通起来,使"理"借助于"气"而化生万物,以克服其体系的矛盾,而且使"理"有了"挂搭"和"附著"的地方。"无是气,则是理亦无挂搭处。"③"若气不结聚时,理亦无所附著。"④"无那气质,则此理无安顿处。"⑤正因为"理"有了着落,所以是个"实底道理"。

由于"理"找到了它借以"安顿"、"附著"的"气",因此,便自然而然地推衍出日月星辰、人物禽兽等现象世界的生动场面。他是这样来描绘的:

> 天地初间,只是阴阳之气。这一个气运行,磨来磨去,磨得急了,便拶许多渣滓,里面无处出,便结成个地在中央。气之清者,便为天,为日

---

① 黎靖德编:《朱子语类》卷一。
② 黎靖德编:《朱子语类》卷一。
③ 黎靖德编:《朱子语类》卷一。
④ 黎靖德编:《朱子语类》卷一。
⑤ 黎靖德编:《朱子语类》卷七十四。

月,为星辰,只在外,常周环运转。地便只在中央不动,不是在下。①
朱熹的宇宙结构理论,尽管是采用"浑天说",但却是经张载融"宣夜说"之
后的"浑天说",故地不是漂浮在水中,而是在"气"中。他的天体演化理论,
虽受汉以来"轻清者为天,重浊者为地"的影响,但不无创见。他认为,由于
"阴阳"二气不断地旋转运动,而产生摩擦、碰撞,便凝结成地在中央,气之
清者便形成了天、日月星辰,并处在不停顿的运动过程中。又由于不停地摩
擦、碰撞,拶出的渣滓有粗有细,世界万物也就有粗细之别。他说:"造化之
运如磨,上面常转而不止。万物之生,似磨中撒出,有粗有细,自是不齐。"②
这种宇宙生成的理论,不仅吸收了许多自然科学的成果,而且也吸收了形而
下客体理的思想资料,如果撇开朱熹哲学的盖子——"理",那么,这个天体
演化的理论,岂不充满着形而下的气味吗?

朱熹又用"气化"的理论去解释人类的起源。他说:

> 天地之初,如何讨个人种?自是气蒸结成两个人后,方生许多万
> 物。所以先说"乾道成男,坤道成女",后方说"化生万物"。当初若无
> 那两个人,如今如何有许多人?那两个人便如而今人身上虱,是自然变
> 化出来。③

他把人的"气化"而成比作虱的自生,当然是不科学的。但以人的产生是
"自然变化出来"的,显然是与"天地故生人"的天命论格格不相人,而与"天
地合气,人偶自生也"④的元气自然论相接近。形而上的绝对理转弯抹角地
接近了形而下的客观理,甚至部分地充满了客观理,而消解了绝对理。

然而,即使在这种情况下,朱熹也不会损害本体"理"的绝对性(绝对
理),当他在作概然性的论述时,便说:"天地之间,有理有气。理也者,形而
上之道也,生物之本也;气也者,形而下之器也,生物之具也。"⑤在把"理"
与"气"做了形而上、形而下的区别之后,"理"便成为"生物之本",而"气"
便成为"生物之具",或称为生物的材料,"五行阴阳七者滚合,便是生物底

① 黎靖德编:《朱子语类》卷一。
② 黎靖德编:《朱子语类》卷一。
③ 黎靖德编:《朱子语类》卷九十四。
④ 王充:《物势》,《论衡》卷三,文渊阁《四库全书》本。
⑤ 朱熹:《答黄道夫》,《朱文公文集》卷五十八,《四部丛刊》初编缩本。

材料"①。当然,生物之具的"气"不能离了生物之本的"理"。"理"仍处于主宰的地位,这虽然与"气"生物的过程的描述相矛盾,但却为"理"的哲学逻辑结构所要求。

究竟朱熹怎样解决"理"——"气",即生物之本与生物之具这个哲学问题呢?

首先,朱熹以"理"为本而"气"为末,"理"为先而"气"为后。《语类》记载:

> 问:理与气。曰:有是理,便有是气,但理是本。②
> 以本体言之,则有是理,然后有是气。③
> 理形而上者,气形而下者,自形而上下言,岂无先后。④
> 推上去时,却如理在先,气在后相似。⑤
> 必欲推其所从来,则须说先有是理。⑥

在这里,朱熹既不含糊其词,也不模棱两可,他以明确的语言清楚地表述了"理本气末"、"理先气后"、理"形而上"、气"形而下"等思想。这说明他在"理"、"气"关系问题上,仍然坚持"理"为本体界、"气"为现象界的观点。所谓"推上去",即推到本体"理"那里,是说"理"的绝对至上性;"推其所从来",即万物是从"理"化生出来,是说"理"的普遍实在性。因此,他说:"有是理,后生是气。"⑦"太极生阴阳,理生气也。"⑧现象界的"气"是由本体性的"理"所化生。尽管朱熹未能从理论上详尽地论述"理"如何化生"气"的问题,这只能说明其哲学体系的不够完备,而不能说是二元论。朱熹唯恐由于强调"理"不离乎"气"而产生"气先于理"的误解,因此他特地申明:

> 所论理气先后等说,正坐如此(按:即"理先气后"——引者注),怕说有气方具此理,恐成气先于理,何故? 却都不看有此理后,方有此气。

---

① 黎靖德编:《朱子语类》卷九十四。
② 黎靖德编:《朱子语类》卷一。
③ 朱熹:《四书或问》卷二十八,文渊阁《四库全书》本。
④ 黎靖德编:《朱子语类》卷一。
⑤ 黎靖德编:《朱子语类》卷一。
⑥ 黎靖德编:《朱子语类》卷一。
⑦ 黎靖德编:《朱子语类》卷一。
⑧ 见《集说》,《周子全书》卷一,商务印书馆1937年版。

既有此气,然后此理有安顿处,大而天地,细而蝼蚁,其生皆是如此。①
要看"有此理后,方有此气",这才是他哲学逻辑结构的本旨。

其次,"理"与"气"相依而不相合,相分而不相离。朱熹说:

> 太极,理也;动静,气也。气行则理亦行,二者常相依而未尝相离也。②

> 理不可见,因阴阳而后知。理搭在阴阳上,如人跨马相似。③

一方面,他说明"理"、"气"相依而不相离,"天下未有无理之气,亦未有无气之理"④,就是"理"、"气"相互联结、相互依存的意思,只有相依,"理"才能资乎"气"而化生物。另一方面,他把这种"相依",不是看作"理"必须依赖于"气"而存在,而是看作"人"骑"马"的关系。"马"能载"人","马"只能听从人的意志而奔驰。人为主,马为从,人骑马,马被骑,"理"与"气"即为一种主从关系。他说:"气之所聚,理即在焉,然理终为主。"⑤因其为"主",所以"理"能居主宰者和决断者的地位。再一方面,他把"不离"不是看作"理"寓于"气"中,而是"理"自"理"、"气"自"气"的杂拌:"理在气中,如一个明珠在水里。理在清底气中,如珠在那清底水里面,透底都明;理在浊底气中,如珠在那浊底水里面,外面更不见光明处。"⑥以"明珠在水里"比喻"理在气中",尽管"气"(二水)有清浊之分,"理"却自明。"理"不因"气"而改变自性,可见"理"是独立于"气"之外的。

这种"理"、"气"相依、相分的关系,朱熹有这样一段话:

> 所谓理与气,此决是二物。但在物上看,则二物浑沦,不可分开,各在一处,然不害二物之各为一物也;若在理上看,则虽未有物,而已有物之理。……大凡看此等处,须认得分明,又兼始终,方是不错。⑦

一是"理上看",一是"物上看"。即使在讲"理"、"气"浑沦一起的时候,他也坚持"理"是先物而存在的形上本体,这即所谓"方是不错"处。其实,他颠倒理与气的关系,而正是他的欠缺。尽管朱熹用了许多新奇的说法,但他

---

① 朱熹:《答杨志仁》,《朱文公文集》卷五十八。
② 黎靖德编:《朱子语类》卷九十四。
③ 黎靖德编:《朱子语类》卷九十四。
④ 黎靖德编:《朱子语类》卷一。
⑤ 朱熹:《答王子合》,《朱文公文集》卷四十九。
⑥ 黎靖德编:《朱子语类》卷四。
⑦ 朱熹:《答刘叔文》,《朱文公文集》卷四十六。

在解决"理"、"气",亦即形而上与形而下这个哲学问题上,是属于形上学理本论学派,而不是理气二元论。

(二)哲学逻辑结构的展开

现在来剖析"气"——"物"这一逻辑结构的基本范畴。

朱熹在"气"——"物"的化生过程中,展开了他的辩证思想。在朱熹哲学结构中,"气"是一个活泼泼的物质,由于"气"的"一分为二",便使朱熹哲学闪现出神采,造作出一个丰富多彩、包罗万象的现实世界。

朱熹一方面企图把"一分为二"从邵雍的形而上学的"先天象数"中剥离出来,说明"气"的"一分为二",同时也继承了二程"万物莫不有对"①的思想;另一方面又采纳了张载"一物两体"的辩证思想资料,较为系统地论述了"一分为二"的思想。他说:《先天图》一边本都是阳,一边本都是阴。阳中有阴,阴中有阳,便是阳往交易阴,阴来交易阳,两边各各相对。……自一为二,二为四,四为八,八为十六……。"②朱熹既运用邵雍《先天图》中的阴、阳概念,而又否定了邵雍在讲阴、阳对待时,不讲阴、阳统一关系的缺陷,发展了"一分为二"的思想。他的学生甘节在《语类》中记载:

> 问:"先生以为一分为二,二分为四,四分为八,又细分将去。程子说性中只有仁、义、礼、智四者而已,只分到四便住,何也?"曰:"周先生(敦颐)亦止分到五行住,若要细分,则如《易》样分。"③

在"一分为二"的过程中,程颢、程颐只分到四就打住了,周敦颐在《太极图说》中只分到五,朱熹把"一分为二"延续下去。所谓《易》样分,就是按照"太极生两仪,两仪生四象,四象生八卦"这个层次来分。他说:"此只是一分为二,节节如此,以至于无穷,皆是一生两尔。"④既把"太极生两仪"的层次概括为连续"一分为二"的过程,又打破了周、程的局限,把它作为"无穷"

---

① 程颢、程颐:《二程遗书》卷十一,文渊阁《四库全书》本。
② 黎靖德编:《朱子语类》卷六十五。
③ 黎靖德编:《朱子语类》卷六。
④ 黎靖德编:《朱子语类》卷六十七。

的系列。

朱熹依据先秦辩者"一尺之棰,日取其半,万世不竭"的思想,对"一分为二"命题做了形象的说明。他"以手指画扇中心,曰:'只是一个道理,分为两个。'又横画一画,曰:'两个分为四个。'又以手指逐一指所分为四个处,曰:'一个是仁,一个是义,一个是礼,一个是智',这四个便是种子。恻隐、羞恶、恭敬、是非,便是种子所生底苗。"①这是就"一分为二"的形式说的,即一个分为两个,两个又各分为四个……这是"一分为二"的一层意思。

另一层意思,是就"分"的内容说的。《语类》记载:

> 问:"去岁闻先生曰:'只是一个道理,其分不同'。所谓分者,莫只是理一而其用不同,如君之仁、臣之敬、子之孝、父之慈,与国人交之信之类是也?"曰:"其体已略不同,君臣、父子、国人是体,仁、敬、慈、孝与信是用。"②

所谓"体",相当于本质特征,即决定事物性质的;"用"则是本质特征的表现和作用。"分"的结果,"二"在性质上彼此是不同的。尽管朱熹在这里所说的是概念的"一分为二",而且是从伦理道德上说的,但仍不失为含有辩证法思想的合理性。

那么,朱熹所说的"一分为二"的"一"与"二"的内涵是什么?

"一",朱熹说:"一是一个道理,却有两端,用处不同,譬如阴阳,阴中有阳,阳中有阴,阳极生阴,阴极生阳,所以神化无穷。"③统一物存在着相互排斥、相互对立的"两端",它们的用处是不同的;同时,对待"两端"又相互依存、相互渗透,对待的一端必须以另一端作为自己存在的条件,"阴中有阳,阳中有阴",不能只有"阴"而没有"阳",或只有"阳"没有"阴",阴阳相对而同处在一个统一体中。因此,朱熹说:"如寒则暑便在其中,昼则夜便在其中,便有一寓焉。"④"寒"在"暑"中,"昼"在"夜"中,没有"暑"便无所谓"寒",没有"昼"也无所谓"夜"。对待两端相互依赖,"一"也就寓于其中了,这便是"一"。朱熹把这种既对待而又同处在一个统一体中的矛盾关系,称作"一包二"。他说:"天下道理,只有一个包两个……自一心之微,以

---

① 黎靖德编:《朱子语类》卷六。
② 黎靖德编:《朱子语类》卷六。
③ 黎靖德编:《朱子语类》卷九十八。
④ 黎靖德编:《朱子语类》卷九十八。

至于四方之远,天下之大,也都只是这个。"①似乎这种矛盾关系是普遍存在的。尽管朱熹在讲"一"的时候,撇开了对待两端在一定条件下的相互转化,但就其说明阴阳、寒暑、昼夜的界限不是固定不变的对待渗透(包涵)关系而言,则合乎辩证思维,是对于邵雍"一分为二"思想的发挥。

"二",朱熹说:"东之与西,上之与下,以至于寒暑、昼夜、生死,皆是相反而相对也。天地间物,未尝无相对者。故程先生尝曰:天地万物之理,无独必有对,皆自然而然,非有安排也。"②这就是说,东西、上下、寒暑、昼夜、生死都是相反相对的。宇宙间这种"相反相对"的现象,不仅不是什么神的有意志的安排,而且是一种自然而然的现象。同时,相反相对又是普遍存在的。他说:

> 凡事无不相反以相成,东便与西对,南便与北对,无一事一物不然。明道所以云:"天下之物,无独必有对,终夜思之,不知手之舞之,足之蹈之!"直是可观,事事如此。③

矛盾双方,既相反相对,相互排斥;又相反相成,相互联系;而且"事事如此","无一事一物不然"。

朱熹进一步说明,不仅"一"中自各有对,"二"也各自有对。《语类》是这样说的:

> 就"一"言之,"一"中又自有对,且如眼前一物,便有背有面,有上有下,有内有外;"二"又各自为对。虽说无独必有对,然"独"中又自有对。④

统一物自身包含着两个相互依存的对立面,对待双方自身又存在着对待矛盾。甚至在"无独必有对"的"独"中,也各自有对。对于这种情形,他举例说:"统言阴阳,只是两端,而阴中自分阴阳,阳中亦有阴阳。'乾道成男,坤道成女。'男虽属阳,而不可谓其无阴;女虽属阴,亦不可谓其无阳。人身,气属阳,而气有阴阳;血属阴,而血有阴阳。"⑤对立面任何一方,其本身也都存在着对待的两个方面。就是在最阳的事物中,也不是纯粹的"阳",而存

---

① 黎靖德编:《朱子语类》卷七十九。
② 黎靖德编:《朱子语类》卷六十二。
③ 黎靖德编:《朱子语类》卷六十二。
④ 黎靖德编:《朱子语类》卷九十五。
⑤ 黎靖德编:《朱子语类》卷九十四。

有"阴"的方面。对于事物自身中的矛盾的探讨,不仅发展了二程,而且超越了王安石的"五行之为物,……皆各有耦……耦之中又有耦焉"①的论题。

至于"一"与"二"的关系,朱熹曾称赞张载的"一物两体"的提法,说"此语极精"②,并发挥了张载"一"与"二"的辩证法思想。他说:

> "一故神",横渠亲注云:"两在故不测。"只是这一物,却周行乎事物之间。如阴阳屈伸,往来上下,以至于行乎什伯千万之中,无非这一个物事,所以谓"两在故不测"。"两故化",注云:"推行于一。"凡天下之事,一不能化,惟两而后能化,且如一阴一阳,始能化生万物。虽是两个,要之亦是推行乎此一尔。③

"一"与"二",是统一物包含有矛盾相对的两部分,"一便对二"④,这两个对立的方面相互联系,相互依赖:正因为统一物既对立又统一,才能促使世界万物的产生和变化,独"一"是不能促使事物发生与变化的。总之,"一"与"二"对立统一,没有"两",就没有"一";没有"一",也就没有"两"。"两所以推行乎一也。张子言:'一故神(两在故不测),两故化(推行于一)。'谓此两在,故一存也。'两不立,则一不可见,则两之用或几乎息矣',亦此意也。"⑤"两"是"一"存在的前提,"一"通过"两"来显现;而"两"又是"一"的作用,无"一"则"两"的作用即停息。

矛盾双方又相对又统一,由此推动事物的运动和变化。于是,朱熹又进一步探讨了"动"、"静"问题。朱熹说:

> 动静无端,阴阳无始。今以太极观之,虽曰动而生阳,毕竟未动之前须静,静之前又须是动,推而上之,何自而见其端与始。⑥

否认运动有一个开始或开端,把运动看成在时间上和空间上都是无限的,无疑是对辩证法的描述。因此,当学生问"动静无端,阴阳无始"的含义时,朱熹回答说:"道有个始,他那有始之前,毕竟是个甚么? 他自是做一番天地了,坏了后,又恁地做起来,那个有甚穷尽? 某自五六岁时,便烦恼道:'天

---

① 王安石:《洪范传》,《临川文集》卷六十五,文渊阁《四库全书》本。
② 黎靖德编:《朱子语类》卷九十八。
③ 黎靖德编:《朱子语类》卷九十八。
④ 黎靖德编:《朱子语类》卷九十五。
⑤ 黎靖德编:《朱子语类》卷九十八。
⑥ 黎靖德编:《朱子语类》卷九十四。

地四边之外，是什么物事？'见人说四方无边，某思量也须有个尽处，如这壁相似，壁后也须有什么物事。其时思量得几乎成病，到而今也未知那壁后是何物。"①由"动"、"静"而天地，都是"无端"、"无始"的。这无疑将与他"理"——"气"——"物"的哲学的逻辑结构发生矛盾。

朱熹认为，"动"、"静"是可以相互转化的。他说：

> 一动一静，循环无端。无静不成动，无动不成静。譬如鼻息，无时不嘘，无时不吸，嘘尽则生吸，吸尽则生嘘，理自如此。②

> 若以天理观之，则动之不能无静，犹静之不能无动也。③

"动"、"静"相互对待而又相互联系，没有"静"，不成为"动"，没有"动"，也不成为"静"。"动""静"相辅相成而又相互转化，"动"转化为"静"，"静"转化为"动"，"嘘"转化为"吸"，"吸"转化为"嘘"。因而，构成了"静"、"动"的连续系列。

朱熹改造了周敦颐"动静"有始、有端的观点，并把它纳入了自己的"一分为二"的思想里。朱熹这样说："周子所谓'太极动而生阳，动极而静，静而生阴，静极复动，一动一静，互为其根，分阴分阳，两仪立焉'，邵子所谓'一分为二'者，皆谓此也。"④就其用"一分为二"来概括"太极"与"阴阳"、"动"、"静"的关系来说，蕴含着辩证。

诚然，朱熹所讲的"一分为二"如何与"体用一源"、"理一分殊"接轨，仍带有混沌性。但朱熹在中国哲学史上论述了这个命题，并进行了初步的、粗浅的说明，尽管这些论述是指概念的"一分为二"，并带有浓厚的"象数学"的色彩，甚至渗透着伦理道德的意识，但仍然有着辩证思维的闪光，而为后来的气本体论者所吸收。王夫之说："夫阴阳之实有二物，明矣。……自其合同而化者，则浑沦于太极之中而为一；自其清浊、虚实、大小之殊异，则固为二。"⑤从"阴阳"变化浑沦于"太极"之中来看，是"合二而一"，从统一物中出现清浊、虚实、大小的对立来看，是"一分为二"。"合二而一"与"一分为二"都是事物（"阴""阳"）变化发展过程中所展现的一种形态，以

---

① 黎靖德编：《朱子语类》卷九十四。
② 黎靖德编：《朱子语类》卷九十四。
③ 朱熹：《答张钦夫》，《朱文公文集》卷三十二。
④ 朱熹：《易学启蒙》卷二，《朱子遗书》二刻。
⑤ 王夫之：《周易内传·发例》。

图解决"一分为二"与"合二而一"的关系问题。

但由于文化氛围与思维水平的局限,朱熹没有把"一分为二"的思想贯彻到底,从而陷入了片面性。

第一,朱熹否认可分的普遍性和绝对性。在朱熹看来,有的东西是可分割的,如形而下的"气","器"(事物);有的东西则是不可分割的,如形而上的"理"("太极"、"道")。依据周谟的记载,朱熹的学生曾直接提出了"理"是否可分的问题:

> 问:"《理性命》章注云:'自其本而之末,则一理之实,而万物分之以为体,故万物各有一太极。'如此,则是太极有分裂乎?"曰:"本只是一太极,而万物各有禀受,又各自全具一太极尔。如月在天,只一而已,及散在江湖,则随处而见,不可谓月已分也。"①

> 郑问:"《理性命》章何以下'分'字?"曰:"不是割成片去,只如月映万川相似。"②

在这里,一方面说明,"理"("太极")是不能"割成片去",即不可分割的,更不能无限分割;另一方面,他说明在《理性命》章给"理"("太极")下"分"的含义,是指"月映万川"的意思,而不是指"一分为二"的"分"。朱熹企图用"月映万川"来解决"一理"与"万理"的关系。但由于他否认了可分割的普遍性和绝对性,把"理"("太极")看成绝对不可分割的东西,如果说有"分",也只是"理一分殊"。这个"殊",并不是指事物间本质的差别,而只是数量的增减和场所的变更而已。因而,乃是一种形而上学的虚构。

第二,朱熹否认各个具体事物的特殊本质和质的差异性。在朱熹看来,既然"理"("太极")与万物的关系是"一月"与"万月"的关系,那么,"体统是一太极,然又一物各具一太极",因此,"万个是一个,一个是万个"③。所以,"一"与"万"之间,在内容和形式上都是没有差别的,不转变的。他举例说:"如一粒粟生为苗,苗便生花,花便结实又成粟,还复本形。一穗有百粒,每粒个个完全。又将这百粒去种,又各成百粒,生生只管不已。初间只是这一粒分去,物物各有理,总只是一个理"④。这里,朱熹的思辨方法在

---

① 黎靖德编:《朱子语类》卷九十四。
② 黎靖德编:《朱子语类》卷九十四。
③ 黎靖德编:《朱子语类》卷九十四。
④ 黎靖德编:《朱子语类》卷九十四。

于:把一般和个别、普遍和特殊的联系与差别,变成了一般可代替个别、普遍可代替特殊,使一般、普遍能成为离开个别、特殊的绝对,从而否定事物的特殊本性。其实,任何事物的运动形式(包括粟生苗的生物的运动形式),其内部都包含着本身特殊的本性,这种特殊的本性,就构成一事物区别于他事物的内在原因或根据。粟在生苗的运动过程中,由于时间、地点、温度、气候等外在条件的变化,也产生变异,并非简单的还复本形。

第三,朱熹没有肯定对待双方,依据一定的条件,各向其相反的方面转化。他把"一分为二"看成"一生二"的顺向的运动,认为在派生二以后,对待双方的地位就被固定,不能转化的了。特别当他把这个思想用来论证人与人之间的关系时,这种状况就非常突出。他说:

> 君臣父子,定位不易,事之常也。君令臣行,父传子继,道之经也。①

> 三纲五常,终变不得,君臣依旧是君臣,父子依旧是父子。②

> 君尊于上,臣恭于下,尊卑大小,截然不可犯,似若不和之甚,然能使其各得其宜,则其和也孰大于是!③

对朱熹来说,"一分为二"的宗旨,就在于论证君臣、父子、尊卑、大小对待,是符合于自然之理的,即合理的。尽管他认为君臣、父子的对待是相互联系,缺一不可,但对立面双方的地位是固定的、不变的,这就叫作"常道",如果对立面双方各向其相反的方面转化去了,即"君处臣位,臣处君位"④,那就破坏了"常道",也就破坏了"和"。朱熹否认对立面双方依据一定条件相互转化,从而陷入了两难的困境。

在"气"——"物"的变化、发展过程中,朱熹提出了"一分为二"的辩证思维,作为一种思想资料,它无疑是整个人类思想发展的螺旋式的大圆圈上的一个圆圈,不仅在当时有一定的影响,而对于后世"一分为二"问题的深入探讨有一定的诱发作用。但由于朱熹否认"一分为二"是个普遍的现象,否定"一分为二"在不同阶段、不同具体条件下质的差异性和形式的相对性,而有其欠缺。这除了历史的思维水平原因以外,还由于他的"理"——

---

① 朱熹:《甲寅行宫便殿奏劄一》,《朱文公文集》卷十四。
② 黎靖德编:《朱子语类》卷二十四。
③ 黎靖德编:《朱子语类》卷六十八。
④ 黎靖德编:《朱子语类》卷六十八。

"气"——"物"的哲学的逻辑结构的制约作用。他的"一分为二"的辩证思想,最终被窒息在以"理"为核心的绝对理的非开放的哲学体系之中。总结这个思维经验教训,是有借鉴意义的。

(三)哲学逻辑结构的回归

揭示了朱熹"理"——"气"——"物"哲学逻辑结构及其基本范畴间的内在联系,似乎朱熹的哲学体系就完全展现出来了,其实不然。如果说朱熹哲学的逻辑结构仅止于"物",那无疑就会与作为出发点和终结点的"理"发生冲突。因此,当"理"借助于"气",在化生"物"以后,重要的问题在于返回到"理",即"物"——"理",这是朱熹哲学逻辑结构的重要环节。那么,如何从千差万别的"物"返回到"理"呢?为此,朱熹提出了"格物穷理"的认知论,以便使本体"理"自己跟自己相结合。

朱熹在《大学·格物致知补传》中把"物"——"理"的体认,分为两个阶段。

第一阶段,就是"格物"。"格物"的目的是为了"穷理"或"明理"。他说:"格物只是穷理,物格即是理明。"①从"物"返回到"理",需要通过"格"的方法。

朱熹认为,人心的"灵明",都是有"知"的;天下的万物,都是有"理"的。尽管"心"中包含"万理",然而"心"不能直接认知自己,必须通过"格物",才能"穷极"事物的"理"。"穷格"久了,就能达到对本体"理"的体认。在他看来,"格"就是"尽"或"至"的意思,"格物者,格,尽也,须是穷尽事物之理";②"格者,极至之谓,如格于文祖之格,言穷之而至其极也"③。穷到"理"的"尽处"或"极至",就有一个"是",一个"非","是"的去做,"非"的不去做,这就是"格物"。朱熹还把"格物"比作吃果子,去其皮、食其肉、咬其核,看看里头有什么滋味。在他看来,若不去皮壳,固然不可,不咬破核,

---

① 朱熹:《答汪尚书(甲申十月十二日)》,《朱文公文集》卷三十。
② 黎靖德编:《朱子语类》卷十五。
③ 朱熹:《四书或问》卷一。

也不可以。因为核未破，就是没有达到"极至"。他自以为"格物"是反对佛教的"明心见性"的。他说：

> 释氏只说见性，下稍寻得一个空洞无稽底，性亦由他说，于事上更动不得。①

佛教的"明心见性"是"离物"，故流于"空洞"，"格物"而不"离物"，才能免于"空洞"，以显其"实"，这是与朱熹的"实而不虚"的本体"理"的特性相联系的。由于一物各具"一理"的"理"是"实理"，因而只能"格物"而不是"见性"。

所谓"物"，朱熹用佛教华严宗关于"理事说"的思辨，拿来解释"物"，认为"物"就是"事"，"格物二字最好，物，谓事物也"②，"盖天下之事，皆谓之物"③。在朱熹看来，"事"既包括一切自然现象和社会现象，也包括一切心理现象和道德规范，即他所说的"眼前凡所应接底都是物"④。

就其自然事物方面说，朱熹认为，"上而无极太极，下而至于一草、一木、一昆虫之微，亦各有理。一书不读，则阙了一书道理；一事不穷，则阙了一事道理；一物不格，则阙了一物道理，须著逐一件与他理会过。"⑤乍一听起来，似乎要人们通过对事物的研究，而认识事物的道理或规律。问题在于，朱熹的"理"是一个"在无物之前，而未尝不立于有物之后"⑥的先在本体。它在生"物"之后，便降落到"物"上。因此，只有通过一草一木的"格"，才能返回到本体"理"。所以，"格物"而不能止于"物"。如果真的拘泥于一草一木而不穷理，那么，就像散兵游勇一样，到处乱跑乱来，而得不到真正的目的。他形象地比喻说：

> 徒欲泛然以观万物之理，则吾恐其如大军之游骑，出太远而无所归也。⑦

因而，他对于拘泥自然现象的草木、器用的研究是不满的。他认为，这对于"物"——"理"哲学结构来说，毫无补益。所以，他指斥说，如果这样也有所

---

① 黎靖德编：《朱子语类》卷十五。
② 黎靖德编：《朱子语类》卷十五。
③ 黎靖德编：《朱子语类》卷十五。
④ 黎靖德编：《朱子语类》卷十五。
⑤ 黎靖德编：《朱子语类》卷十五。
⑥ 朱熹：《答陆子静》，《朱文公文集》卷三十六。
⑦ 朱熹：《四书或问》卷二。

收获的话,简直是梦想把沙子炒成米饭,白费气力。"乃兀然存心于一草木、一器用之间,此是何等学问? 如此而望有所得,是炒沙而欲其成饭也。"①可见,朱熹的"格物",其目的性和宗旨是很显明的。

就其伦理道德的规范方面说,朱熹认为:"格物,是穷得这事当如此,那事当如彼,如为人君,便当止于仁,为人臣,便当止于敬。又更上一著,便要穷得为人君如何要止于仁,为人臣如何要止于敬,乃是。"②又说:"君臣、父子、兄弟、夫妇、朋友,皆人所不能无者,但学者须要穷格得尽,事父母,则当尽其孝;处兄弟,则当尽其友,如此之类。"③这就是说,事父母应当"尽孝",兄弟相处亦应当"尽友";君应当"止于仁",臣应当"止于敬"以及其如何能"尽孝"、"尽友"和止于"仁"、"敬"。若有一丝未尽,就是穷格不至。这"尽"就是"格","孝"、"友"、"仁"、"敬"就是"事"。因此,所谓"格物",就是要"尽"到社会伦理纲常。如果说,朱熹对于一草一木等自然物的"穷格",还包含有事物本身的道理或法则的话,那么,对于伦理道理规范方面的"穷格",则是对于主体心性的涵养和道德行为的自律。而在朱熹看来,自然物与伦理道德这两方面,后者是更根本的。他说:"涵养本源之功,所以为格物致知之本者也。"④又说:"持敬是穷理之本。"⑤可见,朱熹所说的"格物"就其根本目的说,不是去认识客观物质世界,而是"穷理"。

"物"——"理"的第二阶段,就是"致知"。所谓"致",就是"推致"的意思,"知"就是认识、知识。"致知"就是推致我所先天固有的认识,而达到"全知"。他说:

> 知者,吾自有此知,此心虚明广大,无所不知,要当极其至耳。⑥

只知其一而不知其二,只知其大而不知其细,只知其高远而不知其幽深,都没有达到无所不知。"全知"就好比房子里的灯光,照见一室之内,无所不到,如有不到,就没有做到"极至"。

"致知"和"格物"是相联系的。"致和"是就"自我"而言,即从"心之所

---

① 朱熹:《答陈齐仲》,《朱文公文集》卷三十九。
② 黎靖德编:《朱子语类》卷十五。
③ 黎靖德编:《朱子语类》卷十五。
④ 朱熹:《四书或问》卷一。
⑤ 黎靖德编:《朱子语类》卷九。
⑥ 黎靖德编:《朱子语类》卷十五。

知"方面说的;"格物"是就"物"而言,即从"穷理"方面说的。"格物以理言也,致知以心言也。"①"若不格物,何缘得知?"②这似乎是说"知"是通过"格物"而获得的,好像接触到了从"物"到意识的思想。其实,朱熹只是在如下意义上说的:"格物"是通过"形而下"事物中的"理"的"尽"或"至",去体认"形而上"的"理";"理"在派生人以后,便到了人的心中,因此,"心包万理,万理具于一心"③,心中就具有了先在的"知",但因"理"被人的"利欲所昏",使得"知"有不至,所以要"致知"。

怎样"致知"?朱熹认为,只要"格物"理会多了,对于一事一物中的"理"的"穷格"积累多了,就可以触类旁通,进行推论,这个时候,就是有一两件事没有去"格",也能够"识得他破","亦通将去"④。朱熹这里所说的"识得他破"、"亦通将去",就是指类推方法。他说:

> 格物,非欲尽穷天下之物,但于一事上穷尽,其他可以类推。⑤

譬如,"千蹊万径皆可适国",条条道路都可通向一个地方,从一条道路而入,便可类推其他道路也可以到达那个地方。这种类推,在获得对这一类事物的具有普遍性的抽象思维中,具有重要的作用,"穷理者,因其已知而及其所未知,因其所已达而及其所未达"⑥。按照朱熹"理一分殊"的观点,只要把个别事物的"理"穷尽,其他就可以类推,这是因为"万物各具一理,而万理同出一原,此所以可推而无不通也"⑦。原来,事物中的"理",是那个形而上"理"的完整体现。因此,草木禽兽的"理"的"极至"和椅子的"理"的"极至",就可以圆通为那个形而上的"理"。朱熹吸收了佛教华严宗"一多相摄"的思想,所以,他的类推方法,实质上是"理"自己认识自己,自己跟自己结合的途径。

经过"类推"和"格物",便由"万理"归于"一理",达到"穷理"和"尽心"的统一,朱熹说:"《大学》始教,必使学者即凡天下之物,莫不因其已知之理而益穷之,以求至乎其极。至于用力之久,而一旦豁然贯通焉,则众物

---

① 黎靖德编:《朱子语类》卷十五。
② 黎靖德编:《朱子语类》卷十五。
③ 黎靖德编:《朱子语类》卷九。
④ 黎靖德编:《朱子语类》卷十八。
⑤ 朱熹:《四书或问》卷二。
⑥ 黎靖德编:《朱子语类》卷十八。
⑦ 朱熹:《答汪尚书(甲申十月十二日)》,《朱文公文集》卷三十。

之表里精粗无不到,而吾心之全体大用无不明矣。此谓物格,此谓知之至也。"①经过"用力之久"的不断积累,"知"就要进入"豁然贯通"的飞跃阶段。这个时候,从"格物"来看,已格尽事物之"理";从"致知"来看,已是无所不到,无所不知。于是,"知"便由表到里,由粗到精,达到了更高阶段。人们遇事触物,处处都撞着这个"理"。《语类》记载:

> 穷得到后,遇事触物,皆撞著这道理;事君便遇忠,事亲便遇孝;居处便恭,执事便敬,与人便忠,以至参前倚衡,无往而不见这个道理。②

做到了贯通和自由,完成了由"物"到"理"的体认过程。

朱熹在由"物"到"理"的体认过程中,在某些方面揭示了人们的认知过程的真理性。他把"格物致知"分为两个阶段,从对一事一物的"格物穷理",经过逐渐积累,而达到"豁然贯通"的飞跃,使认知进到更高阶段;以及人们的认知必须由表及里、由粗到精等的论述,都是与人们的认知规则相接近的。这些都说明,尽管"格物致知"在朱熹哲学的逻辑结构中是作为从"物"到"理"的体认方法,也正因为他从"物"开始,并把它看成是一个过程,所以能在某些方面取得一些成就。

(四)几点思考

朱熹哲学逻辑结构及其基本范畴间的内在联系,可表述为"理"——"气"——"物"——理"。它从"理"("太极"、"道")开始,借助于"气"("阴阳"),经过"物",最后回复到自身"理",便构成了首尾相接的一个圆圈。在这里,可以得见:

第一,"理"是朱熹哲学逻辑结构中的最高范畴,它借助于"气"这个中介,而变为万物,犹如天上的月亮变为江河湖海中的千千万万个月亮,于是,"万物之中各有一太极"③,人人有一"太极"("理"),物物有一"太极"

---

① 朱熹:《大学章句传》第五章,世界书局 1936 年版。
② 黎靖德编:《朱子语类》卷十五。
③ 朱熹:《通书·理性命章注》,见《周子全书》卷九。

（"理"）。人们对于本体"理"的认识，就是通过每一事一物中"理"的体认，达到"理"自己的合二而一。这样，"理"作为无人身的理性，便完成了自己跟自己的安置、对置、结合的过程，即从"理"出发，然后又回到"理"而终结。在这里，作为无人身理性的"理"的"安置"，构成了朱熹哲学逻辑结构中的本体论方面；"理"自己跟自己的"对置"，即"理"借助于"气"化生万物的过程，就是朱熹"一分为二"的辩证思想展现和发展的过程，这就构成了朱熹哲学逻辑结构中具有生命力的发展观；通过"格物"的途径，使"理"自己跟自己结合，从"物"返回到"理"，便构成了朱熹哲学逻辑结构中"格物穷理"的认知论。

第二，由于"气"是"理"的"挂搭处"、"安顿处"，"理与气相依不离"，于是当活泼泼的"气"开始不断"一分为二"的时候，"理搭气而行"或"发育流行"。自然"理"也乘"气"而"一分为二"。不过，这个"一分为二"对"理"来说，却是一个"理一分殊"（像"月映万川"那样）的过程，而不是"理"自身的"一分为二"，即"理一"分为两个互相排斥的对待物以及它们之间的互相关联。但"气"在"一分为二"的过程中，却使辩证思维得到了展现。然而，一旦复归到"理"，矛盾及其运动就式微了，静止的"理"（"太极"）就扼杀了辩证的运动。但在从"理"——"气"——"物"——"理"的过程中，尽管由"气"展开了"一分为二"的对待、变化、运动，也只能在这个"理"的范围内循环往复，即所谓"循环生去"，而不能超出或打破这个范围。因而，一种事物只能反复地产生同样的事物，只能有简单的数量的增减或场所的变更，而不能产生新的事物。"一分为二"的辩证思想被加上了无法解脱的桎梏。在这种情况下，一切辩证思想的合理成分，无疑被朱熹哲学体系所窒息了。除非破坏本体"理"的统一性和完整性，打破这个哲学逻辑的结构，才能解救朱熹"一分为二"的辩证思想。这个任务，朱熹自己是不能完成的。

第三，当"理"化生了"气"、"物"以后，"理"所面临的重要任务是怎样返回到本体"理"。面对这个问题，从"物"到"理"的所谓"格物穷理"，就成为朱熹哲学的逻辑结构的有机组成部分。然而，由于朱熹强调通过"格物"来"穷理"，所以，在讲"格"一草一木之"理"的时候，对朱熹来说，似乎是离开其哲学体系，而讲对事物的认知，从而他吸收了自然科学的资料和揭示了人们认知的过程。在这个时候，朱熹不愧为一个伟大的学问家。而当其从"格物"而达到"穷理"，即从"物"返回到"理"时，他的认知论则具有先验论的意味。

第四,在"理"——"气"——"物"哲学逻辑结构中,还展开了人性论、伦理论和历史观的论证。"理"构成人的"性",具有"理"的"性"叫"天命之性";"气"构成人的形体,"理"与"气"相杂的"性"叫"气质之性"。"理"借"气"而"安顿","天命之性"也借"气质之性"而"安顿"和"挂搭"。他说:

> 所谓天命之与气质,亦相滚同。才有天命,便有气质,不能相离……既有天命,须是有此气,方能承当得此理,若无此气,则此理如何顿放?①

"天命之性"与"气质之性"的关系,即"理"与"气"的关系,此即构成朱熹的人性论。"理"("天理")即是"义理",即是没有"物欲"的"道心";"气"("气质")即是"功利",即是具有"物欲"的"人心",便构成"存天理,灭人欲"的伦理论。"理"("天理")在三代时流行,即是"王道"政治,光明美好;三代以后,"人欲横行",即是"霸道"政治,黑暗腐败,此便构成了朱熹退化的历史观。可见,弄清"理"——"气"——"物"哲学的逻辑结构,及其基本范畴间的内在联系,就可抓住朱熹哲学的本质和特征,其他问题便可迎刃而解了。

第五,朱熹在建立"理"——"气"——"物"——"理"的哲学逻辑结构过程中,他不是采取他所批判的佛教每天吃饭而不曾咬到一粒米的违反人们日常生活常识的方法,来建构其哲学逻辑结构,而是从理世界和气世界的体与用、本与末的关系中来建立其哲学体系。因此,朱熹哲学的逻辑结构具有较多的思辨性和时代的特征,也具有更多的理性主义的色彩。这就是为什么朱熹哲学成为我国后期社会官方哲学的症结所在。所以,我们不能采取未入门就宣布其哲学为荒谬的做法,而应该"入其垒",揭示其哲学的逻辑结构及其认识论的根源,这样,既能实事求是地剖析朱熹哲学,又能总结人类理论思维的经验教训,而于提高民族的理论思维水平有所补益。

---

① 黎靖德编:《朱子语类》卷四。

二、朱熹哲学思想浅析

朱熹生当南宋王朝内外交困,各种矛盾十分尖锐而又错综复杂之世。他接受韩愈排佛而未首先入佛,特别是未能从"本然之全体"上建构与所谓"异端"之学相抗衡的哲学体系之教训,构筑了较严密而又思辨的哲学;方法上一扫汉唐儒家"注疏"之风,而以讲明"义理"为宗。因而朱熹之学以至理学较之汉唐儒学和佛学、玄学及道教或道学,别具特点和风格,体现了中国古代哲学形态的发展已达更高的阶段。我们通过朱熹哲学逻辑结构的剖析,可见一斑。

(一)由理到理的哲学逻辑结构

"理"是朱熹哲学逻辑结构的核心范畴,它自身具有"无造作"、"无计度"等特点,它是一个纯然绝对、远离尘世、净洁空阔的世界,然却是"气"、万物赖以存在的本原和根据。对这样一个悬空无着落的形而上"理",朱熹也曾为其无处"安顿"、"挂搭"、附着而苦恼。于是,"理"便下降到"气"上,借"气"而存在,依"气"而展开他的哲学逻辑结构;所谓"气",则是一个活活泼泼的存在,它具有"凝聚"、"造作"等特性,由于"气"的"一分为二"、"动静"、"变化",便使朱熹哲学闪出辩证思维,造作出形形色色的天地万物;所谓"物",它既包括自然界物理的东西,也指伦理道德规范等意识的东西。当"气"派生万物时,"理"即随"气"进入物中,"气"把"理"与物沟通起来。当然,朱熹并不止于"物",本体"理"借"气"派生万物后,通过"格物穷理"的认识方法,破除物理之间的障碍,使本体"理"自己跟自己相结合,从而复归到形而上"理"。"理"（"太极"、"道"、"天理"）——"气"（"阴阳"）——"物"——"理"（"太极"、"道"、"天理"），这便是朱熹哲学的逻辑结构。

然而，在以往有关朱熹的哲学思想论著中，或认为多元论，或认为三元论，或认为唯心论等。究其原因，大多是由于对朱熹哲学逻辑结构中各基本范畴之间联系及其在逻辑结构中的地位若明若暗，所以，见解歧异。只有抓住朱熹哲学之网上的纽结，通过其哲学基本范畴的剖析，才能把握朱熹哲学的实质。

朱熹哲学逻辑结构中所使用的哲学范畴多而杂，而不易为人把握。譬如把其相类的范畴并列起来，而以为多元论；把其相对相成的范畴割裂开来，而以为二元论。其实"理"与"太极"、"道"、"天理"是同类范畴。他说："太极只是一个理字。"①"太极只是一个理，迤逦分做两个气。"②"所谓太极，亦曰理而已矣。"③"太极"在朱熹的逻辑结构中及其与其他基本范畴的关系，与"理"处于同等的地位，这是基本的方面。但两者也有差别："太极"是总天地万物之理，"总天地万物之理，便是太极"④。此"太极"是"理"之全，指全体的"理"而言；万物中之理，则指"分殊"之"理"而言。这便是"一理"（"太极"）与"万理"的关系，以"一理"为理之极至，便是"太极"，"太极"仍然是"理"。

"道"在朱熹哲学逻辑结构中，与"太极"、"理"相同。"阴阳气也，形而下者也；所以一阴一阳者理也，形而上者也。道即理之谓也。"⑤又说："阴阳迭运者气也，其理则所谓道。"⑥"卦爻阴阳皆形而下者，其理则道也。"⑦"道"便是"理"，"道"与"理"不仅同为形而上者，而且同与"器"或"气"等形而下者相对。这样便把"道"与"理"这两个范畴统一起来了。"道"不仅为"理"，而且为"太极"。"一阴一阳之谓道，太极也。"⑧"问：'一阴一阳之

---

① 黎靖德编：《朱子语类》卷一。
② 朱熹：《太极图说解》，见《周子全书》卷一。
③ 朱熹：《天问》，《楚辞集注》卷三，上海古籍出版社 1977 年版。
④ 黎靖德编：《朱子语类》卷九。
⑤ 朱熹：《通书·诚上注》，见《周子全书》卷七。
⑥ 朱熹：《系辞上传》，《周易本义》卷三。
⑦ 朱熹：《系辞上传》，《周易本义》卷三。
⑧ 黎靖德编：《朱子语类》卷七十四。

谓道是太极否?'曰:'阴阳只是阴阳,道是太极。程子说所以一阴一阳者,道也。'"①"道"所以然者,为"太极"。"道"便自我确定为总天地万物之理者。因此,他在《易学启蒙》中写道:"太极者,象数未形而其理已具……邵子曰:道为太极。"②陈淳解释说:"道为太极者,言道即太极,无二理也。"③因此,"道"与"太极"同体而异名:"语道体之至极,则谓之太极,语太极之流行,则谓之道。虽有二名,初无两体。"④既然"道"为"太极"、为"理",那么,它在朱熹哲学逻辑结构中与其最高哲学范畴——理、太极相类。所以,朱熹为"道"做了与"理"、"太极"相似的规定。这种范畴、概念多样性的统一,说明朱熹哲学体系是相当严密的。

在朱熹看来,不管是"理"、"太极",还是"道",都是一个形而上的存在,这是基本特性,也是其哲学逻辑结构的实质。但是这个无形无影、无声无嗅、超感觉、超时空的存在——"理"("太极"、"道"),并不是悬空在那里。朱熹认为,佛老的错误就在于此。他的学生陈淳说:"老庄说道,都与人物不相干,……如云道在太极之先,都是说未有天地万物之初,有个空虚道理。……佛氏论道,大概亦是此意。但老氏以无为宗,佛氏以空为宗,以未有天地之先为吾真体,以天地万物皆为幻化,人事都为粗迹。尽欲摒除了,一归真空,乃为得道。"⑤如果以"理"("太极"、"道")为悬空的精神,那便与佛老同流。"如释氏便只是说空,老氏便只是说无,却不知道莫实于理。"⑥朱熹认为,才有天地万物之理,便有天地万物之气,此理便在其中,这样"理"("太极"、"道")便有了"安顿"和"挂搭"之处,"理"("太极"、"道")便是"实理"。如果说佛老"皆以道为超乎天地形气之外"⑦的话,那么,朱熹的"理"是借"气"而化生,则入"天地形气"的"理",可寓于"气"中。

"理"("太极"、"道"、"天理")是朱熹哲学逻辑结构的核心范畴,"太极"、"道"、"天理"与"理"同实异名,而非多元论。所谓多元论,则以世界本原是由诸多互不相关的实体构成。而朱熹则认为"理"、"太极"、"道"、

---

① 黎靖德编:《朱子语类》卷九十四。
② 朱熹:《易学启蒙》卷二,《朱子遗书》二刻。
③ 陈淳:《太极》,《北溪字义》卷下,中华书局1983年版。
④ 朱熹:《答陆子静》,《朱文公文集》卷三十六。
⑤ 陈淳:《道》,《北溪字义》卷下。
⑥ 黎靖德编:《朱子语类》卷九十五。
⑦ 陈淳:《道》,《北溪字义》卷下。

"天理"等范畴只是有许多别名的一个东西。若以此为多元论,实是未明白朱熹哲学逻辑结构中各范畴间的内在联系和在联系中的地位。

至于"理"与"气"("太极"与"阴阳"、"道"与"器")的关系,目前颇多人以为是二元论。他们认为,朱子以理、性配道,以气、形配器,建立了他的理气二元论(形性二元论),亦含有心物二元论;程子的理气二面论,到朱子就改为理气二元论。

朱熹吸收和改造了张载"气"的范畴。当然,他既没有把"气"抬高到"理"的地位上,也没有把"气"降为普通具体事物的地位,而是在从一般范畴、概念返回东西,从存有返回自然,从"理"返回到现象的时候,在"理"——"物"之间架起彼此沟通的桥梁。尽管世界万物的本原是"理","理"借助"气"而化生万物,并居万物之中,但当朱熹在讲某个具体事物的时候,在这个事物上表现出来的理气关系,则既对立又统一。朱熹做了这样值得重视的论证:其一,"理"与"气"相依不离。他说:"天下未有无理之气,亦未有无气之理。"①"气与理本相依。"②"理未尝离乎气。"③有"理"必有"气",有气必有理。无理,无所谓气;无气,也无所谓理。理气相依不离。"气行则理亦行,二者常相依,而未尝相离也。"④这是指理气相互联系,相互统一。其二,"理"在"气"中,理寓于气。"此本只是说气,理自在其中。"⑤"既有理,便有气。既有气,则理又在乎气之中。"⑥形而上的"理"存在于气中。理气互相渗透,理寓气中。《语类》记载:当有人问:"理寓于气,不能无动静。"朱熹回答说:"然。"⑦同意"理寓于气"的观点。其三,理无先,气不后。"问太极动而生阳,静而生阴,见得理先而气后。曰:虽是如此,然亦不须如此理会,二者有则皆有。"⑧又说:"自太极至万物化生,只是一个道理包括,非是先有此而后有彼。"⑨是说理气在时间上无先后之分。

① 黎靖德编:《朱子语类》卷一。
② 黎靖德编:《朱子语类》卷五十九。
③ 黎靖德编:《朱子语类》卷一。
④ 黎靖德编:《朱子语类》卷九十四。
⑤ 黎靖德编:《朱子语类》卷九十八。
⑥ 黎靖德编:《朱子语类》卷九十四。
⑦ 黎靖德编:《朱子语类》卷九十四。
⑧ 黎靖德编:《朱子语类》卷九十四。
⑨ 黎靖德编:《朱子语类》卷九十四。

如果我们仅仅看到理气的相依不离,理寓于气,理气无先后,则很难确定其哲学性质,甚至可作出实体论的结论,而何止二元论。但是,朱熹在讲这些命题时,都是指"理"化生气和万物以后说的。他说:"所谓理与气,此决是二物。但在物上看,则二物浑沦,不可分开各在一处,然不害二物之各为一物也。若在理上看,则虽未有物,而已有物之理,然亦但有其理而已,未尝实有是物也。大凡看此等处,须认得分明,又兼始终,方是不错。"①在这里,朱熹一方面把"理"与"气"区分开来,尽管理与气,互相渗透、互相依赖,但"理自理,气自气"②,如明珠与水,也便是理气不离不杂的关系;另一方面,他提出"在物上看"和"在理上看"的区别。"在物上看",理气浑沦合在一处,因而提出"相依不离"、"理寓于气",无先后等命题。但即使在论述这些命题时,朱熹也隐约地表露出"理"的形而上者的地位:第一,气是理的顿放、附着处。"然理又非别为一物,即存乎是气之中,无是气,则是理亦无挂搭处。"③"须是有此气,方能承当得此理,若无此气,则此理如何顿放?"④"二气交感,凝结生聚,然后是理有所附著。若是理无事,则无所依附。"⑤不使理流于佛老的空无,必须有一个顿放的落脚点,因当气互相作用,凝聚生物,"理便搭附在上面"⑥。第二,这种"理"的安顿,犹如"月映万川"。"有这气,道理便随在里面;无此气,则道理无安顿处。如水中月,须是有此水,方映得那天上月,若无此水,终无此月也。"⑦虽然水月互相依存,但"天上月"毕竟先"水中月"而存在,水中月只是天上月的影子。这便是"一理"与"万理"的关系,天上月处于支配地位。"在理上看",即从世界本原看,"虽未有物,而已有物之理",是说"理在物先"。但是,朱熹在探讨理气统一性时,提出这些有价值的命题,为后来王夫之等所发挥,不可简单否定。

朱熹"物上看"、"理上看"之别,确需人们认得分明,否则就会将其哲学性质认错。因此,只要一涉及天地万物的本原,触及形而上与形而下的关系问题,朱熹是不含糊的:

① 朱熹:《答刘叔文》,《朱文公文集》卷四十五。
② 朱熹:《四书或问》卷二十八。
③ 黎靖德编:《朱子语类》卷一。
④ 黎靖德编:《朱子语类》卷四。
⑤ 黎靖德编:《朱子语类》卷六。
⑥ 黎靖德编:《朱子语类》卷五十九。
⑦ 黎靖德编:《朱子语类》卷六十。

第一，从"理"与"气"谁是化生者来看："太极生阴阳，理生气也。阴阳既生，则太极在其中，理复在气之内也。"①"有是理，后生是气。"②理是气的化生者。但气一旦被化生，便有一定的独立性。"气虽是理之所生，然既生出，则理管他不得。如这理寓于气了，日用间运用，都由这个气。"③只有待化生出气后，理便寓于气中。可见，"理寓于气"，并不妨碍"理"是"气"的化生者。气如何化生万物，朱熹描述了这样的过程：

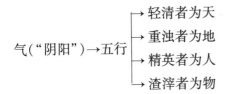

理化生气，气化生物，因此，"物"也可说是理之所为的。"天下之物，皆实理之所为。"④"所为"，便是所作为，即有化生之意。

第二，从理与气的本末来说："有是理，便有是气，但理是本，而今且从理上说气。"⑤"以本体言之，则有是理，然后有是气。"⑥理是本，气是末。本相当于本质、根本，末相当于现象、表现。

第三，从理与气的先后来看："此本无先后之可言，然必欲推其所从来，则须说先有是理。"⑦"理与气本无先后之可言，但推上去时，却如理在先，气在后相似。"⑧此二条，均言"本无先后之可言"，显然都是指理与气合，生物以后说的，并不是真的无先后。如果"推其所从来"、"推上去"，即往上推到世界本原那里，或从本原那里推出来，那么，则应该说先有"理"，后有气。因此，他有时用"毕竟"二字，来说明这层意思："盖理之与气，毕竟先有此理，而后有此气。"⑨理先气，"推上去时"，理是独立于气而存在的绝对精神。

① 朱熹：《太极图说解》，见《周子全书》卷一。
② 黎靖德编：《朱子语类》卷一。
③ 黎靖德编：《朱子语类》卷六十六。
④ 黎靖德编：《朱子语类》卷六十四。
⑤ 黎靖德编：《朱子语类》卷一。
⑥ 朱熹：《四书或问》卷二十八。
⑦ 黎靖德编：《朱子语类》卷六十四。
⑧ 黎靖德编：《朱子语类》卷六十四。
⑨ 黎靖德编：《朱子语类》卷九十五。

第四,从理与气的形而上、下来讲:"理形而上者,气形而下者。……理无形,气便粗,有滓渣。"①"盖太极是理,形而上者;阴阳是气,形而下者。然理无形,而气却有迹。"②"水阴根阳,火阳根阴。水阴火阳物也,形而下者也;所以根阴根阳理也,形而上者也。"③"理"("太极"、"道")为形而上,"气"("阴阳")为形而下。不仅理无形,气粗有迹,而且理为所以阴阳者,理便为超形迹的精神本体。

第五,从"理"与"气"的主次关系来说:"天道流行,发育万物,有理而后有气,虽是一时都有,毕竟以理为主,人得之以有生。"④"气之所聚,理即在焉,然理终为主。"⑤理为主,气为次。在理气这对矛盾统一体中,理居于矛盾的主要方面。矛盾的主要方面制约着矛盾的次要方面。

总之,理为化生者、为本、为先、为形而上、为主,气为被化生、为末、为后、为形而下、为次。朱熹唯恐有人误解他的理本论的哲学逻辑结构,现象与本质倒置的理气关系,他说:"所论理气先后等说,正坐如此(按:即理先气后),怕说有气方具此理,恐成气先于理。"⑥即气化生理,气先于理。他不怪自己为了掩盖其形而上绝对理的实质而造成的混乱和在构造其哲学逻辑结构时的矛盾,反而说:"却都不看有此理后,方有此气。既有此气,然后此理有安顿处。大而天地,细而蝼蚁,其生皆是如此。"⑦都由理化生! 在他看来,谁化生谁的关系,即谁是形而上、形而下,是至关重要的,所以他反复说:"要之,理之一字,不可以有无论。未有天地之时,便已如此了也。"⑧在未有天地之时,理已经存在了,后来形形色色的万物都是理通过气而呈现的。"盖天地所以生物者,理也;其生物者,气与质也。"⑨从根本上说,是由"所以生物者"决定的,譬如房子有厅有堂,只是一个理;树木有桃有李,只是一个理;人有张三李四,只是一个理。即使是理与气同在一个现象事物之中,

① 黎靖德编:《朱子语类》卷一。
② 黎靖德编:《朱子语类》卷五。
③ 黎靖德编:《朱子语类》卷九十五。
④ 黎靖德编:《朱子语类》卷三。
⑤ 朱熹:《答王子合》,《朱文公文集》卷四十九。
⑥ 朱熹:《答杨志仁》,《朱文公文集》卷五十八。
⑦ 朱熹:《答杨志仁》,《朱文公文集》卷五十八。
⑧ 朱熹:《答杨志仁》,《朱文公文集》卷五十八。
⑨ 朱熹:《四书或问》卷二十二。

两者的地位和作用也是不同的,张三之所以是张三,李四之所以是李四,是由理使然的。所以说,理是生物之本,形成事物的本质;气构成万物的材料,形成事物的形状。他这样写道:"天地之间,有理有气。理也者,形而上之道也,生物之本也;气也者,形而下之器也,生物之具也。是以人物之生,必禀此理,然后有性;必禀此气,然后有形。其性其形,虽不外乎一身,然其道器之间,分际甚明,不可乱也。"①理决定人的意识本性,气构成人的躯壳。虽体现在一个人身上,但理气、道器、形上形下之间,分际很明,不可混乱,可见,哲学上存有与现象的界限是很明确的。如果认为朱熹是这样来解决存有世界与现象世界的关系问题的话,那么,他便不是实体论、二元论,也不是多元论,而是一元论的理本论。至于"太极"与"阴阳"、"道"与"器"的关系,拙著《朱熹思想研究》第五章已有详论,这里不赘述了。

(二)由气到物过程中的辩证思维

由一般概念返回到具体事物的过程中,如果说朱熹和黑格尔的哲学采取的方法也有其共同之处,即都遵循着从绝对观念到现象这一基本路线的话,那么,两者差异就在于,朱熹采用理通过气呈现万物的方法来说明这一过程。因为理本身无造作,而必须借助于活泼泼的实体——气,朱熹在他的哲学体系中加入气这个环节,尽管解决了理生物的困境,但也破坏了理一元论体系的完整性和严密性,说明朱熹还未能把形而上客观理的思想资料完全消化在自己的体系中,表现在其哲学形态上还不甚完备。黑格尔则没有借助其他实体性的范畴来说明形而上到形而下的过程,而是把绝对观念描绘成自身能动的,并在自身的运动过程中不断外化为自然、社会和精神现象,而这一过程又是一个统一的由低到高、由简单到复杂的发展。可见,较之朱熹,黑格尔哲学要高明。

然而,朱熹还是依气的凝聚、变化、造作的特性,而展开以"一分为二"、"动静"等为特点的变化运动,因而使朱熹哲学体系的基本范畴之间以及其

---

① 朱熹:《答黄道夫》,《朱文公文集》卷五十八。

间的联系,呈现出既对待又统一的关系。那么,气如何变化为物?"太极只是一个气,迤逦分做两个气,里面动底是阳,静底是阴,又分做五气,又散为万物。"①"一元之气,运转流通,略无停间,只是生出许多万物而已。"②气经过由"一气"分而为阴阳二气。阴阳动静又分为"五气"(即五行),而呈现万物。可见,一气化物是一个不断"一分为二"的运动过程。"天地之间,一气而已,分而为二,则为阴阳,而五行造化,万物始终,无不管于是焉。"③"一分为二"是由气到物这一阶段逻辑结构中的重要形式。何谓"一分为二"?矛盾双方又对待又统一,由此推动事物的运动和变化。朱熹进一步探讨了"动"、"静"这一对范畴,形成了系统的动静学说。他认为动静是无端始的,对周敦颐动静有端始提出异议:"周子所谓太极动而生阳,动极而静,静而生阴,静极复动。"④动静是太极的动静,给人以"太极"为"动静"端始的印象。他说:"动静无端,阴阳无始。今以太极观之,虽曰动而生阳,毕竟未动之前须静,静之前又须是动。推而上之,何自而见其端与始?"⑤"动静无端,阴阳无始。虽是合下静,静而后动。若细推时,未静时须先动来,所谓如环无端,互为其根。"⑥否认动静有端始,把运动和静止看成是一个无限过程。为何动静无端始?

其一,动静在时空上是无限的。"四方上下曰宇,古往今来曰宙。无一个物似宇样大,四方去无极,上下去无极,是多少大。无一个物似宙样长远,亘古亘今,往来不穷。自家心下,须常认得这意思。"⑦既然时空上无始,空间上无端,那么,动静就无端始了。因为时间是指事物运动的顺序性、间隔性和持续性,空间是指运动着的事物的伸张性。而运动总是在时间和空间中进行的,静止也是在时空中进行的,动静不能脱离时空,反过来,时空的无限性也证明了"动静"的无限性。

其二,动静不可分。"太极动而生阳,静而生阴,非是动而后有阳,静而

---

① 黎靖德编:《朱子语类》卷三。
② 黎靖德编:《朱子语类》卷一。
③ 朱熹:《易学启蒙》卷一。
④ 朱熹:《易学启蒙》卷二。
⑤ 黎靖德编:《朱子语类》卷九十四。
⑥ 黎靖德编:《朱子语类》卷九十四。
⑦ 黎靖德编:《朱子语类》卷九十四。

后有阴，截然为两段，先有此而后有彼也。"①"今说太极动而生阳，是且推眼前即今个动斩截便说起。其实那动以前又是静，静以前又是动。"②不能在动静之间斩截一个说起，例如："今日一昼过了便是夜，夜过了又只是明日昼，即今昼以前，又有夜了，昨夜以前，又有昼了。"③昼夜是一个持续序列，动静无端始的道理与此同。

其三，动静循环不已。"动静无端，阴阳无始。说道有，有无底在前，说道无，有有底在前，是循环物事。"④包含两方面的意思：一是动生于静，静生于动，动静循环相生；二是动静"循环无端，无静不成动，无动不成静"⑤。无论是"动静相生"，还是"动静"无先后，都表明"动静"是无端始的。朱熹否认"动静"有一个端始，把"动静"看成在时空上都是无限的，动静是不可分的，无疑是辩证的思维。这是由于他吸收了自然科学知识的成果。

从理论上说，动静无端始的观点是与动静对待统一的思想相联系的。首先，他认为动静是互相对待和排斥的。当胡广仲在信中提出"动静之外，别有不与动对之静，不与静对之动"时，朱熹回答："动静二字，相为对待，不能相无，乃天理之自然，非人力之所能为也。若不与动对，则不名为静；不与静对，则不名为动矣。"⑥在这里，朱熹提出动静相对的观点，并以为是天理之自然，有其合理性。其次，动静是相互统一的范畴。"阴静之中，自有阳动之根；阳动之中，又有阴静之根。动之所以必静者，根乎阴故也；静之所以必动者，根乎阳故也。"⑦"安静之中，自有一个运动之理，运动之中，自有一个安静之理，方是。"⑧"动之不能无静，犹静之不能无动也。"⑨他对于"动有资于静，而静无资于动"⑩的说法不太赞成。既为相资，则静也必资于动。动静相互依赖，是合乎辩证思维的。再次，动静相互转化。"动极生静，亦

---

① 黎靖德编：《朱子语类》卷九十四。
② 黎靖德编：《朱子语类》卷九十四。
③ 黎靖德编：《朱子语类》卷九十四。
④ 黎靖德编：《朱子语类》卷九十四。
⑤ 黎靖德编：《朱子语类》卷九十四。
⑥ 朱熹：《答胡广仲》，《朱文公文集》卷四十二。
⑦ 黎靖德编：《朱子语类》卷九十四。
⑧ 黎靖德编：《朱子语类》卷三十二。
⑨ 朱熹：《答张钦夫》，《朱文公文集》卷三十二。
⑩ 朱熹：《答胡广仲》，《朱文公文集》卷四十二。

非是又别有一个静来继此动。但动极则自然静,静极则自然动,推而上之,没理会处。"①动静各自向其对立面转化。然而朱熹并没有把动静对立统一思想贯彻到底。他在《语类》中谈到《通书·动静》章时又同意了周敦颐的观点,认为动静有两种形态:一是"物"的动静,是动而无静,静而无动的,动静相互割裂;二是"理"的动静,则是静中有动,动中有静的。这种由物理的相离到动静的割裂,无疑最终陷入了片面性。

朱熹基于动静说,论述了运动所采取的相对稳定和显著变动两种形态,他称为"变"与"化"。化即渐化,相当于量变;变即顿变,相当于质变。他认为动静与变化的关系是:"变是自阴而阳,自静而动;化是自阳而阴,自动而静,渐渐化将去,不见其迹。"②并指出:"化是渐化,变是顿变。"③

"化是逐一挨将去底。一日复一日,一月复一月,节节挨将去,便成一年,这是化。"④从年月说明渐化是一个连续的量变过程。渐化到一定限度而截断,便是量变向质变的转化。

顿变由渐化到一定限度引起,在顿变基础上又出现新的量变过程,因而说渐化是顿变之成。譬如拿"十月阳生"来说,"从十月积起,至冬至积成一爻"⑤。"一气不顿进,一形不顿分。盖见此理,阴阳消长亦然,如包胎十月具。方成个儿子。"⑥他看到事物的发展,先由渐化的分毫积起,而后才向顿变转化。他把这个由渐化到顿变的过程,形象地通俗地比喻为十月怀胎,一朝分娩,说明顿变不是偶然发生的。这个认识无疑是合理的。但是朱熹并没有把渐化和顿变的思想贯彻到底。他认为有不变的存在,特别当他把这个思想运用来论证人与人之间的君臣、父子关系时,便把矛盾双方的地位固定化,把它看作是僵死的、不能互相转化的了。"三纲五常,礼之大体,三代相继,皆因之而不能变。"⑦这就限制了他思想的发展。

在朱熹哲学逻辑结构的气——→物的过程中,展开了"一分为二"、动静、变化等化生万物活动,呈现出丰富的辩证思想,这是他哲学思想体系中最富

---

① 黎靖德编:《朱子语类》卷九十四。
② 黎靖德编:《朱子语类》卷七十四。
③ 黎靖德编:《朱子语类》卷七十一。
④ 黎靖德编:《朱子语类》卷九十八。
⑤ 黎靖德编:《朱子语类》卷七十一。
⑥ 黎靖德编:《朱子语类》卷七十一。
⑦ 朱熹:《为政》,《论语集注》卷一,世界书局1936年版。

生气的环节。但由于不能超越气——理的范围，便窒息了辩证思想的进一步发展。

（三）由物到理的体认过程

如果朱熹哲学仅止于"物"，那无疑会同作为出发点和终结点的"理"发生抵牾，若就一个完整的哲学体系来说，也未完成。因此，在理借气呈现万物后，是在于返回到理，即物——理。这是朱熹哲学逻辑结构的重要环节。但如何由物到理，朱熹提出了"格物穷理"的方法，以达到形而上理自己跟自己的结合。

朱熹思想蕴含认知主体与认知客体之分。他以"人心之灵，莫不有知"为认知主体，即人心具有知的能力；"天下之物，莫不有理"为认知客体，即物理是认知的对象。这就是"知在我，理在物"①的意思。我、物之别，即主客之分。联结认知主体与客体的方法，则是"格物致知"，而达穷天下万物之理。那么，如何由格物到致知？这是一个通过"积累有渐"而到"豁然贯通"的过程，即由渐到顿的过程。朱熹认为，从积累到贯通，必须具备两个条件：一是格一物或理会一事必须穷尽和理会得透。"只是这一件理会得透，那一件又理会得透，积累得多，便会贯通。"②二是必须花气力，用功深。"举一而三反，闻一而知十，乃学者用功之深，穷理之熟，然后能融会贯通，以至于此。"③从人们认知发展过程来说，积累与贯通，也就是认知由近而远、由浅而深、由粗到精的过程。认知首先是从自己周围日常所接触到的事物开始，"须是从近处格将去"④，然后"致极其知，因那理会得底，推之于理会不得底，自浅以至深，自近以至远"⑤。由近及远的认知深化过程，也即由格物而及致知的过程。但所致之知，又有浅深之别。"然则所致之知，因有

---

① 黎靖德编：《朱子语类》卷十五。
② 黎靖德编：《朱子语类》卷四十四。
③ 朱熹：《答姜叔权》，《朱文公文集》卷五十二。
④ 黎靖德编：《朱子语类》卷十八。
⑤ 黎靖德编：《朱子语类》卷十四。

浅深,岂遽以为与尧舜同者,一旦忽然而见之也哉?"①"以理之浅深言,理会一重又一重……博学之、审问之、慎思之、明辨之,成四节次第,恁地方是。"②一重又一重,层层深入;这种层层深入,也是一种由粗及精的过程。"穷理需穷究得尽。得其皮肤是表也,见得深奥是里也,知其粗不晓其精,皆不可谓之格,故云表里精粗无不尽。"③人们在认知世界过程中,需要经过这样由近及远、由浅入深、由粗到精的反复过程。这可以由量的逐渐积累而到豁然贯通的质的飞跃,即达到对最高的理的体识。

朱熹在认知来源问题上,并不否认见闻之知。由此,他展开了关于认知的诸形式的探讨,如知觉、心思、虑意等。他认为,知觉是见闻之知发生的一种形式。"生指人物之所以知觉运动者而言。"④"以气言之,则知觉运动,人与物若不异也。以理言之,则仁义礼智之禀,岂物之所得而全哉?"⑤生命是人和物所以有知觉运动的前提和基础。人的生命是理与气的结合,气构成人的五官躯体,故知觉运动是属于气的范围的。何谓知觉?"知是知此一事,觉是忽然自理会得。"⑥"知者因事因物皆可以知,觉则是自心中有所觉悟。"⑦知是与事物接触,而获得对此一事的了解;觉是在知的基础上,心中有所觉悟,即对此一事不仅有所了解,而且有一定的见解,形成了关于此一事物的整个形象,这就是知觉。朱熹所谓的知与觉,相当于感觉和知觉,它是属于感性认知的形式,它所知觉的是客体对象的外部形象,在朱熹的认知逻辑结构中属于"今日格一物,明日格一物"⑧的"积累"阶段。对于由知觉所获得的感性材料,还需要经过由浅入深、由粗到精、由表及里的工夫,它必须依赖于心思才能由积累而达贯通。

"心"从认知的意义上说,具有两层含义:一是作为认知工具,朱熹沿袭了孟子"心之官则思"的思想,以心为思维器官。不过他训官为主。"问:官

---

① 朱熹:《吕氏大学解》,《朱文公文集》卷七十二。
② 黎靖德编:《朱子语类》卷十五。
③ 黎靖德编:《朱子语类》卷十八。
④ 朱熹:《告子章句上》,《孟子集注》卷十一,世界书局 1936 年版。
⑤ 朱熹:《告子章句上》,《孟子集注》卷十一。
⑥ 黎靖德编:《朱子语类》卷五十八。
⑦ 黎靖德编:《朱子语类》卷五十八。
⑧ 黎靖德编:《朱子语类》卷十二。

字如何？曰：官是主心主思。"①即心这个器官是主思想的。他说："心之官固是主于思，然须是思方得。"②既以思为职，就不能不思。二是心既是认知工具的思维器官，又是一种虚灵不测的本体。"心者人之神明，所以具众理而应万事者也。"③"虚灵自是心之本体，非我所能虚也。耳目之视听，所以视听者，即其心也。岂有形象？然有耳目以视听之，则犹有形象也。若心之虚灵，何尝有物？"④它不是指心、肝、脾、肺、肾五脏的心。它心量广大，心包万理或心具众理。大而天地，小而蝼蚁，都是心的思维活动的范围。这两层意思，除却道德属性，都属于认知论范围。他较之前人扩大了认知论所探讨的领域。

由心思出发，朱熹进一步探讨了虑与意的思维活动形式。如果说心思是通过人脑而对感觉材料进行加工的话，那么，虑就是不要浮光掠影，浅尝辄止，而要使心思进一步深化。

关于虑在思维活动过程中的作用，朱熹说："虑是思之重复详审者。"⑤"虑是思之周密处。"⑥"虑谓处事精详。"⑦倘若思是对感觉材料进行由表及里的加工，虑便是反复这种加工的过程，并详审这个过程，使认知达到一定的目的。虑是思维"射而中的"，而是所得；虑就是会思量事，事事得当，使知识逐渐接近正确。

关于意在思维活动过程的作用，朱熹说："如爱那物是情，所以去爱那物是意，情如舟车，意如人去使那舟车一般。"⑧"情是会做底，意是会百般计较做底，意因有情而后用。"⑨"意则有主向。如好恶是情，好好色，恶恶臭便是意。"⑩意是一种意见和主张，它是在知觉积累了有关某一事物的丰富感性材料基础上，通过心思，认知了某一事物的本质，而形成了设想和方案。

---

① 黎靖德编：《朱子语类》卷五十九。
② 黎靖德编：《朱子语类》卷五十九。
③ 朱熹：《尽心章句上》，《孟子集注》卷十三。
④ 黎靖德编：《朱子语类》卷五。
⑤ 黎靖德编：《朱子语类》卷十四。
⑥ 黎靖德编：《朱子语类》卷十四。
⑦ 朱熹：《大学章句》经一章。
⑧ 黎靖德编：《朱子语类》卷五。
⑨ 黎靖德编：《朱子语类》卷五。
⑩ 黎靖德编：《朱子语类》卷五。

它似乎是某些认知成果的凝结体,然后才产生主张和方案,意又是一种带规律性的认知,它对知觉材料进行加工,形成概念,由而抓住了某一事物的本质及其内部联系;意也是一种判断,如"好好色,恶恶臭",第一个好和恶,便是对"好色"、"恶臭"的判断,这便是意。

从知觉而达心思、意虑,是认知过程由量变到质变,即由积累到贯通。心思依赖于知觉,知觉有待于心思,两者既有区别,而又统一。同时也是感性认知和理性认知的诸形式。

那么,当格物变成致知,积累转化为贯通时,人们的耳目感官如何反映客体对象是正确的或是歪曲的? 在物交物中,能否穷尽一物中的理,而达到对理的体认? 朱熹认为,这在很大程度上取决于认知主体的作用。只有加强认知主体的修养,才不会使人们的耳目感官或头脑的思想方法发生弊端,导致认知上的错误,而不能体认本体的理。于是朱熹提出了"居敬持志"的方法。"盖为学之道,莫先于穷理;穷理之要,必在于读书;读书之法,莫贵于循序而致精;而致精之本,则又在于居敬而持志。"①居敬持志——致精——读书——穷理之要,是说要穷尽事物之理,必须先居敬持志。所谓敬,是动容貌、整思虑。"持敬之说,不必多言,但熟味整齐严肃,严威俨恪,动容貌,整思虑,正衣冠,尊瞻视,此等数语,而实加功焉,……身心严然,表里如一矣。"②认知主体"心"经过从正衣冠到整思虑,即从外到内的整肃,存心而不被外诱。敬是主一。"庄整齐肃,则心便一,一则自无非僻之干,存之久而天理明矣。"③"主一"就是收拾自家精神,不流于邪僻,不被人欲所诱。如何主一,而能获得正确认知? 其重要的方法:一是加强修养,使之磨去人欲;二是人们的耳目等感觉器官不被外物所诱,譬如眼睛不被外界的颜色所蒙蔽,耳朵不被外界的声音所扰乱,鼻子不被外界的香臭所混淆,口不被外界的味道所迷惑,身体不被安逸所迷恋等。只有摒弃物欲之所乱,才能使心复明,而无所不照。此外,读书也是加强认知主体修养的一种工夫。"人常读书,庶几可以管摄此心,使之常存。横渠有言,书所以维持此心,一时放下,则一时德性有懈。其何可废?"④读书可管摄此心,就是使本心常

---

① 朱熹:《甲寅行宫便殿奏札二》,《朱文公文集》卷十四。
② 朱熹:《答杨子直》,《朱文公文集》卷四十五。
③ 朱熹:《经筵讲义》,《朱文公文集》卷十五。
④ 黎靖德编:《朱子语类》卷十一。

存,而不被私欲牵引。通过上述方法,便能加强认知主体的修养,而能达到对理的认知。

朱熹在完成理——气——物——理的哲学逻辑结构的过程中,展开了如何由物而体认理的多层次的论证。因此,使他的知识论在当时不仅别开生面,而且闪现出一些有价值的思想。

(四)理气关系在人性论的贯彻和展开

朱熹哲学逻辑结构在人这方面的运用和展开,便表现为性、心、情等人性问题。陈淳在《北溪字义》中说:"何以不谓之理而谓之性?盖理,是泛言天地间人物公共之理;性,是在我之理。只这道理,受于天而为我所有,故谓之性。性字从生从心,是人生来具是理于心,方名之曰性。"①性便是理在人身上的体现。理在物上的体现便是物性。朱熹认为,人性与物性既同又异。就其同者而言,"人物之生,同得天地之理以为性,同得天地之气以为形。"②一是同得天地之理以为性,二是同具有知觉运动,这是指人与物同具有生命运动和生理知觉运动,实是指人性的自然属性与物性的相同。就其异而言,"其不同者,独人于其间得形气之正,而能有以全其性,为少异耳。虽曰少异,然人物之所以分,实在于此。"③人得形气之正,而能全其性;禽兽不能得形气之正,不能全其性。虽然这是正与不正、全与不全之别,实是区分人性与物性的标准。如果人们不认知这个异,那么,人也就无异于禽兽了;认知这异,人便自贵于物,而不陷于禽兽,这是人的自我觉悟。从人性来说,朱熹继承张载、程颐天命之性与气质之性的提法,认为这解决了以往性善性恶之争。他认为,孟子讲性善,是从大本上说的,但只知有天命的善性,而不知有气质之性,因此不能从理论上说明恶从哪里来的问题。荀子性恶论,其偏在于"只见得不好底"④,其失是论气不论性。扬雄企图调和孟荀,主张善恶

---

① 陈淳:《性》,《北溪字义》卷上。
② 朱熹:《离娄章句下》,《孟子集注》卷八。
③ 朱熹:《离娄章句下》,《孟子集注》卷八。
④ 黎靖德编:《朱子语类》卷四。

混。朱熹认为他"只见得半善半恶人底性"①,其实是论气不论性。自从张载、程颐的天命之性和气质之性一出来,便上接孟子,"接得有首尾,一齐圆备了"②。如果张、程之说早出来,那么,人性善、恶、善恶混之争,也就不存在了。性善性恶之争,经过张、程的发挥和补充,使人性论更具理论形态和适合于后期宗法社会统治者的需要。因此,深得朱熹的称颂,以为"有功于名教者"③,或"极有功于圣门,有补于后学"④。

所谓天地之性(又称天命之性、本然之性)是专指理言,不包含气,它是至善的、完美无缺的。"性即理也,当然之理,无有不善也。"⑤"其本然之理,则纯粹至善而已,所谓天地之性者也。"⑥气质之性,"则以理与气杂而言之"⑦。由此便决定了气质之性的善恶的两重性,推而有刚柔、厚薄等。"天地间只是一个道理,性便是理。人之所以有善有不善,只缘气质之禀,各有清浊。"⑧天命之性与气质之性,既相对待又相互统一。"才说性时,便有些气质在里。若无气质,则这性亦无安顿处。"⑨"天命之性,非气质则无所寓。"⑩两者相互依赖。它表现在人身上,也是统一的。"有气质之性,无天命之性,亦做人不得;有天命之性,无气质之性,亦做人不得。"⑪两者不可缺一,否则形成不了人。这是因为一方面两者不相离,"性离气禀不得,有气禀,性方存在里面,无气禀,性便无所寄搭了"⑫;另一方面,两者相辅相成,"性非气质,则无所寄,气非天性,则无所成"⑬,双方各以其对方为自己存在的条件。这便具有辩证的因素。

朱熹认为,天命之性和气质之性都安顿于心,道心与人心亦安顿于心,

① 黎靖德编:《朱子语类》卷五十九。
② 黎靖德编:《朱子语类》卷四。
③ 黎靖德编:《朱子语类》卷四。
④ 黎靖德编:《朱子语类》卷四。
⑤ 黎靖德编:《朱子语类》卷四。
⑥ 朱熹:《四书或问》卷十七。
⑦ 朱熹:《答郑子上》,《朱文公文集》卷五十六。
⑧ 黎靖德编:《朱子语类》卷四。
⑨ 黎靖德编:《朱子语类》卷四。
⑩ 黎靖德编:《朱子语类》卷四。
⑪ 黎靖德编:《朱子语类》卷四。
⑫ 黎靖德编:《朱子语类》卷九十四。
⑬ 黎靖德编:《朱子语类》卷四。

于是天命之性即道心,气质之性即人心。那么,作为道心与人心的统一的心,是否与性相当呢? 在他的哲学逻辑结构中,则应与性相类。从其本体意义上看,则心相当于理。"理即是心,心即是理,有一事来,便有一理以应之。"①"吾以心与理为一。"②从人性论上看,心则相当于性。"如《中庸》说天命之谓性,即此心也;率性之谓道,亦此心也。"③心便是性。从认识论角度看,心则是思维器官。如是,则理、性、心是统一的。"理在人心,是之谓性。性如心之田地,充此中虚,莫非是理而已。"④但它们之间,也有区别:理是天理,而无物欲之私;以气禀物欲之私,出于心,则与理有异。"心大概似个官人,天命便是君之命,性便如职事一般,此亦大概如此。……性虽虚,都是实理。心虽是一物,却虚,故能包含万理。"⑤其别是职责或具体任务的不同和虚实的区别。

所谓道心,出于天理或性命之正。"道心者天理也,微者精微。"⑥"原于性命之正。"⑦关于道心的内涵,他说:"仁、义、礼、智、恻隐、羞恶、是非、辞逊,此道心也。"⑧"知觉从君臣父子处,便是道心。"⑨道心即是仁、义、恻隐、羞恶等义理之心。所谓人心,则出于"形气之私"⑩。"如饥饱寒暖之类,皆生于吾身血气形体,而他人无与,所谓私也。亦未能便是不好,但不可一向徇之耳。"⑪他把饥则求饱、寒则求暖的生理要求,说成形气之私,显然不对。然而人心既为私,它便是人欲。"人心者,人欲也;危者,危殆也。"⑫朱熹认为,人欲就是饥思食,寒思衣。"人心便是饥而思食,寒而思衣底心。"⑬如果说饥食渴饮是人欲,那么,圣人或上智的人,也须饥食渴饮,岂不圣人也有人

①　黎靖德编:《朱子语类》卷三十七。

②　黎靖德编:《朱子语类》卷一百二十六。

③　黎靖德编:《朱子语类》卷十一。

④　黎靖德编:《朱子语类》卷九十八。

⑤　黎靖德编:《朱子语类》卷五。

⑥　黎靖德编:《朱子语类》卷七十八。

⑦　朱熹:《中庸章句序》,《朱文公文集》卷七十六。

⑧　黎靖德编:《朱子语类》卷六十二。

⑨　黎靖德编:《朱子语类》卷七十八。

⑩　朱熹:《尚书·大禹谟》,《朱文公文集》卷六十五。

⑪　黎靖德编:《朱子语类》卷六十二。

⑫　黎靖德编:《朱子语类》卷七十八。

⑬　黎靖德编:《朱子语类》卷七十八。

欲？这使他陷于困境。于是他承认圣人不能无人心，但不承认圣人有"人欲"。既然人心有好的，以至人欲也未便不好，因而他认为人心兼善恶。道心与人心，犹如天命之性与气质之性的关系，两者既相对待，又相互联系。从相对待说，其别有三：一是来源不同，道心来于性命之正，人心生于形气之私；二是所以为知觉者不同；三是为善为恶不同，道心为善，人心有善有恶。这三条构成了两者的对待。从相联系看，道心人心"杂于方寸之间"，"本只是一个物事"①，是一个事物的两个方面。"譬如一物判作两片，便知得一个好，一个恶。"②两者关系犹如船与舵。"人心如船，道心如舵。任船之所在无所向，若执定舵，则去住在我。"③船无舵，则无所定向；舵无船，则无用。双方都以其对方的存在为条件，缺一不可。同时道心和人心又相互渗透。"然此道心却杂出于人心之间，微而难观，故必须精之一之，而后中可执。"④两者杂出。但是，朱熹认为，两者虽相互依存，仍有个主次、主从关系。"道心则是义理之心，可以为人心之主宰，而人心据以为准者也。"⑤道心主宰人心。"若是道心为主，则人心听命于道心耳。"⑥听命于道心，人心便隶属于道心。这便陷入了形而上学。

总之，"天命之性"与"气质之性"，"道心"与"人心"的关系，实是其哲学逻辑结构中"理"——"气"关系在人性论上的贯彻和展开。为了揭示其人性论体系内在的逻辑层次和基本范畴的联系，兹作下图（由中而至左、右）：

在这个图中，"理"仍然是最高的范畴。"理"以自身为"性"、为"心"，经过多层次的序列，而降到人，从而构成了人性论的逻辑结构。在这个逻辑结构中，"天地之性"、"气质之性"和"道心"、"人心"，是关键的一环。由此而推致出"正"、"偏"和"天理"、"人欲"，而形成了昏明、清浊、贵贱、贫富、寿夭、善恶、美丑等的差别，为现实世界的圣、凡和贤、愚的等级关系，治人与治于人的关系作补正论证。如果说在朱熹哲学逻辑结构中，从"理"——

---

① 黎靖德编：《朱子语类》卷七十八。
② 黎靖德编：《朱子语类》卷七十八。
③ 黎靖德编：《朱子语类》卷七十八。
④ 黎靖德编：《朱子语类》卷六十二。
⑤ 黎靖德编：《朱子语类》卷六十二。
⑥ 黎靖德编：《朱子语类》卷七十八。

"人"（"物"）需借助于"气"，那么，其人性论体系内从"性"（"心"）——"人"也需要借助于"气"，这便是"气禀"、"气质"。尽管"天地之性"、"道心"不是出于"理"与"气"杂，但"天地之性"和"道心"必须借"气质之性"、"人心"而"安顿"和"附著"。因此，"理"——"气"——"物"（人）——"理"的逻辑结构，即成为"性"（"心"）——"气禀"——"人"——"性"（"心"）的逻辑层次。

显然，朱熹企图以"天命之性"、"气质之性"和"道心"、"人心"的说教，把宗法等级制度和小农经济生产关系的产物的仁、义、礼、智"四德"，说成根源于"天命之性"或"道心"的先验"善性"，而把"人欲"说成根源于"人心"或"气质之性"的"恶性"，去恶从善、"遏欲存理"的修炼，就是使"人心"转为"道心"，超凡入圣。朱熹通过这样烦琐的论证，一方面，在人性的幌子下，抹杀和掩饰现实的阶级关系和阶级矛盾，以便麻痹劳动人民。只要凡人发挥"人心"或"气质之性"中先验的"善性"，按照"四德"、"四端"去做，便能使"人心"听命于"道心"，"天理"之公便战胜"人欲"之私，由危转安。另一方面，他通过"气禀"清浊、昏明的论证，说明人的贤愚、贫富、贵贱的等级差别是先天的，为宗法等级制度的合理性、永恒性制造理论根据。

（五）朱熹哲学的历史地位及其作用

朱熹是我国古代社会开始向后期演变时期的儒家主要代表人物。他以儒家的伦理观点为核心，糅合佛、道思想，把自然、社会、人生等方面问题统统纳入其思想体系,建立起博大的哲学逻辑结构,故全祖望称他为"致广大,尽精致,综罗百代矣"①,颇有道理。这一哲学体系把我国中世纪时期的哲学发展到新的阶段,从宋末,历元明至清的700年间,一直是统治阶级的官方哲学,标志着中国古代社会意识形态的更趋完善。

历史往往是捉弄人的。谁知这个被历代统治集团尊为大贤的朱熹和被奉为官方哲学的朱熹思想,却在他在世时,连遭厄运,不仅屡被排斥,死后葬礼亦受限制。朱熹还被称为"伪师",学生被称为"伪徒"。其政敌害怕朱熹学生门徒借送葬而"妄谈时人短长"和"谬议时政得失",下令约束和派人监视。而且他的"理学"思想,被称为"伪学",还立《伪学逆党籍》,株连所及,有记载的便有59人②,更谈不上被推崇了。他提出的一些改革弊政的主张和措施,尽管很难实行,但在当时的具体历史条件下,有一定的积极作用。但随着历史的发展和时代的变迁,朱熹"理学"思想的理论价值愈来愈被统治者所认识,也愈来愈被尊崇。朱熹被抬入孔庙,理学被捧为官方哲学。朱熹有一句话:"非徒有望于今日,而又将有望于后来也。"③这句话倒是应验了。宋理宗赵昀以"理学""有补治道","用邹兗例也"④,按孟子的礼仪来祭祀朱熹。度宗咸淳五年下诏,朱熹故乡婺源为阙里,"赐文公阙里于婺源"⑤,就有把朱熹抬高到与孔子相当地位的味道。元王朝建立了南北统一的国家,"理学"在北方得以流传,元仁宗爱育黎拔力八达延祐年间复科举,诏定朱熹《四书集注》试士子,"理学"的正统地位渐次确立。明代朱元璋洪武二年,诏天下立学,科举以朱熹等宋儒"传注为宗",规定《四书五经》、《性理》、《资治通鉴纲目》、《大学衍义》、《名臣奏议》等为读书和考试范围,如有超越或窃"异端邪说"的一律不取,朱熹"理学"的正统地位,屹然无可动摇。清圣祖玄烨命大学士熊锡履、李光地等编《朱子全书》,他亲自为《朱子全书》作序:"至于朱夫子集大成,而绪千百年绝传之学,开愚蒙而立亿万世一定之规。"直把朱熹喻孔子,以为即使圣人复起,也不能超过朱熹了。朱

---

① 黄宗羲原著,全祖望补修:《晦翁学案》,《宋元学案》卷四十八,中华书局1986年版。
② 参见郎瑛:《七修类稿》卷十六。59人姓名,见《朱熹思想研究》,中国社会科学出版社1981年版,第80页注①。
③ 朱熹:《戊申封事》,《朱文公文集》卷十一。
④ 陈邦瞻:《道学崇黜》,《宋史纪事本末》卷八十,中华书局1977年版。
⑤ 《朱子世家》,《婺源县志》卷十八,《中国地方志集成》,上海书店1993年版。

熹被历代统治阶级愈抬愈高，朱熹的思想的正统地位也愈来愈巩固。其思想的这种历史地位和命运，显然不决定于其思想自身，而是后期宗法社会的客观需要，他们运用朱熹的哲学思想，来为其本集团的利益服务，而把"理学"，特别是"朱学"巩固起来。当然，统治集团之所以把朱熹思想巩固起来，说明朱熹思想也适应了统治集团的需要，而成为正统哲学的。

那么，朱熹思想有哪些方面适应后期宗法社会统治的需要？

第一，"一学术"、"一道德"的需要。随着宋代高度集中的中央集权的君主专制制度的建立，统治集团需要一种理论形态作为统一的思想，以便作为科举考试的答案标准和衡量"正"、"偏"、"异端邪说"与圣人之言的准绳。统治集团经过长期的探索和总结，找到了"理学"。从宋末，历元明，到清，"理学"之所以被统治集团作为统一思想，一是有一个"道统"，二是有补于"治道"。

第二，强化"三纲五常"，巩固专制统治。唐末至五代，伦常败坏，礼仪松弛。宋代统治集团在加强中央集权制度的同时，必须提出一整套道德伦理思想，来整顿伦常，强化礼教，维护宗法等级秩序。朱熹适应了这种需要，不仅提出了一套以"三纲五常"为核心的道德伦理思想，而且把"三纲五常"抬高到"天理"的高度，使它具有至高无上的绝对性、永恒性，也具有普遍性。人物禽兽都无逃乎"三纲五常"，佛、道也无逃于此，调和了"三纲五常"与佛、道之间的矛盾。被朱熹所强化了的"三纲五常"，成为维系后期宗法社会宗法关系的主要链条。"父为子纲"、"夫为妻纲"，就是以父子、夫妻为中心的宗法关系，它是以血缘关系为基础而建立起来的宗法等级关系。"君为臣纲"，则是以父子为中心的宗法关系的延续和扩大。这样便构成了以君臣、父子、夫妇等级关系为主轴，以宗法关系为基础的专制政治制度，把全国和全体人民纳入宗法家族统治网，而成为后期专制社会的主要特点。

第三，"存天理，灭人欲"，强化宗法礼教。宗法社会后期的统治集团，依据他们自己的利益，利用朱熹"天理"与"人欲"之辩，把"天理人欲，不容并立"的一面巩固起来，极力宣扬"革尽人欲"、"复尽天理"，并把它与君主专制主义结合起来，作为上层建筑领域实行政治和文化专制的理论依据。在"存天理，灭人欲"的旗号下，后期宗法社会造成了两方面的惨祸：一方面是大兴文字狱，以消除一切不满统治的意识和言论；另一方面是大力倡导"饿死事小，失节事大"的礼教，受害最深、最烈的为妇女。基于上述原因，理学被统治集团巩固起来。它不仅统治了后期宗法社会整个思想文化领域，而且成为政治、法律、道德、艺术等上层建筑各个领域的指导原则，成为巩固社会统治秩序的强大精神支柱。这也是朱熹"理学"的历史作用。

尽管朱熹"理学"随着宗法社会向后期推移，在政治上所起的作用愈来愈失去其生气，但是，从人类思维发展的历史来看，它无疑是中国古代哲学发展过程中的一个重要环节。朱熹是一个相当博学的知识分子，他博览群书，熟通经史，并对自然科学进行了研究。如果说，哲学是对于自然知识和社会知识的概括和总结的话，那么，这两种知识不仅对主张形而上客体理的学者有影响，而且对主张形而上绝对理的学者也有作用。自然科学的发展，也使朱熹哲学逻辑结构加进了形而下的内容。在朱熹哲学逻辑结构中，如果剥掉理的形式，而就从"气"——"物"的具体内容来看，那么，它无疑是对于客观世界的本质的不同程度的，甚至是无限深刻的反映，所以，就其方法和内容来说，朱熹的哲学体系是一种形而上绝对理倒置过来的形而下的客体理。朱熹哲学是宋明哲学发展圆圈中的重要一环。这个圆圈的出发点似是张载气本体论，这是张载克服了王充元气自然论的缺陷，战胜魏晋以来玄学、佛学本体论的结果，他论证了事物与事物规律的关系问题。其失是既无充分论证，又有哲学体系内在的矛盾，因此被朱熹所继承、所否定。作为更高形态的朱熹哲学，克服了张载在"理气"，即事物与事物规律方面的贫乏，提出了许多重要的、相对的范畴，展开了多层次、多方面的论证，构成了"理"——"气"——"物"——"理"的哲学逻辑结构。它不仅在更广大的领域里丰富发展了哲学的内容，而且基于对这些范畴的周详辨析、精微论究，而把古代哲学提高到一个新的阶段。因此，朱熹以更高形态的思辨理性哲学否定了张载的气本体论。这就不能不促使后来的心本体论和气本体论者建立更高形态的哲学体系，来取代朱熹哲学。王守仁、王夫之哲学作为古代心本体论、气本体论哲学的最高形态，试图否定朱熹思辨理性哲学，这便构成了从张载——朱熹（经过二程）——王守仁——王夫之（戴震）的哲学圆圈。后一个哲学体系的出现，既是对前者的否定，也为后者的产生创造了条件，从而形成了否定之否定的螺旋式前进的运动。朱熹哲学作为由张载到王守仁到王夫之这个圆圈中的中间环节，在哲学思想螺旋式发展的圆圈中的地位和作用，是应给予肯定的评价的。

在研究整个人类哲学思想发展的历史时，如果全面地而不是片面地考察整个人类理论思维发展的历史,抛弃人为地以某一地区或某一民族的思想为中心而全然不顾其他地区和民族的思想发展的片面性,那么,在考察绝对观念在形态上的发展时,用朱熹的理性主义哲学逻辑结构,来填补从柏拉图到黑格尔绝对观念螺旋式发展圆圈中的中世纪经院哲学时期的空缺,似乎是适当的。从整个人类哲学思想的发展来看,柏拉图——朱熹——黑格尔,似乎较为完整。总结这个哲学发展的形态,不仅能提高理论思维的能力,而且能相互促进各民族哲学思想的发展。

三、朱熹道的思想

朱熹道的范畴,涵盖广泛,含义深远。在朱熹哲学逻辑结构中,道是一个带有纲领性的范畴,它与"理"、"太极"等范畴相当,共同构成朱熹哲学的最高范畴系统。作为最高范畴,它又向两个方面扩展:一是通向自然宇宙,与天地万物,即器相联结;一是通向人间世界,构成伦理原则、道德规范。"道"既是自然知识和社会知识的抽象和概括,又通向自然与社会。这样往复循环,从具体到抽象,又从抽象到具体,道的内容、形式便愈来愈丰富和发展。

(一)道的内涵

"道"作为主体对世界和自身本质与一般规律认识的一个范畴,不仅受客观历史时代的制约,而且受人们自身思想体系、哲学路线、知识结构的支配。因此,从纵的方面来说,各个历史时代有各种不同的"道",对"道"的理解随着历史的发展而发展;从横的方面而言,与每一历史时代思潮的结合中,各哲学学派、哲学家个人对"道"的诠释亦有歧异。朱熹是这样解释的:

第一,道是形而上之理,是超越形器的理性精神。

> 或谓不当以太极、阴阳分道器……。阴阳太极,不可谓有二理必矣。然太极无象,而阴阳有气,则亦安得无上下之殊哉?此其所为道器之别也。故程子曰:形而上为道,形而下为器,须著如此说。①

---

① 朱熹:《太极图说·附辨》,见《周子全书》卷二。

以"太极"、"阴阳"分"道器",便是无象之"太极"是"道",有"气"之"阴阳"为"器",而并非有二理。"太极"与"阴阳"的形而上下之殊,就是"道"与"器"的形而上下之别。但是,《周易·系辞》说"形而上者谓之道",又说"一阴一阳之谓道",那么,阴阳为道、为形而上吗?朱熹在与陆九渊辩论时回答说:"一阴一阳,虽属形器,然其所以一阴而一阳者,是乃道体之所为。"①"阴阳"是形器,"道"是超乎"形器"之外的一阴一阳的"所以然"者,这"所以然"者便是支配阴阳的道体所为。因此,凡学生问到"阴阳为道"、"阴阳是道"的时候,朱熹都要加以纠正:"'一阴一阳之谓道',阴阳是气不是道,所以为阴阳者乃道也。"②"阴阳"是"气",不是"道";阴阳循环不已,乃是"道"的表现。"太极"与"阴阳"、"道"与"气"的形而上下的界限不能混淆。

第二,道是无形体、无声臭的理性实体。

> 形而上者谓之道,形而下者谓之器,道本无体,……那无声无臭便是道。③

无形体、无声臭的"道",通过什么来展现自己的实体?"盖道无形体,只性便是道之形体。"④如果此"性"是指"道"的属性、作用,还有一定道理的话,那么,以仁、义、礼、智为"性",确为不妥,因为仁、义、礼、智作为道德心性,那是一种意识,意识自身无形体,岂能为"道"的形体。所谓无形体、无声臭,便是超经验、超感觉的理性或观念。它是永恒存在,万古不灭的:"若论道之常存,……自是亘古亘今、常在不灭之物,虽千五百年被人作坏,终殄灭他不得耳。"⑤"道"作为一种精神实体,虽然长期被人破坏,但并没有被消灭,它永恒存在:"吾道一以贯之,此圣人之道,所以为大中至正之极,亘万世而无弊者也。"⑥万世无弊,永远是完美的,因此,无须加损,是一个超时空的理性实体。

第三,"道"就是"性",是人性之道;人性之道,便是仁、义、礼、智、信之性。

> 道即性,性即道,固只是一物,然须看因甚唤做性,因甚唤做道。⑦

---

① 朱熹:《答陆子静》,《朱文公文集》卷三十六。
② 黎靖德编:《朱子语类》卷七十四。
③ 黎靖德编:《朱子语类》卷三十六。
④ 黎靖德编:《朱子语类》卷四。
⑤ 朱熹:《答陈同甫》,《朱文公文集》卷三十六。
⑥ 朱熹:《杂学辨·苏黄门老子解》,《朱文公文集》卷七十二。
⑦ 黎靖德编:《朱子语类》卷五。

"道"与"性"实同而名异。但为什么叫作"道",为什么叫作"性"呢?"道是泛言,性是就自家身上说。……道是在物之理,性是在己之理,然物之理都在我此理之中,道之骨子便是性。"①就所指对象而言,一是在物之理,一是在己之理,有物己,即客体与主体之别;就所指范围来说,一是泛言,一是就自家身上说。这便是两者之异。

《中庸》说:"率性之谓道",朱熹解释说:"性是一个浑沦底物,道是支脉,恁地物,便有恁地道。率人之性,则为人之道;率牛之性,则为牛之道。"②所谓"道"是支脉,便是指分派条理说的。"性是会浑沦的物,道是个性中分派条理;循性之所有,其许多分派条理即道也。"③"道"是浑沦未分的"性"中条理。然而,人有人性,物有物性,如牛有牛性,马有马性。"故循人之性,则为人道;循马牛之性,则为马牛之道。若不循其性,令马耕牛驰,则失其性,而非马牛之道矣。"④随着"性"去,人性为人道,物性为物道。如果说,性是一个未分派的普遍原则,那么,"道"是这个普遍原则所具有的固有条理或规律,而不能违反。若不遵循普遍原则所固有的条理或规律,"令马耕牛驰",便不是马牛之"道"了。就人而言,便是仁、义、礼、智之性,"循其仁义礼智之性而言之,固莫非道"⑤。朱熹大体上是同意这个看法的。仁、义、礼、智之性便是人道。

第四,"道"是人伦道德,是三纲五常等道德观念和行为规范。

> 道则人伦日用之间所当行者是也。⑥

> 人之生也,均有是性;均有是性,故均有是伦;均有是伦,故均有是道。⑦

人有人性,有人性,便有人伦或伦常。人们所履行的这个共同的伦常,便是"道"。"道"作为人们"所当行"者来说,以人伦日用为最要紧,它体现为人之"五伦"。他说:"道之在天下,其实原于天命之性,而行于君臣、父子、兄

---

① 黎靖德编:《朱子语类》卷一〇〇。
② 黎靖德编:《朱子语类》卷六十二。
③ 黎靖德编:《朱子语类》卷六十二。
④ 黎靖德编:《朱子语类》卷六十二。
⑤ 黎靖德编:《朱子语类》卷六十二。
⑥ 朱熹:《述而》,《论语集注》卷四。
⑦ 朱熹:《四书或问》卷三十二。

弟、夫妇、朋友之间。"①又说:"吾之所谓道者,君臣、父子、夫妇、昆弟、朋友当然之实理也。"②君臣、父子、兄弟、夫妇、朋友,便是人的五伦;而行于此"五伦"之间的"实理",便是"道"。"道只是人所当行之道,自有样子;如为人父止于慈,为人子止于孝;只从实理上行,不必向渺茫中求也。"③所谓"实理",在这里便是指"如父当慈,子当孝,君当仁,臣当敬,此义也;所以慈孝,所以仁敬,则道也"④。慈、孝、仁、敬,义为"五伦"所当行之"实理",明白此"实理",就不会陷入渺茫。这便是人之所以为人的标志。人的行为若合乎此"实理",便具有人的价值;若不合乎此"实理",便不具有人的价值。"道"就是所以慈、孝、仁、敬,慈、孝、仁、敬是"所当然"的"实理","道"是"所以然"的道理。这个"所以然"的道理,便是与"五伦"相对应的五种道德规范,即"五常"。"所谓道者,五常而已。非此则其动也邪矣。"⑤"五常"便是仁、义、礼、智、信,按此而行,便不会产生邪恶。学者的工夫,只是审个善恶是非。"学者工夫,只求一个是。天下之理,不过是与非两端而已。从其是则为善,徇其非则为恶。事亲须是孝,不然则非事亲之道;事君须是忠,不然则非事君之道。"⑥对于君臣、父子,若能尽忠、尽孝,即尽其伦理之道,他的行为便是善的、是的,而不是恶的、非的,这便是人伦道德之标准,亦是人之内在道德理性之发掘。

第五,"道"是自然界之必然性,是自然和社会的共由的根据。

凡言道者,皆谓事物当然之理,人之所共由者也。⑦

"事物当然之理",就是事物所具有的必然性。"且如这个椅子,有四只脚,可以坐,此椅之理也。若除去一只脚,坐不得,便失其椅之理矣。"⑧"且如这个扇子,此物也,便有个扇子底道理。"⑨椅子四只脚,可以坐,扇子可以扇,这便是"事物当然之理"。如果少一只脚,不能坐,或镜可以照,"把木板子

① 朱熹:《徽州婺源县学藏书阁记》,《朱文公文集》卷七十八。
② 朱熹:《四书或问》卷九。
③ 黎靖德编:《朱子语类》卷三十四。
④ 黎靖德编:《朱子语类》卷五十二。
⑤ 朱熹:《通书·慎动注》,见《周子全书》卷八。
⑥ 黎靖德编:《朱子语类》卷十三。
⑦ 朱熹:《学而》,《论语集注》卷一。
⑧ 黎靖德编:《朱子语类》卷六十二。
⑨ 黎靖德编:《朱子语类》卷六十二。

来却照不见,为他原没这光底道理"①,这便违背了"事物当然之理",即与"道"相违戾。这里既有不依照事物所固有的功能、属性去做的问题,亦有物各有性,不可相互简单代替的问题。事物的运动,必须遵循一定的秩序,它是一种相对稳定的、巩固的联系,这便是所共由的"事物当然之理"。"如一草一木,一禽一兽,皆有理。草木春生秋杀,好生恶死,仲夏斩阳木,仲冬斩阴木,皆是顺阴阳道理(砥录作皆自然底道理)。"②朱熹不仅承认自然界规律的存在,而且以为是不能任意改变的。"天地之化,往者过,来者续,无一息之停,乃道体之本然也。"③

"道"虽是无形体、无声臭、超时空的理性实理,但并不是空无,亦不悬空在那里。朱熹认为,佛、老的错误就在于此。这也是朱熹与佛、老的区别所在。陈淳在《字义详讲》④中有一个陈述:"老庄说道,都与人物不相干,皆以道为超乎天地器形之外。如云'道在大极之先',都是说未有天地万物之初,有个空虚道理。……佛氏论道,大概亦是此意。但老氏以无为宗,佛氏以空为宗,以未有天地之先为吾真体,以天地万物皆为幻化,人事都为粗迹,尽欲屏除了,一归真空,乃为得道。不知道只是人事之理耳。"⑤若以"道"为无、为空、为悬空的客观精神,那便与佛老同流,不知"道"是人事之理,处处体现在人与事之中,而与人事不可分离,"道非是外事物有个空虚底,其实道不离乎物,若离物则无所谓道"⑥。"理"借"气"而安顿,"道"亦借"器"而附着,因而不能离物,离物就没有道,是与实理相对应的实道。

(二)道与诸范畴的逻辑联系

单个范畴并不能构成一个哲学体系,一个哲学体系是由一系列范畴构

---

① 黎靖德编:《朱子语类》卷九十五。
② 黎靖德编:《朱子语类》卷十五。
③ 黎靖德编:《朱子语类》卷九十五。
④ 朱熹高足陈淳所作《北溪字义》原名《字义详讲》,又称《四书字义》或《四书性理字义》,系陈淳晚年讲学由其学生王隽笔录整理而成。
⑤ 陈淳:《道》,《北溪字义》卷下。
⑥ 陈淳:《道》,《北溪字义》卷下。

成的。在这个体系中,范畴与范畴之间有着纵横错综的逻辑联系,在联系中凸显范畴在该体系中的各自地位和作用,也只有在联系中才能体认范畴的性质和把握范畴的功能。只有将"道"这个单个范畴放在朱熹哲学逻辑结构中,在普遍联系的视野下来考察,才能透视它。

1. "道"与"理"

在朱熹的哲学逻辑结构中,"道"与"理"是属于同一层次范畴。朱熹这样说:

> 阴阳,气也,形而下者也;所以一阴一阳者,理也,形而上者也,道即理之谓也。①

"道"与"理"不仅同为形而上,而且与形而下的"器"、"气"相对。"卦爻阴阳皆形而下者,其理则道也。"②"阴阳"、"气"是形而下,所以"阴阳"是"理","理"便是"道",是形而上。"道"与"器"的关系和"理"与"气"的关系相类。朱熹在与陆九渊辩论这个问题时说:"凡有形有象者,皆器也;其所以为是器之理者,则道也。如是,则来书所谓始终晦明奇偶之属,皆阴阳所为之器;独其所以为是器之理,如目之明、耳之聪、父之慈、子之孝,乃为道耳。"③有形象的事物是"器",所以为"器之理"是"道"。"道"是与形器对言的、非形象的形而上之道。这样,就把"道"与"理"这对范畴统一起来了。范畴的同一性,说明朱熹哲学逻辑结构系统具有同一的多面性。

但是,在总体上的同一性、统一性,并非丝毫没有差异。同实异名,异名便有异名的道理。

其一,"道"是宏大,"理"是精密。《语类》记载:"道字宏大,理字精密。"④"道"的涵盖面很大,以至无所不包,无处不在。"道无不包"⑤,"道之全体,固无不该"⑥。"该",《广韵》:"备也,兼也。"是说包罗万象,而无所

---

① 朱熹:《通书·诚上注》,见《周子全书》卷七。
② 朱熹:《系辞上传》,《周易本义》卷三。
③ 朱熹:《答陆子静》,《朱文公文集》卷三十六。
④ 黎靖德编:《朱子语类》卷六。
⑤ 黎靖德编:《朱子语类》卷六十三。
⑥ 朱熹:《泰伯》,《论语集注》卷四。

不备。由无所不备,而普遍存有,"盖道无适而不存也"①。这是从"道"所包的范围说的。与宏大相对,便是精密。"理"是精致细密的,因而,它是"道"字里面的许多理脉,即条理和细脉。这样一来,似乎"道"有包容"理"的意味。

其二,"道"是统名,"理"是细目。道具有一切,是一个共相或大共名。"夫道体之全,浑然一致,而精粗本末内外宾主之分,粲然于其中。"②道体之全,"浑然无所不具"③。浑然,混浊未分的意思。由于道什么都具备,理便是道的细目。"道是统名,理是细目。"④统名与细目,似有一般与个别、整体与部分的意思。

其三,"道"是"公共之理","理"是事事物物之理。这里"道"相当于"理一",而"理"相当于事物中之"万理",这便是"理一分殊"。"道"作"理一",便是公共之理;"万理",是指"理"与"气"合而生万物以后,"理在事中"之"理"。就此"理"而言,可以称为"细目"、"精密"、"细脉"等。

此三点之异,是同中求异。陈淳说:"道与理大概只是一件物,然析为二字,亦须有分别。道是就人所通行上立字。与理对说,则道字较宽,理字较实,理有确然不易底意。"⑤他不以宏大与精密、统名与细目来区分"道"与"理",而是以"宽"与"实"来区别,"宽"就涵盖的范围说,"实"就内涵的性质说,避免了以"道"超乎"理",似在"理"之上的误解。但总的来说,"道"与"理"一件物,既为二字,亦有分别。陈淳的这一分析,可谓得程朱"道"论之要旨。亦可见朱熹对范畴的论述,贯彻了统一对待的辩证思维,给人以方法论的启发。

2. "道"与"太极"

"太极"与"道"、"理"相通,构成朱熹哲学范畴体系的最高范畴。《语类》载:"问:'一阴一阳之谓道,是太极否?'曰:'阴阳只是阴阳,道是太极。'"⑥"道"是"太极",是所以然的形而上者,"阴阳"只是阴阳,并非道;若

---

① 朱熹:《与汪尚书》,《朱文公文集》卷三十。
② 朱熹:《太极图说·附辨》,见《周子全书》卷二。
③ 朱熹:《答吕伯恭》,《朱文公文集》卷三十三。
④ 黎靖德编:《朱子语类》卷六。
⑤ 陈淳:《理》,《北溪字义》卷下。
⑥ 黎靖德编:《朱子语类》卷九十四。

以"阴阳"为"道","阴阳"就是"太极"了,这显然与朱熹哲学逻辑结构相违戾,而为朱熹所反对。"太极形而上之道也,阴阳形而下之器也。"①朱熹哲学逻辑结构的特色,便是明"道"与"器"、"理"与"气"、"太极"与"阴阳"等一系列相对范畴的形而上下之分。陆九渊主张"心即理","心"与"理"合一,而无须形而上下之分。朱、陆在辩论"太极"时,朱熹回答说:"语道体之至极,则谓之太极,语太极之流行,则谓之道。虽有二名,初无两体。"②"道"与"太极"体一而名异。"体一",指原初并非两体,而是道体的极至,叫作"太极"。陈淳解释说:"谓道为太极者,言道即太极,无二理也。"③"道"与"太极"原初没有两个理。"道"是"太极"的流行动态。如果将"道"与"太极"分开,便陷入老庄之论。"庄子谓'道在太极之先',所谓太极,亦是指三才未判浑沦底物,而道又别是一个悬空底物,在太极之先,则道与太极分为二矣。不知道即是太极。"④不能分"太极"与"道"为二,"道"被确定为"太极",在朱熹哲学逻辑结构中的地位与作用,便与"理"、"太极"相似。朱熹在构筑其哲学逻辑结构时,面临着中国传统哲学中的"道器"、"太极阴阳"、"理气"等对偶范畴,虽然在范畴发展的历史中,这些对偶范畴曾不同程度地被强调或被用来说明不同方面的问题,但亦有互相冲突,彼此解释歧异的地方。因此,朱熹在"综罗百代"哲学思想之时,对这些范畴做了重新整理,既对传统范畴作出新解释,又在纳入自己哲学范畴系统时,重新归类,以免相互冲突,而破坏逻辑结构的完整性。于是,朱熹在建立形上学"理"的哲学本体论时,毋庸置疑地便把"道"、"太极"统一起来了,表示了朱熹哲学逻辑结构的严密性。

3. "道"与"器"

如果说,"道"与"理"、"太极"的联系,大体属于横向范畴之间的关系的话,那么,道与器的联结,便属于纵向范畴之间的关系,这种关系,亦体现了朱熹哲学逻辑结构的层次性以及范畴地位、作用的差异性。

"器"在朱熹哲学逻辑结构中,相当于"阴阳"或"气"。因此,"器"并不

---

① 朱熹:《太极图说解》,见《周子全书》卷一。
② 朱熹:《答陆子静》,《朱文公文集》卷三十六。
③ 陈淳:《太极》,《北溪字义》卷下。
④ 陈淳:《太极》,《北溪字义》卷下。

是某一具体事物,但具体事物可谓"器","器"是具体事物的抽象。当朱熹哲学从物上说的时候,"道"在事物之中与"器"相依不离,表现了"道"与"器"的统一性,这种关系与太极、阴阳统一性相似。从理上看,即从形上学本体上说的时候,道在器先,道本器末,表现了"道"与"器"的对待性。从物上看或从理上看,说明朱熹哲学追求"所当然"与"所以然"以及"理一分殊"的特点,是朱熹哲学的深层结构。在这里,朱熹提出了一个值得注意的观点,即从道器的统一中去体认两者的对待性,从"道器"的对待中去体认其统一性。这给人们以体认方法的启迪。

朱熹哲学逻辑结构中,"道"这个范畴与"理"、"太极"、"器"诸范畴的逻辑联系,构成了范畴系统。从哲学范畴系统视野下来考察,可以得知:第一,"道"这个范畴的性质,基本上是指理性实体,可以与"道"的内涵规定相互印证;第二,"道"的地位,是朱熹哲学逻辑结构中最高范畴,是其哲学的逻辑起点与归结点,其地位与性质均与"理"、"太极"相当;第三,"道"与"器"为相对范畴,具体构成理性实体与具体事物的关系,这种关系亦可称为形而上下、本末的关系,而与"太极"与"阴阳"、"理"与"气"的关系相似。把"道"这个范畴放在朱熹的逻辑结构系统的网状联系中,便可较准确地把握"道"这个范畴的本来面貌,展现"道"的具体。

(三)"道"的功能和作用

"道"的功能,是指"道"这个范畴在朱熹哲学逻辑结构中影响、改变或抵抗、承受其他范畴影响和作用的能力。但由于范畴系统中任何一个范畴都有其相对独立性,因而,"道"便具有相对独立的功能。"道"这个范畴的功能大体有两个方面。

1."道"兼体用

"体"是本质、本体,"用"是现象、作用。朱熹解释说:"体是这个道理,用是他用处。如耳听目视,自然如此,是理也;开眼看物,著耳听声,便是用。"①耳目是本体。耳朵能听声音,眼睛能看物事,就是耳目的作用。自提出"体用一源,显微无间"以后,朱熹便认为"道"具有兼"体"与"用"的功能。他说:

> 道者,兼体用,该隐费而言也。②

> 问:"道之体用。"曰:"假如耳便是体,听便是用;目是体,见是用。"③

耳目之体,与耳听目见的用,是统一的,两者不可分开,因此说,道兼体用。"体与用虽是二字,本未尝相离,用即体之所以流行。"④"体与用不相离,且如身是体,要起行去便是用。"⑤体用相依不离。

由于"道"具有兼体与用的功能,因而可以从统一、同一的观点、方法来考察事物之间的关系,如尺与寸、秤与星、扇子骨与人摇的相统一,并通过"道"兼体用的功能,把事物的本体与现象联结起来。所以,"道"具有很大的包容性。"盖道无不包"⑥,而且具有可入性,"以此知大则道无不包,小则道无不入,小大精粗,皆无渗漏,皆是做工夫处"⑦。"道"无不入。正因为道无不包,无不入,所以,其大无外,其小无内。"盖道之为体,其大无外,其小无内,无一物之不在焉。"⑧包容性和可入性构成了"道"兼体用的特点。

"道"兼体用的统一性,"说体用,便只是一物"⑨。不仅相依不离,而且互相转化。《语类》记载:"问:'前夜说体用无定所,是随处说如此。若合万事为一大体用,则如何?'曰:'体用也定。见在底便是体,后来生底便是用;此身是体,动作处便是用;天是体,万物资始处便是用;地是体,万物资生处便是用。就阳言,则阳是体,阴是用;就阴一百,则阴是体,阳是用。'"⑩尽管体用不能"无所定","随处说",有陷入相对主义之嫌,而主张有定,但也承

---

① 黎靖德编:《朱子语类》卷六。
② 黎靖德编:《朱子语类》卷六。
③ 黎靖德编:《朱子语类》卷一。
④ 黎靖德编:《朱子语类》卷四十二。
⑤ 黎靖德编:《朱子语类》卷十七。
⑥ 黎靖德编:《朱子语类》卷六十三。
⑦ 黎靖德编:《朱子语类》卷三十四。
⑧ 朱熹:《玉山讲义》,《朱文公文集》卷七十四。
⑨ 黎靖德编:《朱子语类》卷二十七。
⑩ 黎靖德编:《朱子语类》卷六。

认其相对性,可以互相转化。从阳的方面说,阳体阴用;从阴的方面说,阴体阳用。这种体用关系,会逻辑地异致:从"道"看,道体器用;从"器"看,器体道用。造成朱熹哲学逻辑结构的冲突。

2. "道"通天地人

天、地、人三者,即自然、社会、人生或客体与主体之间,如何联系,如何统一?"道"具有联系三者的功能,亦是其间联系的中介。他说:

> 故率性而行,则无往而非道,此所以天人无二道,幽明无二理,而一以贯之也。[1]

> 阴阳成象,天道之所以立也;刚柔成质,地道之所以立也;仁义成德,人道之所以立也,道一而已。[2]

天人无二道,一以贯之;道一,分而有天道、地道、人道,随事而见。阴阳成象,而有日月星辰;刚柔成质,而有地水山泽;仁义成德,而有伦理道德。如此便有天地人三才之别,道的流行,亦随三才而分,犹人率性而行,无往而非道,但统是一道之流行,一道所贯通。"夫三才之所以为三才者,固未尝有二道也。"[3]朱熹同意他的学生陈淳的话:"故举是道之全而言之,合天地万物人心万事,统是无一息之体。分而言之,则於穆不已者,天之所以与道为体也;生生不已者,心之所以具道之体也;纯亦不已者,圣人之心所以与天地一体也。"[4]合而言,道通天地、万物、人心为一;分而言,天、地、人的流行,都与"道"相符合,而且以"道"为其本体。

朱熹论"道",虽是其哲学逻辑结构中的一个重要范畴,但就其对"道"的内涵的规定、道与诸范畴的逻辑联系,以及"道"的功能,可谓集以往"道"论之成,构成"道"的范畴的自身系统。当"道"与"理"、"太极"相类,便是理性实体;当"道"与"器"相依不离,道在器中,道器不分先后等论述,包含着合理性,是人类认识长河中含有真理性的颗粒。

---

[1]　朱熹:《杂学辨·苏氏易解》,《朱文公文集》卷七十二。
[2]　朱熹:《太极图说解》,见《周子全书》卷二。
[3]　朱熹:《答陈同甫》,《朱文公文集》卷三十六。
[4]　朱熹:《答陈安卿》,《朱文公文集》卷五十七。

四、朱熹易学思想辨析[*]

易学思想是朱熹道学逻辑结构的重要内容。探索朱熹易学思想的"太极"、"阴阳"、"刚柔"、"变化"等范畴，不仅有助于揭示朱熹哲学，而且有补于寻觅宋明理学史的发展脉络。

（一）兼综象数、义理和河图

《周易》言简意赅，便于发挥。历代注《易》，各依己见，实与《周易》本义有异，而成易学各派。秦汉以来，有所谓阴阳家易、道家易、谶纬家易、玄学家易、理学家易等。其间或倡象数解《易》，或倡义理释《易》，各抒己见。于此，朱熹评论说：

> 然自秦汉以来，考象辞者泥于术数，而不得其弘通简易之法；谈义理者沦于空寂，而不适乎仁义中正之归。②

既不满泥于"术数"，又不满沦于"空寂"，故对邵雍之"术数"，程颐之"义理"，均有微辞。于是，他自作《周易本义》，后又作《易学启蒙》③，合"象数"

　＊　本文为1982年美国夏威夷大学召开的国际朱子与新儒学讨论会论文。

　②　朱熹：《书伊川先生易传板本后》，《朱文公文集》卷八十一。
　③　《易学启蒙》的作者，《宋史》曾载："《启蒙》一书，则属元定起稿。"（《儒林四·蔡元定传》，《宋史》卷四三四，中华书局1977年版，第12876页）但据朱熹自己作《本义》、《启蒙》的缘由说："所喻读《易》甚善，此书本为卜筮而作，其言皆依象数，以断吉凶。今其法已不传。诸儒之言象数者，例皆穿凿；言义理者，又太汗漫，故其书为难读，此《本义》、《启蒙》所以作也。"（《答刘君房》，《朱文公文集》卷六十）因此，朱熹以《启蒙》为得意之作："说《大学》、《启蒙》毕因言，某一生只看得这两件文字，透见得前贤所未到处。"（《朱子语类》卷十四）可见《启蒙》为朱熹之作。然曾与蔡元定往复参订定稿。朱熹在《答蔡季通》书中说："《启蒙》中欲改数处，今一出奉呈，幸更审之，可改即改为佳。"（《朱文公续集》卷二）"细看《启蒙》，已不必改，只如前日所说改定一句足矣。"（《朱文公续集》卷二）可知，蔡元定于《启蒙》成书，帮助很大，有的也可能出自蔡的手笔。

与"义理"为一,而集其成。由于理学成为中国元明清时的官方哲学,所以,朱熹易学也被视为正宗。

《周易本义》卷首载有九图①,清代王懋竑认为:

> 《易本义》九图非朱子之作也,……朱子于《易》有《本义》、有《启蒙》,其见于文集、语录、讲论者甚详,而此九图未尝一语及之,九图之不合于《本义》、《启蒙》者多矣。②

近人著文不同意王说,我认为王说有是处,亦有未妥处。

"河图"首见于《尚书·顾命篇》:

> 越玉五重,陈宝:赤刀、大训、弘璧、琬琰在西序;大玉、夷玉、天球、河图在东序。

蔡沈注曰:

> 河图,伏羲时龙马负图,出于河。一、六位北,二、七位南,三、八位东,四、九位西,五、十居中,《易大传》所谓河出图是也。③

孔子也曾说:

> 凤鸟不至,河不出图,吾已矣夫!④

这便是古代关于"河图"的记载和基本图式的描绘。

"洛书",《尚书·洪范篇》曰:

> 鲧则殛死,禹乃嗣兴,天乃锡禹洪范九畴,彝伦攸叙。

蔡沈注曰:

> 禹顺水之性,地平天成,故天出书于洛,禹别之以为洪范九畴,此彝伦之所以叙也。⑤

河图、洛书并称,《系辞上传》曰:

> 天生神物,圣人则之。天地变化,圣人效之。天垂象见吉凶,圣人象之。河出图,洛出书,圣人则之。

---

① 九图,指河图、洛书、伏羲八卦方位图、伏羲八卦次序图、伏羲六十四卦次序图、伏羲六十四卦方位图、文王八卦次序图、文王八卦方位图、卦变图。

② 王懋竑:《杂著·易本义九图论》,《白田草堂存稿》卷一,《四库全书》本。

③ 蔡沈:《书经集传》卷六,《四书五经》本,世界书局1936年版。

④ 《论语·子罕》。按《史记》卷四十七《孔子世家》记载:"鲁哀公十四年春,狩大野,叔孙氏车子钮商获兽,以为不祥。仲尼视之,曰:'麟也。'取之。曰:'河不出图,雒不出书,吾已矣夫。'"这里河图、洛书并称,疑《论语·子罕》篇脱"洛不出图"四字。

⑤ 蔡沈:《书经集传》卷四,《四书五经》本,世界书局1936年版。

宋之前,《春秋纬》、《周髀经解》、《大戴礼记·明堂篇》都有关于"河图"、"洛书"的记载,而非朱熹所作。但以为朱子《文集》、《语录》未尝及"九图",则于事不符。《语类》卷六十五特列"河图"、"洛书"、伏羲卦画"先天图"、"数"等节目,卷七十六画伏羲《八卦次序图》;《文集》卷三十八《答袁机仲》书中,多次论及"河图"、"洛书"、文王八卦之位等问题,并非一语未及。

然而,把《易经》与"河图"、"洛书"的联系真正确定下来,并与其他七图一起置于卷首的,恐自朱熹始。当然,较早的联系已见于《周易·系辞上传》,其后郑玄在《周易》注中说:"河龙图发,洛龟成书。"[①]孔安国《顾命传》曰:

> 伏羲王天下,龙马出河,遂则其文以画八卦,谓之河图。

但自汉京房、焦赣、荀爽、虞翻至唐孔颖达、李鼎祚均未见其载"河图"、"洛书"于卷首。《周易集解》只载《卦气图》、《爻辰图》、《纳甲图》、《二十四方位图》等。虽然北宋时,于"河图"、"洛书"的流传、授受等问题争论不休,而首先置"河图"、"洛书"于《易》的是朱震的《周易图》,并于绍兴六年(1136年)进呈高宗赵构。但胡渭还是这样说:

> 《周易》古经及《注疏》,未有列"图"、"书"于前者,有之自朱子《本义》始。《易学启蒙》属蔡季通(元定)起稿,则又首本"图"、"书",次列卦画。[②]

《本义》成书于淳熙四年(1177年),《启蒙》作于十三年(1186年),后朱震四五十年。然亦有别。朱熹除此二图外,又增七图于卷首;朱震以九数为"河图",十数为"洛书"。朱熹依邵雍说,以九数为"洛书",十数为"河图",以后便成为定说。

至于《易学启蒙序》署名为"云台真逸",是因朱熹其时差主管华州云台观闲职。《序》作于淳熙丙午(十三年)暮春,同年七月七日又以"云台外史朱熹"署名[③]。朱熹淳熙乙巳(十二年)夏四月差主管华州云台观,孟夏便用"云台隐吏朱熹仲晦父"署名[④],甚至在过了12年后的庆元丁巳(三年)

---

① 转引自胡渭:《易图明辨》卷一,九州出版社2008年版。
② 胡渭:《易图明辨》卷一。
③ 参见朱熹:《题顾侯射记后》,《朱文公文集》卷八十二。
④ 参见朱熹:《跋周元翁帖》,《朱文公文集》卷八十二。

仍用"云台子"之名①。因此,朱熹用"云台真逸",不仅不奇离,而且以《启蒙》为自作。

(二)流行底变易与对待底交易

如果说朱熹合"义理"和"象数"为一而集其成,是就形式上说的,那么,兼"变易"和"交易"两意,则是就内容上讲的。程颐在《易传序》中说:

> 易,变易也,随时变易以从道也。其为书也,广大悉备,将以顺性命之理,通幽明之故,尽事物之情,以示开物成务之道也。②

只讲"变易"的"流行",以通幽明之故,不讲"对待"的"交易"。朱熹认为,程颐这种说法便有执一之失。他说:

> 伊川言易变易也,只说得相对底阴阳流转而已,不说错综底阴阳交互之理,言易须兼此二意。③

但邵雍讲"对待"的"交易"较多。就此而言,朱熹亦是集程颐、邵雍的"变易"、"交易"之大成的。

朱熹易学思想既复杂而又难懂,但其根本核心思想,则有二:一是"流行",一是"对待"。他说:"易有两义,一是变易,便是流行底;一是交易,便是对待底。"④

先剖析"对待"的"交易"。

在朱熹的哲学逻辑结构中,"理"是其哲学的最高范畴,"太极"、"道"、"天理"是与"理"相当的范畴,或"理"在不同情况和场所的名称。他说:

> 太极者,其理也。⑤
>
> 所谓太极,亦曰理而已矣。⑥

---

① 参见朱熹:《跋朱希真所书道德经》,《朱文公文集》卷八十四。
② 程颢、程颐:《二程集》,中华书局 1981 年版,第 689 页。
③ 黎靖德编:《朱子语类》卷六十五。
④ 黎靖德编:《朱子语类》卷六十五。
⑤ 朱熹:《系辞上传》,《周易本义》卷三。
⑥ 朱熹:《天问》,《楚辞集注》卷三。

"太极"作为"理",具有与"理"相似的特性。它无形、无象、无方所：

> 太极者，象数未形，而理已具之称。……邵子曰：道为太极，又曰：心为太极，此之谓也。①

> 太极乃两仪、四象、八卦之理，不可谓无，但未有形象之可言尔。②

> 太极却不是一物，无方所顿放，是无形之极。③

"太极"既是无方所、无地方可顿放，便超时空；又不是客观存在的一物，而只能是依事物而显现的某种精神。这种形而上的本体，在朱熹看来便是"以为在无物之前，而未尝不立于有物之后；以为在阴阳之外，而未尝不行乎阴阳之中，以为通贯全体，无乎不在，则又初无声臭影响之可言"④。从无物之前、阴阳之外看，"太极"是世界万物产生之前、事物之外的"理"；从立于有物之后、行乎阴阳之中看，"太极"不离阴阳，这便是"不离不杂"的关系，即对待统一。他说：

> 盖盈天地之间，莫非太极阴阳之妙。……故自两仪之未分也，浑然太极而两仪、四象、六十四卦之理已粲然于其中，自太极而分两仪，则太极固太极也，两仪固两仪也。⑤

"阴阳"两仪未分，"太极"之理于其中，相依不离；"太极"固"太极"，"两仪"固"两仪"，两者不杂。

"太极"与"阴阳"的这种关系，相似于"理"、"气"关系。"太极"自身无可顿放，借"阴阳"而顿放，由于"阴阳"的"动静"变化，"阴生阳，阳生阴，其变无穷"⑥，便生"四象"，如春夏秋冬，金木水火，东西南北，无不可推；"四象"生"八卦"，如天、地、山、泽、风、雷、水、火，于是便产生自然界与人类社会。朱熹在《易学启蒙》中引邵雍语曰：

> 天以始生言之，故阴上而阳下，交泰之义也。地以既成言之，故阳上而阴下，尊卑之位也。乾坤定上下之位，坎离列左右之门。天地之所阖辟，日月之所出入，春夏秋冬，晦朔弦望，昼夜长倚，行度盈缩，莫不由乎此。⑦

---

① 朱熹：《易学启蒙》卷二。
② 朱熹：《记林黄中辨易西铭》，《朱文公文集》卷七十一。
③ 黎靖德编：《朱子语类》卷七十五。
④ 朱熹：《答陆子静》，《朱文公文集》卷三十六。
⑤ 朱熹：《易学启蒙》卷二。
⑥ 朱熹：《系辞上传》，《周易本义》卷三。
⑦ 朱熹：《易学启蒙》卷二。

这样,朱熹从其哲学逻辑结构出发,通过"太极"→"两仪"(阴阳)→"四象"→"八卦"……序列,来说明一切自然现象和社会现象的联系与变化及宇宙和社会的存在,描绘了一个世界图式。

如果深究一下,便发现朱熹宇宙和社会存在论的"太极"→"两仪"(阴阳)→"四象"→"八卦"……的无限序列,是遵循着对待的"交易"即"一分为二"这样一个观念的。他说:

> 太极之判,始生一奇一偶,而为一画者二,是为两仪,其数则阳一而阴二。……邵子所谓一分为二者,皆谓此也。两仪之上各生一奇一偶,而为二画者四,是为四象,……邵子所谓二分为四者,皆谓此也。①

由此类推,"四象"之上各生一奇一偶,而为三画者,便是"八卦",即邵雍所谓四分为八;"八卦"之上各生一奇一偶,而为四画者,即是八分为十六;四画之上各生一奇一偶,而为五画者,即是十六分为三十二;五画之上各生一奇一偶,而为六画者,即是三十二分为六十四。朱熹用《周易》的"象"(一、--)和"数"(奇数、偶数)关系和变化,来揭示和概括宇宙与社会中极其复杂的矛盾结构,进而以阴阳对待统一与奇偶数律,作为宇宙存在的基本规律。在"太极"不断一分为二的演变过程中,均由于"阴阳"的对待统一和一奇一偶的作用,而促使一分为二的不断演进。如果用数字来表示,则"太极"为 1 或 2^0,判为一阴一阳即生一奇一偶,则为 2 或 2^1,即所谓一画者;2各生一奇一偶,则为 4 或 2^2,即所谓二画者;2^2 各生一奇一偶,则为 8 或 2^3,即所谓三画者;2^3 各生一奇一偶,则为 16 或 2^4,即所谓四画者,由此类推。在这里,不仅每一环的一分为二都由阴阳奇偶构成,而且一分为二的等比级数 1、2、4、8、16、32、64,也是由一奇一偶构成的。朱熹认为,这个一分为二,二分为四,……是一个无限的过程,"此只是一分为二,节节如此,以至于无穷,皆是一生两尔。"②

作为宇宙和社会存在的一分为二律,它深刻反映了宇宙和社会中的差异现象。朱熹认为,一分为二的"一",是指统一物或混沌未分之物。统一物中包含着对待的两个方面:

> 一是一个道理,却有两端,用处不同,譬如阴阳,阴中有阳,阳中有

---

① 朱熹:《易学启蒙》卷二。
② 黎靖德编:《朱子语类》卷六十七。

阴,阳极生阴,阴极生阳,所以神化无穷。①

统一物中存在着互相排斥、互相对待的两端。"阴阳有相对而言者,如东阳西阴,南阳北阴是也。"②这是地位、位置的不同。另是用处不同:"阳先阴后,阳主义,阴主利。"③"阳主生,阴主杀,则其类有淑慝之分焉。"④同时,对待两端又相互依赖、相互渗透,对待的一端以另一端为自己存在的条件。他说:

> 某以为易字有二义,有变易,有交易,《先天图》一边本都是阳,一边本都是阴,阳中有阴,阴中有阳,便是阳往交易阴,阴来交易阳,两边各各相对。……圣人当初亦不恁地思量,只是画一个阳,一个阴,每个便生两个。就一个阳上又生一个阳、一个阴,就一个阴上又生一个阴、一个阳,只管凭地去,自一为二,二为四,四为八,……既成个物事,便自然如此。⑤

阳交易阴,阴交易阳,阴在阳中,阳在阴中,"阴为阳之母,阳为阴之父"⑥,阴阳对待而同处在一个统一体中,这便是所谓"一"。尽管朱熹在讲"一"的时候,撇开了对待两端在一定条件下的相互转化,但就其阐明互相渗透这点说,则有合理性。

基于此,将"对待"的"交易"结合于"九图"来看,他说:"交易是阳交于阴,阴交于阳,是卦图上底,如天地定位,山泽通气者是也。"⑦所谓"卦图上底",便是指《伏羲八卦方位图》,图式如下:《乾》(☰)、《坤》(☷)天地相对,《坎》(☵)、《离》(☲)水火不容,《巽》(☴)、《震》(☳)雷风相薄,《艮》(☶)、《兑》(☱)山泽相通。《伏羲八卦圆图》,以"对待"的"交易"而作,各"对待"两卦的数的相加,又都为九。

另是指《文王六十四卦横图》,从乾(☰)、《坤》(☷)、《屯》(䷂)、《蒙》(䷃)相对排列始,至《既济》(䷾)、《未济》(䷿)相对待排列终,整个《文王六十四卦横图》都是按"对待"的"交易"而作的。这种对待统一思想便贯穿在图式之中,而构成其易学思想。

---

① 黎靖德编:《朱子语类》卷九十八。
② 黎靖德编:《朱子语类》卷六十五。
③ 朱熹:《周易上经·坤》,《周易本义》卷一。
④ 朱熹:《周易上经·坤》,《周易本义》卷一。
⑤ 黎靖德编:《朱子语类》卷六十五。
⑥ 朱熹:《易学启蒙》卷二。
⑦ 黎靖德编:《朱子语类》卷六十五。

　　朱熹既承认两端,又认为对待是一个统一体,故以对待与统一是一个事物的两个方面。"天地之间,本一气之流行,而有动静尔。……以其动静分之,然后有阴阳刚柔之别也。"①又说:"凡此不唯阴之与阳,既为二物而迭为消长。"②阴阳二端是一物之中的两端,即对待是统一物中的对待。离开统一物也就没有两端的对待。因此,"阴阳论推行底,只是一个;对峙底,则是两个,如日月、水火之类是两个。"③所谓论"推行底"统一物,即"阴阳虽是两个字,然却只是一气之消息……做出古今天地间无限事来。所以阴阳做一个说亦得,做两个说亦得。"④做一个看,是一气之消长;做两个看,是一气分为阴阳。所以,统一无不对待,对待无不统一,对待和统一不可分离。宇宙间这种"一"与"二"的关系是自然的,而非人为的。他说:

　　　　夫阴阳者,造化之本,不能相无,而消长有常,亦非人所能损
　　益也。⑤

大千世界,就是由于"太极"("理")借助于"气"("阴阳")的动静变化,通过一分为二的形式而产生了。"天地之间,一气而已,分而为二,则为阴阳,而五行造化,万物始终,无不管于是焉。"⑥这便是依《易》的"对待"而构造的图式。

---

①　朱熹:《乾文言传》,《周易本义》卷一。
②　朱熹:《易学启蒙》卷三。
③　黎靖德编:《朱子语类》卷六十五。
④　黎靖德编:《朱子语类》卷七十四。
⑤　朱熹:《周易上经·坤》,《周易本义》卷一。
⑥　朱熹:《易学启蒙》卷一。

（三）河图常数与洛书变数

冲突两端对待统一,一分为二,由此推动事物的运动和变化,即有对待的"交易",才有流行的"变易"。朱熹说:

> 阴阳有个流行底,有个定位底。一动一静,互为其根,便是流行底,寒暑往来是也。①

> 变易是阳变阴,阴变阳,老阳变为少阴,老阴变为少阳,此是占筮之法,如昼夜、寒暑、屈伸、往来者是也。②

"变易"的流行体现在"九图"中,便是《文王八卦方位图》。图如下:

其卦位的排列次序是依据《说卦传》的流行次序:"帝出乎震,齐乎巽,相见乎离,致役乎坤,说言乎兑,战乎乾,劳乎坎,成言乎艮。"又曰:"万物出乎震,震,东方也;齐乎巽,巽,巽东南也;离也者,明也,南方之卦;坤也者,地也;兑,正秋也;战乎乾,乾西北之卦;坎者,水也,正北之卦;艮,东北之卦也,万物之所成终而所成始也。"此图是按寒暑、方位运行的顺序变易流行的。

另《伏羲六十四卦次序图》(大横图),从《乾》(䷀)、《夬》(䷪)、《大有》(䷍)、《大壮》(䷡)始,至《观》(䷓)、《比》(䷇)、《剥》(䷖)、《坤》(䷁)终,是按阴阳爻的递变顺序排列的,故可谓以流行而作。

---

① 黎靖德编:《朱子语类》卷六十五。
② 黎靖德编:《朱子语类》卷六十五。

　　在朱熹看来,"变易"流行包含有两方面的意思:一是指"动"与"静",一是指"变"与"化"。他说:"太极之判,始生一奇一偶,……其数则阳一而阴二,在河图、洛书则奇偶是也。周子所谓太极动而生阳,动极而静,静而生阴,静极复动,一动一静,互为其根,分阴分阳,两仪立焉。"①阴阳的矛盾运动,而使事物不断变化。"天地之间,无往而非阴阳,一动一静,一语一默,皆是阴阳之理。"②"动静"是阴阳运动的规律。

　　朱熹基于动静说,进而论述了运动所采取的相对稳定和显著变动两种形态。他称之"化"与"变"。"化"即"渐化",相当于量变;"变"即"顿变",相当于质变。"动静"与"变化"两者的关系是:

　　　　变是自阴而阳,自静而动;化是自阳而阴,自动而静。渐渐化将去,
　　不见其迹。③

"变"是运动自静而动,"化"是运动自动而静,都是事物在运动过程中所表现的不同状态和形式。因此,他说:"动即变化也。"④运动包含了渐化和顿变两种形态。

　　如果说"天下之万理出于一动一静,天下之万数出于一奇一偶,天下之万象出于一方一圆,尽只起于乾坤二画"⑤,那么,"理"、"象"、"数"便是构成易的要素。朱熹认为,"理"与"数"的关系是:

　　　　气便是数,有是理便有是气,有是气便有是数,物物皆然。⑥

　　"理"与"数"的关系相当于"理"与"气"的关系。"数"只不过是一个分界处,"盖数乃是分界限处"⑦。他举例说:"天一地二,天三地四,天五地六,天七地八,天九地十,是自然如此,走不得。如水数六,雪花便六出,不是安排做底。"⑧又如:"古者用龟为卜,龟背上纹中间有五个,两边有八个,后有二十四个,亦是自然如此。"⑨"数"是天地间自然的物事,是自然界事物

①　朱熹:《易学启蒙》卷二。
②　黎靖德编:《朱子语类》卷六十五。
③　黎靖德编:《朱子语类》卷七十四。
④　朱熹:《系辞上传》,《周易本义》卷三。
⑤　黎靖德编:《朱子语类》卷六十五。
⑥　黎靖德编:《朱子语类》卷六十五。
⑦　黎靖德编:《朱子语类》卷六十五。
⑧　黎靖德编:《朱子语类》卷六十五。
⑨　黎靖德编:《朱子语类》卷六十五。

的反映,故水数六与雪花六出相应。

在朱熹看来,"河图常数,洛书变数。"①"河图"、"洛书"与《易》之流行的"变易"相联系,便构成了阴阳奇偶数律的变化。"河图"是圆之象,"洛书"是方之象,"河图"、"洛书"是平面的既方又圆图像。

从"河图"来看,"天地之数,阳奇阴耦,即所谓河图者也。"②朱熹在《周易本义》和《易学启蒙》中引扬雄《太玄·玄图篇》的口诀:"一与六共宗而居乎北,二与七为朋而居乎南,三与八同道而居乎东,四与九为友而居乎西,五与十相守而居乎中。"其图见下③:

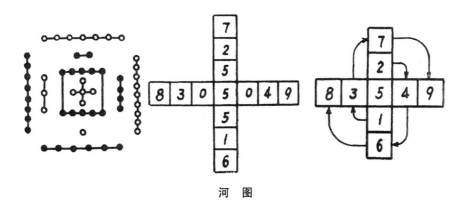

河　图

其数为"阳数奇,故一三五七九皆属乎天,所谓天数五也;阴数偶,故二四六八十皆属乎地,所谓地数五也。天数地数各以类而相求,所谓五位之相得者然也。"④

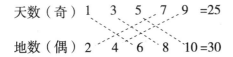

天数（奇）1　3　5　7　9　=25

地数（偶）2　4　6　8　10 =30

①　黎靖德编:《朱子语类》卷六十五。

②　朱熹:《系辞上传》,《周易本义》卷三。

③　李约瑟教授在其巨著《中国科学技术史》第三卷(科学出版社 1978 年版,第 127 页)中认为,河图是"一个简单的幻方和一个从 1 到 10 的十个数字所组成的十字方阵"。但在这个十字阵中却没有列 10 数,这不仅混淆于"洛书",亦恐与原意相违;并以为是"简单数字排列",也恐不妥。

④　朱熹:《易学启蒙》卷一。

这就是"积五奇而为二十五,积五偶而为三十,合是二者而为五十有五,此河图之全数"①。

至于"洛书",《大戴礼记·明堂篇》曰:"明堂者,古有之也,凡九室,二九四、七五三、六一八。"北朝数学家甄鸾在《数术记遗》注中解释说:

九宫者,即二四为肩,六八为足,左三右七,戴九履一,五居中央。

蔡元定在《易学启蒙》注中吸收了这个说法,其图为:

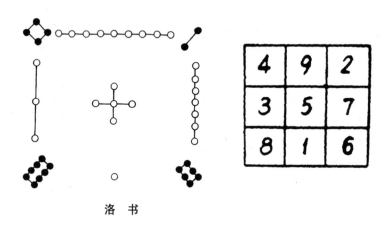

洛 书

在这个幻方的九个格子,其数按任何一个横竖斜相加,都是15,即等于阳爻9(奇数)与阴爻6(偶数)或阴爻8(偶数)与阳爻7(奇数)的和。

"洛书"与"河图"其别在:"洛书"是用从1到9九个数字构成,"河图"是用从1到10十个数字构成。

历代多少智者都在探索这些幻方数字的秘密。朱熹提出为什么"河图"、"洛书"皆以5居中的问题,而试破谜底。他说:"天地生数到五便住","中数五衍之而各极其数","那一二三四遇著五,便成六七八九"。② 譬如"河图"一对五而成六,二对五而成七,三对五而成八,四对五而成九,"洛书"亦然。这是"中五"的一层意思。"中五"的另一层意思是,与《周髀经解》以"河图者,方之象也;洛书者,圆之象也"相反,朱熹以"河图"为圆之象,"圆者,河图之数,言无那四角底其形便圆"③;"洛书"为方之象,"天圆

---

① 朱熹:《易学启蒙》卷一。
② 黎靖德编:《朱子语类》卷六十五。
③ 黎靖德编:《朱子语类》卷六十五。

地方,圆者一而围三,……方者,一而围四。"①又说:"凡数之始一阴一阳而已矣。阳之象圆,圆者径一而围三;阴之象方,方者径一而围四。"②

"河图"第二层和第三层,按"方者,径一而围四"解,则"围四者,以二为一"。如以径为正方形边长(L),径一为五,则围第三层为 AB+DC=5+5=10。第二层为 A′B′+B′C′+C′D′+D′A′=3+2+4+1=10。第一层按"圆者径一而围三"的古圆周率解,以 5 为圆的半径,则周长为 2×3×5=30=6+8+7+9。这亦符合"天圆地方",天覆地载,圆中容方的观念(见下图)。

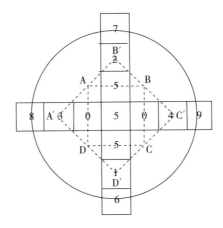

"洛书"如按"方者径一而围四"解,以径为正方形边长(L),如径为 5,则围为 4L=AB+BC+CD+DA=1+3+9+7=20,即奇数之和,偶数的和 4L=A′B′+B′C′+C′D′+D′A′=2+4+6+8=20(见下图)。

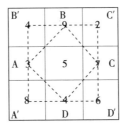

"河图"和"洛书"的变化:"谓一变生水而六化成之,二化生火而七变成之,三变生木而八化成之,四化生金而九变成之,五变生土而十化成之。"③

---

① 朱熹:《说卦传注》,《周易本义》卷四。
② 朱熹:《易学启蒙》卷一。
③ 朱熹:《系辞上传》,《周易本义》卷三。

"河图"、"洛书"之别是：

> 河图之一二三四各居其五象本方之外，而六七八九十者又各因五
> 而得数，以附于其生数之外，洛书之一三七九亦各居其五象本方之外，
> 而二四六八者又各因其类以附于奇数之侧。①

"河图"、"洛书"的这种变化，刚好构成了"五行"相生相克的关系图：

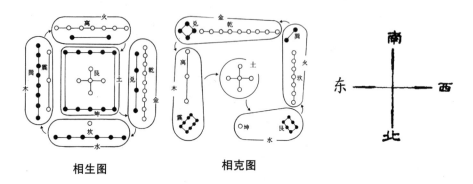

相生图　　　　　　　　相克图

"河图"为"五行相生"，始于木生火，即从东开始运行，"左旋一周而又
始于东也"；"洛书"为"五行相克"，"右旋一周而土复克水也"②。"相生"
与"相克"都是"变"与"化"的一种形式。

（四）变与化

那么，何谓"变"与"化"？朱熹认为，"化"有三义：

其一，"化"是逐渐地不知不觉地化去。"化是逐旋不觉化将去"③，"凡
物变之渐，不惟月变、日变，而时亦有变，但人不觉尔。"④

其二，"化"是渐渐地消磨去。"化是自阳之阴，渐渐消磨将去，故谓
之化。"⑤

---

①　朱熹：《易学启蒙》卷一。
②　朱熹：《易学启蒙》卷一。
③　黎靖德编：《朱子语类》卷七十四。
④　黎靖德编：《朱子语类》卷七十一。
⑤　黎靖德编：《朱子语类》卷七十四。

其三,"化"是无痕迹的变化。"阳化为柔,只恁地消缩去,无痕迹,故曰化。"①朱熹举例说:"化不是一日内便顿然恁地底事。人之进德亦如此,三十而立,不是到那三十时便立,须从十五志学,渐渐化去方到。"②就是说,化是一种缓慢的、逐渐的、不显著的量变过程。

"化"一旦超出了一定的限定,就会引起质变,朱熹称为顿变。所谓"变",其义有三:

其一,"变是倏忽之变"③。"变是自阴而阳,忽然而变,故谓之变。"④就是迅速地变、突然地飞跃。

其二,"变是自微而著"⑤。"阴变而为阳,其势浸长,便觉突兀,有头面,故谓之变。"⑥有形迹、显著的变。

其三,"变"是连续性的中断或截断。"变是顿断有可见处。"⑦"化是渐渐移将去,截断处便是变,且如一日是化,三十日截断做一月,便是变。"⑧渐化到一定限度而截断,即由渐化向顿变转化。

"变"与"化"既互相对待、互相区别而又互相联结、互相渗透。他说:"变者化之渐,化者变之成。"⑨"化"中渗透着"变","变"中渗透着"化",即"变者化在其中"⑩。"变"是由"化"到了一定限度引起的,在"变"的基础上又出现了新的量变过程,因而说"化"是"变"之成。基于此,朱熹认为"变"与"化"是可以相互转化的。他以刚柔为例:"刚柔变化,刚了化,化了柔,柔了变,变便是刚,亦循环不已。"⑪由刚到柔,由"变"到"化";由柔到刚,由"化"到"变"。柔极转化为刚,"化"极转化为"变";刚极转化为柔,"变"极转化为"化"。两者相互转化,循环不已。

当然,朱熹"变"与"化"的思想是有局限的。他承认有不变的存在。

---

① 黎靖德编:《朱子语类》卷七十四。
② 黎靖德编:《朱子语类》卷七十五。
③ 黎靖德编:《朱子语类》卷七十四。
④ 黎靖德编:《朱子语类》卷七十四。
⑤ 黎靖德编:《朱子语类》卷七十四。
⑥ 黎靖德编:《朱子语类》卷七十五。
⑦ 黎靖德编:《朱子语类》卷七十五。
⑧ 黎靖德编:《朱子语类》卷七十五。
⑨ 朱熹:《乾·彖传》,《周易本义》卷一。
⑩ 朱熹:《系辞上传》,《周易本义》卷三。
⑪ 黎靖德编:《朱子语类》卷七十四。

"变者下至上而止,不变者下便是不变之本,故以之为主。"①这样,他便否认了"变"是一种普遍现象,而导致片面性。

"易"之对待的"交易"和流行的"变易"的关系,蔡元定的长子蔡渊(伯静)对《易》进行了"沈潜反覆,积之有年"的研究之后,在《易象意言》中说:

> 以对待而作也,是知主对待者,必以流行为用;主流行者,必以对待为用,学者不可不察也。②

"变易"与"交易"各以为主,相互为用,相互为主,各以为用,不离又不杂,这是符合朱熹原意的。这是就其内容而言的,如就其形式而言,则朱熹通过"象数"来明"义理",以"义理"来释"象数",相互阐明,相得益彰。

朱熹易学思想继承、综合、发展了邵雍和程颐、张载的易说,而别开生面。如果说,邵雍开宋明易学中象数学的规模,则程颐创义理学的基础。朱熹嫌邵、程各执一偏之弊,而融"象数"、"义理"于一炉,使宋、元、明、清易学思想得到进一步发展。尽管明、清之际的胡渭、黄宗羲、黄宗炎、朱彝尊对邵雍有所批评:

> 康节之为此书,其意总括古今之历学尽归于《易》。奈《易》之于历,本不相通。③

> 乃有邵尧夫者,取黄冠之异说,以惑乱天下。④

但也有一批象数学的继承者。然朱熹易学以后,谈易者很少不兼"象数"、"义理"。虽对朱熹易学亦有争议,但它在宋明理学史上仍具很重要地位,应予重视。

---

① 黎靖德编:《朱子语类》卷六十六。
② 黄宗羲原著,全祖望补修:《西山蔡氏学案》,《宋元学案》卷六十二。
③ 黄宗羲:《易学象数论》卷五,广雅书局本。
④ 黄宗羲:《周易寻门余论》,昭代丛书本。

五、朱熹美学思想探析

对于美的探讨，中国古代哲学家、思想家做了种种思考，历来不乏大家。归结起来，无非是把精神、客观理想、人的意识、心理作为美的本质；或者从物质的自然形式、属性中，去寻找美的本质和法则；或者把意识与物质自然形式、属性相结合，作为美的本质；或者从人类实践活动中寻求美的本质和根源。凡此种种，都在某些方面一定程度上揭示了美的社会性能，肯定了美存在于客观事物本身等合理的因素，但其不足也是很明显的。究竟什么是美以及美的本质和根源，美的对象和素质，朱熹都有涉及，且能综合地创造。

（一）"美"与"善"

美是与真、善相联系的。真是指自然在运动中所表现的自身的规定性，美以真为前提，但美不是真。人只有在实践中获得对于自然界规定性的认识，才是真。离开了自然界自身规定性的真，美就丧失了它的基础和条件。只有当人运用法则改造世界的能动的实践活动得到实现，它的感性具体的存在形式得到肯定之时，才唤起了人的美感，便具有了美的意义。否则，当自然的法则支配、束缚着人的时候，真作为自然的规定性也就无所谓美可言。

美与善的联系，更具有现实感。善表现为个体主体的需要、目的、利益对整体社会的需要、目的、利益的关系，个体的需要只有在与整体社会需要的结合中才能得到实现。人在社会实践过程中凡符合于人的需要、目的、利益的就是善的，否则就是恶的。真、善、美相互区别，相互联系。中国古人对此已有所认识。孟子首先把个体人格的美和道德上的善联系起来。"口之于味也,有同耆焉;耳之于声也,有同听焉;目之于色也,有同美焉。至于心,独无所同然乎? 心之所同然者何也? 谓理也,义也。圣人先得我心之所同然耳! 故理义之悦我心,犹刍豢之悦我口。"①味、声、色给人的口、耳、目以审美的愉快,理义和刍豢犹如味、声、色一样给人的心和口以愉快。这就是说人的道德伦理精神也具有审美性质,在把美仅限于感官声色愉快的情况下,这显然是一个突破。

朱熹在使道德精神具有审美属性而引起审美愉快方面,较孟子而有过之。他的"一出于道"的思想,实以美出于善,善成为美的前提。"孟子言人心无不悦理义者,但圣人则先知先觉乎此耳,非有异于人也。"②圣人无异于人,圣与人一样,道德精神不仅具有审美属性,而且引起审美的愉快。朱熹引程颐的话说:"理义之悦我心,犹刍豢之悦我口,此语亲切有味。"③此"味",含有审美情趣的意思。朱熹美学思想的基本特征之一,是把美这个范畴与作为道德伦理精神的善联系起来,以善为美的内容。

朱熹所谓美,一是指审美对象的外在表现形式;二是指精神心态的内在状态。他这样规定:"美者,声容之盛。善者,美之实也。"④声音的和谐,容貌的俊丽,是由视觉和听觉这种审美感官与审美对象互相作用而产生的美感或愉快。精神美是以善这种伦理道德内容为充实的。美就是外在形式和内在状态的统一。这也是对张载"充内形外之谓美"的继承和发挥。

朱熹对美又做了具体的规定:

首先,朱熹认为所当然之美,其本质和根源是所以然之理(道)。"不厌而文且理焉,锦之美在中也。"⑤淡而不厌,简而有文,温而有理,都是君子之道。平淡而不厌恶,简朴而有文彩,温润而有纹理,锦衣之美就蕴含在其中了。在这里朱熹并没有把色之美停留在给人以感觉的审美愉快上,而是把它与道("理")联结一起,只有这种美的理("道")才是真正的、永恒的美,它是具体美的根据。朱熹在《语类·中庸》中回答"衣锦尚䌹"章时说:"如

① 朱熹:《告子章句上》,《孟子集注》卷十一。
② 朱熹:《告子章句上》,《孟子集注》卷十一。
③ 朱熹:《告子章句上》,《孟子集注》卷十一。
④ 朱熹:《八佾》,《论语集注》卷二。
⑤ 朱熹:《中庸章句》第三十三章,世界书局1936年版。

今学者不长进,都缘不知此理。"①不知道所以然之理,便不知道所当然之理。"天下只是这道理走不得"②,一切具体的美以美的理作为自身存在的根据。

其次,自然之美。把自然作为人所欣赏的美的对象。朱熹在解释孔子"知者乐水,仁者乐山。知者动,仁者静;知者乐,仁者寿"的时候,以为孔子从个体人格修养上来说明"智者"和"仁者"在"资质"上的特点。《语类》记载:"问:'知者乐水,仁者乐山',是就资质上说,就学上说? 曰:'也是资质恁地。但资质不恁地底,做得到也是如此'。"③既从"资质"上区别"智者"和"仁者",就寓有人们对自然山水喜好的差异。朱熹释"乐"为"喜好","智者"之所以喜好水,是由于水具有"动"的特性,"知者达于事理,而周流无滞,有似于水,故乐水"④。朱熹以孔子水的"逝者如斯夫"的动态结构,比喻智者通达事理,似水的川流不息,畅通无滞。"且看水之为体,运用不穷,或浅或深,或流或激"⑤,揭示了水的川流不息与智者的通达事理的资质相互对称关系。仁者之所以喜好山,是由于山具有"静"的特性,"山之安静笃实,观之尽有余味"⑥。敦厚笃实,岿然安静的"山",犹如仁者宽厚稳重、贫贱威武不迁的资质,两者构成了对应关系,"仁者安于义理,而厚重不迁,有似于山,故乐山"⑦。这样,便在"智者"、"仁者"与自然山水之间找到了某种样态上、特性上的圆通或联结点,而构成了一种相互对应的关系。换句话说,人们之所以会喜好某种自然对象,是由于自然对象的形态、特性引起人们精神心态的共鸣、同感或愉快、爱好,并把山水的自然现象作为寄寓人们情操、忧思、理想的异化物。"智者"、"仁者"的"乐",并非一种事功上的满足和喜好,而是人对自然山水美的喜好和感受,这种喜好和感受,是一种内在的精神上的感应。

再次,善之美。善与美既有区别,又有联系。朱熹把个体所获得精神性和感性的愉快的美与伦理道德的善作为不同的范畴,表现了不同的社会功

① 黎靖德编:《朱子语类》卷六十四。
② 黎靖德编:《朱子语类》卷六十四。
③ 黎靖德编:《朱子语类》卷三十二。
④ 朱熹:《雍也》,《论语集注》卷三。
⑤ 朱熹:《雍也》,《论语集注》卷三。
⑥ 黎靖德编:《朱子语类》卷三十二。
⑦ 朱熹:《雍也》,《论语集注》卷三。

能和作用。然而,朱熹又把两者统一起来,认为"力行其善,至于充满而积实,则美在其中而无待于外矣"①。这是他对《孟子》"充实之谓美"的诠释。个体通过自我的努力,去力行本身所已有的善性,使善性充满和积实于人的形体之中。这样人便具有高尚精神品质和道德情操,人的自然形体由此而增光生辉。这种精神品质与道德情操之美,虽内在于形体之中,无须依赖于外在的表露,但亦可以通过外发,而与事业或德业结合起来。"和顺积中,而英华发外;美在其中,而畅于四肢。发于事业,则德业至盛而不可加矣。"②和顺的美积淀于形体之中,扩而充之,便可畅流于四肢和外在世界。这样,善之美并非不可感知,而是精神美、感性美融合在一起。

朱熹对美的规定,是对以往美学思想的扬弃,也是对两宋时美学思想的总汇。他曾依道德标准,将精神美分为六个层次。朱熹阐发了孟子《尽心下》这样一段记载:浩生不害问乐正子何谓善、何谓信时,孟子这样回答:"可欲之谓善,有诸己之谓信,充实之谓美,充实而有光辉之谓大,大而化之之谓圣,圣而不可知之之谓神。"③"善"、"信"、"美"、"大"、"圣"、"神",是孟子所划分的人的精神六境界。所谓善,朱熹认为,"其为人也可欲而不可恶,则可谓善人矣。"④那个人值得喜爱而不可恶,就是善。将善作为六层次精神境界的基础与起点,这与孔子所说的"尽善尽美"似乎不尽相同。孔子所言美是对舜乐和武乐这种艺术形式表现的肯定,善是对作品内容或思想感情的肯定,在审美范围内,成为尽善与未尽善,存在着善的内容和美的形式问题。在朱熹看来,善与美有着内在的一致性,美不再是单纯的外在形式,而是在感性形式中得到完满实现的内在之善。

"信"是道德精神境界的第二层次。是"有诸己"的意思,即诚善存在于他本身。朱熹训"信"为"实有",他说:"凡所谓善,皆实有之,如恶恶臭,如好好色,是则可谓信人矣。"⑤厌恶不好的臭味,喜爱好的颜色。厌恶和喜好是审美对象作用于人们的感官而产生的审美判断。好的颜色引起人的精神和感性愉快,恶臭引起人的精神和感性的厌恶。该恶而恶臭,该好而好色,

---

① 朱熹:《尽心章句下》,《孟子集注》卷十四。
② 朱熹:《尽心章句下》,《孟子集注》卷十四。
③ 朱熹:《尽心章句下》,《孟子集注》卷十四。
④ 朱熹:《尽心章句下》,《孟子集注》卷十四。
⑤ 朱熹:《尽心章句下》,《孟子集注》卷十四。

实在存在于他自己。"信者,实有于己而不失之谓。"①"不失"就是不要失掉自己本性中恶恶臭、好好色的本质。

"美"是在善、信之上的精神境界的第三层次。朱熹认为,如果说"善"与"信"是"就心上说,心里都理会得",那么,"美"是"就行上说,事事都行得尽"②。美是引起精神和感性愉快的外在形式。然而"行上说"与"心上说"是相互统一的,并不是把外在的形式注入其中,而是人本身就具有的;假如本身不具备,就是有待于外,而非无待了。"是去外面旋讨个善来栽培放这里,都是有待于外"。假如"充满积实",把善与信扩充于个体的全部人格之中,美就会在全部人格中充分地现实着实有之善,美与善相融合。从这个意义上说,"无待于外底,他善都是里面流出来"③,美就是从里面流出来的外在形式。

美之上还有精神境界的三个层次,以美为基准。精神境界的第四层次是"大"。朱熹不同意张载把"充实而有光辉之谓大"释为"充内形外之谓美,塞乎天地之间,则有光辉之意"④,而认为"充实谓积累,光辉谓发见于外"⑤,积累于全人格之中,而发见于外,是一种光辉而壮观的大美,而非一般的美。

"圣"是道德精神的第五层次,是"大而化之"的意思。朱熹认为,所谓化,是指"化其大之之迹";所谓大,并非集大成,而是"大而能化,使其大者泯然无复可见之迹,则不思不勉,从容中道,而非人力之所能为矣"⑥。如果说第四层次的"大",还具有外在形式的话,那么,"圣"便泯然化去了"大"的这种外在的形迹,即使是不思虑、不勤勉,亦能符合"中道",而不违戾什么,达到了一种自然的非人力巧智所能为的境界。外在美的形迹已融化在内在善之中。

"神"是最后亦是最高的精神境界层次,是"圣而不可知之"的意思。朱熹认为,圣人至妙,一般人不可测度。这种神妙莫测的"神"的境界,并非一

---

① 黎靖德编:《朱子语类》卷六十一。
② 黎靖德编:《朱子语类》卷六十一。
③ 黎靖德编:《朱子语类》卷六十一。
④ 黎靖德编:《朱子语类》卷六十一。
⑤ 黎靖德编:《朱子语类》卷六十一。
⑥ 朱熹:《尽心章句下》,《孟子集注》卷十四。

般人所能够达到的。它虽属审美范围,而又是对审美的超越。

朱熹对孟子人分六境界的阐发,包含着对美的细密的观察以及资质的区分。就人格美而言,在美与善的演变中不断融合,这种融合不仅同个体的事业、德业的成就相联系,而且把人格美的确立作为个体的自觉寻求,这是与人之所以为人的自我觉醒相伴随的。同时"善"、"信"、"美"、"大"、"圣"、"神"六个层次,不仅与艺术美的创造相联系,而且成为美的价值评价的标准。在鉴赏艺术作品时,不光看一件艺术品所表现的形式的美,而且要捕捉外在形式美所体现的那种不可言说,只可意会的神韵、意境。这种神韵和意境给人无穷的回味,它不仅给人以精神美和感性美的愉快,而且使人产生情感上的感通与共鸣,这就是中国艺术美创作中所追求的"神"。这种"神"可以是"大"、"圣"、"神","大"是壮美、崇高之美,"圣"是完美、最高的美,"神"是出神入化之美。因此,就书法家、画家、雕塑家等艺术家而言,有"大家"、"书圣"、"画圣"之分;就艺术品而言,唐代的张怀瓘把书法分为神、妙、能三品,圣品便是超凡入圣的妙品,神品则达到最高超的境界。朱熹的阐发,对后来有很大的影响。他的贡献是把外在形式的美与艺术创作者的道德情操、精神资质和合为一,强调了道德精神在艺术美中的价值和作用,这是中国文化所具有的特点,它体现在文化领域的各个方面。

(二)"文"与"道"

美善和合的贯彻与展开,便是文道和合①。善作为伦理道德内容,便与自然之道和社会之道(包括伦理道德规范)相符合,这就是"道",美是作为善这种内容的形式,它与道的外在形式"文",具有相似的意义。因"文",甲骨文作**𡥀**、**𡥀**、**𡥀**,是指文身,是身体的一种修饰,一种外观。善的内容与美

---

① "文"这个范畴,有其演变和发展。先秦时,文、史、哲、社不分,以日、月、星、辰为文(天文),礼乐刑政亦是文(人文),文是一个很普遍的范畴。西汉魏晋南北朝时,文(章)与学(术)分开,文章专指文学作品,又有"文笔之辩"。文有广义与狭义之分:广义文是指五经六艺,狭义文是指诗、赋、铭、颂等。韩愈、柳宗元古文运动的文,指文体机制而言,宋代沿袭了这个意思。

的形式的统一,便要求道的内容与文的形式相统一。

文道统一,是朱熹美学理论的要旨,亦是他与中唐以来古文家的根本分歧所在。《语类》记载:"才卿问:'韩文《李汉序》头一句甚好。'曰:'公道好,某看来有病。'陈曰:'文者,贯道之器。且如《六经》是文,其中所道皆是这道理,如何有病?'曰:'不然。这文皆是从道中流出,岂有文反能贯道之理? 文是文,道是道,文只如吃饭时下饭耳。若以文贯道,却是把本为末,以末为本,可乎? 其后作文者皆是如此。'因说:'苏文害正道,甚于老佛,……'。"①这辩证地说明了道与文的关系,也是中唐以来文与道论争的总结。

在朱熹看来,古文家各派其理论失足的要害,就在于把内在的道与外在的文分离,即文自文,道自道,分文与道为二。被苏轼称赞为"文起八代之衰,道济天下之溺"的韩愈,是古文运动的领袖,主张文以明道或修辞以明道。他说:"修其辞以明其道,我将以明道也,非以为直而加人也。"②强调"明道",此"道"是指儒家的仁义道德,以此为文的内容;"辞"是指文辞,要讲究文辞,即文章的形式美。虽然韩愈没有明确讲"文以明道",但古文运动代表柳宗元便明确提出"文者以明道"③的口号,他在《答韦中立论师道书》中说道,少的时候,文章以辞为工,及长,才知道文者为道,就不拘泥于"务彩色,夸声音"而为能了。柳宗元虽在"文以明道"这点上与韩愈基本相同,但对道的内涵的理解亦有异。柳宗元所谓道,包括儒家仁义道德,这是两人之同,其异就在于柳宗元的道,又指自然与社会的规律,"物者,道之准也"④。后来,韩愈的学生、女婿李汉提出"文以贯道",是对于韩、柳"文以明道"的说明。

"文以贯道",是在文与道相分的前提下论述其关系的。假如文可以贯道,意思是说作为外在表现形式的文,可以贯到作为内容的道中去,而不是外在形式的文是内在道的体现,那就颠倒文与道、形式与内容的关系了。朱熹认为,道与文的关系是一种本与末的关系,本体道是现象文的决定者,现象或表现"文"只能是"道"的体现,无"道"便无所谓表现,即表现必须有所

---

① 黎靖德编:《朱子语类》卷一百三十九。
② 韩愈:《争臣论》,《韩昌黎集》卷十四,《国学基本丛书》本,商务印书馆1958年版。
③ 柳宗元:《答韦中立论师道书》,《柳宗元集》卷三十四,中华书局1979年版。
④ 柳宗元:《守道论》,《柳宗元集》卷三。

表现者的存在,所表现者支配表现。如以文贯道,就意味着依文而存在,道由文定了,便是本末颠倒。朱熹批评韩愈说:"今读其书,则其出于诙谐戏豫放浪而无实者,自不为少。若夫所原之道,则亦徒能言其大体,而未见其有探讨服行之效,使其言之为文者,皆必由是以出也。故其论古人,则又直以屈原、孟轲、马迁、相如、扬雄为一等,而犹不及于董、贾;其论当世之弊,则但以词不已出而遂有神徂圣伏之叹。至于其徒之论,亦但以剽掠僭窃为文之病,大振颓风,教人自为为韩之功,则其师生之间,传受之际,盖未免裂道与文以为两物,而于其轻重缓急本末宾主之分,又未免于倒悬而逆置之也。"①这段文字直指出韩愈等古文家两个弊病:

其一,韩愈所说的道,由其没有探讨如何才能实行,不具有服行的效果,而仅是空言而已。这样,虽然韩愈倡导恢复儒家仁义道德,但这个道是空虚的。"世之业儒者既大为利禄所决溃于其前,而文辞组丽之习,见闻掇拾之工,又日夜有以浸泄之于其后,使其心不复自知道之在是,是以虽欲慕其名而勉为之,然其所安终在彼而下在此也。"②这里所谓业儒,包括韩愈后继者在内,他们为功名利禄所引诱,为文辞华丽所蒙蔽,只追求外学,不知道诚意修身、勉力践行心性之内学。这样,虽在外观上以"明道"自高,但却徒有其名,而实为空虚。于是,所谓文以明道、贯道,亦无所本、所据。朱熹从揭露道为空虚,而否定文以明道、贯道,实犹釜底抽薪。既然文丧失了道的充实内容,便与时文亦无什么区别了。他说:"所喻学者之害莫大于时文,此亦救弊之言。然论其极,则古文之与时文,其使学者弃本逐末,为害等尔。"③古文家起家的本钱是反对时文和主张文以明道、贯道,到朱熹手里,这两方面看家宝都被否定了。

其二,割裂道与文为两物,把本来是文轻道重、文缓道急、道本文末、道主文宾的关系,倒悬逆置过来了。韩柳的古文运动,出发点和着眼点是文。因此复兴儒道就要靠文,而去做贯道之文。这在朱熹看来,古文家是把"文"当作本,"道"当作末了。他批评韩愈"只是火急去弄文章,而于经纶实务不曾究心,所以作用不得"④,虽然说"文以明道"、"文以贯道",实际上文

---

①　朱熹:《读唐志》,《朱文公文集》卷七十。
②　朱熹:《答杨子顺》,《朱文公文集》卷五十九。
③　朱熹:《答徐载叔》,《朱文公文集》卷五十六。
④　黎靖德编:《朱子语类》卷一百三十七。

仍是文,道仍是道,文道分二。

宋初曾袭五代文风,范仲淹曾批评为"学步不至,效颦则多,靡靡增华,愔愔相滥"①。柳开有鉴于"属对精切"而"不达体要"的骈文陋习,首倡革新。他打起历史上已经出现过古文运动的旗帜,继承韩、柳,演出历史的新场面。他一面复古(复唐代之古),一面革新。复古与革新往往矛盾地统一在一起,两种面貌同时存在一件事上或一人之身。王禹偁说:"谁怜所好还同我,韩柳文章李杜诗。"②这是在复韩、柳、李(白)、杜(甫)之古。柳开给古文有一界说:"古文者,非在辞涩言苦,使人难读诵之;在于古其理,高其意,随言短长,应变作制,同古人之行事,是谓古文也。"③古文与时文的不同,在内容方面是"古其理",即宣扬圣人之道,而非徒说无实;形式方面,非求淫巧侈丽,浮华纂组,而可随言短长,应变作制。华彩并不能传"圣人之道"。主张"文道相兼","吾之道,孔子、孟轲、扬雄、韩愈之道;吾之文,孔子、孟轲、扬雄、韩愈之文也"④。内在最高的道德品质与外在华丽的形式美是兼而有之的。

宋代复古革新至欧阳修有综合之势。他认为,"充于中"的道德仁义之"道"与"发于外"的文华辞丽之"文",应是"道胜文至","意得则心定,心定则道纯,道纯则充于中者实,中充实则发为文者辉光,施于事者果毅。"⑤文之所以辉煌光彩,是因为心中充满着纯粹的"道"。于是他曾说过"大抵道胜者文不难而自至也"⑥的话,似有文附于道的意思。果如此,便与朱熹等观点相近,但欧阳修并未否定文的相对独立性,认为"君子之学,或施于事业,或见于文章,而常患于难兼也"⑦。既然事业与文章两难相兼,隐含着对于柳开"文道相兼"的微言,但亦并非文与道的联系。苏轼在《欧阳修墓志铭》中引用了欧阳修"吾之为文,必与道俱"的话。"文与道俱",即既讲文与道相对待,又讲文不离道。

尽管宋代的古文运动与唐代韩、柳有异,但基本路线是一脉相承的,因

---

① 范仲淹:《唐异诗序》,《范文正公集》卷六,《四部丛刊》本。
② 王禹偁:《小畜集》卷十,《四部丛刊》本。
③ 柳开:《应责》,《河东集》卷一,《四部丛刊》本。
④ 柳开:《应责》,《河东集》卷一。
⑤ 欧阳修:《吾祖择之书》,《欧阳修全集》卷六十八,中华书局2001年版。
⑥ 欧阳修:《答吴充秀才书》,《欧阳修全集》卷四十七。
⑦ 欧阳修:《薛简肃公文集序》,《欧阳修全集》卷四十四。

此，朱熹是把欧阳修与韩愈捆在一起批评的。"欧阳子出，其文之妙，盖已不愧于韩氏。……然考其终身之言与其行事之实，则恐其亦未免于韩氏之病也。"①虽然韩愈、柳宗元等提倡"文以明道"，欧阳修等主张"文与道俱"，意思有不同，但基本立场是一致的。一是以文贯道，颠倒本末；以文与道俱，两者并列，不分本末主宾。两者之失，都是文自文，道自道。朱熹说："三代圣贤文章，皆从此心写出，文便是道。今东坡之言曰：'吾所谓文，必与道俱。'则是文自文而道自道，待作文时，旋去讨个道来入放里面，此是它大病处。只是它每常文字华妙，包笼将去，到此不觉漏逗。说出他本根病所以然处，缘他都是因作文，却渐渐说上道理来；不是先理会得道理了，方作文，所以大本都差。"②"吾所谓文，必与道俱"是苏轼引欧阳修的话，朱熹并非不知道③，他之所以当作苏轼的话，是认为"文与道俱"与苏轼思想更切合。韩愈、欧阳修虽有倒置或不分轻重、本末之病，但仍不失为"扶持正学，不杂释老者也"④。苏轼便"杂以佛老，到急处便添入佛老，相和倾瞒人"⑤，离道更远。文本是文，只是在作文时，讨个道放入里面，道与文是割裂的。不是先理会了道理去作文，而是在作文中不自觉地说些道理。从这个意义上说，韩愈、欧阳修在文与道关系上只是"有病"，而不像苏轼"大本都差"了，有害"正道"。

无论是韩、柳，还是欧、苏，朱熹都把他们视为古文家，而不看作道学家。然而在道学家内部，文与道的关系，意见亦异。被朱熹《伊洛渊源录》列为卷首的周敦颐，他在《通书》中说：

> 文所以载道也。轮辕饰而人弗庸，徒饰也，况虚车乎？文辞，艺也；道德，实也。笃其实而艺者书之，美则爱，爱则传焉。贤者得以学而至之，是为教。故曰："言之无文，行之不远。"……不知务道德，而第以文辞为能者，艺焉而已。噫！弊也久矣。⑥

"文"指文字，文字必须修饰，犹如车有轮辕等装饰之美。以文与车相喻，文

---

① 朱熹：《读唐志》，《朱文公文集》卷七十。

② 黎靖德编：《朱子语类》卷一百三十九。

③ 朱熹在《读唐志》中曾引过欧阳修"我所谓文，必与道俱"这句话（见《朱文公文集》卷七十）。

④ 黎靖德编：《朱子语类》卷一百三十七。

⑤ 黎靖德编：《朱子语类》卷一百三十七。

⑥ 周敦颐：《文辞》第二十八，《周子全书》卷十。

便含有美饰车马、雕琢刻镂之类与生活美有关的感性文饰和文彩,亦蕴含着美的创造的成就或物质精神之美的成就等内涵。朱熹注释说:"文所以载道,犹车所以载物。故为车者必饰其轮辕,为文者必善其词说,皆欲人之爱而用之。然我饰之而人不用,则犹为虚饰,而无益于实。况不载物之车,不载道之文,虽美其饰,亦何为哉!"①道为文词之实,文词为道之华。文与车、道与物均不可无,无车,物不能载,无文,道不能载;车为载物之车,文为载道之文。车美其饰而不用,犹为虚饰虚车;文美其饰而人必爱之,就会传之久远。如果有道德而无文章之美,人们不爱好它,即引不起人们精神或感性的愉快,人就不传,更不能久远。依朱熹对"文以载道"的理解,实是道与文合一之意。由于朱熹的这个解释,后来的理学家都以周敦颐的"文以载道"为正统。譬如南宋道学家王柏说:"'文以气为主',古有是言也;'文以理为主',近世儒者尝言之。李汉曰'文者,贯道之器',以一句蔽三百年唐文之宗,而体用倒置不知也。必如周子曰'文者,所以载道也',而后精确不可易。"②"载"、"贯"两字之别,竟有"精确不易"与"体用倒置"之分?

如果说周敦颐并不否定载道之文需要美其饰,以引起人们喜爱而传之久远的话,那么,程颐便有否定"文"的意思。《遗书》记载:

> 问:"作文害道否?"曰:"害也。凡为文,不专意则不工,若专意则志局于此,又安能与天地同其大也?《书》曰'玩物丧志',为文亦玩物也。"③

何以害道?因作文会迁移人们志趣,迷恋文辞而不喜求道,犹如玩物丧志。这样,便有把文与道对待起来之势。他说:"今之学者有三弊:一溺于文章,二牵于训诂,三惑于异端。苟无此三者,则将何归?必趋于道矣。"④把文章作为学之三弊之一,只有去三弊,才能趋于道。如何才能趋向道,便是学"儒者之学","古之学者一,今之学者三,异端不与焉。一曰文章之学,二曰训诂之学,三曰儒者之学。欲趋道,舍儒者之学不可。"⑤因儒者之学,就是明道之学,学文不能明道。程颐"作文害道"从思维模式来说,可以说是文

①　周敦颐:《文辞》第二十八,《周子全书》卷十。
②　王柏:《题碧霞山人王公文集序》,《鲁斋集》卷五,金华丛书本。
③　程颢、程颐:《二程遗书》卷十八。
④　程颢、程颐:《二程遗书》卷十八。
⑤　程颢、程颐:《二程遗书》卷十八。

自文、道自道模式的沿袭。

程颐虽主"作文害道",但不绝对排斥文,对于为道之文亦并不反对。"学者须学文,知道者进德而已。"①"人能为合道之文者,知道者也。在知道者,所以为文之心。"②"心"即有灵魂、精神的意思。知道的人,会以道为文的灵魂或精神实质。

朱熹有分析地批评了唐代古文家韩、柳及宋初古文革新运动的柳开、欧阳修的"文以明道"、"文以贯道"和"文与道俱"等的观点和失足之处,对道学家周敦颐和程颐的"文以载道"、"作文害道",亦做了修正和阐发,由此,朱熹综罗各家得失利弊而开创出"文道合一"论。他说:

> 然彼知政事礼乐之不可不出于一,而未知道德文章之尤不可使出于二也。夫古之圣贤,其文可谓盛矣。然初岂有意学为如是之文哉!有是实于中,则必有是文于外。③

"彼"是指欧阳修。朱熹认为,欧阳修讲三代而上,治出于一而礼乐达于天下,三代以后,治出于二而礼乐为虚名,这是非常正确的。但是欧阳修只知道政事与礼乐的合一,却不懂得道德与文章的和合,其实文与道尤其不能分二。虽道充实于内,是体,但表现于外则为文采,两者相互联系,不可分割。"若日惟其文之取,而不复议其理之是非,则是道自道,文自文也。道外有物,固不足以为道;且文而无理,又安足以为文乎? 盖道无适而不存者也,故即文以讲道,则文与道两得而一以贯之,否则亦将两失之矣。"④文与道分二的结果,必然是道外有文,文外有道。这样,道不足为道,文不足为文。若道自道,文自文,实乃道不道,文不文。因此,朱熹提倡"即文讲道"、"文道一贯"。

朱熹强调文道统一、相即、一贯,这并不妨碍文与道自身的地位、作用的相异。"道者,文之根本;文者,道之枝叶。唯其根本乎道,所以发之于文,皆道也。三代圣贤文章,皆从此心写出,文便是道。"⑤道与文犹如根本与枝叶,尽管有根本与枝叶之分,但本为一体。有根本而无枝叶,无成为树,根本

---

① 程颢、程颐:《二程遗书》卷二上。
② 程颐:《答朱长文书》,《河南程氏文集》卷九。原注:"或云明道先生文。"
③ 朱熹:《读唐志》,《朱文公文集》卷七十。
④ 朱熹:《与汪尚书》,《朱文公文集》卷三十。
⑤ 黎靖德编:《朱子语类》卷一百三十九。

亦会腐烂;有枝叶而无根本,丧失依据,枝叶亦会枯槁。两者相依而生,两得一贯,否则便两失无存。

朱熹文道合一的名言,便是"文皆是从道中流出","文皆从此心写出"。这里便涉及源与流、真与写这两对概念范畴的关系。在朱熹哲学逻辑结构中,"道"("理"、"太极")是世界万物的根本、根据或本原,世界万事都是这个根本和本原的表现或化出;圣贤以道为心,圣贤之文就是这道心的写照。既然流是源的延伸,写是真的摄影,那么,文也就是发之于语言文字的道,或自然流露出来的道心。流不能离源,写不能离真,离源无流,离真无写,两者相依不离。从这个意义上说,流与源都是水,写照与真实的人或事,都是一个模样,这就是说,"文便是道"。但是本体与本性的展现者,本原与本原的化出者,毕竟是不同的,这就是说,两者是相分不杂的。文与道既相依不离,又相分不杂,不离不杂,辩证地解决了以往古文家与从周敦颐以来道学家的种种缺失之论,达到了一个更高的水平。

"文从道中流出"的不离不杂,既是他的审美标准,亦是其美学价值观。他在评品艺术创作和文学创作时,既注重道德思想内容,即道和善;亦不忽视文艺形式的美饰和感性的愉快,即文和美。他在强调道德、思想标准的前提下,实现道德、思想内容与文艺形式的统一,即在善本美末、道体文用的不杂下,要求善与美、道与文的合一。以道和善来说,不载道的文和不载物的车,虽有装饰之美,文辞之丽,朱熹认为,"此犹车不载物,而徒美其饰也"①。这是道和善的价值观。从文和美来说,"为文者,必善其词说"②,只有讲求文学、艺术的形式美,才能使"人之爱而用之",若不美其饰,人不喜爱,即使道德、思想内容至高无上,也无用而落空。基于这样的认识,尽管他批评韩愈、柳宗元、欧阳修、苏轼等把道与文相颠倒、相割裂,但对于他们的文亦多有所肯定和称赞:"韩文公诗文冠当时,后世未易及"③;"韩退之议论正,规模阔大"④;"柳文是较古,但却易学,……不似韩文规模阔"⑤;"柳子厚文有

---

① 朱熹:《通书·文辞注》,见《周子全书》卷十。
② 朱熹:《通书·文辞注》,见《周子全书》卷十。
③ 朱熹:《通书·文辞注》,见《周子全书》卷十。
④ 黎靖德编:《朱子语类》卷一百三十九。
⑤ 黎靖德编:《朱子语类》卷一百三十九。

所模仿者极精"①;"韩文高,欧阳文可学"②;"欧公文字锋刃利,文字好,议论亦好"③;"欧公文亦多是修改到妙处"④;"欧公文学敷腴温润"⑤;"东坡文字明快,老苏文雄浑,尽有好处"⑥;"苏氏文辞伟丽,近世无匹。若欲作文,自不妨模范"⑦。虽对他们的文字亦有所批评,但总的态度是"文字到欧、曾、苏,道理到二程,方是畅"⑧。文学和道理到了欧阳修、曾巩、三苏(苏洵、苏轼、苏辙)和二程,才理顺通畅。这是文和美的价值观。因此,朱熹认为,道与文、善与美的统一,是最完善完美的价值观。

(三)"诗"与"理"

"诗"是与"文"相当的表现形式⑨,它给人以精神性、感性的愉快,"文"和"诗"包含着美在内,没有"文"和"诗",亦就无所谓美。"文"和"诗"可以理解为"文采",也可以理解为诗表达的思想感情所采取的各种艺术方法,如比兴、夸张、象征、隐喻等。"理"与"道"相当,既是世界万物的本体,也是伦理道德的最高原则,它是诗的思想内容。如果说,道学家在文与道关系上主张文以载道的话,那么,在诗与理的关系上,便主张以理为诗。

道学开创者周敦颐、邵雍,一以"载道"说,一以"尽性"说,而确立了文道、诗理的基本关系。《伊川击壤集序》首引子夏说:"诗者,志之所之也,在心为志,发言为诗,情发于中而形于言,声成文则谓之音。""其或经道之余,

---

① 黎靖德编:《朱子语类》卷一百三十九。
② 黎靖德编:《朱子语类》卷一百三十九。
③ 黎靖德编:《朱子语类》卷一百三十九。
④ 黎靖德编:《朱子语类》卷一百三十九。
⑤ 黎靖德编:《朱子语类》卷一百三十九。
⑥ 黎靖德编:《朱子语类》卷一百三十九。
⑦ 朱熹:《答程允夫》,《朱文公文集》卷四十一。
⑧ 黎靖德编:《朱子语类》卷一百三十九。
⑨ 隋唐时,"文"与"笔"对举。《文笔式》云:制作之道,唯笔与文:文者,诗、赋、铭、颂、箴、赞、吊、诔等是也;笔者,诏、策、移、檄、章、奏、书、启等也。即而言之,韵者为文,非韵者为笔。"《文笔十病得失》,《文镜秘府论》西卷。王利器校注说:《文笔式》"盖出隋人之手"。按:文包括诗。

因闲观时,因静照物,因时起志,因物寓言,因志发咏,因言成声,因诗成音。"①似乎以诗应缘情。由"观时"、"照物",而"起志"、"寓言",然后"发咏"、"成诗",而成声音。就此次序而言,乃感物发情,而有咏诗声音。不过,邵雍所谓情与传统说法有异,是指"身"与"时"。"情有七,其要在二;二谓身也,时也。"②诗之作,或因"一身之休戚则不过贫富贵贱而已";或因"一时之否泰则在夫兴废治乱者焉"。邵雍批评这种发情于悼身伤时之作,蔽溺于个人的情感,而不顾天下之大义。他说:"近世诗人穷戚则积于怨憝,荣达则专于淫佚。身之休戚发于喜怒,时之否泰出于爱恶,殊不以天下大义而为言者,故其诗大率溺于情好也。"③情的溺人甚于水,控制情感当然可以,但难于控制,不如消除感情而超越它。超越的方法,便是"情累都忘",做到"以物观物",即与没有丝毫情感的物一样去观察物,这样,"观时照物",都不会激起身之休戚和时之否泰的灵感,"诚为能以物观物,而两不相伤者焉,盖其间情累都忘去尔"④。

"情累都忘"的要旨,是达到"名教之乐"和"观物之乐"。若不"溺于情",以伦理纲常教化为乐或以有情变无情的观物为乐,便是"尽性"和"乐天知命"。他在《击壤集·首尾吟》中说:"尧夫非是爱吟诗,诗是尧夫尽性时。若圣与仁虽不敢,乐天知命又何疑。"表达了邵雍以理为诗的思想。

"情累都忘"是有针对性的,他批评近世诗人要么"穷戚则积于怨憝",要么"荣达则专于淫佚",其诗都"溺于情好"。这近世诗人指谁,邵雍没有指名道姓,但似非指"西昆体"诗文⑤。西昆体主将杨亿在《西昆酬唱集序》中说"尤精雅道,雕章丽句,脍炙人口",田况斥之为"五代以来芜鄙之气,由兹尽矣"⑥,是五代以来浮靡文风的新发展。石介指摘为"穷妍极态,缀风月,弄花草,淫巧侈丽,浮华纂组,刻镂圣人之经,破碎圣人之言"⑦。其罪名为"破碎圣人之言",未及"怨憝淫佚"。后来朱熹批评欧阳修"平日只是以

---

① 邵雍:《伊川击壤集》卷首,《四部丛刊》本。
② 邵雍:《伊川击壤集》卷首。
③ 邵雍:《伊川击壤集序》,《伊川击壤集》卷首。
④ 邵雍:《伊川击壤集序》,《伊川击壤集》卷首。
⑤ "西昆体"诗文,兴起于宋真宗景德年间,以杨亿、刘筠、钱惟演等人相互唱和的诗集《西昆酬唱集》而得名。朝廷每有庆典游宴,献诗作赋,歌功颂德。
⑥ 田况:《儒林公议》,《稗海本》卷上。
⑦ 石介:《怪说中》,《徂徕石先生文集》卷五,中华书局1984年版。

吟诗饮酒戏谑度日"①,苏舜钦、梅尧臣"虽有才望,虽皆是君子党,然轻儇戏谑","于是尽招两军女妓作乐烂饮,作为傲歌"②。这都属于邵雍所指"荣达则专于淫佚"之类。苏舜钦离开集贤校理后,寓居苏州,"时发其愤懑于诗歌"③。梅尧臣在《大水后城中坏庐舍千余,作诗自咎》中说:"独此怀百忧,思归卧云壑",诗乃忧愤之作,譬如"屈原作《离骚》,自哀其志穷。愤世嫉邪意,寄在草木虫"④,强调美刺兴寄激发。此乃是"穷戚则积于怨憝"。邵雍排击诗歌的美刺,否定诗歌是伤时愤世的呼喊和休戚感受的抒发,实际上是割断了诗歌创作源头活水。

"情累都忘"的"尽性"说与周敦颐倡道"乐辞善"的"至善"说相呼应。周敦颐说:"乐声淡,则听心平;乐辞善,则歌者慕。故风移而俗易矣,妖声艳辞之化也亦然"⑤。歌辞要温柔敦厚,符合纯粹至善之性,才能起到移风易俗的效果,否则"后世礼法不修,政刑苛紊,纵欲败度,下民困苦。谓古乐不足听也,代变新声,妖淫愁怨。导欲增悲,不能自止。故有贼君弃父,轻生败伦,不可禁者矣"⑥。在上位的人纵欲而败坏法度,下面老百姓困苦而不能聊生,便会变古乐而代之以妖淫导欲的新声。诗歌的社会作用是为"平天下之情"的政治服务,这便是伦理道德教化的需要。朱熹在《通书注》中说:"废礼败度,故其声不谈而妖淫;政苛民困,故其声不和而愁怨。妖淫,故导欲而至于轻生败伦;愁怨,故增悲而至于贼君弃父。"⑦妖淫的歌声足可以诱起人们的欲念,愁怨的歌声亦可以增加人们的悲伤,两者都使人肆情纵欲而不能自控自止。欲念不能自控自止,会产生轻生败伦的事;增悲不能自控自止,会发生贼君弃父的事。朱熹在歌辞、声音与道德、善性的联系中,强调善、道、理的作用,这是与道学家文以载道,以理为诗的思想相一致的。

邵雍主张"情累都忘",二程便倡道"止于礼义"。他说:

> 至周而世益文,人之怨乐,必形于言;政之善恶,必见刺美。至夫子

---

① 黎靖德编:《朱子语类》卷一百三十。
② 黎靖德编:《朱子语类》卷一百二十九。
③ 欧阳修:《苏舜钦墓志铭》,《欧阳修全集》卷三十一。
④ 梅尧臣:《答三韩见赠述诗》,《宛陵集》二十七,《四库全书》本。
⑤ 周敦颐:《乐上》第十九,《周子全书》卷九。
⑥ 周敦颐:《乐上》第十七,《周子全书》卷九。
⑦ 参见周敦颐:《乐上》第十七,《周子全书》卷九。

之时,所传者多矣。夫子删之,得三百篇,皆止于礼义,可以垂世立教,
故曰"兴于诗"。①

"刺"是变的意思,"美"是正的意思。变正便是上教化于下,下风谏于上,与
刺美相近。孔子删《诗》的审美标准和政治道德标准,就是"止于礼义"、"垂
世立教",这样便删去了怨乐形于言和善恶表现于刺美的诗歌,得三百篇,
即为《诗经》。

二程所说的"止于礼义",就是"理"或"义理"。"孔子删《诗》,岂只取
合于雅颂之音而已,亦是谓合此义理也。……作诗者,又非一人,上下数千
年若合符节,只为合这一个理,若不合义理,孔子必不取也。"②这里所说的
"理"或"义理",既是"礼义",也是"修身治家底事"③,这便是以理为诗的
意思。

如果不是按照这个"垂世立教"的原则、标准去学诗作诗,是妨碍学道
或穷理的。《遗书》记载:"或问:'诗可学否?'曰:'既学时,须是用功,方合
诗人格。既用功,甚妨事。古人诗云"吟成五个字,用破一生心",又谓"可
惜一生心,用在五字上",此言甚当。'"④意谓作诗耗费时间和精力,反而贻
误了学道、穷理。

邵雍、周敦颐、二程都有分离"诗"与"理"之嫌,朱熹精心研究过《诗
经》、《楚辞》,撰写了《诗集传》和《楚辞集注》,继承而又修正了邵、周、二程
的思想,提出了"诗理合一"的主张,他说:

> 只如个诗,举世之人尽命去奔做,只是无一个人做得成诗。他是不
> 识,好的将做不好的,不好的将做好的。这个只是心里闹,不虚静之故。
> 不虚不静故不明,不明故不识。若虚静而明,便识好物事。虽百工技艺
> 做得精者,也是他心虚理明,所以做得来精。⑤

作诗必须心虚理明,才能做得出精品来。否则便会好坏颠倒,如二程所说的
徒劳精力,贻误穷理。这就是说,明理而达到善美的境界,体现这种明理的
善美境界的诗,便也是精品,反之就不成诗。明理的思想内容与诗的表现形

① 程颐:《程氏经说》卷三,文渊阁《四库全书》本。
② 程颢、程颐:《二程遗书》卷二上。
③ 程颢、程颐:《二程遗书》卷十九。
④ 程颢、程颐:《二程遗书》卷十八。
⑤ 黎靖德编:《朱子语类》卷一百四十。

式相统一。《语类》记载:"陈才卿说《诗》。先生曰:'谓公不晓文义则不得,只是不见那好处。正如公适间说穷理,也知事事物物皆具此理,随事精察便是穷理,只是不见所谓好处。'"①学作诗的过程,也就是穷理的过程,两者紧密相连,同构同步。朱熹教人要晓得诗的言外之意,看得其精神意思。只看得外面文义的一层,而不认识内在的意思一层就是大病。他又教人,"须是踏翻了船,通身都在那水中,方看得出"②。身在船中,与水隔了一层,对水还没有亲身感受,领悟水的意味;水在船外,犹如言在意外,凭晓得文义来学诗,就好比坐在船中看水,隔靴搔痒。只有踏翻了船,人都翻在水中,对水有真实的感受,才是学诗的真境界,学"道"("理"),也是如此。学诗即如学道(理),诗道融合如一。

诗道和合,其宗旨是"诗教"。"政虽不足行于一时,而其教实被于万世"③,这是诗教的重要性。为什么需要诗教? 朱熹根据诗的定义,做了论述:"诗者,人心之感物而形于言之余也。心之所感有邪正,故言之所形有是非。惟圣人在上,则其所感无不正,而其言皆足以为教,其或感之之杂,而所发不能无可择者,则上之人必思所以自反而因有以劝惩之,是亦所以为教也。"④诗是人的思想由于感受外物而激发起灵感,而表达为言辞的,这是朱熹对诗的深刻理解。然而,人的感物有邪正善恶,包括审美感受,表达思想感情的诗这种形式也有是非之分。无论是正还是邪,都可以不同方面和方法,作为教化天下的手段。"察之情性隐微之间,审之言行枢机之始,则修身及家平均天下之道,其亦不待他求而得之于此矣。"⑤审察情性言行,通过修身的方法,而齐家治国平天下,这些方法道理,《诗》中均有了。这就是说,《诗》是教化人进行伦理道德修养,而达到家齐、国治、天下平的目的的。

朱熹重视诗的道德思想内容,但亦不以理代诗,对于诗的艺术表现形式美,亦并不否定。他说:"李太白诗不专是豪放,亦有雍容和缓底"⑥,"李太白诗非无法度,乃从容于法度之中,盖圣于诗者也"⑦。"杜诗初年甚精细,

---

① 黎靖德编:《朱子语类》卷一百一十四。
② 黎靖德编:《朱子语类》卷一百一十四。
③ 朱熹:《诗集传序》,《朱文公文集》卷七十六。
④ 朱熹:《诗集传序》,《朱文公文集》卷七十六。
⑤ 朱熹:《诗集传序》,《朱文公文集》卷七十六。
⑥ 黎靖德编:《朱子语类》卷一百四十。
⑦ 黎靖德编:《朱子语类》卷一百四十。

晚年横逆不可当。"①"石曼卿诗极有好处，……曼卿诗极雄豪，而缜密方严，极好。如《筹笔驿诗》：'意中流水远，愁外旧山青。'又'乐意相关禽对语，生香不断树交花'之句极佳。"②黄庭坚诗"精绝！知他是用多少工夫。令人卒乍如何及得！可谓巧好无余，自成一家矣"③。朱熹要求道德精神、思想内容与诗的表现形式之美的完善的统一。

诗理和合的贯彻，还体现对诗史的探讨中。朱熹讲了他学道未专，一时对于诗的原委的研究时说："古今之变凡有三变：盖自《书》、《传》所记，虞夏以来，下及魏晋，自为一等；自晋宋间颜、谢以后，下及唐初，自为一等；自沈、宋以后，定著律诗，下及今日，又为一等。然自唐初以前，其为诗者固有高下，而法犹未变。至律诗出，而后诗之与法始皆大变，以至今日，益巧益密，而无复古人之风矣。"④这"三变"是中国诗歌体裁和技巧发展的三个阶段：虞夏至魏晋为古诗阶段；晋宋到唐初，是古诗向律诗转化阶段；第三阶段为律诗。这从总体上说是一种进步，然而，严格的格律，亦束缚人的思想。因而，朱熹认为，说出的诗比作出来的好。从这个意义上说，他重古诗而卑律诗是可以理解的："格律之精粗，用韵属对比事遣辞之善否，今以魏晋以前诸贤之作考之，盖未有用意于其间者，而况于古诗之流乎？近世作者，乃始留情于此，故诗有工拙之论，而花藻之词胜，言志之功隐矣。"⑤魏晋以前作诗不讲格律，而直抒发心志；近世留情格律，追求辞藻用韵，注重表现形式的属对善否，而不注意诗表现道德精神、思想内容的功能。朱熹看到这个问题，虽出自道学家的诗理合一说，但不能不说有其深刻的一面。

（四）"自然"与"规模"

美与善、文与道、诗与理，都是探讨思想内容与表现形式问题。文和诗

---

① 黎靖德编：《朱子语类》卷一百四十。
② 黎靖德编：《朱子语类》卷一百四十。
③ 黎靖德编：《朱子语类》卷一百四十。
④ 朱熹：《答巩仲至》，《朱文公文集》卷六十四。
⑤ 朱熹：《答杨宋卿》，《朱文公文集》卷三十九。

怎样令人喜爱、引起共鸣,如心动神移、可喜可悲、或歌或泣等感情的交流?这便蕴含着审美感受和审美意识问题。当然文与诗的思想内容,可以激起人的审美意境和审美理想,但是诗歌必须有声律和文辞,文章必须有文字和辞藻,音乐离不开乐器和声音等要素,文艺的表现形式、手段与思想内容的结合,才能感动人心。之所以如此,就在于它是审美活动,它能表达一种审美感受,创造一种审美意境。

这种审美感受和审美意境的表达和创造,需要一种艺术风格的美来贯彻,朱熹强调一种质朴自然、平淡有味的风格美,反对华丽纤巧、刻意造作。这种审美意识,可以说是宋代的思潮。程颐曾说诗文应像"天工生出一枝花"的自然美;王安石以"看似寻常最奇崛,成如容易却艰辛"的质朴寻常美来称赞好诗;苏轼以"发纤秾于简古,寄至味于淡泊"而品评诗文。朱熹在艺术风格上,亦提倡平淡自然的美。他说:

> 今人学文者,何曾作得一篇,枉费许多气力;大意主乎学问以明理,则自然发为好文章。诗亦然。①

> 古人文章,大率只是平说而意自长。后人文章,务意多而酸涩,如《离骚》,初无奇字,只恁地说将去,自是好,后来如鲁直,恁地著力做,却自是不好。②

这种"自然"、"平说"、"平易,不费力",含有自然而然的意味。但平淡并非淡而无味,自然并非不加锤炼,而是提倡一种自然而有神韵,平淡而有意味的风格美。在这里,他既反对文章没有"壮浪"的美,而流入胭脂腻粉之类,认为"今人做文字,却是胭脂腻粉妆成,自是不壮浪,无骨气"③,譬如"扬亿工于纤丽浮巧之文,已非知道者所为"④。亦反对没有韵味,不讲艺术技巧风格美,而陷入平庸肤浅之类,认为"今人诗更无句,只是一直说将去,这般诗一日作百首也得"⑤。

朱熹曾用一句很形象的话来表达平淡自然而有韵味的艺术风格。这句

---

① 黎靖德编:《朱子语类》卷一百三十九。
② 黎靖德编:《朱子语类》卷一百三十九。
③ 黎靖德编:《朱子语类》卷一百三十九。
④ 朱熹:《答李伯谏》,《朱文公文集》卷四十三。
⑤ 黎靖德编:《朱子语类》卷一百四十。

话是:"文字自有一个天生成腔子,古人文字自贴这天生成腔子。"①"腔子",朱熹有一个解释:"腔子,犹言匡郭,此是方言,指盈于人身而言"②,"乃洛中俗语③。"天"有自然的意思。文字是"天生成腔子",含有两方面含义:

其一,诗文是自然生出,故质朴、自然、平淡,具有自然美。《语类》记载:"道夫因言欧阳公文平淡。曰:'虽平淡,其中却自美丽,有好处,有不可及处,却不是阗茸无意思。'又曰:'欧文如宾主相见,平心定气,说好话相似。'"④平淡中见美丽,说话中见韵味,这便是平淡之美。这种审美的意境,是在平淡中超越平淡。诗文便是从"天生成腔子"中自然流出。欧阳修"《谢表》中自叙一段,只是自胸中流出,更无些窒碍,此文章之妙也"⑤,胸中自然流出,而不事雕琢。由于朱熹欣赏这种平淡自然的美,因此,他最推崇的不是李白、杜甫,而是陶渊明。"陶渊明诗人皆说是平淡。据某看,他自豪放,但豪放得来不觉耳。其露出本相者是《咏荆轲》一篇;平淡底人如何说得这样言语出来。"⑥平淡而豪放,真乃真知灼见。

"天生成腔子"的自然平淡有韵味的风格,并非直接进行伦理道德的说教,那样便庸俗了;也不是非"真味发溢",而去凭空拼凑诗句。"作诗间以数句适怀亦不妨,但不用多作,盖便是陷溺尔。当其不应事时,平淡自摄,岂不胜如思量诗句? 至如真味发溢,又却与寻常好吟者不同。"⑦朱熹并不排斥诗人在激情来潮时抒发情怀,真觉流出。但是,这"真味发溢",并不是自然的味道,而是涵养义理,正心诚意,譬如读圣贤之书,"庶几可以管摄此心,使之常存"⑧。"管摄此心",犹"平淡自摄",管摄住自身毋堕于物欲之私,而敬存此心;管摄住自身毋被外物所蔽,而格物穷理,这样"自摄",人们便可达到理想的道德境界,人的自然情怀、心理情感,都已与伦理道德融合为一,道德的他律转化为道德的自律。这样,所谓"真味发溢",适怀之作,不仅不与道学相违背,而且恰恰是道的"真味发溢",这与简单的道德说教

① 黎靖德编:《朱子语类》卷一百三十九。
② 黎靖德编:《朱子语类》卷五十三。
③ 黎靖德编:《朱子语类》卷五十三。
④ 黎靖德编:《朱子语类》卷一百三十九。
⑤ 黎靖德编:《朱子语类》卷一百三十九。
⑥ 黎靖德编:《朱子语类》卷一百四十。
⑦ 黎靖德编:《朱子语类》卷一百四十。
⑧ 黎靖德编:《朱子语类》卷十一。

是迥然不同的。

其二，"腔子"犹如匡廓，匡廓就意味着有一个框架、规模、范围。"古人文字自贴这天生成腔子"，自不需模拟、模仿；后人诗文"自有个天生成腔子"，便需要模拟、模仿。"'陆教授谓伯恭有个文字腔子，才作文字时，便将来入个腔子做，文字气脉不长。'先生曰：'他便是眼高，看得破。'"①"入个腔子做"，显然指有一个现存的框架、规模。如何才能做到"入个腔子做"？朱熹提出"识"、"仿"、"守"的主张。所谓"识"，是指认清古今诗文体制，雅俗向背，以便取舍。所谓"仿"，是指模仿、模拟前人优秀诗文。他说："古人作文作诗，多是模仿前人而作之。盖学之既久，自然纯熟。"②"前辈作文者，古人有名文字，皆模拟作一篇。故后有所作时，左右逢原。"③这种模拟、模仿似不离自然平淡的艺术风格美而言，并不是去追求华丽新巧。"前辈做文字，只依定格依本分做，所以做得甚好。后来人却厌其常格，则变一般新格做。本是要好，然未好时先差异了。"④不主张模仿新格，主观愿望也许是好的，但往往做得差异了。所谓"守"，是指守古本规模。"余尝以为天下万事皆有一定之法，学之者须循序而渐进。如学诗则且当以此等为法，庶几不失古人本分体制。向后若能成就变化，固未易量，然变亦大是难事，果然变而不失其正，则纵横妙用何所不可？不幸一失其正，却反不若守古本旧法以终其身之为稳也。"⑤朱熹并不反对变，但变需在一定的限度之内，这就是"不失正"；若不失正，即依照他那个"天生成腔子"，便能纵横驰骋，妙用无穷。然而，既变又不失正，很不容易做到，往往好新奇，而务为淫巧。他很有感叹地说："近年翻弄得鬼怪百出，都无诚实正当意思，一味穿穴，旁支曲径，以为新奇，最是永嘉浮伪纤巧，不美尤甚。而后生辈多宗师之，此是今日莫大之弊。"⑥难免失正，反不如"守古本旧法"。

朱熹美善合一、文道合一、诗理合一的审美观，便是从"美"——"善"、"文"——"道"、"诗"——"理"对应的各要素、成分中，寻找如何能达到和

① 黎靖德编：《朱子语类》卷一百三十九。
② 黎靖德编：《朱子语类》卷一百三十九。
③ 黎靖德编：《朱子语类》卷一百三十九。
④ 黎靖德编：《朱子语类》卷一百三十九。
⑤ 朱熹：《跋病翁先生诗》，《朱文公文集》卷八十四。
⑥ 朱熹：《答陈肤仲》，《朱文公文集》卷四十九。

谐、均衡,这便是"和"——美。这种把各种对待要素、成分和谐地统一起来的"和"之美,并不是强调此一方面而否定彼一方面,或强调彼一方面去否定此一方面。每一和美的事物中,各种对待的因素都是有机的联系着,相依不杂,相分不离,彼此制约,而构成一个统一的整体。在这个有机统一体中,各种对待要素的地位、作用、功能、发展都符合一定的节度,既没有"过",也无"不及"。"和便事事都要和,这里也恰好,这处也中节,那处也中节。若一处不和,便不是和矣。"①又说:"和则处处皆和,是事事中节,那处不中节,便非和矣。"②"和"从"善"、"道"、"理"来说,处处都符合"善"、"道"、"理"的节度,无过,无不及,而没有"失正","圣人品节裁限,使事事合于中正,这个当在这里,那个当在那里,更不得过。"③中而正,不偏不倚;从"天生成腔子"的质朴自然,平淡有味的艺术风格来说,"顺于自然,便是和","发见出来,无非自然"④,便是平淡自然之美。

美是外在的给人以精神愉快的感性形式与内在的伦理道德的理性要求的和谐统一,这样,朱熹就把"和"作为审美评价的标准。"曾观嘉祐以前诰词等,言语有甚拙者,而其人才皆是当世有名之士。盖其文虽拙,而其辞谨重,有欲工而不能之意,所以风俗浑厚。至欧公文字,好底便十分好,然犹有甚拙底,未散得他和气。到东坡文字便已驰骋,忒巧了。及宣、政间,则穷极华丽,都散了和气。"⑤"拙"是指质朴自然,平淡有味;"工"是指纤丽浮巧,刻意求工。诗文虽质朴自然,但辞藻谨重,并非无工,而是自然之工。譬如欧阳修"好底"和"拙底"诗文,就是把对待的要素统一起来,达到一种没有过或不及的理想境界,这种理想境界就是"和"或称"和气",它是把阴阳、刚柔、清浊、天地等相互对待的因素统一起来,这是对美的均衡和谐的掌握。均衡和谐美的法则的破坏,犹如苏轼文字忒巧,穷极华丽,便是不中节,无过不及的太过,就散了"和气"。

朱熹认识和把握了美的法则中一个极为重要的环节,那就是一切相互对待因素、要素的和谐统一,都是一个凝聚和离散结构,即和谐统一的形成

① 黎靖德编:《朱子语类》卷二十二。
② 黎靖德编:《朱子语类》卷二十二。
③ 黎靖德编:《朱子语类》卷二十二。
④ 黎靖德编:《朱子语类》卷二十二。
⑤ 黎靖德编:《朱子语类》卷一百三十九。

是对待因素的凝聚,和谐统一的破坏是对待因素的离散。朱熹关于对待因素在凝聚和离散中,否定对待因素某一方面,侧面被片面强调、夸大的辩证思想,使中国美学和艺术诗文,能在对各种对待因素的挑激中自觉不自觉地调整各种关系,达到情与理的和谐统一,避免了对待因素各自片面的发展以及各种割裂统一的形式。虽然,有时也不免出现对于和谐统一美的破坏,但从总体来看,是一种暂时的现象。对于和谐统一美的追求,是贯穿中国美学自始至终的合乎理性的特点。

(五)朱熹美学逻辑结构

朱熹美学逻辑结构是:从"理"("道"、"善")出发,通过"美"("文"、"诗"),把伦理道德原则、规范或自然界合乎法则的现象和能给个体以精神愉快的感性形式、艺术表现结合起来,达到美与善、文与道、诗与理的和谐统一,这便是"和"的境界。简言之即:"理"("道"、"善")——"美"("文"、"诗")——"和"。

第一,在朱熹思想、哲学逻辑结构中,"理"("道"、"太极"、"至善")既是天地万物的本体、本原,亦是人类社会的最高原则、原理。它既超越于万事万物、人类社会,是客体存在,不为尧存,亦不为桀亡,对于任何事物、人兽都一视同仁,没有差别;又寓于事事物物、人兽草本之中,人人有一"太极",物物有一"太极"。它不虚悬架空在那里,而必须有一个挂搭、安顿的地方。因而它又是实理。这就是说,"理"既是世界万物的本体,又必须通过具体事或物来体现或表现;无事事物物的体现或表现,便无所谓"理"("道"、"太极"),无"理"("道"、"太极"),万物亦无存在的根据。理与物的相依不离关系,在美学中,便构成了理与诗、道与文、善与美的相依不离关系。

第二,"美"、"文"、"诗",虽以"善"、"道"、"理"为根据,但也有其相对的独立性,本体与本体的体现,本原与本原的流出,毕竟不是一样的。"美"、"文"、"诗"各自在自己的领域中,经批判地继承和综合的创造①,而

---

① 参见《朱子语类》卷一百三十九《论文》和卷一百四十《论文下(诗)》。

提出了质朴自然、平淡有味的艺术风格、审美意识,使诗、文的表现现形式之美达到了成就的境界,说明了"文"、"诗"的表现形式美怎样引起人们精神或感性的愉快,在审美感受中陶冶、默化人们的心理感情,使人心动神移。朱熹并不否定感性形式的美和感性享受的审美愉快的社会作用,以及它所具有的社会伦理道德意义。在诗、文、艺术的实践中,与"道"、"理"统一起来,构成朱熹美学逻辑结构的第二层次。

第三,"和"是朱熹美学的完满境界、审美的理想,美与善、文与道、诗与理既有其相对独立性,又要合乎一定适度地统一起来。从宇宙万物("天")与人类社会("人")的和谐统一中认识"和"到人自身的道德知识"知"与道德实践"行"的和谐统一认识"和"的过程,也就是社会的伦理道德的理性要求与诗文给人的精神性、感性的愉快和谐统一的过程。在朱熹"和"美的层次中,是通过对于美与善、文与道、诗与理合一的肯定,以达到感性心理欲求和理性道德规范、审美感受的形式与政治教化的内容、诗文的艺术风格与心性修养工夫的和谐统一。诗文的价值和社会意义就在于达到这个统一,美就是这个和谐统一的表现。然而,朱熹要求这种和谐统一要恰到好处,要符合一定的节度,而这个节度是"天生成腔子",把这个"腔子"作为理想,又束缚了自身美学思想的发展。

朱熹这种以感性心理与理性道德、审美感受与政治教化、艺术风格与心性修养的"和"为旨趣的美学思想,是人们长期被这些矛盾冲突所挑战、折磨后的思考,也是人们在超越这种矛盾冲突过程中所产生的追求或所作的努力。这种思考、追求和努力,难道在面临现代感性心理与理性道德、审美感受与政治教化、艺术风格与心性修养的矛盾冲突中,不会给人以启迪吗?

六、朱熹的史学思想

两宋时代,史学家辈出。朱熹虽为道学之集大成者,但其学术"致广大,尽精微,综罗百代"①,于哲学、经学、史学、文学都有独到的见解和较深的造诣。

我国元明清时期,朱熹的道学成为占统治地位的意识形态,为历代统治者所取法,而其史学思想,亦为修史者奉为圭臬或作为评价历史善恶的准绳,影响深远。如果说司马光的《资治通鉴》创造了我国编年史著作的范例,则朱熹的《资治通鉴纲目》着重阐述了史学理论,而补《资治通鉴》之所未尽。因而,朱熹作为我国古代史学家的历史地位,不应忽视。

(一)朱熹的政治学术活动

朱熹字元晦,号晦庵,生于南宋高宗建炎四年(1130年),死于南宋宁宗庆元六年(1200年),祖籍徽州婺源县(今江西婺源县)。由于他生于福建,又长期在福建讲学授徒,所以后人称其学为"闽学"。

朱熹祖辈历代当官,在地方上是颇有一点名望的,被称为"著姓"。但到朱熹出生时,正是他父亲朱松自龙溪县尉去官而从事教书之际,家境并不充裕。所以,朱熹祖父朱森死时,因为清贫而没有扶灵归葬婺源故里。朱熹14岁时,父死,依父友刘子羽生活,常常是"箪瓢屡空,晏如也。……往往称

---

① 黄宗羲原著,全祖望补修:《晦翁学案》,《宋元学案》卷四十八。

贷于人以给用。"①可见,朱熹出身于一个式微的官僚家庭。

朱熹小时,便在其深受二程道学影响的父亲直接教育下,开始学习儒学经术。十来岁,就专心攻读"经贤之学"②,慨然奋发,日读《大学》、《中庸》、《论语》、《孟子》无间断,以做"圣人"为自己奋斗的目标。绍兴十七年(1147年),在福建建州考取举人,绍兴十八年,即朱熹19岁时,考取进士。绍兴二十一年被任命为福建泉州同安县主簿,此后踏上仕途。

现按朱熹的政治活动、学术活动等方面的态度,依其历史发展的线索,分别论述如下。

1. 从政活动

朱熹对南宋内部各种冲突的认识,主要表现为这样两方面:一是主张安定统治秩序;二是主张限制土地兼并,倡导某些改革,不要竭泽而渔。

1155年在任同安县主簿期间,爆发了农民暴动,农民军包围了同安县城。朱熹便亲自守备过去曾被农民军攻陷的西北方,指挥弓箭手射杀。结果农民暴动被平息下去。1167年秋天,福建崇安县大水,到次年青黄不接的春夏之交,又爆发农民起义。古来民以食为天,民无食必乱。朱熹和知县诸葛廷瑞便劝大地主发藏粟,赈济下民,以缓和矛盾。后又请政府赈济,于是乡民"大小仰食者若干人"。这样不仅"民得遂无饥乱以死",而且"浦城(距崇安20华里)之盗无复随和而束手就擒矣"。③鉴于这种情况,朱熹乃主张设"社仓"。"社仓"既可解决"细民"在青黄不接时"出倍称之息,贷食豪右",亦可以"塞祸乱之原",即农民暴动的根源。于是,他以此为"近古之良法"④,并在福建建阳和浙江金华等地加以推广。

1181年8月,浙东饥荒,朱熹任提举两浙东路常平茶盐公事。在他任职期间,主张惩罚贪污赈济粮的官吏,弹劾隐瞒灾情,谎报政绩,横征赋税的浙江衢州守臣李峰。他在巡历荒政期间,着实做了一些好事,表现出开明进步倾向。

---

① 脱脱等撰:《宋史·朱熹传》,中华书局1977年版。
② 王懋竑:《朱子年谱》卷一,见《朱熹年谱》,中华书局1998年版。
③ 朱熹:《建宁府崇安县五夫社仓记》,《朱文公文集》卷七十七。
④ 朱熹:《建宁府崇安县五夫社仓记》,《朱文公文集》卷七十七。

1190 年,朱熹知福建漳州。一方面他"奏除无名之赋七百万,减经总制钱四百万"①。另一方面主张行"经界"。核实田亩,画图造册。企图纠正"无业而有税"与"有业而无税"的"田税不均"②现象,以便"随亩均产"。但由于被"豪家大姓,猾吏奸民"的浮言所阻,而没有实行。

1193 年 12 月,除知潭州荆湖南路安抚使。"会洞獠侵扰属郡,恐其滋炽,遂拜命,四月启行。"③到潭州后,他便采取软硬兼施的两手:一方面派部将田升前去平息,限期俘获;另一方面,采取招安,诱降义军首领蒲来矢。为维护整个社会的安定,在湖南策划了一系列防止农民暴动的措施,可谓鞠躬尽瘁。次年八月,朱熹为焕章阁待制兼侍讲,闰十月宁宗下诏免去朱熹侍讲职。

统观朱熹任同安县主簿、知江西南康军、提举浙东常平茶盐、知漳州、潭州和任宁宗侍讲期间,他平息农民暴动,以维护社会秩序;他揭露赋税酷重,指出"古者刻剥之法,本朝皆备"④;倡议设"社仓",主张"经界法",以缓和高利贷和土地兼并;惩办贪官,弹劾隐瞒灾情的官吏和"结托权贵"的豪右。在古代官吏所能做到的范围内,做了一些改革。这样看来,对于朱熹的历史功过,应放在一定的历史范围内,进行历史的、具体的分析。

2. 学术活动

朱熹从政和讲学活动的近五十年间,前后做官不过十来年,即使在做官期间,亦不忘讲学,白鹿洞书院及岳麓书院都是在他任职期间恢复的。可见,他一生的大部分时间是讲学授徒、著书立说,而成为道学的集大成者。

1160 年,朱熹正式受学于二程的三传弟子李侗。李是程颐的再传弟子罗从彦的学生,而罗从彦则是二程弟子杨时的学生。

朱熹师事李侗后,学术思想大变。如果说朱熹十七八岁时还留恋于佛学,读佛、道之书,而在从学于李侗以后,就只看"圣贤言语"⑤。李侗教他以异于异端(佛、道)之学的"理一分殊"学说,认为"理不患不一,所难者分殊

---

① 黄宗羲原著,全祖望补修:《晦翁学案》,《宋元学案》卷四十八。
② 朱熹:《经界申诸司状》,《朱文公文集》卷二十一。
③ 王懋竑:《朱子年谱》卷四。
④ 黎靖德编:《朱子语类》卷一百一十。
⑤ 黎靖德编:《朱子语类》卷一百〇三。

耳,此其要也"。要解决"理一"与"分殊"、"一理"与"万理"的关系问题。要从"圣经中求义",以便推见"实理"。朱熹"不远数百里,徒步往从"①李侗,悉心求道,而得李侗称赞"颖悟绝人,力行可畏",并被誉为"乐善好义,吾党鲜有"②,于是得李侗的正传。这样,朱熹便成为二程四传弟子,成为儒家"道统"谱系中的重要人物。

朱熹每到一地,整顿县学、州学,创办武夷精舍,及各书院。制定学规,编撰教科书。在江西南康军(今星子县)任职期间,建白鹿洞书院,订《学规》,使白鹿洞书院成为全国著名的四大书院之一,《学规》也成为各书院的楷模。《学规》宣扬了伦理纲常,孔孟学说,《大学》、《中庸》思想,忠信笃敬,窒欲迁善,然后推己及人,以及处事接物的原则等,它是孔孟以来儒家礼法的总结,也是处理与调整人与人之间关系的行为规范。

1194 年,朱熹在潭州任职期间,修复岳麓书院。岳麓书院与白鹿洞书院一样,成为传授"道学",讲学授徒的场所,对后世影响深远。

朱熹基于对南宋社会弊病的认识,提出了设"社仓"、主"经界"的改革措施,企图补救时弊;在对待战、和态度上,朱熹有一个变化过程,孝宗初年,积极主战反和,恢复雪耻,随着宋、金对峙局面的出现,内部各种矛盾的尖锐化,便主张先以东南之未治为忧;在哲学思想上,他完成了《四书章句集注》,建立"道学"哲学逻辑结构,并通过讲学授徒,传播"道学",形成独立学派;在史学上,他辑成《资治通鉴纲目》,提出了一套有见解的史学理论,成为修史者的圭臬。

(二)天理与史事统一的史学体系

朱熹把"理"本论从哲学领域引入史学领域,不仅使其史学具有哲学的思辨性,而且试图建立一种"天理"与"史事"统一的史学体系。由此,他提出了史学的对象范围、评价标准、修史准则及读史方法等一系列问题。

---

① 脱脱等撰:《宋史·朱熹传》。
② 王懋竑:《朱子年谱》卷一。

1. 关于史学研究的对象范围问题

朱熹认为,历史是统治者帝王将相的历史,修史亦应以他们的政治活动为叙述的主体,朱熹的《资治通鉴纲目凡例》①,充分体现了这种思想。《资治通鉴纲目凡例》(以下简称《凡例》)载:

> 凡正统,周王继世,曰子某立。注云:是为某王。秦更号曰王初并天下,更号曰皇帝。继世,曰某袭位(注:胡亥从本文)。汉以后,创业中兴,曰王即皇帝位(注:汉高祖已称汉王,晋元帝已称晋王,故但称王。惟光武、昭烈,各以其号书)。继世,曰太子某即位(注:非太子,则又随事书)。有故,则随事书之。②
>
> 凡列国继世不书,因事注中见之,其有故者,乃随事书之(注:如燕平、楚横、齐法章、楚完)。③
>
> 凡国家无主,四方据州郡,称牧守者,曰某人自为某,自称某,自领某官(注:袁绍、曹操之类)。其传袭,各随其事书之(注:孙权、袁尚之类)。④
>
> 凡正统尊立皆书。⑤

帝王及继世、即位、更号,都书之于史;列国皆书,其继世不书,因事则在注中书之;国家无主,四方据州称雄者,亦书之于史。朱熹分别三类情况,而以不同书法。表明他维护正统思想。

---

① 《资治通鉴纲目凡例》是否为朱熹所作,倪士毅曾说:"朱子《纲目》之作,权度精切,而笔削谨严,先辈论之详矣。……惟《凡例》世尚罕传,学者于书法有未窥其要者。至元后戊寅冬,友人朱平仲晏归自泗滨,明年春,出其所录之本,谓得于赵公继清筼翁之子嘉绩凝,始获披阅,遂节录之。"(《沧洲诸儒学案》,《宋元学案》)是否朱熹手定,表示怀疑。然朱熹在《答蔡季通》书中说:"纲目凡例,修立略定,极有条理意义矣,俟到此更商榷之。"(《朱文公文集续集》卷二)而见其为朱熹手定。王柏在《凡例后语》中说:"今《纲目》之《凡例》,乃朱子之所自定,其大义之炳如者,固一本于夫子。"(《资治通鉴纲目》卷首)此《后语》作于宋咸淳乙丑年。朱熹的学生李方子在《资治通鉴纲目后序》中亦说:"著书之凡例,立言之异同,又附列于其后,使览者得考焉。"《后序》作于嘉定己卯年,亦可证《凡例》为朱熹手定,可作为代表朱熹史学思想的著作。

② 朱熹:《资治通鉴纲目》卷首,文渊阁《四库全书》本。

③ 朱熹:《资治通鉴纲目》卷首。

④ 朱熹:《资治通鉴纲目》卷首。

⑤ 朱熹:《资治通鉴纲目》卷首。

除帝王、后妃、太子等政治活动书之于史外,宰相、勋贤、录功臣子孙、贵戚皆书之于史,宦者封爵亦书。如非正统,有故则书。除统治者最高层以外,其他官吏"非有故不书"。其书与不书,明确表示了朱熹史学的对象和范围。按照这个史学研究的对象和范围,则人民群众的社会政治活动、生产斗争活动、科学实验活动以及社会经济、自然科学的成就等均被排除,甚至连中下层官吏的活动亦被排斥在外。历史,就成为统治阶级最高集团的历史,而不是人民群众的历史;历史的运动,亦成了统治者最高阶层的活动史,而不是群众参与的和社会发展的历史。

所谓统治者最高阶层的政治活动,据《凡例》规定,亦仅是记载帝王的活动,并以此为中心画圈圈,与此有关的"余官",参与了更革、和好、聘问等活动,便属于"有故则书"的范围。其余的社会政治、经济活动,自然科学的发明创造都不包括在内。这样,历史便是以统治者最高阶层为主体的历史,他们是历史的主宰者,充分体现了朱熹英雄造时势的史学观点。

这样一来,史学研究的对象范围就很狭隘了,生动活泼的历史便变成枯燥无味的统治者的不变的郊祀等常例,丰富多彩的史事便剩下干巴巴无肌的统治者列行的教条,历史就成为个别英雄人物表演的舞台。这是旧史学的共性。

2. 关于以"理"为取舍、评价史事、史著的标准问题

历史的运动,是"天理"的体现。朱熹认为,夏、商、周三代,"天理"流行,帝王的"心术"最正、最好,社会光明至善,是"王道"政治;三代以后,"人欲横流",帝王"心术"不正,社会混乱黑暗,是"霸道"政治。因此,人们认识历史,犹如"格物致知",其宗旨是为了"穷理"。于是,"理"("天理")便成了取舍、褒贬史事,评价史著的标准。他说:

> 凡圣贤之言行,古今之得失,礼乐之名数,下而至于食货源流、兵刑之法制,是亦莫非吾之度内有不可得而精粗者,若非考诸载籍之文,沉潜参伍以求其故,则亦无以明夫明德体用之全,而止其至善……则夫天下之理,其必有以尽其纤悉而一以贯之。①

---

① 朱熹:《福州州学经史阁记》,《朱文公文集》卷八十。

权衡圣贤言行、古今得失、礼乐名数、食货源流、兵刑之法制等的标准,便是合"理"与不合"理"。如果将其放在历史运动中来考察,是尽乎"天理"的纤悉,或合乎"至理"的,则是属于书或褒的范围。同时,人们读书所获得的历史知识与评价史事的标准,亦应是统一的。

这种统一,并非人的认识和历史实际的统一,而是指与评价史事标准即"理"("天理")的统一。因此,人们对于历史的"格物致知"之功,是在于从"理"("天理")的形上学的角度来认识历史,评判史事。他认为,在历史运动的过程中,岁星出现于天,表明"天道"的变迁;正统端正于下,确定"人道"的善恶;大纲概举,明白历史的鉴戒;众目(指分别意义上的目)毕张,昭著细微的道理。凡是对历史作"格物致知"工夫的学者,都有这样的感受。这就是说,要使史事从于"理",会归于"理";以"理"统史,才能"合于天理之正"①。

朱熹以"理"为标准,评价以往的史学著作。他批评《左传》于"义理"上全然不理会,而只讲"祸福利害",即讲"利"不讲"义",自然不合乎"理"("天理")。《左传》之所以不合乎"理",其要就在于《左传》的好恶标准与圣人不同。

朱熹也不满意浙东学者把司马迁抬高到与孔子相似的地位。他认为,吕祖谦、吕祖俭之所以抬高司马迁,因为他们宗其学。虽然司马迁也讲"仁义",但其本意只在"权谋功利",而不在"天理仁义",因此,《史记》有许多空疏、浅陋的地方。

司马迁《史记》不按孔子的圣人之言,而一依己说,不讲"义理"。苏辙《古史》依孔子之言,纠正了司马迁之失。可见,《史记》疏略浅陋,而非仁义道德,即不符合"理"的标准。

以"理"为标准,朱熹对宋之前这两部重要的、权威的史著作出评价,指摘其失,是符合后期宗法社会加强伦理纲常需要的。当然,他对其他史著亦做了评价。如司马光的《资治通鉴》,他在叙述其作《资治通鉴纲目》的动机时说:

> 问《纲目》主意。曰:"主在正统。"问:"何以主在正统?"曰:"三国当以蜀汉为正,而温公乃云:某年某月,诸葛亮入寇。是冠履倒置,何以

---

① 李方子:《资治通鉴纲目后序》,《资治通鉴纲目》卷首。

示训？缘此遂欲起意成书。推此意修正处极多。"①

在"正统"、"非正统"问题上，朱熹不同意司马光的意见，因此，在史事的叙述及评价上就会发生分歧。他认为：汉献帝建安二十五年（220年）十月，魏开始称帝，十月前应以献帝建安纪年，十月后用曹丕黄初纪年，可是《通鉴》便在建安二十五年元月开始，即用黄初纪年，这是以臣盖君，有害君臣伦常之教；蜀汉先主刘备章武三年五月后主刘禅即位，五月以前，应以章武纪年，但《通鉴》便在这年元月，即用后主建兴纪年，这是以子盖父，有害父子伦常之序。《通鉴》在君臣、父子等大伦上有所未审，即在"义理"上有所未尽，故须作《资治通鉴纲目》②以纠正之。他说：

> 《通鉴》之书，顷尝观考，病其于正闰之际，名分之实，有未安者。因尝窃取《春秋》条例稍加櫽括，别为一书，而未及就。③

"别为一书"，即指《资治通鉴纲目》。他鉴于《资治通鉴》于正统、非正统及名分有失，而依《春秋》条例，编为《通鉴纲目》。所谓"正闰"、"名分"，朱熹有一个解释。他说："臣旧读《资治通鉴》，窃见其间周末诸侯僭称王号而不正其名。汉丞相亮出师讨贼而反书入寇，此类非一，殊不可晓。又凡事之首尾详略，一用平文书写，虽有目录，亦难检寻，因窃妄意就其事实别为一书。表岁以首年，而因年以著统；大书以提要，而小注以备言。至其是非得失之际，则又辄用古史书法，略示训诫，名曰《资治通鉴纲目》。"④又说："《通鉴》

---

① 黎靖德编：《朱子语类》卷一百○五。

② 《资治通鉴纲目》是否为朱熹所作，过去有不同看法。有以为朱熹于其《通鉴纲目》，实未成书，仅有一套计划与一部分草稿而已。此意见恐未可靠，朱熹于《通鉴纲目》已有草稿，尚需整理而已。朱熹说："《纲目》竟无心力整顿得，恐为弃井矣。"（《答蔡季通》，《朱文公续集》卷二）又说："《纲目凡例》修立略定，极有条理意义矣，俟到此更商榷之。但修书功绪尚广，若得数月全似此两月无事，则可以小成矣。"（同上）仅从此二信看，似未完成，还只在写作中。他在写《林择之》书中，说明将近完稿，他说："《通鉴》工夫浩博，甚悔始谋之太锐。今甚费心力，然业已为之，不容中辍。须来年春夏间，近人山僧寺，谢绝人事，作一两月期毕力了之，乃可。盖心力不强，其间稍一间断，便觉条例不贯，故须如此耳。"（《林择之》，《朱文公别集》卷六）需要谢绝人事的干扰，集中精力，在一两月内完成《通鉴纲目》的编写，说明自己心力不强，可能是身体不佳。后在给吕祖谦信中说明，《通鉴纲目》基本完稿。他说："《纲目》草稿略具，俟写校净本毕，即且休歇数月，向后但小作工程，即亦不至劳心也。向来之病，非书累人，乃贪躁内发而然。"（《答吕伯恭》，《朱文公文集》卷三十三）可见《通鉴纲目》为朱熹所手定。其中有些部分为其学生所编，但最后定稿为朱熹。恐不能说《通鉴纲目》未成书。

③ 朱熹：《答李滨老》，《朱文公文集》卷四十六。

④ 朱熹：《辞免江东提刑奏状·三·贴黄》，《朱文公文集》卷二十二。

举要,详不能备首尾,略不可供检阅,此《纲目》之书所为作也。"①诸侯僭称
王号,便是"闰",而非"正"。对于这种非"理"的事,《通鉴》应予"正名",不
称其为王,而还其原名。如诸葛亮出师讨贼,这是"顺",应曰"讨"或曰
"征"。书"寇",则指犯顺而言。《通鉴》于"正闰"、"名分"有失,即不符合
"义理",亦即与"理"的标准相违戾。

朱熹以"理"("天理")为取舍史事、评价史著的标准。此"理"其实际
是,宗法社会的三纲五常、伦理道德的升华。朱熹的思辨手法是,使本来与
现实的、具体的社会历史条件相联系的"理"脱离具体的社会历史条件,而
成为抽象的观念、普遍的原则,然后反过来主宰社会历史,或作为衡量历史
的准绳。朱熹的"理",便是经过这样的思辨过程而制造出来的。"理"一旦
制造出来,"理"与"史"的关系,便不是"理"从"史"出或"理"、"史"结合,
而是"理"统率"史"。历史的事实,便成为"理"任意剪裁的资料。这样便
颠倒了"理"与"史"的关系。

3. 关于"先经后史"说问题

"理"("天理")先验地存在着,那么,人们如何认识"理"或求得"理"?
朱熹认为,"理"不是从史事的自身中得到,而是要求诸《六经》。虽然经史
都可以读,但需先求得"义理之要"或"义理蹊径",然后才能读史,以议论事
变得失。因为只有读经识"义理",就如心有"明鉴",才不会被史事迷惑。
《语类》记载:"今人只为不曾读书,只是读得粗书。凡读书先读《语》、
《孟》,然后观史,则如明鉴在此,而妍丑不可逃。若未读彻《语》、《孟》、《中
庸》、《大学》,便去看史,胸中无一个权衡,多为所惑。"②先读经明"义理",
便有两方面好处:一是心中有一个权衡、衡量史事的标准,就不会被复杂的
史事搞糊涂了。"盖史书闹热,经书冷淡,后生心志未定,少有不偏向外去
看,亦此当预防也。"③二是识得"义理",心如明镜,就能辨别历史上一切美
好的和丑恶的事件。这便是"先经后史"说。

---

① 朱熹:《答潘恭叔》,《朱文公文集》卷五十。
② 黎靖德编:《朱子语类》卷十一。
③ 朱熹:《答吕伯恭》,《朱文公文集》卷三十三。

当然,光靠读经亦未必能识"义理",还需就自身上体认。孔子、孟子、子思等在《论语》、《孟子》、《中庸》等经书中所说的"义理",还只是纸上的东西,只有自己专心去体认,才能变成自己的东西。否则,读了经书,亦不能去裁断史事,评价史著。

所谓"先经后史"论,包含有这样两层意思:

一层意思是,经本史末。

朱熹批评吕祖谦"于史分外子细,于经却不甚理会"①,因此对"和而且治"没有仔细理会。于是他主张"读书须是以经为本,而后读史",经、史相比较,经为本,史为末。先读经,体认"义理";后读史,以"理"考古今治乱、制章典章。先本后末,既符合一般自然法则,亦合乎读史次序,所以"先经后史"为合"理"的。

另一层意思是,经体史用。

为学要"先立大本"。"大本"就是朱熹所说"可据之地",即立脚处或根本。读经是本,是"体"。读史考诸治乱、制度,是于"用处作工夫",是"用"。因为"看经书与看史书不同。史是皮外物事,没紧要,可以札记问人,若是经书有疑,这个是切己病痛。"②"史"是附着于"经"外皮毛,是经之"用"。先经而立"义理"之体,而后考诸史事之用,即《五经》言其理,《春秋》言其用"的意思,只有这样,才不会发生谬误或无益于事。

然而,"经本史末"、"经体史用",不是说要经不要史,经史可割裂;而是说在经与史的相互联系中,经主史次,经先史后,有一个次序。因此,他既反对只看《六经》,不看史书的片面,《语类》载:"浩曰:'赵书记云:自有见后,只是看《六经》、《语》、《孟》,其他史书杂学皆不必看。……'曰:'如此,即不见古今成败,便是荆公之学。'"③他不满王安石光主经学;又反对司马光、吕祖谦主史学而不读经的片面,"伯恭便不教人读《论语》。"④"先生(朱熹)问:'向见伯恭有何说?'曰:'吕史劝令看史。'曰:'此意便是不可晓。'"⑤朱熹主张在"先经后史"前提下的经史结合。

———————

① 黎靖德编:《朱子语类》卷一百二十二。
② 黎靖德编:《朱子语类》卷一百二十二。
③ 黎靖德编:《朱子语类》卷十一。
④ 黎靖德编:《朱子语类》卷一百二十二。
⑤ 黎靖德编:《朱子语类》卷一百二十二。

　　他认为王安石制定的经义考试,禁止引用史传,这是一种末流。学子书和史书的不以"理"为衡量标准,便又流入俗学。这两种片面性,都没有将经史结合起来。朱熹兼采两家,由经及史,而避免了其片面性。

　　由此,他提出了读史的宗旨和方法。他说:

　　　　读史当观大伦理,大机会,大治乱得失。①

"大伦理"是指宗法伦理纲常,"大机会"是指时势,即历史发展的必然趋势,"圣人固视天下无不可为之时,然势不到他做,亦做不得。"②"大治乱得失"是指历史的经验与教训。读史要把此三者有机地联系起来考察,才能把史看活,而于"义理"有所裨益,这是读史的宗旨。

　　读史的方法,《语类》载:"问:读史之法。曰:先读《史记》及左氏,却看西汉、东汉及《三国志》,次看《通鉴》。"③又说:"先看《语》、《孟》、《中庸》,更看一经,却看史,方易看。先读《史记》,《史记》与《左传》相包,次看《左传》,次看《通鉴》,有余力则看全史。"④所谓方法,实是看史的次序。即使在这里,亦贯穿他的"先经后史"论。

　　朱熹以"理"统史的史学理论,是其道学思想的有机组成部分。他以"理"("天理")为最高标准或原则,来规定史学的对象范围和取舍史事,评价史著。此"理"("天理")并非从客观的大量史事中抽象出来的理论或客观历史法则,而是在客观史实之外而先验存在的原则,然后将此"理"("天理")援入历史,统率历史。由于经书是圣人之言,是"天理"的体现,因而又主张先经后史,经本史末。这便构成了朱熹的史学思想体系。

(三)修史义例和书法

　　如果说朱熹史学理论的逻辑起点是"理",那么其落脚点便是修史的条例、书法等。它通过《资治通鉴纲目》和《凡例》及《史馆修史例》的义例、书法等环

---

①　黎靖德编:《朱子语类》卷十一。
②　黎靖德编:《朱子语类》卷一百〇八。
③　黎靖德编:《朱子语类》卷十一。
④　黎靖德编:《朱子语类》卷十一。

节,又体现了"理"("天理"),而返回其逻辑的起点。这时起点便成为它的终点。

1.明正统,斥篡贼

《资治通鉴纲目》一书的编撰思想,体现在《凡例》中。《凡例》分 19 章,137 条。其核心思想是:明正统,斥篡贼;立纲常,扶名教;除史弊,法《春秋》。

朱熹认为,在中国历史上,自古代到宋,其间几千年,"凡正统,谓周、秦、汉、晋、隋、唐"①六个朝代,其他夏、商、战国、三国、魏、南北朝、五代等,非正统。按照这个思想,《通鉴纲目》便从周威烈王二十三年为起篇,而不讲夏、商等朝。"自建安二十五年以后,黜魏年而系汉统,与司马氏异。"②不用曹魏,而用蜀汉系汉统为正统。以是否正统作为评价史事、人物"义"与"非义"、"善"与"非善"、"忠"与"奸"的准绳。

"正统"是合乎"天理"的,其书法不仅溢美褒扬,而且等级森严,各种书法的分寸、称谓都很严谨。朱熹为维护"正统",还纠正了司马光《通鉴》之失:"谥非生者之称,而《通鉴》以谥加于薨卒之上,亦非是,今亦正之。"③

除正统外,还有无统、非正统、僭国、篡贼等。

所谓"无统"是指周秦、秦汉、汉晋、晋隋、隋唐之间的朝代和五代。一般在此时均出现了分制割据的局面,或割据势力之间的兼并战争,或农民大起义之类,而未建立一个统一的较稳定的朝代,朱熹称其为"无统"。其书法、称谓均与"正统"有别。如"正统曰崩","无统"曰"某王某殂"。然而,"无统"并不是"非正统"、僭国或篡贼。

"僭国"是趁天下乱的时候篡位或割据一方而立国的,有的情况相当于"无统"。

"篡贼"与"僭国"的不同就在于,"僭国"趁乱篡位而传世。"篡贼"是指篡位而不能传世。

凡篡贼弑君不得隐讳,一定要直书姓名,使乱臣贼子之罪,大白于世人之耳目,"具无所匿其形矣"。"凡以毒弑者,加进毒字",如王莽、梁冀之类。以为世人和后世之戒。

---

① 朱熹:《资治通鉴纲目凡例》,《资治通鉴纲目》卷首。
② 朱熹:《资治通鉴纲目凡例》,《资治通鉴纲目》卷首。
③ 朱熹:《资治通鉴纲目凡例》,《资治通鉴纲目》卷首。

2. 立纲常,扶名教

《凡例》凡涉及君臣、父子、夫妇、长幼等大伦,则是以"忠"、"孝"、"节"等原则为准绳,以便强化纲常名教。

关于君臣关系。朱熹认为,秦汉以后,王侯死皆曰卒,《通鉴》依旧史而书薨,司马光觉得欠妥而未改。因薨,按《凡例》规定是称"未逾年不成君曰薨",或无统之王公"曰某王公某薨(注:上无天子,故得因其臣子之辞)",当然不能记入国史。正统之君死曰"崩",如果"正统之君,废为王公而死者,书卒",而不能书"崩",因为废为王公,即是臣,而非君,只能按臣的名号。君尊臣卑、扬君抑臣渗透在各个环节,体现了朱熹君权论的思想。

关于父子关系。《凡例》载:"凡正统,废其后、太子、诸侯王,而无以考其罪之实者,曰某人废(注:如汉彭越、陈后之类)。罪状明白者,加有罪字。无罪,曰废某人(注:如汉景帝废薄后太子荣之类)"。不管有罪无罪,既被废,做儿子的不能不服从,亦不得有怨言。子对父唯有"孝"。

关于夫妇关系。《凡例》注曰:"妇人之义,夫死从子,况天下之主乎?"宣扬妇女要"三从四德"。朱熹以"三纲五常"为"天之经,地之义",维护"三纲五常"便是"天理",史著于此,是绝对不可违背的。《通鉴》一书,司马光是贯彻了这个思想的,但在朱熹看来,还有不足之处。可见,在这方面朱熹比司马光更强烈。他在《通鉴纲目》中,通过对史事的评价,寓喜怒、爱憎、褒贬于其中,而起着"立纲常"的作用。

同时,他极力宣扬名数,赞扬死节、守节等。《凡例》载:如"国亡身废,守节不移,而国统寻复者,则有其故而书崩。"又曰:"凡死节者,皆异文以见褒(注:刘崇、翟义、刘映、龚胜、王经、刘湛、诸葛瞻)。""将帅死节曰死之。"对"守节"、"死节"如此重视,而表明他扶植名教的努力。这在后期宗法社会中产生深刻影响。尹起莘在《资治通鉴纲目发明序》中评论:

> 况是书之作,其大经大法,如尊君父而讨乱贼,崇正统而抑僭伪,褒名节而黜邪佞,贵中国而贱夷狄,莫不有系于三纲五常之大,真所谓为天地立心,为生民立极,为先圣继绝学,为后世开太平者也。[1]

---

[1] 尹起莘:《资治通鉴纲目发明序》,见朱熹:《资治通鉴纲目》卷首。

概括了《纲目》的基本思想,而这些思想都与三纲五常相联结。因此,立纲常、扶名教是《纲目》的重要特色。贺善评价说:"然大要不过辨名分,正纲常,以示劝戒尔。"①这颇合朱熹意思。

3. 除史弊,法《春秋》

朱熹鉴于以往的史弊,特别是针对北宋以来的史弊,提出了批评。他说:

> 史甚弊,因《神宗实录》皆不敢写传闻,只据人目录来者。才对者,便要所上文字,并奏对语,上史馆。②

> 今之修史者,只是依本子写,不敢增减一字,盖自绍圣初,章惇为相,蔡卞修国史,将欲以史事中伤诸公,前史官范纯夫、黄鲁直已去职,各令于开封府界内居住,就近报国史院,取舍文字。诸所不乐者,逐一条问黄、范,又须疏其所以然。至无可问方令去。后来史官因此惩创,故不敢有所增损也。③

神宗、哲宗时,以王安石为代表的新党和以文彦博、司马光为代表的旧党,由于对王安石变法的分歧而形成党争。这便影响到《神宗实录》的写法。如蔡卞想利用史事中伤诸人,于是前史官范祖禹、黄庭坚在已去职的情况下,还受到诘问,不许离开开封,并就诘问作出回答。后来范祖禹被贬到永州,黄庭坚被贬到黔州。自此以后,史官不敢按实际情况直笔,只照本子(奏本),不增损一字。这在表面上看来,似乎符合实际,其实,在紧要地方或歪曲或相互隐瞒。《语类》记载:"今日作史,左右史有《起居注》,宰执有《时政记》,台官有《日历》,并送史馆著作处,参改入《实录》作史。大抵史皆不实,紧切处不敢上史,亦不关报。"④尽管《实录》参照《起居注》、《时政记》及《日历》,但并不能反映史实之原委,特别在关键地方做手脚,既不写,亦不上报,这便是修史的大弊。

朱熹针对"大抵史皆不实"的弊病,取《春秋》之义,主张尊重史实。他

---

① 贺善:《资治通鉴纲目书法序》,见朱熹:《资治通鉴纲目》卷首。
② 黎靖德编:《朱子语类》卷一百二十八。
③ 黎靖德编:《朱子语类》卷一百二十八。
④ 黎靖德编:《朱子语类》卷一百二十八。

在《史馆修史例》中,提出了具体办法:

> 先以历内年月日下刷出合立传人姓名,排定总目。
>
> 次将就题名内刷出逐人拜罢年月,注于本目之下。
>
> 次将取到逐人碑志、行状、奏议、文集之属,附于本目之下(各注起某年,终某年)。
>
> 次将总目内刷出收索到文字人姓名,略具乡贯履历,镂版行下诸州晓示,搜访取索,仍委转运司专一催督。每月上旨差人申送本院,不得附递,恐有损失。如本月内无收到文字,亦仰依限差人申报。
>
> 置诸路申送文字格眼簿,一路一扇,一月一眼,如有申到,记当日内收。附勾销,注于总目本姓名下依前例。①

先列出立传人姓名、排定总目,后注明拜罢年月,再搜集每人的碑志、行状、奏议、文集等资料以及资料传送、登记方法等。疑是南宋王朝国史院修史条例的一部分。《修史例》规定,晓示诸州,搜访取索,体现了对搜集史料工作的重视,反映了他不满史弊的求实精神。

所谓法《春秋》,就是取《春秋》之"义理",而回归到"理"。尹起莘说:"切谓《纲目》之作,其有补于世教,殆亦有得于《春秋》之旨,皆所以遏人欲于横流,存天理于既泯,是乌可不讲究而发扬之哉?"②"遏人欲,存天理",即恢复"天理"。朱熹举例说:

> 按《通鉴》魏晋以后,独以一国之年纪事,而谓其君曰帝,其余皆谓之主,初无正闰之别,而犹避两帝之嫌。至周末诸侯,皆僭王号,顾反因而不改。盖其笔削之初,义例未定,故有此失,今特正之。庶几窃取《春秋》之义。③

《通鉴》于魏晋后,虽注意到同时有"两帝"之史,但未别"正闰",如周末各诸侯国都称王,由于义例未定,《通鉴》便袭沿旧说,书其为王,特加改正,以符合"《春秋》之义"。这样,以"理"("天理")为准绳的逻辑起点,通过《通鉴纲目》以呈现"理"然后又回到其逻辑的终点"理"("天理")。这便是"陶熔历史之偏驳,会归一理之纯粹"④的意思。

---

① 朱熹:《史馆修史例》,《朱文公文集》卷七十四。
② 尹起莘:《资治通鉴纲目发明序》,见朱熹:《资治通鉴纲目》卷首。
③ 朱熹:《资治通鉴纲目凡例》,《资治通鉴纲目》卷首。
④ 李方子:《资治通鉴纲目后序》,见朱熹:《资治通鉴纲目》卷首。

（四）朱熹史学思想的影响

在中国后期宗法社会,程朱道学被历代统治者捧为占统治地位的意识形态,并渗透到上层建筑的各个领域。因此,朱熹史学理论亦被奉为正宗,对后期宗法社会影响深远。

南宋王柏评价说:"朱子推絜矩之道,寓权衡之笔,大书分注自相错综,以备经传之体。史迁以来,未始有也。……所以扶天伦,遏人欲,修百王之轨度,为万世之准绳者。"①如果说王柏认为是司马迁的《史记》以来,"未始有也",即《资治通鉴纲目》还未超过《史记》的话,那么,朱熹门人李方子认为《通鉴纲目》超过《史记》,他说:"大哉深乎,信《春秋》以来,未之有也。为人君而通此书,足以明德威之柄,烛治乱之原;为人臣而通此书,足以守经事之正,达变事之权。盖究理致用之总会,而万世史笔之准绳规矩也。"②若以孔子作《春秋》,则朱熹直承《春秋》之法、孔子之义,而越过《史记》,而成为万世史笔之准绳规矩。这便有越抬越高的趋势。

至于《资治通鉴纲目》继承孔子的《春秋》,是指圣贤之心相传而言的。元揭傒斯说:"孔子因鲁史作《春秋》,以为万世之法;朱子因司马氏《通鉴》作《纲目》,以正百王之统。此天地之经,君臣之义,而圣贤之心也。"③《春秋》与《通鉴纲目》各有贡献,前者"为万世之法",后者"正百王之统",作为史著,经此发展,才臻完善。"朱子祖《春秋》而修是书,所以示天下后世不易之大法。"④

历代统治者之所以这样鼓吹《资治通鉴纲目》,乃是《纲目》适应或符合了后期宗法社会加强政治、思想、伦理道德控制的需要。于此,一些读过《通鉴纲目》的官僚亦已认识到,明荣禄大夫少傅兵部尚书兼华盖殿大学士

---

① 王柏:《资治通鉴纲目书法序》,见朱熹:《资治通鉴纲目》卷首。
② 李方子:《资治通鉴纲目后序》,见朱熹:《资治通鉴纲目》卷首。
③ 揭傒斯:《资治通鉴纲目书法序》,见朱熹:《资治通鉴纲目》卷首。
④ 徐昭文:《资治通鉴考证序》,见朱熹:《资治通鉴纲目》卷首。

杨士奇说:"其书则孔子作《春秋》之义,以正人心,植世教,有助于治道者也。"①有助于"治道",有补于世教,对统治集团的统治和伦理道德教育均有所裨益。从这个意义上说,《通鉴纲目》在后期宗法社会中,实际上起着政治教科书的作用。"嗟呼!《纲目》,有关治道之书也。"②而不是单纯的史学著作。

当然,《纲目》的影响及作用,主要是"本天道以正人事,本王道以正伯图。严君臣,辨内外,惩恶而劝善,其要归于拨乱世反诸正。……使明君贤辅,有以数其功,乱臣贼子,无所逃其罪,而凡古今难制之变,难断之疑,皆得参验稽决,以合于天理之正、人心之安,而后世权谋术数、利害苟且之私,一毫无得参焉。"③明君臣之教,辨内外之分,严篡弑之诛,维护宗法社会。但其明"正闰",辨"顺逆",在一定的具体历史条件下,客观上起着维护大一统的作用。元代汪克宽曾说:"子朱子笔削《资治通鉴》为《纲目》,褒贬去取,一准《春秋》书法,别统系以明大一统之义。"④此后,中国历史上便没有出现过像晋、南北朝、五代这样分裂的局面,尽管改朝换代,始终维持着大一统。这虽然是历史发展的趋势,但与此也不是绝无关系。即使是"内夏外夷之分"这样错误的思想,在特定的历史条件和历史时期,在客观上亦起过作用,如宋元之际的文天祥、史可法,明清之际的顾炎武、黄宗羲、王船山、方以智等,都受这种夷夏之防思想的影响。对于历史,具体问题具体分析,确是一个至关重要的方法论问题。因此,应给朱熹史学思想和史著以一定的历史地位,肯定其一定的历史有益作用。

---

① 杨士奇:《资治通鉴纲目集览正误序》,见朱熹《资治通鉴纲目》卷首。
② 杨士奇:《资治通鉴纲目集览正误序》,见朱熹:《资治通鉴纲目》卷首。
③ 李方子:《资治通鉴纲目后序》,见朱熹:《资治通鉴纲目》卷首。
④ 汪克宽:《资治通鉴纲目考异凡例序》,见朱熹:《资治通鉴纲目》卷首。

七、朱熹的体与用范畴

"体"与"用"是中国哲学史上一对重要的范畴。中国传统哲学在其发展演变过程中,逐渐形成了一套既不同于西方哲学,又不同于印度哲学的独特范畴。作为一种人类理论思维的中国传统哲学,便是通过一系列自己所特有的哲学范畴来表现的。"体"与"用"即是具有中国特色的一对范畴。道学集大成者朱熹,承程颐、张载之端绪,把"体用分二"与"体用不二"统一起来,在他的哲学逻辑结构中充分展开论证,丰富和发展了"体用"范畴。

（一）体质与功用

"体",《广雅·释亲》:"身也。"即身体。或以四肢为体,《周易·坤文言传》"正位居体",虞翻注:"体谓四支也。"故"体"有形体之称,《周易·系辞上传》"故神无方而易无体",孔颖达《疏》:"体是形质之称。"后期墨家则以"体"乃分别于"兼"而言。《墨子·经上》:"体,分于兼也。"《经说上》:"体,若二之一,尺之端也。"有二兼一,尺兼两端的意思。"用",《说文》:"可施行也。"《方言六》:"用,行也。"《国语·郑语》:"时至而求用恐无及也。"韦昭注:"用,备也。"终先秦之世,"体用"并没有作为一对哲学范畴被提出①。虽在老子思想中,已显端倪,经王弼的发挥,形成了"体用"这对哲学范畴。又经隋唐时代儒、释、道三家的普遍运用,"体用"范畴结合"道"

---

① 参见张立文:《中国哲学范畴发展史(天道篇)》第十七章《体用论》,中国人民大学出版社1988年版。

"器"，"有""无"、"形""神"、"世谛""真谛"、"理""事"、"定""慧"等范畴，得到了发展。宋明时期，随着人类认识的发展，构筑了一个以儒家礼法伦理思想为核心，糅合道家和道教宇宙生成、万物化生的理论以及佛教思辨哲学的理学。理学编织了一个比较完整的逻辑结构或范畴系统。中国古代传统的哲学范畴，道教、佛教的哲学范畴，在宋元明清时期互相融合发展。"体用"这对范畴，亦随着整个范畴系统的演变发展而发展，并渐趋细密。如果说先秦只就"体"、"用"之名（概念）单独训释的话，那么，朱熹集前人研究之成果，把"体用"作为一对哲学范畴给予规定。

所谓"体"，朱熹是这样规定的：其一，"体"是"体质"。《语类》记载："又问此体字如何？曰：'是体质。道之本然之体不可见，观此则可见无体之体，如阴阳五行为太极之体。'又问太极是体，二五是用？曰：'此是无体之体。'"①"二五"即阴阳五行。此所谓"体质"，其含义与先秦身体之体、形质之体已异，朱熹的"体质"是不可见的无体之体，他说："江西人说个虚空底体。"②是一个"虚"性范畴。先秦身体、形质是指可见的具体事物的形体或结构，是一个"象"性概念。因此，朱熹所说的"体质"，实具"本体"之义。

其二，"体"是"骨子"。《语类》记载："公晦问：子在川上注体字，是体用之体否？曰：只是这个体，道之体只是这道之骨子。"③此"骨子"，并非具体的骨架，而是以"道之骨子"比喻"道之体"，因此，"骨子"是指主体而言，譬如扇子的骨架，"有骨有柄用纸糊，此则体也"④。

其三，"体"是所当然的"道理"。《语类》记载："杨至之问体。曰：'合当底是体。'"⑤所谓"合当底"，就是"人只是合当做底便是体"⑥，即应当这样去做的道理，就是"体"，"体是这个道理"⑦。合当做底道理，即是合理的，或准则、原理，或必然道理的意思。

其四，"体"是所以然者。他说："此由庸行之常，推之以极其至，见道之

---

① 黎靖德编：《朱子语类》卷三十六。
② 黎靖德编：《朱子语类》卷六。
③ 黎靖德编：《朱子语类》卷三十六。
④ 黎靖德编：《朱子语类》卷六。
⑤ 黎靖德编：《朱子语类》卷六。
⑥ 黎靖德编：《朱子语类》卷六。
⑦ 黎靖德编：《朱子语类》卷六。

用广也;而其所以然者,则为体微矣。"①"所以然",是指为什么如此的原因或根据。

"体",便是本体、主体,合理性,或必然,原因,或根据之义。这是朱熹对"体用"范畴之"体"的规定。

至于"体用"范畴之"用",他是这样规定的:

其一,"用"是"体"之作用。他说:"用是他用处。"②"用处"便是作用、功用,即"涉事物便唤作用"③。"用",就是"体"的作用、功用表现于事物者。

其二,"用"是"体"之表现或显现。他说:"与道为体,是与那道为体,道不可见,因从那上流出来;若无许多物事,又如何见得道? 便是许多物事,与那道为体。"④不可见的"道"为"体",从道"体"上流出来许多物事,即表现或显现出来,便是"用"。

其三,"用"是"体"之"行"的结果。《语类》记载:"用即体之所以流行。"⑤譬如"人行坐,坐则此身全坐,便是体;行则此体全行,便是用。"⑥"用"是体之流行的一种结果。

总之,朱熹的"体"与"用",是指本体与作用、主体与表现、原因与结果的范畴。

(二)体用无定也定

"体用"范畴,在朱熹的哲学范畴系统中是一个不可缺少的"纽结"。朱熹哲学逻辑结构的最高范畴是"理"("道"、"太极"、"天理"),它既是世界万物的本原,又是形形色色世界万象的派生者,"理"("道"、"太极")借助

---

① 朱熹:《中庸章句》第十七章。
② 黎靖德编:《朱子语类》卷六。
③ 黎靖德编:《朱子语类》卷六。
④ 黎靖德编:《朱子语类》卷三十六。
⑤ 黎靖德编:《朱子语类》卷四十二。
⑥ 黎靖德编:《朱子语类》卷十六。

于"气",在派生万物以后,又与万物浑然一体。从这个意义上说,作为本体的"理"("道")与所表现的现象("事"、"象")为对待统一。

从其对立而言,"体先用后","体立而后用行"。《语类》记载:"今解云,必体立而用得以行,如何?曰:'体自先有。'"①意即"体先用后"。在朱熹看来,尽管"体用一源",互相统一,但亦不能无对待,而有先后之异。他说:"然则所谓一源者,是岂漫无精粗先后之可言哉?况既曰体立而后用行,则亦嫌于先有此而后有彼矣。"②他在《太极图说解》和《附辨》中,虽强调"道"浑然一体,但其中亦有精粗、本末、内外、宾主之分,因此,有先体立而后用行之别,"以体用言之,有体而后有用"③,便是"先道后事","理先气后"的命题。

"道先事后","道体事用"。"道"与"事"的对待和排斥,实质上是一个谁派生谁的问题。朱熹认为,这个派生包括两个方面,一是自然,一是社会。《语类》载:"广谓:'洋洋乎发育万物,峻极于天,此是指道体之形于气化者言之。优优大哉,礼仪三百,威仪三千,此是指道体之形于人事者言之。虽其大无外,其小无内,然必待人然后行。'曰:'如此说也得,只说道自能如此也得。'"④从"道体"形于气化,即表现于自然界来说,能化生、发育天地的万物,且能峻极于天;从"道体"表现于社会"人事"而言,便是"礼仪"和"威仪"的问题,前者为"道之大处",后者为"道之小处"。这种"形于",实兼有造作、化生之义。他说:"圣人之所谓道者,天而已矣。天大无外,造化发育,皆在其间,运转流行,无少间,息虽其形象变化,有万不同,然其为理一而已矣。"⑤"道"便是"天",由其不间息地造化发育,而派生不同的万象,但其"理"是一。

这种"道""理"、"体用"的先后、本末、内外、精粗、化生被化生、形于被形于之异,便是从"体用分二"不一一说的。

从体用统一而言,朱熹做了三点论证:其一,"体用"互相渗透,互相包含,你中有我,我中有你。于是,他发挥了"体用一原,显微无间"之说。他

①　黎靖德编:《朱子语类》卷九十四。
②　朱熹:《太极图说·附辨》,见《周子全书》卷二。
③　黎靖德编:《朱子语类》卷五十三。
④　黎靖德编:《朱子语类》卷六十四。
⑤　朱熹:《读苏氏纪》,《朱文公文集》卷七十。

说："比年以来，圣心独谐，欲求大道之要。……然后知体用之一原，显微之无间，而独得于尧、舜、禹、汤、文、武、周公、孔子之所传矣。"①这是独得于尧舜以至孔子的不传之学，是"大道"之要。孔子以后，就不得其传了。"其体用之一源，显微之无间，秦汉以下，诚未有臻斯理者。"②到了宋二程，才继承圣人之传，而使"体用一源，显微无间"重见光明。犹如"道统"一样，道学家才恢复了尧舜以至孔孟的不传之学。

何谓"体用一源，显微无间"？朱熹解释云："至微者，理也。至著者，象也。体用一原，显微无间。盖自理而言，则即体而用在其中，所谓一原也；自象而言，则即显而微不能外，所谓无间也。其文理密察，有条不紊乃如此。"③"体"微"用"显，"至微"是"理"，"至著"是"象"。从"理"之体而言，用在体中；自象之用而言，微不外显。于是他又诠释说："其曰体用一源者，以至微之理言之，则冲漠无朕，而万象昭然已具也。其曰显微无间者，以至著之象言之，则即事即物，而此理无乎不在也。言理则先体而后用，盖举体而用之理已具，是所以一源也。言事则先显而后微，盖即事而理之体可见，是所以为无间也。"④"体用一源"，"理事"互渗，举"体""用"具，言事理在，即体即用，即理即事，体用一如，理事非二。

其二，"体用"互相联系，互相依赖。从"体用一源，显微无间"的统一方面而言，"说体用，便只是一物。"⑤因而，便不需要分"体先用后"。"乾乾不息者体，日往月来，寒往暑来者用，有体则有用，有用则有体，不可分前后说。"⑥由此，朱熹提出了体用未尝相离的思想。"要之体用未尝相离。"⑦"或曰：如是则体用果离而为二矣。曰：用未尝离体也。"⑧"安卿问全体大用。曰：'体用元不相离。'"⑨何谓"未尝相离"，朱熹从"体用"互相联系方面做了论证。"盖乾乾不息者体也，去恶进善者用也。无体则用无以行，无

① 朱熹：《壬午应诏封事》，《朱文公文集》卷十一。
② 朱熹：《隆兴府学濂溪先生祠记》，《朱文公文集》卷七十八。
③ 朱熹：《答汪尚书》，《朱文公文集》卷三十。
④ 朱熹：《太极图说·附辨》，见《周子全书》卷二。
⑤ 黎靖德编：《朱子语类》卷二十七。
⑥ 黎靖德编：《朱子语类》卷七十六。
⑦ 朱熹：《四书或问》卷三十八。
⑧ 朱熹：《西铭解义》，见张载：《张子全书》卷一。
⑨ 黎靖德编：《朱子语类》卷十六。

用则体无所措。"①"体用"互相依赖，双方都以对方为自己存在的条件或前提，无"体"便无所谓"用"，无"用"亦无所谓"体"。无"体"，"用"无以行；无"用"，"体"无所寓。"体用"缺一不可，"使体用并举，无所偏废，乃为尽善。若用有所不同，则所谓体者，乃是块然死物而已。"②有"体"而无"用"，其"体"为死物；有用而无体，其用亦无所依。无"体"之"用"和无"用"之"体"，都是一种缺陷。

其三，"体用"既相对，而又绝对。从"体用"的相对性来说，"体用无定"。《语类》记载："童问上蔡云：'礼乐异用而同体，是心为体，敬和为用。'《集注》云：'敬为体，和为用，其不同何也？'曰：自心而言，则心为体，敬和为用；以敬对和而言，则敬为体，和为用。大抵体用无尽时，只管恁地移将去。……体用无定，这处体用在这里，那处体用在那里。"③"体用无定"，即不是固定的，而是依不同的对象、侧重点而转移，因而构成了"只管恁地移将去"层层深入的序列。譬如"如以两仪言，则太极是太极（体），两仪是用；以四象言，则两仪是太极（体），四象是用；八卦言，则四象又是太极（体），八卦又是用。"④"体用无定"突破了"体用"固定不变论，具有可贵的辩证因素。

"体用无定"亦包含着"相为体用"的思想。"若论体用，亦有两说：盖以仁存于心，而义形于外言之，则曰'仁，人心也，义，人路也'，而以仁义相为体用；若以仁对恻隐，义对羞恶而言，则就其一理之中，又以未发已发相为体用。"⑤从"心"而言，仁体义用；从"外"言，义体仁用。"仁"为未发，"恻隐"为已发，"仁"为"体"，"恻隐"为"用"。从已发来说，则"恻隐"为"体"，"仁"为"用"。"就阳言，则阳是体，阴是用；就阴言，则阴是体，阳是用。"⑥只要"认得熟，看得透，则玲珑穿冗，纵横颠倒，无处不通"⑦。

朱熹在讲"体用无定"时，并没有由于忽视绝对性而导致相对主义。《语类》记载："问：'前夜说体用无定格，是随处说如此。若合万事为一大体

①　朱熹：《通书·乾损益动注》，见《周子全书》卷十。
②　朱熹：《答吕伯恭》，《朱文公文集》卷三十三。
③　黎靖德编：《朱子语类》卷二十二。
④　黎靖德编：《朱子语类》卷二十二。
⑤　朱熹：《玉山讲义》，《朱文公文集》卷七十四。
⑥　黎靖德编：《朱子语类》卷六。
⑦　黎靖德编：《朱子语类》卷六。

用,则如何?'曰:'体用也定。见在底便是体,后来生底便是用。此身是体,动作处便是用。天是体,万物资始处便是用;地是体,万物资生处便是用。'"①"体用"有定的基本界限是,"见在底",即含已存在的第一性的意思,为"体";"后来生底",即被已存在者所派生的第二性的意思,为"用"。"体用"关系便是先后或谁派生谁的关系问题。有此身之"体",才能产生动作之"用"。天和地是"体",万物资始资生是天、地之用。"体用"并没有因其变动不居和"无定"性而模糊它们之间的界限,"体用"有其自身的稳定性,而使"体用"互相区别。这便是"体用"无定、也定,"无定"包含着有定,有定包含着"无定",相对中有绝对,绝对中有相对,这就是辩证的思维。

"体"与"用"对待统一,"无定也定"。即体即用,非体非用,体用一源,不二不一。

(三)体用的运用

明"体用"的规定、"体用"的关系,便可探讨朱熹对"体用"范畴的运用以及在运用中对"体用"范畴的丰富和发展。这个运用大体有三:一是形上学存有论方面;二是社会人事方面;三是具体物与事方面。

在朱熹哲学逻辑结构中,"道"、"理"是最高范畴。"体用"与"道"、"理"的结合,既以"道"兼"体用","理"兼"体用",这是其统一性;亦以"道"体"物"(器)用,"理"体"象"(事)用,这是其对待性。在《中庸或问》中,他这样说:"道之在天下,其用之广如此,可谓费矣;而其所用之体,则不离乎此,而有非视听之所及者,此所以为费而隐也。……则又以明道之体用,流行发见、充塞天地,亘古亘今,虽未尝有一毫之空阙,一息之间断。"②"道"之"用"虽广,而其所以然者,因其"体"微。"道体"虽微,以致非视听所能及,但"道体"不能离乎"道"之"用"。"道体"存乎"道用"之中,非"道用"之外别有"道体"。因此,他说:"且道外无物,物外无道。今日道与物

---

① 黎靖德编:《朱子语类》卷六。
② 朱熹:《四书或问》卷四。

接,则是道与物为二,截然各据一方,至是而始相接,则不亦缪乎?""愚谓道器之名虽异,然其实一物也。……愚谓道器一也,示人以器,则道在其中。"①所以,"道者,兼体用,该隐费而言也。"②

"道之体用"的流行发见,从空间上说,充塞天地,无所不在,从时间上说,亘古亘今,无时不有。"道兼体用"是普遍的范畴。然而,朱熹亦认为"道体物用"。他说:"盖至诚无息者,道之体也,万殊之所以一本也;万物各得其所者,道之用也,一本之所以万殊也。"③"一本"("道")为"体","万殊(万物)"为"用"。"万殊之所以一本",万物依一本而存在;"一本之所以万殊",万物为"一本"之显现。"道体"犹如"骨子",即主体。他说:"日月寒暑等不是道,然无这道,便也无这个了;惟有这道,方始有这个;既有这个,则就上面便可见得道,这个是与道做骨子。""道体"做"骨子",万物为"用"。有"道体"方始有日月寒暑;没有"道体",也就无日月寒暑。这就是说,日月寒暑之"用"是"道体"的表现,"盖寻这用,便可以知其体,盖用即是体之流出也"④。"道体"与"物用"的关系,实乃主体与展现,在与在者,化生者与被化生者的关系。

"道兼体用","理"亦兼"体用"。《语类》记载:"至微者理也,至著者象也,体用一原,显微无间。"⑤"理"至微为"体","象"至著为"用"。朱熹解释说:"体用一原,体虽无迹,中已有用。显微无间者,显中便具微。天地未有,万物已具,此体中有用;天地既立,此理亦存,此是显中有微。"⑥从"理"而言,天地万物未有,而天地万物之理已具,这是"体"中有"用";从"物"而言,天地既立,万物之"理"亦存其中,这是用("显")中有体("微")。"体用"、"理事(物)"互相统一,"理"兼"体用"。

"理"既兼"体用",亦为"理体事用","言理则先体而后用"⑦。"先体后用","理"先"事"后,即"理"先于事物而存在,事物是"理"所化生,或为"理"形于外的现象。

---

① 朱熹:《苏黄门老子解》,《朱文公文集》卷七十二。
② 黎靖德编:《朱子语类》卷六。
③ 朱熹:《里仁》,《论语集注》卷二。
④ 黎靖德编:《朱子语类》卷四十二。
⑤ 黎靖德编:《朱子语类》卷六十七。
⑥ 黎靖德编:《朱子语类》卷六十七。
⑦ 朱熹:《太极图说·附辨》,见《周子全书》卷二。

在形上学存有论方面，朱熹对"体用"范畴的运用，既以"道、理"兼体用，又以"道体物用"，"理体事用"，表述了本体与现象、主体与展现的关系。这是其一。

其二，朱熹"体用"范畴在社会人事方面的运用是很广泛的，而这主要是就伦理道德而言的。他在讲到"心"兼"体用"时说："心，一也，有指体而言者，有指用而言者。"①"体"是"未发"的"寂然不动"，"用"是"已发"的"感而遂通"。"寂然者感之体，感通者寂之用，人心之妙，其动静亦如此。"②据朱熹学生陈淳说，程颐也有这种思想。"伊川曰：心，一也。有指体而言者，寂然不动是也；有指用而言者，感而遂通是也。"③所谓"心兼体用"，主要指伦理道德。"未发者，其体也；已发者，其用也。以未发言，则仁义礼智浑然在中者，并想像之可得，又不见其用之所施也。指其发处而言，则日用之间，莫非要功。"④"未发"为仁义礼智之"性"，为"体"，"已发"为恻隐、羞恶、恭敬、是非之情，为"用"。寂然之"性"为感通之"体"；感通为"情"，为寂然之"性"的表现。他说："仁存诸心，性之所以为体也；义制夫事，性之所以为用也。……以其性而言之，则皆体也；以其情而言之，则皆用也。以阴阳言之，则义体而仁用也；以存心制事言之，则仁体而义用也。"⑤以"性"而言，"仁义"皆"体"；以"情"而言，"仁义"皆"用"。从阴阳而言，义体仁用；从存心制事而言，则仁体义用。观察的角度不同，"体用"亦异。

在朱熹看来，在社会人事方面，人伦纲常是最重要的。《语类》记载："问：'去岁闻先生曰：只是一个道理，其分不同。所谓分者，莫只是理一而其用不同，如君之仁，臣之敬，子之孝，父之慈，与国人交之信之类是也。'曰：'其体已略不同，君臣父子国人是体，仁敬慈孝与信是用。'"⑥又说："愚谓道者，仁义礼乐之总名，而仁义礼乐皆道之体用也。"⑦君体仁用，臣体敬用，父体慈用，子体孝用，国人体信用，这便构成了宗法社会基本伦常关系。人们按照这样的原则来处理人与人、人与社会的关系，就被认为是合理的道

---

① 黎靖德编：《朱子语类》卷九十五。
② 朱熹：《系辞上传》，《周易本义》卷三。
③ 陈淳：《心》，《北溪字义》卷上。
④ 朱熹：《四书或问》卷三十八。
⑤ 朱熹：《四书或问》卷二十六。
⑥ 黎靖德编：《朱子语类》卷六。
⑦ 朱熹：《苏黄门老子解》，《朱文公文集》卷七十二。

德行为,否则就是悖理的道德行为。有君臣父子国人,才能发为仁敬慈孝信,无"体"就无所谓"用","用"依赖"体"而存在。犹如仁义礼乐自身为"道"之"体",修"仁义"之行,制礼乐之制,皆是事,为"道"之"用"。

在社会人事方面,心兼体用,性体情用,"喜怒哀乐是用,所以喜怒哀乐是体"①,君臣父子国人是体,仁敬慈孝信是用,"忠是体,恕是用"②,论述了主体与现象、原因与结果的关系。

其三,"体用"在具体事和物方面的运用,朱熹有独到的见解。《语类》记载:"问:'泛观天地间,日往月来,寒往暑来,四时行,百物生,这是道之用流行发见处。即此而总言之,其往来生化,无一息间断处,便是道体否?'曰:此体用说得是,但总字未当,总便成兼用说了,只就那骨处便是体。如水之或流或止,或激成波浪,是用;即这水骨,可流可止,可激成波浪处,便是体。"③日往月来,寒往暑来,水流不息,物生不穷,乃是道之用的流行发见处,并非"道体"。犹如水的或流或止,或波浪,这是流行发见处,是"用";可以使之流或止或波浪者,乃水之骨,是"体"。因此说:"言道无形体可见,只看日往月来,寒往暑来,水流不息,物生不穷,显显者,乃是与道为体。"④

以人来看,四肢百骸,具于一身是"体";头不可加履,足不可纳冠为"用"。"如这身是体,目视耳听手足运动便是用。如这手是体,指之运动提掇处,便是用。"⑤如以身为"体",目视耳听手足运动处就是"用",这是就整个身体而言;若以四肢百骸的某部分而言,则手是"体",手指有运动提掇事物的功能是"用"。"假如耳便是体,听便是用;目是体,见是用。"⑥"如口是体,说出话便是用。"⑦

从物来看,"譬如此扇子,有骨有柄用纸糊,此则体也;人摇之,则用也。"⑧"且如扇子,有柄有骨子用纸糊,此便是体,人摇之,便是用。"⑨扇子本身是

---

① 黎靖德编:《朱子语类》卷十七。
② 黎靖德编:《朱子语类》卷二十七。
③ 黎靖德编:《朱子语类》卷六。
④ 黎靖德编:《朱子语类》卷三十六。
⑤ 黎靖德编:《朱子语类》卷六。
⑥ 黎靖德编:《朱子语类》卷一。
⑦ 黎靖德编:《朱子语类》卷二十七。
⑧ 黎靖德编:《朱子语类》卷六。
⑨ 黎靖德编:《朱子语类》卷六。

"体"，摇之有风能纳凉，这是用。又譬如"尺与秤相似，上有分寸星铢，则体也；将去秤量物事，则用也。"①有分寸的尺，有星铢的秤，是"体"；人去量物秤物，是尺和秤的功用，便是"用"。

朱熹体用范畴在具体事和物方面的运用，具有明显的形体与功能、实体与作用或属性的关系。《语类》记载："伊川说水流不息，物生不穷，皆与道为体。这个体字，似那形体相似。"②"体"，似形体，则"用"，便是指功能或功用。

"体用"在本体论和伦理道德方面的运用，具有本体与现象、主体与表现、原因与结果的关系，实是化生被化生者、体与体之功用或功能的关系，是为朱熹"理"（"道"）本论的哲学逻辑结构作论证的。但在具体事和物方面的运用，都是指自然界的具体事物。费尔巴哈曾嘲笑黑格尔把自然界放逐到注释中去了，这是因为在黑格尔的注释中，往往都是事实、实例、具体的东西。在这里，朱熹也把自然界、事实放到例子中去了。但不管放到哪里，总是对自然界的一种承认，就"体用"关系而言，亦不乏实理论的说明。然就整个朱熹哲学范畴系统即逻辑结构而言，则是其合理的成分而已。

（四）体用在范畴史中的地位

朱熹"体用"范畴论，集中国古代"体用"范畴论之大成，予"体用"范畴以明确的规定。通过朱熹"体用"范畴的研究，有这样几点启示是值得注意的：

第一，每一个哲学范畴，都有它出现的世纪。分析一定世纪的哲学范畴，可揭示一定时代哲学思潮的性质、面貌，可展现中国哲学在一定时代的特色。"体用"范畴亦总是与每个时代的思潮联系在一起，或与魏晋玄学相结合，为"无"与"有"的关系作说明；或与隋唐儒、释、道三家学说相结合，各自为其哲学范畴系统作说明，反映了隋唐时三家争夺正宗地位和统治者的

---

① 黎靖德编：《朱子语类》卷六。
② 黎靖德编：《朱子语类》卷三十六。

兼容并蓄政策;或与宋明理学相结合;或与近代新学相结合。"体用"范畴正是在与各个时代思潮相结合的过程中,丰富自身,发展自身,凸显出它的生命力。因此,必须从历史和逻辑的统一中来研究"体用"范畴。

第二,体用范畴是与哲学的形上学存有相联系的。如"体用"范畴,从范缜的"形质神用",崔憬的"器体道用",王夫之的"实有"("气")为体、"道"("理")为"用",到孙中山的物质为"体"、精神为"用",贯穿着一条注重形而下实体的理路;从王弼"无体有用",孔颖达的"道体器用",法藏的"理体事用",慧能的"定体慧用",道教的"道体他用",到程、朱的"理体物用",则贯穿着一条注重形而上的实理实体的理路。西方讲物与心的对待统一,中国古代讲形而上与形而下的对待统一。人类认识便呈现出螺旋式发展的形式,理论思维也随之深化。

第三,哲学范畴,大体可分为三类:一是"象"性范畴,是指某类具体的、特殊的范畴,如"天地"、"乾坤"、"男女"、"往来"、"屈伸"、"魂魄"等,内涵鲜明确定,较少游移;二是"实"性范畴,指某类实体性、本体性的范畴,如"有无"、"道器"、"理事"、"形神"、"理气"、"心物"、"太极"、"阴阳"等,这类范畴不是指某些具体的、特殊的事实,其内涵虽基本确定,但解释各异;三是"虚"性范畴,它是一种思维的模式或套子,如"体用"、"本末"、"阴阳"、"形而上形而下"等,这类范畴犹如代数学,任何"象"性或"实"性范畴以及任何问题,一经代入其两项,就可推导出所需要的具体结论。"体用"范畴基本上属于这类范畴。因此,掌握范畴的类别,对于哲学范畴研究的深入,是有所裨益的。

八、朱熹哲学与自然科学

自然哲学，是对于自然界或自然现象的原因、存在根据的说明，是哲学与自然科学的联系。以往的中国哲学研究，往往以为中国哲学重伦理而轻自然科学，并以宋明理学家尤甚。其实任何一个大哲学家或一种哲学思潮，都是社会科学知识和自然科学知识的概括或总结，中国古代哲学亦不例外。如果说中西方哲学各有其侧重的方面，还有其道理的话，那么，断言中国哲学轻自然科学，则未必符合事实。

宋代是中国科学技术昌明的时代。随着生产的发展和经济的繁荣，科学技术有了很大的发展。它不仅有世界三大发明的完成（毕昇创造了活版印刷术，比欧洲早400年；磁针作为指南针，已用于航海；火药被制成"火炮、火箭之类"①和"霹雳炮"、"火枪"等，已用于军事），提供古代人们从未想到过的许多科学事实；而且在数学、物理、化学、天文、农学、医学以及工艺、纺织技术、火药应用技术等领域，都居世界领先地位。北宋贾宪在《黄帝九章·算法细草》中提出开任意高次幂的"增乘开方法"和二项式定理系数表。西方1819年才由英人霍纳得出"增乘开方法"，17世纪才有类似二项式定理系数的"巴斯加三角"。南宋秦九韶在《数书九章》中提出了高次（10次）方程的数值解法，16世纪意大利菲律尔洛才提出3次方程的解法。北宋曾公亮编《武经总要》中关于"指南鱼"的制作方法，是世界上利用地磁场进行人工磁化的最早纪录。沈括在《梦溪笔谈》中已经提出利用天然磁体进行人工磁化以及地磁偏角的问题，而1492年哥伦布才发现地磁偏角。在《武经总要》中还载有"火炮火药法"、"毒药烟球火法"、"蒺藜火球火药法"等。其法以硫黄、焰硝（硝酸钾）、松脂以及其他不同物质按一定比例制

---

① 许洞：《火利》第五十三，《虎钤经》卷六，文渊阁《四库全书》本。

造各种不同用途的火药。北宋曾进行 5 次大规模的恒星位置观测,后由黄裳制成有 1440 颗星的星图①;吕祖谦在金华观测记录 24 种植物开花结果及黄莺初到、秋虫初鸣的时间,是以实物观测的物候记录。它使人们对于天体运动规律、宇宙构造、物质结构以及物质之间的联系形式等问题的认识,深入了一大步。同时亦出现了总结古代以至两宋自然科学成就和科学技术成果的科学著作。

自然科学的发展,对于中国哲学的发展具有深远影响。于是学派涌现,群星聚奎。两宋文化的发展,虽有赖于经济的发展、科学技术的进步,但与比较开明的文化政策不无关系。宋太祖赵匡胤曾立碑不许杀戮士大夫,推行"祐文"政策,虽有"乌台诗案"和秦桧矫诏杀岳飞,但总的说来还算恪守"家法",因而,士大夫敢于指陈时弊,敢于创造性思维。朱熹关于宇宙、天文、气象等自然学说②,便是在这种土壤、环境中发展起来的。

(一)宇宙论

近代西方把关于宇宙演化的理论称为宇宙论(Cosmology),包括宇宙结构、宇宙生成的学说。如果说"理"是朱熹哲学逻辑结构的最高范畴,那么,宇宙论是"理"借助于"气"生成天地万物的重要一环。朱熹哲学是本体论和宇宙论的结合,两者并不分离,体现了中国哲学的特色。

朱熹的宇宙论,主要有两方面:一是宇宙结构的理论,二是宇宙演化的理论。

1. 宇宙结构论

据《晋书·天文志》记载,汉以来,中国关于宇宙结构的理论,共有三家六说,"古言天者有三家,一曰盖天,二曰宣夜,三曰浑天。"③除此三家三说

---

① 黄裳(1148—1196 年)所制成的星图,1247 年摹刻建碑于苏州圣庙,并附有图说。

② 参见山田庆儿:《朱子的自然学》,岩波书店 1978 年版。

③ 房玄龄等撰:《天文志上》,《晋书》卷十一,中华书局 1974 年版。

之外,有虞喜的安天论,虞耸的穹天论,姚信的昕天论。

盖天说认为天是体,是一个旋转的圆盖子。即使天像一个圆盖子,但其形状、位置说法而各异。有以天圆像车盖,地方像棋盘(如图1):《周髀算经》说:"环矩以为圆,合矩以为方。方属地,圆属天,天圆地方。"①有以为"天像盖笠,地法覆盘"②,天是笠形的盖子,像圆顶的斗笠,地像翻过来的圆盘子(如图2),天地都像一个环体的一半。有以为"天之居若倚盖"③,天是斜倚着的盖子(如图3)。盖天说此三种主张其异就在于:前两说天地是平行的,后一说天倾斜倚于地;第一说为"天圆地方",第二说天地都是半圆。三者的分歧,说明盖天说并未统一,亦未严密。王充曾经指出,天盖若依倚于地,便不能旋转,只有竖起来,才有可能旋转,有一定道理。

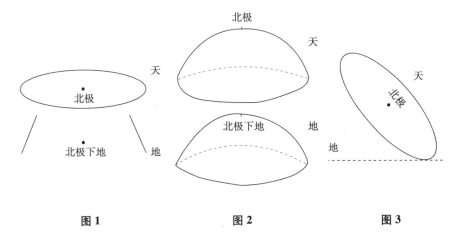

图1　　　　　　　图2　　　　　　　图3

宣夜说是建立在元气学说的基础上的宇宙结构理论。就理论本身来说它打破了有形质的固体"天球"理论,而代之以气体理论。《晋书·天文志》这样记载:"天了无质……日月众星,自然浮生虚空之中,其行其止皆须气焉。是以七曜或逝或往,或顺或逆,伏见无常,进退不同,由乎无所根系,故各异也。"宇宙中充满了"气"而不是水,日月星辰依气而飘浮运动。它们各有自己的运行法则,而不受天壳的限制,否定了有一个缀附星辰的"天球"。

---

① 《周髀算经》卷上之一,文渊阁《四库全书》本。《晋书·天文志》引《周髀》:"天员如张盖,地方如棋局。"

② 《周髀算经》卷下之一。

③ 参见王充:《说日》,《论衡》卷十一。

但由于宣夜说没有探讨太阳和月亮运行的法则,没有研究地球和日、月、太空的关系,从观测天文、修订历法这个意义上说,因没有一个可借参照系的坐标,而没有浑天说影响深远。

浑天说认为天是一个浑圆的壳,像鸡蛋。《浑天仪注》说:"浑天如鸡子,天体圆如弹丸,地如鸡子中黄,孤居于内。天大而地小。天表里有水,天之包地,犹壳之裹黄。天地各乘气而立,载水而浮。"①地好比鸡蛋中的蛋黄,浮在中央,被水所载。"若天果如浑者,则天之出入行于水中,为的然矣。故黄帝书曰'天在地外,水在天外',水浮天而载地者也。"②天从地的东面的水里出来,经上空转到西边,又进入水中,后从地底下穿水而出,再从东边出来(如下图)。

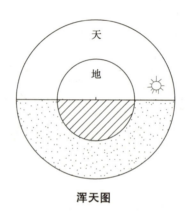

浑天图

浑天说有其合理的成分。从理论体系上说它蕴含着地动的思想;而盖天说以地无限大,不可动;宣夜说不及地。浑天说以地浮在水上,便有动的可能性。但天球如何从地下通过,并没有合理的解释,而引起王充等人的反对。不过,无论盖天说,还是浑天说,都是人们直观的观察,是以人的感官所能感觉到的现象为依据的,因此具有很大的局限性,宣夜说虽与盖天、浑天不同,但也未摆脱直观性。

这几种宇宙结构论以及它们之间的争论,一直延续下来。宋代张载根据当时自然科学的发展和宣夜说的启发,回答了王充所提出"天何得从水中行乎? 甚不然也"③的问题,认为地球不是浮在水面而是浮在气中。"地

---

① 参见瞿昙悉达:《唐开元占经》卷一,文渊阁《四库全书》本。
② 房玄龄等撰:《天文志上》,《晋书》卷十一。
③ 王充:《说日》,《论衡》卷十一。

在气中,虽顺天左旋,其所系辰象随之。"①"地有升降,日有修短。地虽凝聚不散之物,然二气升降其间,相从而不已也。"②地在气中悬浮着,且不停地运动着,张载的宇宙结构理论,是浑天说和宣夜说的结合。

朱熹的宇宙结构论继承张载而有所创发。他说:"但天之形,圆如弹丸,朝夜运转,其南北两端,后高前下,乃其枢轴不动之处。"③"黄帝问于岐伯曰:'地有凭乎?'岐伯曰:'大气举之。'亦谓此也。"④天圆如弹丸,与浑天说的天如鸡子相似,而非形似盖子;地不是如浑天说所言浮在水中,而是如宣夜说相似,在气之中。然而,中国古代的气,是以气体为模型来进行思维的,它与古希腊罗马以固体为模型来思维,大异其趣。固体有不可入性,而气体有可入性;固体可以作为另一物质的浮载体而使其不下坠,气体在古人看来是不能作为另一物质的载体的。既然如此,气如何举地而不使下坠呢?这个问题在朱熹之前并未完满解决,至张载也没有说得很明确。朱熹却把气想象为不断运动的东西,处于气中的地也在不停地运动。运动便产生一种托举地的能量,足以使地不下坠。"地则气之渣滓,聚成形质者,但以其束于劲风旋转之中,故得以兀然浮空,甚久而不坠耳。"⑤气如劲风旋转,无疑就把地托举起来。朱熹把整个宇宙设想为动态结构,而非静态结构,有超越前人之处。

朱熹宇宙结构理论的阐述,对盖天、浑天两说都有所改造。这个改造基于对此两说自身矛盾的揭示:"浑仪可取,盖天不可用。试令主盖天者做一样子,如何做?只似个雨伞,不知如何与地附著?若浑天,须做得个浑天来。"⑥盖子似的天怎样附著地?并没有加以论证,仅是个想象。旧盖天说既不可取,朱熹便与宣夜相结合,亦与他的哲学逻辑结构相适应,认为盖天亦是气构成的。他这样说:

> 盖天只是气,非独是高。只今人在地上便只见如此高。要之,他连那地下亦是天。天只管转来旋去,天大了,故旋得许多渣滓在中间。世

① 张载:《张载集》,中华书局1978年版,第2页。
② 张载:《张载集》,第2页。
③ 朱熹:《天问》,《楚辞集注》卷三,上海古籍出版社1979年版。
④ 朱熹:《天问》,《楚辞集注》卷三。
⑤ 朱熹:《天问》,《楚辞集注》卷三。另朱熹认为气极紧密,故地不坠,"其气极紧,故能扛得地住,不然则坠矣,气外须有躯壳甚厚,所以固此气也"(《朱子语类》卷一百)。
⑥ 黎靖德编:《朱子语类》卷二。

间无一个物事恁地大。故地恁地大,地只是气之渣滓,故厚而深。①

天是气,地亦气构成,天与地便是同质同构。这种同质同构,促使天、地在运动中互相依托,互相渗透,而不致分离或下坠。"天包乎地,其气极紧。试登极高处验之,可见形气相催,紧束而成体。但中间气稍宽,所以容得许多品物。若一例如此气紧,则人与物皆消磨矣!"②在朱熹看来,天与地气都极紧密,唯有中间比较宽松,所以有许多人和物(包括动物与植物)的存在,否则是亦消磨光。

尽管朱熹对盖天、浑天都有所批评,亦不完全采浑天说,但其基本模型是浑天与宣夜的结合。他这样描述:

> 天积气,上面劲,只中间空,为日月来往,地在天中,不甚大,四边空。③

> 天包乎地,地特天中之一物尔。④

> 天包乎地,天之气又行乎地之中。⑤

> 天却四方上下都周匝无空阙,逼塞满皆是天。地之四向底下却靠著那天。天包地,其气无不通。⑥

天包地,地是天中一物,是依据"浑天说"浑天如鸡子,地如鸡子黄的模式来说的;天地中间旱空的,日月星辰运行往来;地在天中,四边是空的,但却靠着天;靠着天,实是指气而言,天以运动之气,使地不陷下。"天以气而依地之形,地以形而附天之气。……天以气而运乎外,故地摧在中间,隤然不动。使天之运有一息停,则地须陷下。"⑦这样,朱熹便以他的宇宙结构理论,解决了天如何与地附着,地浮在气中为什么不会坠下的难题。就此而言,他对中国古代宇宙结构理论是有贡献的。这种宇宙结构的假想,虽然没有严格的科学实验所证明,但他依据宇宙之间充塞着气(空气)来设想,并把它描述为动态结构,有它一定的合理性。

朱熹又根据屈原"九天"之说,做了与前人不同的解释。屈原在《天问》

---

① 黎靖德编:《朱子语类》卷十八。
② 黎靖德编:《朱子语类》卷二。
③ 黎靖德编:《朱子语类》卷二。
④ 黎靖德编:《朱子语类》卷一。
⑤ 黎靖德编:《朱子语类》卷一。
⑥ 黎靖德编:《朱子语类》卷一。
⑦ 黎靖德编:《朱子语类》卷一。

中提出"九天之际,安放安属"之问,后人有各种不同的回答。《吕氏春秋·有始览》、《淮南鸿烈·天文训》以为,中央曰钧天,东方曰苍天,东北曰变天,北方曰玄天,西北曰幽天,西方曰颢天,西南曰炎天,东南曰阳天。东汉王逸作《楚辞章句》,唐颜师古作《汉书·郊祀志》注,虽九天名称与《吕氏春秋》、《淮南鸿烈》有异,其共同之处是按八卦方位加中央为九天。唯朱熹以九天为"圜则九重",而非八方加中央。他说:"其曰九重,则自地之外,气之旋转,益远益大,益清益刚,究阳之数,而至于九,则极清极刚,而无复有涯矣。"[1]九天,并非九个天,也非九方之天,而是天有九个层次,即九圜(如右图)。为什么有九天?以往解释为八卦方位,朱熹解释为阳

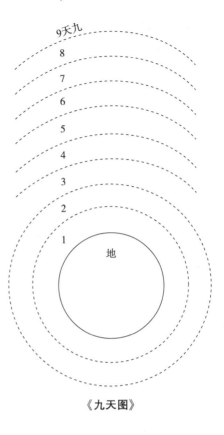

《九天图》

数至于九,阳为天,阴为地,九为老阳之数,故天有九重。均依《易》的象数来解释,则是其同。

天,在朱熹看来,并非像鸡子一样的实体,从这个意义上说,"天无体",这是从气与物质固体相比较而言的,但并不是没有"体"。他把天假设为由清轻的"气"构成的,"二十八宿便是天体"[2],还是承认有体的存在,不过此体是气体,"气"无形、无声、无臭,故称为无体。

2. 宇宙演化论

如果说宇宙结构是探讨宇宙构造的模型、式样、形式的话,那么,宇宙演

---

① 朱熹:《天问》,《楚辞集注》卷三。
② 黎靖德编:《朱子语类》卷二。

化论是探索宇宙怎样产生、形成和发展的。在先秦,老子曾提出"道生一,一生二,二生三,三生万物"的宇宙万物演化论;《周易·系辞传》又提出"易有太极,是生两仪,两仪生四象,四象生八卦"的宇宙演化理论。两汉时,把老子和《系辞》思想结合起来,构筑了宇宙演化模型。《淮南子》这样说:

> 天地未形,冯冯翼翼,洞洞灟灟,故曰太始。道始于虚霩,虚霩生宇宙,宇宙生元气,元气有涯垠,清阳者薄靡而为天,重浊者凝滞而为地。清妙之合专易,重浊之凝竭难,故天先成而地后定。天地之袭精为阴阳,阴阳之专精为四时,四时之散精为万物。①

在天地未形的太始之时,宇宙的演化经历虚霩→宇宙→元气→天地→四时→万物这样几个阶段。元气是天地未形向天地形成过渡的中介,是关键环节。

《易纬·乾凿度》较之《天文训》有一详细的论述:"夫有形生于无形,乾坤安从生?……太易者,未见气也。太初者,气之始也。太始者,形之始也。太素者,质之始也。气、形、质具而未离,故曰浑沦。浑沦者,言万物相浑成而未相离……清轻者上为天,浊重者下为地。"《列子·天端篇》有一段话与此同,仅把"乾坤"改为"天地"。太初、太始、太素虽是气、形、质的端始,但都未分离成具体有形质的万物,是一个混沌状态,由混沌而分为天地。它的宇宙演化是太易→太始→太素→浑沦→天地。《易纬》宇宙演化的阶段虽与《淮南子》相似,但较《淮南子》宇宙演化的阶段性、每一阶段内涵的特殊性都显得清晰、明确。

在《孝经·钩命诀》中却又把《乾凿度》的"浑沦"改为"太极"。"天地未分之前,有太易、有太初、有太始、有太素、有太极,是为五运。形象未分,谓之太易;元气始萌,谓之太初;气形之端,谓之太始;形质有变,谓之太素;质形已具,谓之太极。五气渐变,谓之五运。"②从形象未分,到元气的始萌、气形之端和形质已具,是一个气形逐渐形成的演化过程,较之《乾凿度》又清晰一些。

其实,太初、太始、太素等范畴都出于道家,《淮南子》、《列子》亦宗道家。到了北宋周敦颐的《太极图》,也授自道士陈抟。从无极太极→阴阳→

---

① 《天文训》,《淮南鸿烈》卷三。"元气"之"元"字,原文无,据王念孙校补。
② 《鸿书》天部三引。

五行→男女→万物,构成了宇宙演化的进程。朱熹的宇宙演化论吸收了道家和道教的宇宙演化思想,并有具体发挥。他说:

> 天地初间,只是阴阳之气。这一个气运行,磨得急了,便拶许多渣滓;里面无处出,便结成个地在中央。气之清者便为天,为日月,为星辰,只在外,常周环运转。地便只在中央不动,不是在下。①

《淮南子·天文训》以"天地之袭精为阴阳",朱熹设想为天地的初始是阴阳二气,两者有相似之处。天地混沌未分时,阴阳二气像个大磨盘,由于磨盘的不断运转,磨得急了,捧出去许多渣滓,因为捧出去的渣滓有粗有细,所以,万物也千差万别,形形色色。"造化之运如磨,上面常转而不止,万物之生似磨中撒出,有粗有细,自是不齐。"②轻清的"气"上升为天、日月、星辰;重浊的"气"就为地,即里头的渣滓无处出,就凝成个地在中央。"地则气之渣滓"③,"地者,气之渣滓也,所以道轻清者为天,重浊者为地。"④"清刚者为天,重浊者为地。"⑤这种天体演化理论,虽受汉以来轻清者为天,重浊者为地的影响,但不无创见。他认为,由于"阴阳"二气不断地旋转运动,而产生摩擦、碰撞,便凝结成地球在中央,在地球周围形成天、日月、星辰,并处在不停顿地运动过程中;又由于不停顿地摩擦、碰撞,拶出的渣滓有粗有细,世界万物也有粗细、大小等之不同;他猜测到了离心力的物理现象。天体的起始,是一团混沌未分的阴阳之气,由于阴阳之气激烈、急剧旋转运动的结果,轻清的捧到外面而上升形成日月、星辰,重的留在中央,形成地。最初捧出的气团是软的,后来才变硬。"初间极软,后来方凝得硬。"⑥"山河大地初生时,须尚软在。"⑦须有一个由软而硬的凝结过程。

　地球、日月、星辰由软变硬的猜测,虽来自直观观察,但蕴含着一个可贵的思想,那就是阴阳二气在不断地、急剧地摩擦、运转之中,产生了高热能,使得一切物体都熔化,而重新组合,有的成为清轻的而上升,有的较为重浊而为地,对于由摩擦、运转产生热能的思想,确有超越前人之处。

---

① 黎靖德编:《朱子语类》卷一。
② 黎靖德编:《朱子语类》卷一。
③ 朱熹:《天问》,《楚辞集注》卷三。
④ 黎靖德编:《朱子语类》卷一。
⑤ 黎靖德编:《朱子语类》卷一。
⑥ 黎靖德编:《朱子语类》卷一。
⑦ 黎靖德编:《朱子语类》卷一。

这是朱熹对于宇宙演化的总构想,至于天体、地球是怎样演化,他又有具体的论述。

> 天地始初混沌未分时,想只有水火二者。水之滓脚便成地。今登高而望,群山皆为波浪之状,便是水泛如此。只不知因甚么时凝了。……水之极浊便成地,火之极清便成风霆、雷电、日星之属。①

> 盖五星皆是地上木、火、土、金、水之气,上结而成。②

> 水火金木土谷惟修者,以水克火,以火克金,以金克木,以木克土,而生五谷。③

"五行"是天体起源的质料,"五行"之气而成"五星";水浊成地,火清成日星、雷电等,并由天体起源而及地壳山脉的起源和地质的变迁以至五谷之生,都与"五行"分不开。他这样说:"阴阳是气,五行是质。有这质,所以做得物事出来。"④五行这个质有极重要的作用。朱熹这样讲是否与"阴阳"二气相磨而形成天地宇宙相冲突呢? 不,在朱熹哲学逻辑结构中,"阴阳"与"五行"是统一的。他每每这样说:"五行一阴阳也。"⑤"五行虽是质,他又有五行之气,做这物事,方得。然却是阴阳二气,截做这五个,不是阴阳外别有五行。"⑥又说:"天地之所以生物者,不过乎阴阳五行,而五行实一阴阳也。……盖以阴阳五行而言,则木火皆阳,金水皆阴,而土无不在。"⑦"不是阴阳外别有五行"、"五行实一阴阳",可见,"阴阳"与"五行"是相一致的。"阴阳"二气相磨而形成宇宙即是"五行"构成天地。"有阴阳则一变一合而五行具,然五行者,质具于地,而气行于天者也。以质而语其生之序,则曰水火木金土,而水木阳也,火金阴也;以气而语其行之序,则曰木火土金水,而木火阳也,金水阴也。又统而言之,则气阳而质阴也。"⑧水浊成地,火清成天。水既属阳又属阴,火既属阴又属阳,所以说,水火"各又有一阴一阳"⑨。

---

① 黎靖德编:《朱子语类》卷一。
② 黎靖德编:《朱子语类》卷二。
③ 朱熹:《杂著·尚书·大禹谟》,《朱文公文集》卷六十五。
④ 黎靖德编:《朱子语类》卷一。
⑤ 朱熹:《与张钦夫》,《朱文公文集》卷三十。另见《答陈器之》,《朱文公文集》卷五十八。
⑥ 黎靖德编:《朱子语类》卷一。
⑦ 朱熹:《四书或问》卷二十六。
⑧ 朱熹:《太极图说解》,《周子全书》卷一。
⑨ 黎靖德编:《朱子语类》卷九十四。

尽管"五行"与"阴阳"相统一,但不碍其"阴阳"变合生"五行"的关系。

朱熹假设天地混沌未分时,只有水、火二者,此水火亦指坎、离而言。周敦颐《太极图》所依据的陈抟《无极图》的第二个圆圈,就是"取坎填离"图,也就是从道教的《水火匡廓图》或称《坎离匡廓图》撷取来的。周敦颐的《太极图》又把这个《坎离匡廓图》改为"阴静阳动图"。这样"无极而太极"的无形而有理实是混沌未分的状态,水火就坎离、阴阳而化生天地万物。

(二)天文论

中国天文学在先秦是与占星术相结合而发展起来的。社会农业生产的需要,推动了天文学的观测。"古者包牺氏之王天下也,仰则观象于天,俯则观法于地,观鸟兽之文,与地之宜,近取诸身,远取诸物……以通神明之德,以类万物之情。"①对于天象的观测,是否从伏羲开始,虽无确证,但确很早就有了。这种天象的观测,既有社会经济的需要,又有社会政治的需要。"观乎天文以察时变,观乎人文以化成天下。"②把天文的观测、天象的变异直接与政治结合起来,"天垂象,见吉凶"。人们认为,天象的每一变异都直接与人事政治相对应,与社会政治得失相关,与君臣的行为善恶相连。因此,要求在动态中、变异中对天文作忠实的记录。所以,在《甘石星经》中115颗恒星赤道坐标的位置,有一部分是公元前4世纪测定的。《左传》等书中也有关于日食、彗星、陨星的记载,居世界前列③。特别是太阳黑子的记载:"日黑居仄,大如弹丸"、"日出黄,有黑气大如铁,居日中央"④。中国之所以敢于忠实记载太阳黑子,西方即使在公元807年8月19日发现了黑子,亦不敢相信,是因为中西文化观念的差异。西方认为太阳是绝对完善

---

① 《周易·系辞下》。
② 《周易·贲·彖》。
③ 《左传》关于夏代发生日食的记载,中外学者都认为是世界上最早的记载。甲骨文中发现有关日月食的记载。"贞日业食。"(《龟甲兽骨文字》一、一〇、五),"月业食。闻。八月。"(董作宾:《殷虚文字·甲编》1289,商务印书馆1948年版)
④ 班固撰:《五行志》,《汉书》卷二十七,中华书局1962年版。

的,中国并不认为象征君主的太阳没有过失。"政失于此,则变见于彼,犹景之象形,乡之应声"①,天人感应。

为了在观测天象时能用坐标表现天体的方位及其视运动,需要有一个"天球"。朱熹仍假想"有一常见不隐者为天之盖,有一常隐不见者为天之底"②,又说:"天文有半边在上面,须有半边在下面。"③以此作为日月星辰位置的坐标,天体运行的参照系。

1. 天体的运行

朱熹认为,天体在其运动中,有一个枢纽,这便是南极和北极。"南极北极,天之枢纽,只有此处不动,如磨脐然。"④北极又称为北辰,"北辰,即北极也。以其居中不动而言,是天之枢轴。天形如鸡子旋转,极如一物,横亘居中,两头称定。一头在北上,是为北极,居中不动,众星环向也。一头在南,是为南极,在地下,人不可见。"⑤南北极构成了"天球"的中轴,天体运行是围绕此中轴旋转,否定运行没有轨迹的说法。朱熹不同意谢良佐把北极看作天之机,把北辰看作周建于十二辰之舍。

朱熹在几处都说到作为枢纽的极星是居中不动的。那么,究竟动不动?他的学生黄义刚提出了疑问。《语类》记载:"义刚问:'极星动不动?'曰:'极星也动。只是它近那辰后,虽动而不觉。'"⑥他举例说:譬如那"射糖盘子",北辰就是中心的桩子,极星是最接近桩子的点子,虽随盘子一起转,但愈近桩子,人们觉不出它在旋转。只有到了宋代,有人"方去推得是北极只是北辰头边,而极星依旧动"⑦。朱熹这个见解,超越了感觉的直观,而具有理性认知的特点。

天体为什么会运转,如何运转,历史上就是一个争论不休的问题。盖天说认为恒星嵌镶在天穹上,天穹转动,恒星随之而转,但日月和五星不是嵌

---

① 班固撰:《天文志》,《汉书》卷二十六。颜师古注:"乡读曰响。"
② 黎靖德编:《朱子语类》卷二。
③ 黎靖德编:《朱子语类》卷二。
④ 黎靖德编:《朱子语类》卷二。
⑤ 黎靖德编:《朱子语类》卷二十三。
⑥ 黎靖德编:《朱子语类》卷二十三。
⑦ 黎靖德编:《朱子语类》卷二十三。

在天穹上,所以不随天穹而转动。"天旁转如推磨而左行,日月右行,随天左转,故日月实东行,而天牵之以西没。譬之于蚁行磨石之上,磨左旋而蚁右去,磨疾而蚁迟,故不得不随磨以左回焉。"①天左旋(由东向西),日月五星右旋(自西向东)。但天左旋速度快,日月五星右行慢,犹如蚂蚁在磨盘上右行,由于没有磨转得快,看起来好像是左转了。

浑天说与盖天说一样,主张天左旋,日月五星右旋,地静止不动,但刘向"以为列宿、日、月皆西移。列宿疾,而日次之,月宿迟"②。虽日月星辰运行的速度快慢不同,但都是自东向西的左旋。就此来说,左旋右旋之争,问题症结所在,不在于天左旋,而在于日月五星的左旋与右旋。东汉的黄宪曾这样回答:"曰:天之旋也,左耶?右耶?曰:清明不动之谓天。动也者,其日月星辰之运乎?是故言天之旋,非也。"天并没有旋转,旋转的是日月星辰。

无论是左旋还是右旋,他们共同点是,以静止不动的地球为中心,日月星辰绕地球旋转这一直观为基础而思考的。其差异在于,右旋说以日的周年和月的周月视运动为依据,左旋说以日和月的周日视运动为依据,并以此为日月的实在运动。其实,两者都不符合实际。但从日月食观测和制定历法的实用来说,右旋说较左旋说有价值。一般历法家大体采右旋说。

宋代张载曾主张左旋说,"天左旋,处其中者顺之,少迟则反右矣。"③"处其中者",指日月五星而言;七曜顺天左旋,以行迟而不及天,人们看见七曜似乎是后退,便称其为右转。"日月五星,逆天而行,并包乎地者也。地在气中,虽顺天左旋,其所系辰象随之,稍迟则反移徙而右尔。"④所谓所系辰象,即指日月五星、七曜虽顺天左旋,以其旋转慢而像右转,故似逆天而行。然而张载突破了历法家的困囿,提出了地亦顺天而左旋的观点,即地动说,这是有积极意义的⑤。

朱熹继承张载的左旋说。《语类》记载:"问:'天道左旋,自东而西,日月右行,则如何?'曰:"横渠说日月皆是左旋,说得好。'"⑥反对日月五星右

---

① 房玄龄等撰:《天文志上》,《晋书》卷十一。

② 沈约撰:《天文一》,《宋书》卷二十三,中华书局 1974 年版。

③ 张载:《张载集》,第 11 页。

④ 张载:《张载集》,第 11 页。

⑤ 到了王夫之作《张子正蒙注》,对张载的地动说,仍持否定的态度。他说:"谓地亦动而顺天以旋,则地之不旋,明白易见,窃所未安。"

⑥ 黎靖德编:《朱子语类》卷二。

行说:"有日月五星右行之说,其实非右行也。横渠曰:'天左旋,处其中者顺之,少迟则反右矣。'此说最好。……沈括《浑仪议》,皆可参考。"①称赞张载的说法,而主张左旋说:"天左旋,日月亦左旋","天道与日月五星皆左旋"②。为什么日月五星是左旋,而不是右旋?《语类》中有一个解释:"问天道左旋,日月星辰右转。曰:'自疏家有此说,人皆守定。某看天上日月星不曾右转,只是随天转。'"③以"某看天上"这种直观的观测作出左旋的结论,显然没有科学实验的基础,因为直观的观测,只能观测到七曜周日视运动,不能说明周年视运动,对于历法的制定并没有提供有价值的根据。正因为朱熹以直观的观测为依据,便出现了混乱。他曾这样说:"天之形,圆如弹丸,朝夜运转。……当昼则自左旋而向右,向夕则自前降而归后,当夜则自右转而复左,将旦则自后升而趋前,旋转无穷,升降不息,是为天体。"④白昼时自左向右旋转,夜间自右向左旋转,以日夜的旋转方向不同,并不能调和左旋与右旋之争。

朱熹对张载旋转迟速不同的思想做了具体的发挥。"盖天行甚健,一日一夜周三百六十五度四分度之一,又进过一度。日行速,健次于天,一日一夜周三百六十五度四分度之一,正恰好。比天进一度,则日为退一度。二日天进二度,则日为退二度。积至三百六十五日四分日之一,则天所进过之度,又恰周得本数;而日所退之度,亦恰退尽本数,逐与天会而成一年。月行迟,一日一夜三百六十五度四分度之一行不尽,比天为退了十三度有奇。进数为顺天而左,退数为逆天而右。"⑤朱熹从太阳和月亮的周日视运行为太阳和月亮的真实运动,太阳周日视运行度数的进退与本数相符,月亮周日视运行度数的进退有差,便产生了进顺天而左,退逆天而右的问题。

据此,朱熹又推算出,天"绕左旋,常一日一周而过一度。日丽天而少迟,故日行一日,亦绕地一周,而在天为不及一度。积三百六十五日九百四十分日之二百三十五而与天会,是一岁日行之数也。"⑥这就是说,阳历1年

---

① 黎靖德编:《朱子语类》卷二。
② 黎靖德编:《朱子语类》卷二。
③ 黎靖德编:《朱子语类》卷二。
④ 朱熹:《天问》,《楚辞集注》卷三。
⑤ 黎靖德编:《朱子语类》卷二。
⑥ 黎靖德编:《朱子语类》卷二。

为365日余,但阴历每月29日或30日有异,12月为"三百五十四日九百四十分日之三百四十八是一岁"。这样,"日与天会,而多五日九百四十分日之二百三十五者,为气盈。月与日会,而少五日九百四十分日之五百九十二者,为朔虚。合气盈朔虚而闰生焉。故一岁闰率则十日九百四十分日之八百二十七;三岁一闰,则三十二日九百四十分日之六百单一;五岁再闰,则五十四日九百四十分日之三百七十五。十有九岁七闰,则气朔分齐,是为一章也。"①按照沈括和卫朴主修的《奉元历》,以365.243 585 00日为一回归年(现在准确值为365.242 193日);朔策(朔望月)为29.530 590 71日(准确值为29.530,588日),则与唐开元《大衍历》的朔望月29.530 59日相近似。朱熹以365日940分日之235为1岁,即 $365\frac{235}{940} = 365\frac{1}{4}$ 日,或355.25日,较《奉元历》为大。然而《奉元历》,只实行了18年(1074—1092年),据说南宋时便失传了。因而朱熹的计算以及闰月的安排仍是有价值的。

2. 日食与月食

朱熹依据当时自然科学的成果,运用"阴阳"("气")学说来解释各种自然现象。他已经认识到月亮不是发光体,太阳是发光体,月亮受太阳光的照射而有亮。《语类》记载:"月体常圆无缺,但常受日光为明。初三四是日在下照,月在西边明,人在这边望,只见在弦光。十五六则日在地下,其光由地四边而射出,月被其光而明。"②不同意月有缺的说法,而采取沈括月无缺说。月怎样才能受日之光?"方合朔时,日在上,月在下则月面向天者有光,向地者无光,故人不见。及至望时,月面向人者有光,向天者无光,故见其圆满。若至弦时,所谓'近一远三'只合在许多光。"③所谓"合朔",指日月会合,古人以朔日为一月的开始,即阴历初一。这时日在上,月在下,地又在月下,因受阳光面背向地,所以地上的人看不见月亮。"望"指一月之中(阴历十五日),地球在日月之间,月之受光面与地球相对,人便见到了满月。弦有上弦下弦之分,上弦为黄道上月在日东90度,阴历初八前后,月面

---

① 黎靖德编:《朱子语类》卷二。
② 黎靖德编:《朱子语类》卷二。
③ 黎靖德编:《朱子语类》卷二。

西半明东半暗,自地上看见的月亮,如弓形之半圆;下弦为黄道上月在日西90度,阴历二十三日前后,月面东半明西半暗,自地视月,恰如弓形之半圆。

月是不透明不发光的球体,在日光照射下,有一个黑影,对此黑影有各种神话传说。《语类》曾载:"或问:'月中黑影是地影否?'曰:'前辈有此说,看来理或有之。然非地影,乃是地形倒去遮了他光耳。如镜子中被一物遮住其光,故不甚见也。盖日以其光加月之魄,中间地是一块实底物事,故光照不透而有些黑晕也。'"①不是地影入月亮,而是地形遮了日光,而有黑影,尽管这个解释不合现代天文学,但较之种种神话传说则高明得多,起码朱熹在作科学的思考。

由对日、月、地三者发光与受光及三者运动关系的探讨,而进入到日月食原因的解释。月绕地公转的轨道平面同天球相交的大圆,叫白道,即月道,地绕日公转的轨道平面在天球上截出的大圆叫黄道,日月食只有在黄道、白道相交时,才能产生。《语类》记载:"日蚀是日月会合处。月合在日之下,或反在上,故蚀。月蚀是日月正相照。伊川谓月不受日光,意亦相近。盖阴盛亢阳,而不少让阳故也。"②"日食是为月所掩,月食是与日争故,月饶日些子,方好无食。"③当日月运行到同一度数,两相会合,即月亮处于太阳与地球之间而成一直线时,月亮掩盖了太阳,便发生日食。"日食时亦非光散,但为物掩耳。"④当地球处在太阳与月亮之间,地球掩盖了太阳照到月亮上的阳光而发生月食,这便称为"日月交蚀"⑤。但是,当朔望之时而黄道、白道不值交切,或黄道、白道相交而不值朔望之时,都不会发生日月食。只有朔望日恰值黄道、白道相交,日、月、地球在一直线上,朔日,则月居日、地之间,月蔽日,而生日食;望日,则地居日、月之间,地影蔽月,而生月食。朱熹说:"其合朔时,日月同在一度。其望日,则日月极远而相对。其上下弦,则日月近一而远三(如日在午,则月或在卯,或在酉之类是也)。故合朔之时,日月之东西虽同在一度,而且道之南北或差远于日,则不蚀;或南北虽亦

---

① 黎靖德编:《朱子语类》卷二。他有时亦认为是地影,"月之中有影者,盖天包地外,地形小,日在地下,则月在天中,日甚大,从地四面光起(池本作冲上),其影则地影也,地碍日之光。世所谓山河大地影是也。"(《朱子语类》卷七十九)解释前后有出入。

② 黎靖德编:《朱子语类》卷二。

③ 黎靖德编:《朱子语类》卷二。

④ 朱熹:《答吕子约》,《朱文公文集》卷四十七。

⑤ 黎靖德编:《朱子语类》卷二。

相近,而日在内,月在外,则不蚀。"①日月在黄道、白道相交会而又在朔望日,就发生日月食。"会时是日月在那黄道、赤道十字路头相交处厮撞著。望时是月与日正相向。如一个在子,一个在午,皆同一度。谓如月在毕十一度,日亦在毕十一度。虽同此一度却南北相向。日所以蚀于朔者,月常在下,日常在上,既是相会被月在下面遮了日,故日蚀。望时月蚀,固是阴敢与阳敢,然历家又谓之暗虚。盖火日外影,其中实暗,到望时恰当著其中暗处,故月蚀。"②这里所谓"赤道",应为"月道",即"白道"。尽管朱熹这些论述与沈括相似③,但他与"阴阳"学说相结合和指出"所蚀分数",则有些过人之处。他说:"或日行月之旁,月行日之旁,不相掩者皆不蚀。唯月行日外而掩日于内,则为日蚀。日行月外而掩月于内,则为月蚀。所蚀分数,亦推其所掩之多少而已。"④"所蚀分数",便指"食分"而言。其黄、白道不重合,二者交角平均为5°09′。朔时太阳在黄、白道交点15°21′以内,便发生日食,距交点18°31′以上,则不发生。望时月亮在黄、白道交点3°45′以内,可发生月全食,距交点12°15′以上,便不发生,这就是"食限"。在此"食限"之内依

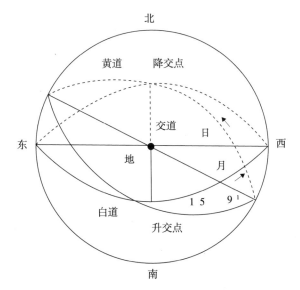

①　朱熹:《答廖子晦》,《朱文公文集》卷四十五。
②　黎靖德编:《朱子语类》卷二。"黄道",即地球上每个年份中所看到的太阳所走的轨道。"赤道",应为"白道",是在地球上每个月份中所看到的月球所走的轨道。
③　参见沈括:《象数》,《梦溪笔谈》卷七。
④　黎靖德编:《朱子语类》卷二。

照"所蚀分数",便可推其所食的多少,这便是日全食、月全食、月偏食、日偏食、日环食等各种情况。但朱熹并没有这样的深刻的认识,也没有举出准确的数值,然他用日、月交距的远近说明食分的大小或所食的多少,则与天文学原理相一致。日月食既为日、月、地三者运行的必然法则,是可以计算预测的,便不是什么灾异,"日月食皆是阳阴气衰,徽庙朝曾下诏书,言此定数,不足为灾异,古人皆不晓历之故。"①在这点上,却有着破除神学灾异的思想。

3. 岁差与历法

古代天文学的宗旨之一是制定历法,历代都非常重视这件事。朱熹说:"历是古时一件大事,故炎帝以鸟名官,首曰凤鸟氏,历正也。岁月日时既定,则百工之事,可考其成。"②传说羲和主管历象授时,羲和的四子羲仲、羲叔、和仲、和叔,也是掌历之官③,并在东、南、西、北设有观测天文的测景台,"旸谷、南交、昧谷、幽都,是测日影之处"④。可见中国古代对天文的观测不仅非常重视,而且知道在四方观测,以取得不同的数据,作为参照比较鉴别。当然测日影的目的,是为了制定历法,"四方度其日景以作历耳"⑤。这是与中国以农为本的农业社会相适应的。

朱熹认为,随着人们对宇宙认识的深入、观测的积累以及观测工具的改进,历法亦愈来愈精密,譬如《月令》所记载的历象与尧时不同,现在所说的历象与《月令》又不同了。孟子时所说的七八月,乃今之五六月;十一月十二月,是今之九月十月⑥。由于岁差未解决好,而发生这种不合气节的现象。"尧冬至日在虚昏中昴,今日在斗昏中壁,而中星古今不同者,盖天有三百六十五度四分度之一,岁有三百六十五日四分日之一,天度四分之一而

---

① 黎靖德编:《朱子语类》卷二。
② 黎靖德编:《朱子语类》卷七十八。
③ 《隋书·天文志》引《春秋·文耀钩》说:"唐尧即位,羲和立浑仪。"又引王蕃说:"浑天仪者,羲和之旧器,积代相传,谓之玑衡。"
④ 黎靖德编:《朱子语类》卷七十八。
⑤ 黎靖德编:《朱子语类》卷七十八。
⑥ "孟子所谓七八月,乃今之五六月,所谓十一月十二月,乃今九月十月,是周人固已改月矣。但天时则不可改。"(朱熹:《答吴晦叔》,《朱文公文集》卷四十二)

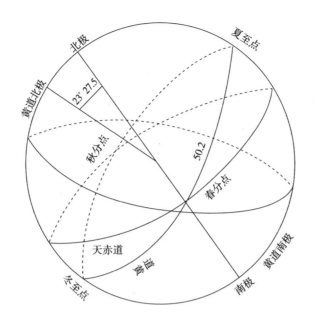

有余,岁日四分之一而不足,故天度常平运而舒,日道常内转而缩,天渐差而西,岁渐差而东,此即岁差之由。"①约公元前 1800 年,冬至日在北方玄武星座的虚宿,现在冬至日在玄武星座的斗宿。只有解决岁差,才不致出现这种现象。由于日月和行星的吸引力,地球自转轴的方向发生缓慢的变化,因而天赤道的位置也在变化。这样,天赤道同黄道的交点(春分点)每年沿黄道向西移动 50.2 角秒,称为岁差(如上图)。如果以每年 3 月 21 日太阳由天赤道以南经春分点进入天道以北。6 月 22 日太阳到最北边的夏至点,9 月 23 经秋分点到天赤道以南,12 月 22 日到最南边的冬至点。然而中国古代阴阳历,阳历年为 365.243 585 00 日,阴历月为 29.530 590 71 日。朱熹以 1 岁为 $365\frac{235}{940} = 365\frac{1}{4}$ 日,月为 $29\frac{499}{940}$ 日,岁差为 $10\frac{827}{940}$,3 年便是 $32\frac{601}{940}$ 日。这样,如果开始以一、二、三月为春季,那么,3 年后便成为二、三、四月为春季了,必须由闰月来调整。岁差是晋虞喜首先发现的,朱熹说:"唐一行所谓岁差者,日与黄道俱差者是也。古历简易,未立差法,但随时占候,修改以与天合。至东晋虞喜始以天为天,以岁为岁,乃立差法以追其变,约以五十年而退一度。何承天以为太过,乃倍其年而又反不及。至隋刘焯取二家中

---

① 朱熹:《尚书·尧典》,《朱文公文集》卷六十五。

数为七十五年,盖为近之,而亦未为精密也。"①如采取 3 年 1 闰,5 年再闰,19 年 7 闰的办法,便可以解决岁差的问题。

为什么历法中规定有大小月之分? 朱熹认为,这与合朔有关。"只是以每月二十九日半,六百四十分日之二十九计之,观其合朔为如何。如前月大,则后月初二日月生明;前月小,则后月初三日月生明。"②把上一次日月会合与下一日月会合的间隔时间定为 1 月,亦即日月黄经相等的时间间隔,平均为 29.5306 日,这样便决定大月 30 日为大尽,小月 29 日为小尽,前月大,后一个月的初二日月生明等。然而结果仍有余数,所以沈括曾建议不再用根据月亮运行而定 12 个月,以 12 气定为 1 年,把立春日作为一月一日,惊蛰日作为二月一日,大月 31 日,小月 30 日,这样每年的天数便整齐,而不出现闰余日数。这个建议有其进步性。但朱熹并没有采纳沈括建议,虽然知道朔与气有矛盾,仍以旧闰法来调节。"闰余生于朔不尽周天之气。周天之气,谓二十四气也。月有大小,朔不得尽此气,而一岁日子足矣,故置闰。"③两个节度的时间长度约三十多天,两次朔日之间的时间长度为 29 天多,两不相等。随着时间推移,气与朔相差越来越大,这也是置闰的原因所在。

(三)气象论

从朱熹哲学逻辑结构来看,理借助于气而产生宇宙万物,自然界的各种现象,都是阴阳二气缊缊、凝聚、碰撞、分散的结果。"天地统是一个大阴阳。"④宇宙间无一物不是阴阳,"无一物不有阴阳乾坤,至于至微至细,草木禽兽,亦有牝牡阴阳"⑤。阴阳是自然界最普遍性范畴,它是构成万物的最基本要素,亦是最活泼和有生气的成分。因而,它具有最大的解释功能。

---

① 朱熹:《尚书·尧典》,《朱文公文集》卷六十五。
② 黎靖德编:《朱子语类》卷二。
③ 黎靖德编:《朱子语类》卷二。
④ 黎靖德编:《朱子语类》卷一。
⑤ 黎靖德编:《朱子语类》卷六十五。

1. 气候与气象

气候与气象是气在宇宙间运动变化所呈现的各种不同的形态或形状。从气候来看，"天地中间，此气升降上下，当分为六层。十一月冬至自下面第一层生起，直到第六层上，极至天，是为四月。阳气既生足，便消，下面阴便生。只是这一气升降，循环不已，往来乎六层之中也。"①把气分为六层，似喻《周易》的六爻而言，六爻构成了气的往来运动，如下图，这样气候自是不同。

地域季节不同，气候也有差异。"人言北方土地高燥，恐暑月亦蒸湿。何以言之？《月令》云：'是月也，土闰溽暑，天气下降，地气上腾。'想得春夏间天转稍慢，故气候缓散昏昏然，而南方为尤甚。至秋冬，则天转益急，故气候清明，宇宙澄旷。所以说天高气清，以其转急而气紧

4月	——	5月
3月	——	6月
2月	——	7月
1月	——	8月
12月	——	9月
11月	——	10月

也。"②北方干燥，南方潮湿。春夏气候昏然，秋冬气候清明，其原因在于天运转的缓慢与紧急。这个解释虽不正确，但亦企图以天自身的原因来解释，而没有神秘主义的色彩。

为什么有的地方到四五月，雪还不化。这是因为"日到那里时，过午时阳气不甚厚，所以如此。"③阳气炎上便能化雪，阳气不足，而雪不化，这与"所谓景朝多风处"亦有关系。多风的原因，"今近东之地，自是多风，如海边诸郡风极多，每如期而至，如春必东风，夏必南风，不如此间之无定。盖土地旷阔，无高山之限，故风各以方至。"④朱熹以自己在福建漳州和泉州的体验，一般都是早上则风生，到中午最盛，午后风力渐微，至晚更无一点风色。由此可知，"盖风随阳气生，日方升则阳气生，至午则阳气盛，午后则阳气微，故风亦随而盛衰。"⑤这种解释虽不科学，但亦能自圆其说。

---

① 黎靖德编：《朱子语类》卷七十四。
② 黎靖德编：《朱子语类》卷二。
③ 黎靖德编：《朱子语类》卷一百三十八。
④ 黎靖德编：《朱子语类》卷八十六。
⑤ 黎靖德编：《朱子语类》卷八十六。

多阴的原因,"如西北边多阴,非特山高障蔽之故,自是阳气到彼处衰谢。盖日到彼方午,则彼已甚晚,不久则落,故西边不甚见日。古语云:'蜀之日,越之雪。'言见日少也。"①以日为阳,西北寒冷,阳气衰微,所以多阴。但朱熹把四川作为西北,是以南宋的地理位置而言的,而非真正中国的西北。

关于气象,朱熹还用"气"("阴阳")的概念,解释了雷电、云雨、霜雪、雹虹的成因,并批判了前人神秘主义的错误。譬如说雷电,"雷如今之爆杖,盖郁积之极而进散者也。"②雷犹如爆竹,爆开有响声。其所以这样,他在解释张载《正蒙·参两篇》"阴气凝聚,阳在内者不得出,则奋系而为雷霆"时发挥说:"阳气伏于阴气之内不得出,故爆开而为雷也。"③阴气凝聚,逼迫阳气;阳气郁积到极限,而不能出,于是爆开突破阴气,而发出雷声。至于闪电,似是雷声前之现象。《语类》记载:"问:'雷电,程子曰:只是气相摩轧。是否?'曰:'然。'或以为有神物。曰:'气聚则须有,然才过便散。如雷斧之类,亦是气聚而成者。'"④是阴阳二气相摩轧而积之极,然后进裂开来,而出现电光,并非什么神物之所为。

云雨。在雷雨之前,往往乌云滚滚,平常晴朗之日,也有白云朵朵。朱熹在解释张载《正蒙·参两篇》"阴为阳得,则飘扬为云而升"时说:"阴气正升,忽过阳气,则助之飞腾而上为云也。"⑤云在本质上说是阴气,只是由于它凝聚的密度有紧有松,运行的速度有迟有速,所以云变莫测。雨与雷相聚,"阴阳之气,闭结之极,忽然进散出做这雷雨。"⑥雨,朱熹在解释《周易·小畜》"密云不雨"时说:"凡雨者,皆是阴气盛,凝结得密,方湿润下降为雨。且如饭甑,盖得密了,气郁不通,四畔方有湿汗。"⑦做饭是因加热到100℃,水蒸气出来,遇冷而有汗珠,以此说明阴气凝结而成雨,有一定的科学性。也有阳气被阴气压坠而下为雨的情况,"横渠云:'阳为阴累,则相持为雨而降。'阳气正升,忽遇阴气,则相持而下为雨。盖阳气轻,阴气重,故

---

① 黎靖德编:《朱子语类》卷八十六。
② 黎靖德编:《朱子语类》卷二。
③ 黎靖德编:《朱子语类》卷九十九。
④ 黎靖德编:《朱子语类》卷二。
⑤ 黎靖德编:《朱子语类》卷九十九。
⑥ 黎靖德编:《朱子语类》卷七十。
⑦ 黎靖德编:《朱子语类》卷七十。

阳气为阴压坠而下也。"①阴阳二气相持相对,而转化为阳为阴压,便成雨。雨"自是阴阳气蒸郁而成,非必龙之为也"②,是阴阳二气交蒸而成,这便驳斥了"龙行雨之说"③的神秘主义。

霜雪。朱熹认为,"霜只是露结成。"④但是霜与露不同,《语类》记载,"问:'伊川云:露是金之气。'曰:'露自是有清肃底气象。古语云:露结为霜。今观之诚然。伊川云不然,不知何故。盖露与霜之气不同:露能滋物,霜能杀物也。'"⑤他不同意程颐所说的"如言露结为霜,非也"⑥的结论,而采取传统的说法,并通过观测验证霜是露结成的。他亦不同意程颐以露是星月之气:"古人说露是星月之气,不然。今高山顶上,虽晴亦无露,露只是自下蒸上。"⑦在朱熹看来,露若是星月之气,高山顶上应有露,今无,说明是地之阴阳气蒸上而成。为什么高山无霜露?他曾这样回答:"上面气渐清,风渐紧,虽微有雾气,都吹散了,所以不结。"⑧风紧吹散了露霜。雪不是露霜结成,而是"雨结成"。"若雪,则只是雨遇寒而凝,故高寒处雪先结也。"⑨雨遇冷而凝结成雪。雪是风吹不散的,相反风与雪相联系而称风雪。"高山无霜露,却有雪。"⑩同时,他以风来解释雪花六出的原因,"雪花所以必六出者,盖只是霰下,被猛风拍开,故成六出。如人掷一团烂泥于地,泥必溅开成棱瓣也。"⑪霜、雪是水在一定温度条件下而成的,因此,朱熹说霜是露结成或雪是雨结成,并不完全错。然而雪花六瓣的解释,则是不科学的,它并非猛风拍开,而是气温在零下 23℃ 以内,雪花呈细针状,超过零下 23℃,便成六角形,它是水的结晶体的分子排列规则的结果。至于以《周易》的数理来解释,就更牵强附会了。他说:"六者阴数,太阴玄精石亦六

---

① 黎靖德编:《朱子语类》卷九十九。
② 黎靖德编:《朱子语类》卷二。
③ 黎靖德编:《朱子语类》卷二。
④ 黎靖德编:《朱子语类》卷二。
⑤ 黎靖德编:《朱子语类》卷一百。
⑥ 程颢、程颐:《二程遗书》卷十八。
⑦ 黎靖德编:《朱子语类》卷二。
⑧ 黎靖德编:《朱子语类》卷二。
⑨ 黎靖德编:《朱子语类》卷二。
⑩ 黎靖德编:《朱子语类》卷二。
⑪ 黎靖德编:《朱子语类》卷二。

棱,盖天地自然之数。"①《周易·系辞传》以天一地二,天三地四,天五地六,天七地八,天九地十。六是偶数,为阴;阴为柔,为水。"如水数六,雪花便六出,不是安排数底"②,六是天地自然之数,雪花六出合于此自然,而非有一个主宰者的安排。再者,《周易》筮仪,六、七、八、九为四营,六为老阴,即太阴,为可变之数,均合天地自然之义。

霓虹。霓是阴阳交争而成,"今霓之两头皆尖,有棱道。疑得初间圆,上面阴阳交争,打得如此碎了。霓字从雨从包,是这气包住,所以为霓也。"③"正是阴阳交争之时,所以下霓时必寒。"④就此而言,朱熹认为霓是阴阳交争时,阴盛阳衰的结果。由于阴胜而凝聚为霓,所以下霓时必阴寒。虹是两气被日照射而成。"虹非能止雨也,而雨气至是已薄,亦是日色射散雨气了。"⑤虹又叫蝃蝀,"蝃蝀本只是薄雨为日所照成影"⑥。虹不能止雨,它往往出现在雨过天晴之后,是雨气已薄,日光散射雨气的结果。"蝃蝀,虹也。日与雨交,倏然成质,似有血气之类,乃阴阳之气不当交而交者。盖天地之淫气也,在东者莫虹也。虹随日所映,故朝西而莫东也。"⑦把虹说成血气之类,显然牵强。朱熹对虹的总解释虽继承沈括,合乎一定科学道理,但也不可能精确。虹是阳光通过空中雨滴,经过两次折射和若干次反射而产生色散,虹总是圆弧形,圆弧的圆心就在观者的眼睛的"影子"上。

陨石。"星有堕地其光烛天,而散者有变为石者。"⑧朱熹不受神学迷信的限制,如实地记载陨星坠落的情况,火光烛天,后落地散为石。

这种宇宙生成和演化的理论,不仅利用了许多自然科学的成果,而且有很多创见,促进自然科学思想的发展。

---

① 黎靖德编:《朱子语类》卷二。
② 黎靖德编:《朱子语类》卷六十五。
③ 黎靖德编:《朱子语类》卷二。
④ 黎靖德编:《朱子语类》卷二。
⑤ 黎靖德编:《朱子语类》卷二。
⑥ 黎靖德编:《朱子语类》卷二。
⑦ 朱熹:《鄘蝃蝀在东注》,《诗集传》卷三,中华书局1958年版。
⑧ 黎靖德编:《朱子语类》卷二。

2. 潮汐说

中国古人很早就知道潮汐与月亮的运行有关,王充曾说:"涛之起也随月盛衰,小大满损不齐同。"①宋代沈括批评了潮汐是由日出没而激成的观点。他说:"卢肇论海潮,以谓'日出没所激而成',此极无理。若因日出没,当每日有常,安得复有早晚? 予常考其行节,每至月正临子、午,则潮生,候之万万无差。……月正午而生者为潮,则正子而生者为汐;正子而生者为潮,则正午而生者为汐。"②坚持月亮对潮汐的作用。

朱熹继承了沈括的思想,他说:"潮之迟速大小自有常。旧见明州人说,月加子午则潮长,自有此理。沈存中《笔谈》说亦如此。"又说:"陆子静谓潮是子午月长,沈存中《续笔谈》之说亦如此,谓月在地子午之方,初一卯,十五酉。"③由于月球和太阳引力的作用,使海洋水面发生周期性的涨落,潮汐的大小和涨落时刻逐日不同。然而每当月亮正好在上中天或下中天的时候,就会发生海潮。"潮,海水以月加子午之时,一日而再至者也,朝曰潮,夕曰汐。"④按生潮的时间分为早潮(白天发生)称为潮,晚潮(夜间发生)称为汐。每天有一潮一汐,两者之间间隔的时间平均是 12 小时 25 分,连续两次早潮、晚汐所间隔的时间平均为 24 小时 50 分,即每天的早潮或晚汐要比前一昼夜的潮或汐发生的时间平均落后 50 分。连续两次早潮、晚汐的间隔时间恰好和月球连续两次经过某一地点子午线(即通过该地点的经线)的时间相合。

朱熹不仅吸收沈括的思想资料,而且对余靖(1000—1064 年)的潮汐说很赞赏。"潮汐之说,余襄公言之尤详。大抵天地之间,东西为纬,南北为经,故子午卯酉为四方之正位,而潮之进退以月至此位为节耳。以气之消息言之,则子者阴之极而阳之始,午者阳之极而阴之始,卯为阳中,酉为阴中也。"⑤关于余靖的潮汐说,《朱子全书》卷五十有引:"余里公安道曰:潮之

① 王充:《书虚》,《论衡》卷四。
② 沈括:《象数》,《笔溪笔谈·补笔谈》卷二。
③ 黎靖德编:《朱子语类》卷二。
④ 朱熹:《悲回风》,《楚辞集注》卷四。
⑤ 朱熹:《答张敬之》,《朱文公文集》卷五十八。

涨退,海非增减。盖月之所临,则水往从之。日月右转,而天左转,一日一周,临于西极,故月临卯西,则水涨乎东西;月临子午,则潮平乎南北,彼竭此盈,往来不绝,皆系于月。何以知其然乎?夫昼夜之运,日东行一度,月行十三度有奇,故太阴西没之期,常缓于日三刻有奇。潮之日缓其期率亦如是。自朔至望,常缓一夜潮,自望至晦,复缓一昼潮。朔望前后,月行差疾,故晦前三日潮势长,朔后三日潮势大,望亦如之。月弦之际,其行差迟,故潮之去来亦合沓不尽。盈虚消息,一之于月,阴阳之所以分也。"①通过地球某点(包括地球自转轴)的平面(子午面)与天球的交线,称为该点的子午圈。月临子午,是指月亮在子午圈上,由于地球自转,月亮每天2次通过子午圈。当月亮在天顶半圈上的时候为月正午。月在天底的半圈上时称月正子。为什么会发生潮汐?主要是月亮的引力引起潮汐,太阳的引力也有作用。由于太阳距离地球比月亮远,作用力只有月亮的 $\frac{1}{2.2}$,因而太阳引起的潮汐被月亮引起的潮汐淹没了。但当朔或望时,太阳、地球和月亮近似在一条线上,太阳和月亮的引力加在一起,便发生大潮;而当上弦(阴历初七、八)和下弦(阴历廿二、廿三日)时,太阳和月亮的引力方向相反,月亮的一部分引力被抵消,便是小潮。但是朱熹与沈括他们一样,限于当时的科学技术水平,没有认识到太阳的引力对潮汐涨落的作用,因而否定这种作用是不对的。

朱熹之所以处处赞扬沈括,重视自然科学,并孜孜不倦地进行探索研究,这是与他的整个哲学体系以及为学之方的"道问学"分不开的。

首先,讲求实理实学,才能反对虚理虚学。

朱熹曾把自己的哲学与佛老相区别。他说:"释言空,儒言实;释言无,儒言有";"释氏虚,吾儒实"②。佛教讲"空"、"无"、"虚",儒家讲"实"、"有"。儒释的虚与实之辩,就是"实其理"与"虚其理"之别。"虚其理"便无物、无理、一切皆空,只见得个"空虚寂灭",导致"终日吃饭,却道不曾咬著一粒米;满身著衣,却道不曾挂著一条丝"③的违背常识的情况。"实其理"便有物、有理,万理俱实。眼着事事物物,如一草、一木、一昆虫都有理,

---

① 《朱子全书》卷五十,文渊阁《四库全书》本。
② 黎靖德编:《朱子语类》卷一百二十六。
③ 黎靖德编:《朱子语类》卷一百二十六。

所以一书不读,缺了一书道理;一事不穷,缺了一事道理;一物不格,缺了一物道理。需要一件一件地格,逐件与他理会过。这样朱熹把自己哲学逻辑结构最高范畴理,称为实理,又把自己的学说称为实学。

所谓实学,便是指实理之学。他说:"始言一理,中散为万事,末复合为理。放之则弥六合,卷之则退藏于密,其味无穷,皆实学也。"①实理实学便成为他研究自然科学的指导思想。正是这种求实的精神,使他在自然科学领域中获得了丰硕的成果。

其次,讲求实际调查观测,才能反对因袭臆想。

朱熹注重实地调查,见高山石中生有螺蚌壳,"今高山上多有石上蛎壳之类,是低处成高。又蛎须生于泥沙中,今乃在石上,则是柔化为刚。天地变迁,何常之有!"②而作出海陆变迁、沧海变桑田的结论。他亦重观测,如"历法恐亦只可略说大概规模。盖欲其详,即须仰观俯察乃可验。今无其器,殆亦难尽究也。"③把历法的问题搞清楚详尽,不仅需要观测,还需要有观测天象的机械器具。但是,"靖康之变,测验之器尽归金人。"④南宋初没有观测仪器,绍兴十三年(1143年),太史局才开始重新制造浑仪。但朱熹苦于足痛,不能经常去观测,"玑衡之制在都下不久,又苦足痛,未能往观。然闻极疏略。"⑤他有强烈的实际观测天文的愿望,为了观测研究的需要,曾在家里安了一个浑仪,《宋史》记载:"其后朱熹家有浑仪,颇考水运制度,卒不可得。"⑥这就为他的研究提供了方便。

朱熹家里是否有浑仪,《宋史》记载是否可靠? 笔者认为是有的。这可以从朱熹自己的书信、语录中得到旁证。《语类》记载:"有能说盖天者,欲令作一盖天仪,不知可否?"⑦"若浑天,须做得个浑天来。"⑧急于想请人做一个盖天仪或浑天仪。他认为盖天仪不好做,因还不能解决天如何与地附着的问题,"不若浑天之可为仪"。于是设想请人做浑仪,"浑象之说,古人

① 朱熹:《题解》,《中庸章句》第一章。
② 黎靖德编:《朱子语类》卷九十四。
③ 朱熹:《答蔡季通》,《朱文公文集·续集》卷二。
④ 脱脱等撰:《天文志》,《宋史》卷四十八。
⑤ 朱熹:《答江德功》,《朱文公文集》卷四十四。
⑥ 脱脱等撰:《天文志》,《宋史》卷四十八。
⑦ 黎靖德编:《朱子语类》卷二。
⑧ 黎靖德编:《朱子语类》卷二。

已虑及此,但不说如何运转。今当作一小者,粗见其形制,但难得车匠耳。"①后来终于做了一个,"以衡窥玑,仰占天象之实自是一器,而今人所作小浑象,自是一器。"②由此,大大方便了观测,"'天转,也非东而西,也非循环磨转,却是侧转。'义刚言:'楼上浑仪可见。'曰:'是。'"③可见,浑仪就安放在朱熹家的楼上。

朱熹重视实地实际的观察,使他能够纠正前人的错误,而不简单因袭旧的说法或凭主观臆想,从而作出较符合实际的结论,而很多同时代的以及后来的哲学家都没有做到这一点。

最后,讲求认识事物的客观规律,才能反对神秘主义。

朱熹非常重视对自然、社会所当然的法则的探讨,从宇宙的结构,宇宙的演化,以及天文的气候气象、天体运行,都有一定的法则,否则就要混乱无序。特别对于自然界怪异现象的解释,他都从事物本身或阴阳二气的运动变化来解释,绝不采取儒家传统的"天人感应"目的论,即使对鬼神,也把它解释为屈与伸,同时也不同于谶纬迷信。基于对宇宙学、天文学的研究观测和计算,他认为自然界的怪异现象,都是天象的自然变化。日食不是狗咬日,不是灾异;下雨非龙所为;雷电不是神物所为。

朱熹不是离开事物本身去寻找事物的法则,而只有从事物运动变化的本质联系和必然趋势中求得。"如麻麦稻粱,甚时种,甚时收,地之肥,地之硗,厚薄不同,此宜植某物,亦皆有理。"④"目前事事物物,皆有至理。如一草一木,一禽一兽皆有理。草木春生秋杀,好生恶死,仲夏斩阳木,仲冬斩阴木,皆是顺阴阳道理(砥录作:皆是自然底道理)。"⑤这种自然的道理,便是指自然界事物必然的、相对稳定的联系,这里并没有存在什么神秘不知的东西。

但是,在朱熹的哲学逻辑结构中,"理"是其最高的范畴,是世界万物的本体。当"理"在化生万物时,作为事物之"理"便是其本体"理"的表现,这便构成了一理与万理的关系。朱熹的失足在于:法则(万理)是作为"一理"

---

① 朱熹:《答蔡伯静》,《朱文公文集·续集》卷二。
② 朱熹:《答江德功》,《朱文公文集》卷四十四。
③ 黎靖德编:《朱子语类》卷二十三。
④ 黎靖德编:《朱子语类》卷十八。
⑤ 黎靖德编:《朱子语类》卷十五。

（本体的"理"）加于自然万物的，而不是首先从它们当中概括出来的。即使这样，朱熹丰富的自然科学思想，以及他对自然科学提出的精辟的见解，不能不说是两宋时代科学知识的时代精华的结晶，是科学研究成果的升华。

朱熹对科学成果、科学知识采取兼容并蓄、广为吸收的开放态度。他从实理实学出发，具有实地调查观测的科学精神。他对《黄帝内经》、《灵宪》以及历代《天文志》做了广泛的研究，对宋代著名科学著作《梦溪笔谈》和《正蒙》中科学知识钻研尤勤。他在教学中，不仅教授经学、哲学、文学、史学、乐律、佛学、道学等知识，而且有宇宙学、天文学、地理学、气象学、动物学、植物学、医药学等自然科学知识。由此可见，把中国明清以来自然科学落后于西方，特别是近代以来中国科学技术落后，不断挨打的渊薮，归咎于朱熹的思想，而没有从经济基础和政治制度上去找，恐怕是片面、肤浅的。

九、朱熹与王守仁哲学之异同

朱陆之争,后来成为宋明理学中程朱道学与陆王心学的论争。两派后学,互为水火,几同冰炭,成为"数百年来了底大公案"①,故论其异者多,论其同者少,本文主旨明朱王之同。

（一）先明朱、王之同

冯友兰先生在《中国哲学史》中说:"朱子言性即理,象山言心即理,此一言虽只一字之不同,而实代表二人哲学之重要的差异。"②后来便相沿为区分程朱与陆王哲学的主要标志,此恐未甚妥帖。1981 年,笔者在一个宋明理学讨论会的发言中,曾提出不同意见。这是因为,不仅程朱讲"心即理",王守仁亦言"性即理"。程颢说:"曾子易箦之意,心是理,理是心。"③二程说:"理与心一,而人不能会之为一。"④朱熹也说:"理即是心,心即是理,有一事来,便有一理以应之。"⑤"仁者,心与理一,心纯是这道理。"⑥"吾以心与理为一。"⑦程朱亦讲心即理,而与陆王无异。王守仁说:"心之体性

---

① 陈建:《自序》,《学部通辨》卷首。
② 冯友兰:《中国哲学史》,中华书局 1961 年版,第 939 页。
③ 程颢、程颐:《二程遗书》卷十三。
④ 程颢、程颐:《二程遗书》卷五。
⑤ 黎靖德编:《朱子语类》卷三十七。
⑥ 黎靖德编:《朱子语类》卷三十七。
⑦ 黎靖德编:《朱子语类》卷一百二十六。

也,性即理也。"①又说:"心之本体即是性,性即理也。"②此性即理也,则与程朱同。性即理与心即理,程朱陆王都讲过,所以不能简单地以此为区别程朱道学与陆王心学的主要标志。其标志应是,程朱以理为客体精神,并以为世界万物的根据;陆王以心为主体精神,并以其为哲学最高范畴。程朱所说的性即理,心即理,性与心均一于理,理主心与性;陆王所言的心即理,性即理,理一于心(性),心主理。此才是程朱道学与陆王心学之异之所在,明此同异,才可论朱王之同。

(二)再论朱、王之同

朱王之同是,朱熹在心性问题上,很注重心。"人之所以为学,心与理而已。"③他的所谓心,既有道人人心之别,亦有一块肉之心与至虚至灵的心之分。"人心者人欲也,危者危殆也;道心者天理也,微者精微也。"④人心是血气和合成的,道心是天理。道心人心既有根本不同,又有联系。一块肉之心,乃是神明升降之舍,相当于器官、感官。至虚至灵之心,则是"细入毫芒纤芥之间,便知便觉,六合之大,莫不在此。又如古初去今,是几千万年,若此念才发,便到那里;下面方来,又不知是几千万年,若此念才发,便也到那。这个神明不测,至虚至灵。"⑤这相当于思维、意识。在朱熹的心目中,从道心和至虚至灵的心而言,则相类于理,亦可称其为心即理。"心与理一,不是理在前面为一物,理便在心之中,心包蓄不住,随事而发。"⑥"如此则心即理,理即心,动容周旋,无不中理矣。"⑦心便具有与理、性相类的性质。"心以性为体,心将性做馅子模样。盖心之所以具是理者,以有性故也。"⑧"性

---

① 王守仁:《答顾东桥书》,《王文成公全书》卷二,《四部丛刊》本。
② 王守仁:《传习录上》,《王文成公全书》卷一。
③ 朱熹:《四书或问》卷二十七。
④ 黎靖德编:《朱子语类》卷七十八。
⑤ 黎靖德编:《朱子语类》卷十八。
⑥ 黎靖德编:《朱子语类》卷五。
⑦ 黎靖德编:《朱子语类》卷十八。
⑧ 黎靖德编:《朱子语类》卷五。

即理,在心唤作性,在事唤作理。"①心、性、理一实而异名。从人心和一块肉之心而言,心非理,"心者,气之精爽"②。"问:先生说人心是形气之私,形气则是口耳鼻目四肢之属?曰:固是。"③此心即为形气。明朱熹心的此两层意思,即可知在道心和至虚至灵之心的意义上说,则心即理,与王守仁同,"心即理,天下又有心外之事,心外之理乎?"④"虚灵不昧,众理具而万事出。心外无理,心外无事。"⑤此虚灵不昧之心便是朱熹至虚至灵的心。然从人心和一块肉之心的意义上说,心与理二。《传习录》载:"或问:晦庵先生曰:人之所以为学者,心与理而已。此语如何?曰:心即性,性即理,下一与字,恐未免为二。"⑥则朱王异。正因为朱熹之心具有这两重意义,故王守仁屡次批评朱熹析心与理为二。

在心的内涵的规定上,朱王亦有共同之处。王守仁说:"然吾之心与晦庵之心未尝异也。"⑦"又喜朱子之先得我心之同然。"⑧此说是有道理的。

(三)关于心之体用

首先,关于心之体用说。朱熹认为,"心一也,有指体而言者,寂然不动是也,有指用而言者,感而遂通是也。"⑨所谓寂然不动与感而遂通,便是未发和已发。"心有体用,未发之前,是心之体,已发之际,乃心之用。"⑩心之体具有理,心包万理,"夫心之体具乎是理,而理则无所不该而无一物不在,然其用实不外乎人心。"⑪心虚灵不昧,万理具于一心,心又贯通万理,"只此

---

① 黎靖德编:《朱子语类》卷五。
② 黎靖德编:《朱子语类》卷五。
③ 黎靖德编:《朱子语类》卷六十二。
④ 王守仁:《传习录上》,《王文成公全书》卷一。
⑤ 王守仁:《传习录上》,《王文成公全书》卷一。
⑥ 王守仁:《传习录上》,《王文成公全书》卷一。
⑦ 王守仁:《传习录上》,《王文成公全书》卷一。
⑧ 王守仁:《朱子晚年定论序》,《王文成公全书》卷三。
⑨ 王守仁:《朱子晚年定论序》,《王文成公全书》卷三。
⑩ 黎靖德编:《朱子语类》卷五。
⑪ 黎靖德编:《朱子语类》卷十八。

一心之理,尽贯众理"①,而应万事。理无所不该,无所不在,具于心为体,而用亦不外乎心。陆九渊不注意心有体用之分,故王守仁批评陆学有粗处"。他则以心有体用,在形式上与朱熹同。他说:"定者心之本体,天理也,动静所遇之时也。"②心之体寂然不动即静,为未发;心之用为感而遂通即动,为已发。"盖体用一源,有是体,即有是用,有未发之中,即有发而皆中节之和。"③从宇宙观上看,心之体便是理;从人性伦理观上看,心之体即是天理。"心之本体,即是天理。"④心之体用就善恶而言,"无善无恶是心之体,有善有恶是意之动"⑤。体为未发的寂然不动状态,故不存在善恶之分,只有出现人的意念的已发之时,才有善恶之分。心之体用,如指心存在的状态、层次以及其本体与表现之间的关系的范围内,则朱王同。

(四)关于身之主宰

其次,关于身之主宰便是心说。这是心之体用说的发展。朱熹说:"心者身之所主也。"⑥"心者一身之主宰。"⑦"心虽主乎一身,而其体之虚灵,足以管乎天下之理;理虽散在万物,而其用之微妙,实不外乎一人之心。"⑧王守仁吸取发挥了朱熹这个思想,以其主宰一身,故谓之心。"心者身之主也,而心之虚灵明觉,即所谓本然之良知也。"⑨并在心即理的意义上发展朱熹思想,而否定心为一块肉,他说:"心不是一块肉,凡知觉处便是心。"⑩这便从体的层面上,继承朱熹思想。他认为,"性是心之体"⑪,良知为"吾心

---

① 黎靖德编:《朱子语类》卷二十七。
② 王守仁:《传习录上》,《王文成公全书》卷一。
③ 王守仁:《传习录上》,《王文成公全书》卷一。
④ 王守仁:《传习录上》,《王文成公全书》卷一。
⑤ 王守仁:《传习录上》,《王文成公全书》卷三。
⑥ 朱熹:《大学章句》经一章。
⑦ 黎靖德编:《朱子语类》卷五。
⑧ 朱熹:《四书或问》卷二十七。
⑨ 王守仁:《答顾东桥书》,《王文成公全书》卷二。
⑩ 王守仁:《传习录上》,《王文成公全书》卷三。
⑪ 王守仁:《传习录上》,《王文成公全书》卷一。

之本体"①,"心体纯乎天理"②。心、性、理合一,胶着一个。朱熹亦曰:"心、性、理拈着一个,则都贯穿。"③朱王同。然再进一步则异,即以什么为三者统一的基础,便分道扬镳了。

(五)关于心为万物之主

再次,关于心为万物之主说。这是与身之主宰便是心相联系的。如果身为物,则亦是心为物之主的命题。朱熹说:"盖天下万物,本于一心。"④"人心万事之主。"⑤这便与陆九渊的"万物森然于方寸之间,满心而发,充塞宇宙,无非此理"⑥,有相似之处。朱熹在《答陈安卿》书中引了陈淳来书的一段话:"所谓人之心,体虽具于方寸之间,而其所以为体,则实与天地同其大,万理盖无所不备,而无一物出乎是理之外……虽至于位天地,育万物,亦不过充吾心体之本然,而非外为者。"朱熹答曰:"此说甚善。"⑦他同意其学生的意见。心之体能与天地同其大,充塞宇宙,无所不在,故能妙众理而宰万物,同时,心又是"提万事之纲"⑧。心便有支配万事万物的性质。这似乎与其以理为哲学逻辑结构最高范畴相冲突,但却是指月映万川后,川中所包之月的意义上说的。故朱熹没有走向心外无理,心外无物说。王守仁则以心为本体,心为万物之主。"身之主宰便是心,心之所发便是意,意之本体便是知,意之所在便是物。"⑨心之意识表现在那儿便构成了物。"虽至于位天地,育万物,未有出于吾心之外也。"⑩这虽与朱熹所说的"其所以可以

---

① 王守仁:《大学问》,《王文成公全书》卷二十六。
② 王守仁:《传习录上》,《王文成公全书》卷一。
③ 黎靖德编:《朱子语类》卷五。
④ 朱熹:《送张仲隆序》,《朱文公文集》卷七十五。
⑤ 黎靖德编:《朱子语类》卷十二。
⑥ 陆九渊:《语录上》,《象山先生全集》卷三十四,《四部丛刊》本。
⑦ 朱熹:《答陈安卿》,《朱文公文集》卷五十七。
⑧ 朱熹:《行宫便殿奏札》,《朱文公文集》卷十四。
⑨ 王守仁:《传习录上》,《王文成公全书》卷一。
⑩ 王守仁:《紫阳书院集序》,《王文成公全书》卷七。

为尧舜而参天地、赞化育者,亦不外乎此也"①有相同之处,但王守仁又进了一步,发展为心外无物。"天地鬼神万物离却我的灵明,便没有天地鬼神万物了。"②这便与朱熹思想大相径庭了。

（六）关于道心人心之说

最后,关于道心人心说。朱王性即理与心即理都具有伦理道德论的特点,两人都认为仁、义、礼、智是心的本体。朱熹说:"心只是一个心……只是分别两边说,人心便成一边,道心便成一边。"③心是一个心,分为两个方面,即道心与人心。"其觉于理者道心也,其觉于欲者人心也。"④道心是天理,本来禀受得仁义理智之心;人心是气血和合做成的。因而亦可说道心生于天理,人心生于血气。道心是义理之心,嗜欲则从人心出,故道心可以为人心的主宰,而人心以道心为准绳。同时,以"道心为主,则人心听命于道心耳"⑤。两者是主从的隶属关系,犹如士兵必须听从将军的命令,"人心如卒徒,道心如将"⑥。陆九渊也讲道心与人心,"《书》云:'人心惟危,道心惟微。'解者多指人心为人欲,道心为天理,此说非是。心,一心也,人安有二心?"⑦但不同意朱熹把心看作两个心,强调心只有一个,它在不同的时间、空间、人身都是相同的。其实朱熹亦讲心只有一个,然他喻为一物判作两片时,便有作二心之嫌。王守仁继承陆学,讲道心人心,"率性之谓道,便是道心,但着些人的意思在,便是人心。道心本是无声无臭,故曰惟微,依著人心行去,便有许多不安稳处,曰惟危。"⑧顺着本性是道心;有了人的意思即杂以人伪,便是人心。"心一也,未杂于人谓之道心,杂以人伪谓之人心。人

---

① 朱熹:《经筵讲义》,《朱文公文集》卷十五。
② 王守仁:《传习录上》,《王文成公全书》卷三。
③ 黎靖德编:《朱子语类》卷七十八。
④ 王守仁:《朱子晚年定论序》,《王文成公全书》卷三。
⑤ 黎靖德编:《朱子语类》卷七十八。
⑥ 黎靖德编:《朱子语类》卷七十八。
⑦ 陆九渊:《语录上》,《象山先生全集》卷三十四。
⑧ 王守仁:《传习录下》,《王文成公全书》卷三。

心之得正者即道心,道心之失其正者即人心,初非有二心也。程子谓人心即人欲,道心即天理,语若分析而意实得之。今曰道心为主,而人心听命,是二心也。"①道心人心之别在于人心之得正与失正,不在于以哪个为主。他批评朱熹"道心为主,而人心听命",便是二心。其实,既承认有道心与人心,两者的内涵作用不同:一是未杂于人,得人心之正;一是杂以人伪,失人心之正。而又承认两者之相同,而以为是二心,二心一于一心。这便是朱熹所说的一心分两边,"人心亦只是一个,知觉从饥食渴饮,便是人心;知觉从君臣父子处,便是道心。"②在道心人心问题上,王守仁实与朱熹大同。所谓异,在王守仁看来,便是以道心与人心为主从关系。其实,朱熹是以道心人心为一个心的两方,对待双方有一方为冲突主要方面,有一方面为次要方面,次要方面听命于主要方面,这个论述较之王守仁以道心人心为简单地同一,要细密得多。

(七)明异同 清脉络

这里略举朱王关于心的同处。其他方面的同,将以另文。愚以为,只有既明其异,又明其同,才能把握宋以后哲学思想发展的脉络。也只有这样,才能更深入全面地认识程朱与陆王哲学之间的关系,以使我们的研究更符合其本来的历史面目。

---

① 王守仁:《传习录上》,《王文成公全书》卷一。
② 黎靖德编:《朱子语类》卷七十八。

十、朱熹卜筮之谜的考释[①]

在朱熹思想研究中,曾有一悬案。这既关史实,亦涉及朱熹对宗法社会君主的态度,故有辨明之必要。

(一)悬　案

据《续资治通鉴》记载,南宋宁宗赵扩庆元元年(1195年):

> 初,韩侂胄欲逐汝愚而难其名,京镗曰:"彼宗姓也,诬以谋危社稷,则一网打尽矣!"胄然之,以秘书监李沐有怨于汝愚,引为右正言,使奏汝愚以同姓居相位,将不利于社稷。汝愚出浙江亭待罪,遂以观文殿大学士出知福州。[②]

右丞相赵汝愚被罢出朝。兵部侍郎章颖、国子祭酒李祥、临安知府徐谊、国子博士杨简抗论留汝愚,皆以赵党而被罢斥。太府寺丞吕祖俭上《封事》,为赵汝愚辩解,被贬韶州。朱熹自以蒙累朝知遇之恩,亦撰《封事》,为赵汝愚辩护。据朱熹门人黄干在《朱子行状》中记载:

> 先生自念身虽闲退,常带侍从职名,不敢自嘿,遂草书万言,极言奸邪蔽主之祸,因以明其宪词旨痛,切诸生更谏,以筮决之,遇遁之同人,先生默然退,取谏稿焚之,自号遁翁。[③]

朱熹卜筮,究竟是否是"遇遁之同人",宋元之时,似无异议。朱熹门人李方

---

① 1981年12月,陈荣捷教授以朱熹卜筮之谜相询,是月以此文作答。
② 毕沅编著:《宋纪一百五十四》,《续资治通鉴》卷一百五十四,中华书局1957年版。
③ 黄干:《黄勉斋先生文集》卷八,《丛书集成》初编本。

子(号果斋)作《朱子年谱》,亦同《行状》。王懋竑在《朱子年谱考异》中说:"〔李洪①〕《年谱》遇遁之同人。《行状》同。"②

　　然而,至明武宗朱厚照正德年间,朱熹同邑人戴铣③有鉴于:一、南宋李方子的《朱子年谱》"屡经锾补,颇涉淆舛"④,或"事或逸于时,寖增于后,未有粹其全者"⑤;二、《年谱》只能记载朱熹在世时的事迹,《实纪》则可将其死后历朝的追封等并包无遗。撰《朱子实纪》12卷。在《实纪》中则提出,朱熹卜筮结果,"得遁之家人"。于是,"遇遁之同人"和"得遁之家人"便成为未决之悬案。

　　据戴铣甥汪愈《刻朱子实纪后序》云:《实纪》于"正德丙寅编成,自为序"⑥。"丙寅"即正德元年(1506年)。与此同时代的朝鲜朱子学者李滉(退溪)(1501—1570年)在辑注《朱子行状》中,仍袭"遇遁之同人"说。

　　清代,王懋竑在《朱子年谱》中采戴说,曰:"草《封事》数万言,极陈奸邪蔽主之祸,因以明丞相(指赵汝愚)之冤。子弟诸生更进迭谏,以为必且贾祸,先生不听。蔡元定入谏,请以蓍决之,遇遁之家人。先生默然退,取奏稿焚之,更号遁翁。"⑦但清郑士范以"订白田(王懋竑号)之错",又编集《朱子年谱》,仍沿"遇遁之同人"之说。

　　钱穆教授在《宋明理学概述》采"遇遁之同人"说⑧。日本安冈正笃教授,在《朱子小传》中亦沿此说,云:宰相赵汝愚被流谪之时,朱熹慨然痛论汝愚之冤,门人谏止,因以占筮决之,得遁之同人。即《遁》(☰)初爻由阴变阳而为《同人》(☰),以通于学道同人之运命⑨。

　　鉴于宋以后历代学者各执其说和国内及国外日本、朝鲜等至今仍沿用"遇遁之同人"说,兹予辨正。

---

　　①　李方子把朱熹的言行,按时间先后编成《年谱》三卷,交高安洪友成刊刻,故简称李洪本。

　　②　王懋竑:《朱子年谱考异》卷四,见《朱熹年谱》,中华书局1998年版。

　　③　《明史》卷一百八十八有本传。

　　④　戴铣:《朱子实纪序》,《朱子实纪》卷首,《续修四库全书》本。

　　⑤　戴铣:《朱子实纪序》,《朱子实纪》卷首。

　　⑥　汪愈:《刻朱子实纪后序》,见戴铣:《朱子实纪》卷末。

　　⑦　王懋竑:《朱子年谱》卷四。

　　⑧　钱穆:《宋明理学概述》,台湾中华文化出版社事业委员会1953年版,第115页。

　　⑨　参见《朱子学入门》,《朱子学大系》第一卷,明德出版社昭和四十九年版,第61页。

（二）辨　正

笔者认为,考诸朱熹之著作和其思想之逻辑,应以"得遁之家人"为是。其根据如下:

(一)"遇遁之家人",见之于朱熹的《别集》。在《答刘德修(光祖)》书中曰:

> 病中痊发狂疾,欲舒愤懑,一诉穹苍,既复自疑,因以易筮之,得遁之家人,为遁尾好之占,遂亟焚稿齚舌,然胸中犹勃勃不能已也。①

有疑而卜,卜以决疑,这是合情理的。朱熹自谓"得遁之家人",应为可信。

虽在《与章侍郎(茂献)》书中言及以《周易》筮之,然未明言"遇遁之家人"或"同人",而只云:

> 某自四月初大病至今,中间危急已为纳禄之请,近报未允,前此辞职亦未果决。适间闻有疏其名字,牵连四十余人,以白于上者。如此则非久势,须别有行遣。然数日前尝以《周易》筮之,偶得遁尾之占,见乎著龟者如此,则亦非彼之所能为矣。将安避之哉?②

可见,朱熹只讲"得遁之家人",而无他论。

(二)《遁》(䷠),艮下乾上,天上山下,是朱熹筮得的本卦。朱熹注曰:

> 遁,退避也。为卦二阴浸长,阳当退避,故为遁……但二阴浸长于下,则其势不可以不遁,故其占为君子能遁,则身虽退而道亨;小人则利于守正,不可以浸长之故,而遂侵迫于阳也。③

"遁"为退避之意。《周易·序卦传》曰:"遁者,退也。"对君子来说,则身退而道亨,小人则利于守正。

《家人》(䷤),离下巽上,风上火下,朱熹注曰:

> 家人者,一家之人……外内各得其正,故为家人。利女贞者,欲先

---

①　朱熹:《答刘德修(光祖)》,《朱文公集·别集》卷一。

②　朱熹:《与章侍郎(茂献)》,《朱文公文集·续集》卷五。

③　朱熹:《遁》,《周易本义》卷二。

正乎内也。内正则外无不正矣。①

据《周易·序卦传》曰："伤于外者必反其家,故受之以家人。"《周易·杂卦传》曰："家人,内也。"朱熹于绍熙五年(1194年),以上疏忤韩侂胄被罢回里。次年好友右丞相赵汝愚被罢出朝。对此,朱熹很是愤懑,因而上《封事》,以一诉穹苍。门人怕贾祸,而筮得此卦,就是要退避于家,以正于内,毋先正于外。故焚稿,而更号"遁翁"。

如若为"遇遁之同人"。"同人",离下乾上,天上火下。朱熹注云:

> 同人,与人同也。以离遇乾,火上同于天。……必健而行,故能涉川。为卦内文明而刚健,……占者能如是,则亨而又可涉险。②

《周易·杂卦传》曰："同人,亲也。"又"乾"为天、为君、为父,"离"为火、为日、为甲胄、为兵戈。如是,则与筮者之愿意不符:第一,以"离"遇"乾",火性炎上,离火上升而同于天(乾、君、父),而有上下、君臣相同之嫌。此与朱熹的"君臣父子,定位不易"③,"君尊于上,臣恭于下,尊卑大小,截然不可犯"④的思想相违戾;亦与焚已撰就之《封事》不上《封事》,以替赵汝愚辩护之意不合。第二,"离"既为甲胄、为兵戈,离火上同于天,则有以兵戈、甲胄与乾(君、天)相抗之意,此恐非朱熹之原意。第三,"同人",为卦内文明而外刚健,亨而可涉险。既然外刚健,又可涉险,则应上《封事》,而为赵汝愚辩解。然朱熹占筮后,默然退,取奏稿焚之,显然与"同人"卦义相违。若为"同人",则朱熹无须焚稿而更号为"遁翁"矣。

(三)从《左传》、《国语》的占法来看,有一爻变,如《左传》庄公二十二年记载:周史以《周易》见陈侯,陈侯使筮之,遇《观》(䷓)之《否》(䷋),六四阴爻变阳爻。闵公元年毕万筮,遇《屯》(䷂)之《比》(䷇),初九阳爻变阴爻。有数爻变,如《国语》晋成公筮,遇《乾》(䷀)之《否》(䷋),初九、九二、九三阳爻变为阴爻。朱熹筮得"遇遁之家人"。"遁"为初得之卦,为本卦;"家人"为所变之卦,为之卦。由《遁》(䷠)变为《家人》(䷤),即初爻由阴变阳,第四爻由阳变阴,属于数爻而变者。"遁"初六爻辞为:"遁尾,厉,勿用有攸往。"朱熹注曰:

---

① 朱熹:《家人》,《周易本义》卷二。
② 朱熹:《同人》,《周易本义》卷一。
③ 朱熹:《甲寅行宫便殿奏札》,《朱文公文集》卷十四。
④ 黎靖德编:《朱子语类》卷六十八。

遁而在后,尾之象,危之道也。占者不可以有所往,但晦处静俟,可免灾耳。①

此爻为"危之道",占筮者不可有所往。如果晦处静待,可以免灾。"遁"九四爻辞为:"好遁,君子吉,小人否。"朱熹注曰:

下应初六,而乾体刚健,有所好而能绝之以遁之象也。唯自克之,君子能之,而小人不能。故占者君子则吉,而小人否也。②

虽乾体刚健,若能自己克服,君子则吉利。"遁"初六为"遁尾",九四为"好遁",故朱熹在《答刘德修》书中称之"为遁尾好遁之占"。

然而,如何"晦处静俟"、"唯自克之"?则"家人"卦有所解答。"家人"初九爻辞曰:"闲有家,悔亡。"《说文》:"闲,阑也。从门,中有木。"盖闭门而以木拒之之意。初九是说,静俟在家,可免灾耳。"家人"六四爻辞曰:"富家,大吉。"朱熹注曰:"阳主义(即'遁'之九四爻辞为阳),阴主利。以阴居阴而在上位,能富其家者也。"③故在家对君子是吉利的。如果是《遁》(☲)之《同人》(☲),则只"遁"之初爻由阴变阳,则如王懋竑所说,"则止占遁尾矣"④,与朱熹《答刘德修》书"为遁尾好遁之占"不符。黄干之《朱子行状》和李方子之《朱子年谱》可能是传闻之误,或锓补之讹。

(四)若以朱熹《与章侍郎》书云"偶得遁尾之占",为《遁》(☲)之初爻由阴变阳为《同人》(☲),则自没有解决如朱熹注所说的如何"晦处静俟"的问题,故他接着曰:"将安避之哉?""安",在这里为疑问代词,如"沛公安在?"⑤"安能摧眉折腰事权贵"⑥以决疑,则朱熹的"自疑"在这里并未决。既未决,也便不会"遂呕焚稿蜡舌"而更号遁翁了。

上述,从朱熹自己之著作和思想之逻辑,可证明其卜筮之谜为"遁之家人",而非"遁之同人",后者可能系传闻之误。于理当否,请识者教正。

---

① 朱熹:《遁》,《周易本义》卷二。
② 朱熹:《遁》,《周易本义》卷二。
③ 朱熹:《家人》,《周易本义》卷二。
④ 王懋竑:《朱子年谱考异》卷四。
⑤ 司马迁:《项羽本纪》,《史记》卷七。
⑥ 李白:《梦游天姥吟留别》。

下　篇
朱子与退溪思想之比较

十一、李退溪哲学逻辑结构探析

——朱熹与李退溪哲学逻辑结构的异同

李退溪(1501—1570 年)为李朝朱子学之大家。他继承和发展了朱熹哲学思想,而构成了博大的哲学逻辑结构系统。他的哲学逻辑结构系统的最高范畴是"理",或谓之"太极"、"道",其核心范畴是"理"与"气"。"理"既是最一般的规定,又是最具体的展现。它是其逻辑结构的起点:由于"理"、"太极""道"的动静流行,便从"天道"(圆)到"地道"(方),包括"人道"。在这个流行过程中,形成了三个层次:"理"、"太极"、"道",属于"理本"范畴,作为宇宙本体的第一层次。"气"、"阴阳"、"五行",属于气化范畴,作为宇宙化生的第二层次。第一、第二两层次构成了"天道"(圆)范畴系统。"四端"与"七情"、"道心"与"人心"、"善"与"恶",属于"地道",可称为"人道"范畴,是作为人对宇宙本体和化生过程的体认的第三层次。合此三个层次,便构成"天"——"地"即"天"——"人"合一的逻辑结构系统,这便具体体现在《天命新(旧)图》①中。这三个层次的排列,并非单纯逻辑的推衍,而是天人合一的宇宙的一体性和"理"与"气"相需相资、不杂不离的关系所决定的。退溪天人合一的整体逻辑结构及其诸范畴间的内在逻辑联系,是需要深入探讨分析的。

(一)"理"、"气"、"五行"的逻辑范畴体系

李退溪哲学逻辑结构系统,是从"理"、"太极"、"道"开始的,并按逻辑

---

① 参见李滉:《天命图说后·附图》,《陶山全书》(三),韩国精神文化研究院 1980 年版,第 235—236 页。

顺序而展开层层论述。

1. "理"的规定和演化

退溪对"理"的规定,是通过"太极"、"道"以及"理"与"气"、"太极"与"阴阳"、"道"与"器"的关系的论证来表述的。在退溪的哲学逻辑结构中,"理"与"太极"、"道"是属于同一层次的范畴。他说:

> 理,太极也。太极中本无物事。初岂有四德之可名乎,但以流行后观之,则必有其始,有始则必有其通,有通则必有其遂,有遂则必有其成,……是以合而言之,则一理而已,分而言之,则有此四个理。①

"太极"便是"理",但不能无流行,有流行必有四德。合而一理,分为四理。"太极"又可谓"众理之总会"或称之"太极之理"②。

"道"与"器"为对待范畴,犹如"理"与"气"之对待。他说:"道器之分,即理气之分,故引以为证。"③"理"与"道"相当,"气"与"器"相对应。

"理"、"太极"、"道"均属于"天道"范畴,因而"天"亦是"理"。他说:

> 天即理也,而其德有四,曰元亨利贞是也(四者之实曰诚)。盖元者始之理,亨者通之理,利者遂之理,贞者成之理,而其所以循环不息者,莫非真实无妄之妙,乃所谓诚也。④

元、亨、利、贞具四理,即为"天"之四德,亦为"理"的四德。"理"、"太极"、"道"虽属同一层次,其性质与地位在退溪哲学逻辑结构中基本相当,但在论述过程中亦有细微区别。

"理"在退溪哲学逻辑结构中,有多层次的含义:第一,"理"具世界万物本原的特性,即为自然界和社会的"原头本然处"⑤;第二,"理"是形而上的超时空的观念;第三,"理"是社会伦理道德的准则;第四,理具有事物相对

---

① 李滉:《天命图说》,《陶山全书》(三),第 600 页。据赵穆士东嘉靖三十七年(1558年)记载,《天命图说》是退溪先生在"癸丑(嘉靖三十二年,1553 年)年间,先生在都下与郑公参订完就,而其精妙处,悉自先生发之也。乙卯(嘉靖三十四年 1555 年)春甫归,而精思修改处颇多。故与初本甚有同异"。
② 李滉:《金道盛太极图说讲录》,《陶山全书》(四),第 393 页。
③ 李滉:《非理气为一物辩证》,《陶山全书》(三),第 241 页。
④ 李滉:《天命图说》,《陶山全书》(三),第 600 页。
⑤ 李滉:《答奇明彦(论四端七情第一书)》,《陶山全书》(二),第 21 页。

稳定的必然联系,即法则的意思。就此四点而言,则与朱熹有相似之处,然亦有相异的地方,其重要之别就在于朱熹认为:

> 盖气则能凝结造作,理却无情意、无计度、无造作。只此气凝聚处,理便在其中。①

在这里"理"虽避免了有意志、能赏善罚恶、能造作的品性,但又要保持"理"为天地万物之所以然的地位。既"无造作",又为万物的所以然者,这便是一个矛盾,李退溪看到了这个矛盾,而试图予以解决。他说:

> 是知无情意、造作者,此理本然之体也;其随寓发见而无不到者,此理至神之用也。向也但有见于本体之无为,而不知妙用之能显行。殆若认理为死物,其去道不亦远甚矣乎?②

如果以"理"为无情意、无计度、无造作,便把"理"看作死物,这是与道不合的。他以"体用"这个虚性范畴来说明"理"的本然与"理"的至神之间的关系。从本然之体来看,"理"是无情意、无造作;从至神之用看,理随处发见,无所不到。正由于"理"具有体与用的两重性格,似解决了理为死物的误解。

因此,退溪明确以"理"有动静。当李公浩问目:"太极动而生阳,静而生阴。朱子曰:理无情意,无造作。既无情意造作,则恐不能生阴阳。"退溪回答说:

> 理有动静,故气有动静。若理无动静,气何自而有动静乎? 知此则无此疑矣。盖无情意云云,本然之体能发能生至妙之用也。③

若以"气"有动静,"理"无动静,则"气"之动静自何来? 作为本然之体的"理"能发能生至妙(神)之用。如果说朱熹的"理"假借"气"而造作万物,理搭于气而行,而带来"太极"、"动静"的体用关系犹如"理之流行"的体用关系一样自相矛盾④,因而朱熹修正说"熹向以太极为体,动静为用,其言固有病,后已改之曰'太极者本然之妙也,动静者所乘之机也'"⑤,但亦并未解决既无情意,又为万物之宰之间矛盾的话;那么,退溪则把体用与"本然

---

① 黎靖德编:《朱子语类》卷一。
② 李滉:《答奇明彦·别纸》,《陶山全书》(二),第114页。
③ 李滉:《答李公浩·问目》,《陶山全书》(三),第185页。
④ 参见张立文:《朱熹思想研究》,中国社会科学出版社1981年版,第280—286页。
⑤ 朱熹:《答杨子直》,《朱文公文集》卷四十五。

之妙"与"所乘之机"结合起来,并改为"本然之体"与"至神之用"的关系,这便较朱熹所说完善一些。

但这并不是说体用并列,"理气"无别,而是动静与所以动静的关系。他说:"动静者,气也;所以动静者,理也。圣人纯于理,故静以御动。"①"理气"之分,在此为动静与所以动静者之异。

"理"既有动静,便无须乘"气"而动静,亦不需要以"气"为中介,作为沟通"理"与"物"之间的津梁,为"理"之造作生物开辟了路径。但"理"亦非直接生物,而需要经过多层次的演化,而后才有世界万物。

2."太极"的规定和演化

"太极"在退溪哲学逻辑结构系统中,与理虽属同一层次,但说法有异,这种同一层次的不同侧面的论述,就使退溪哲学逻辑结构更为丰富具体。他在《太极图》的注中说:

> ○此所谓无极而太极也,即阴阳而指其本体,不杂乎阴阳而为言耳。◎此○之动,而阳静而阴也。中○者其本体也。⋯⋯各一其性而男女一太极也。○万物化生,以形化者言也,各一其性而万物一太极也。②

以《太极图》最上的○为无极而太极,下一图为阴阳,则太极为一,分而为二,那么,"无极而太极"便是"道生一"的理路,阴阳便是一生二的层次。

因此,李退溪把《太极图》分为五个演化的层次,"太极"、"二"(阴阳)、五(五行)为三层,气化形化又为二层。"五行一阴阳也,阴阳一太极也,而二之化即一之为也,故浑沦言之只一而已矣。"③这便是上三层即天道范畴的回归。

所谓"无极而太极",并非"上极是形状,下极是至理",以"极有二义,恐失周、朱两先生本意"④。它亦非"无穷之极"。"无极而太极,前后书来说

① 李滉:《静斋记》,《陶山全书》(三),第268页。
② 李滉:《进圣学十图札(并图)》,《陶山全书》(一),第191页。
③ 李滉:《天命图说后叙》,《陶山全书》(三),第232页。
④ 李滉:《答李公浩·问目》,《陶山全书》(三),第185页。

皆得之,或人所谓无穷极之说,朱子已尝非之,今何可便袭其谬耶?"①那么,极是什么?他回答说:

> 极之为义,非但极至之谓,须兼标准之义,中立而四方之所取正者看,方恰尽无遗意耳。②

"标准之义",就是指《太极图》"以正义为体(属阴静),以中仁为用(属阳动)";但亦有以"中仁为体,以正义为用"。这便是说,极就是指"中正仁义","相为体用,而不相妨也"③。是否符合中仁正义,便是极之标准。

"太极"还具有动静的特性。他说:"维天之命,於穆不已,天之流行无息,上所以说命字者,与太极之有动静是天命之流行同意。"④太极之有动静,那是推天地运化之原则。在退溪看来,《太极图》便是所揭示的《天命图》,两者相合。故太极动静就是天命流行。他说:

> 太极之有动静,是天命之流行也。信斯言也。为天命之图,当始于太极,而今乃始于妙合而凝,何哉?从人物既生后推而上之,至于妙凝处已为极致,故以是当图之上而为天命之际,接其自五行阴阳以上则固具于天圆一图,而太极之无声无臭,又不待摹写而亘於穆不已于其中矣。⑤

动静相依不离,相资为用。"动之不能无静,犹静之不能无动也。静之不能无养,犹动之不可不察也。但见得一动一静,互为其根,不容间断之意,则虽下静字元非死物,至静之中自有动之端焉。"⑥动中有静,静中有动,互相渗透,相互包含。他认为静是运动的一种特殊形态,而非不动的死物,至静之中自身蕴含着动之端。由于退溪承认运动是事物自身固有的属性,便排斥从事物以外推动事物运动的力量。他说:

> 太极之有动静,太极自动静也;天命之流行,天命自流行也,岂复有使之者欤?⑦

"太极"之动静,天命之流行,都是其自身固有的属性,并无神灵、外物的

---

① 李滉:《答南张甫》,《陶山全书》(一),第394页。
② 李滉:《答南张甫》,《陶山全书》(一),第394页。
③ 李滉:《答李宏仲问目》,《陶山全书》(三),第86页。
④ 李滉:《答李宏仲·别纸》,《陶山全书》(三),第77页。
⑤ 李滉:《天命图说后叙》,《陶山全书》(三),第233页。
⑥ 李滉:《静斋记》,《陶山全书》(三),第269页。
⑦ 李滉:《答李达李天机》,《陶山全书》(一),第376页。

主使。

退溪对"理"和"太极"自身能动性的规定,是有价值的。由于规定了"太极"、"理"自身的能动性,便解决了这样的诘难:"遂谓理之乘气,犹人之乘马,马之一出一入,而人亦与之一出一入,以喻气之一动一静,而理亦与之一动一静。若然,则人为死人,而不足为万物之灵;理为死理,而不足以为万物之原。理何足尚,而人何足贵哉?"①死人骑活马,死理乘活气的矛盾,即将"太极"与"阴阳"、"理"与"气"互相割裂的弊病,此其一。其二,"理"、"太极"的自动,不仅排除了主宰者,而且使"理"、"太极"在其自身的演化过程中,减少了许多中间环节。它是对佛教神灵的否定。这使它在整个理学思潮中,具有独特的风格和旨趣。

"理"和"太极"作为宇宙本体范畴,还需要有气化范畴的相资,才能推演出自然、社会。亦只有从"理"与"气"、"太极"与"阴阳"的关系中,才能体认其哲学逻辑结构系统的组合途径和方式。

3. "气"的规定及其与"理"的关系

"气"一般指阴阳二气,它是《太极图》中的阴阳图。如果说"理字难知",只有"穷究众理到得十分透彻,洞见得此个物事至虚而至实、至无而至有"②处,才能知"理"的话,那么,"气"则有形迹,亦可知。"气以成形之后,却是气为之田地材具,故凡发用应接率多气为用事。"③气又为成形的质料,如人物所禀之形,均是天地之气。在退溪的哲学逻辑结构里,"气"既是宇宙的化成物的质料,又是伦理道德方面的气禀或气质之性。

从作为宇宙化成物的"气"来说,亦可称为五行。"气者,五行是也。"④从作为伦理道德方面的"气"来看,则是:"而其气也,有阴有阳,则其气质之间,亦岂无清浊粹驳之可言乎? 是以人之生也,禀气于天,而天之气有清有

---

① 黄宗羲:《诸儒学案上二·学正曹月川先生端》,《明儒学案》卷四十四,《国学基本丛书》本。朱熹所说:"太极犹人,动静犹马,马所以载人,人所以乘马,马之一出一入,人亦与之一出一入,盖一动一静,而太极之妙,未尝不在焉。"(黎靖德编:《朱子语类》卷九十四)

② 李滉:《答奇明彦(论四端七情第二书)·别纸》,《陶山全书》(二),第54页。

③ 李滉:《答李达李天机》,《陶山全书》(一),第377页。

④ 李滉:《天命图说》,《陶山全书》(三),第600页。

浊;禀质于地,而地之质有粹有驳。"①"气"的这两方面含义,使它具有通贯天——人关系的性格。

在退溪哲学逻辑结构中,"气"虽然有独立的品格,但它不能离"理"而单独存在,它与"理"构成了既对待而又统一的关系。就"理"与"气"的对待而言,他反对把"理"与"气"看成无差别的一物,而没有分别。"是则遂以理气为一物,而无所别矣。近世罗整庵倡为理气非异物之说,至以朱子说为非是。"②对此,退溪曾作《非理气为一物辩证》,指出:"今按孔子、周子明言阴阳是太极所生,若曰理气本一物,则太极即是两仪,安有能生者乎?"③又说:"朱子平日论理气许多说话,皆未尝有二者为一物之云,至于此书则直谓之理气决是二物。"④"理"与"气"非一而为二,即"理气"为相互对待。他认为,罗钦顺以"理气"为一物之弊的原因,便在于:"大抵整庵于道非不窥一斑,只是于大源头处错认了,其余小小议论,虽多有合理处,皆不足贵。"⑤以"理"与"气"关系为"大源头",从其哲学逻辑结构来看,即是指本体范畴或本原而言。由此误入,即产生许多谬误:"既以理气为一物,则似亦当以道器为一物矣。"⑥正由于退溪坚持"理气"分二非一,所以,"理气"在宇宙演化过程中的地位和作用都是不同的。他说:

> 理为气之帅,气为理之卒,以遂天地之功。⑦

"理气"对待关系,便是帅与卒的关系。在这里,似有"理"为主导、为统帅,气为非主导、为兵卒的分别。这种关系虽是在论述"理气"对待统一过程中提出的,但也应引起重视,以免"理气"为一物之病。此其一。其二,"理"与"气"是然和所以然的关系。譬如当侨侄以"鸢飞鱼跃"为问时,退溪回答说:

> 其飞其跃固是气也,而所以飞,所以跃者,乃是理也。⑧

---

① 李滉:《天命图说》,《陶山全书》(三),第603页。
② 李滉:《答奇明彦(论四端七情第一书)》,《陶山全书》(二),第22页。
③ 李滉:《非理气为一物辩证》,《陶山全书》(三),第241页。
④ 李滉:《非理气为一物辩证》,《陶山全书》(三),第241页。"此书"指朱子《答刘叔文》书。
⑤ 李滉:《重答奇明彦·别纸》,《陶山全书》(二),第82页。
⑥ 李滉:《重答奇明彦·别纸》,《陶山全书》(二),第83页。
⑦ 李滉:《天命图说》,《陶山全书》(三),第600页。
⑧ 李滉:《答侨侄问目(中庸)》,《陶山全书》(三),第209页。

飞和跃是"气"的运动或发,其所以飞跃,那由于"理"的使然。又譬如动静,动静为"气",所以动静为"理"。"理"与"气"有帅与卒、然与所以然之别,由此可见其为一对对待范畴。

就"理"与"气"范畴的统一而言,"理"与"气"相依不离:"天地之间,有理有气,才有理便有气朕焉;才有气便有理在焉。"①"理气"对待双方各以其对待方面为自己存在的条件,无理就无所谓气,无气亦无所谓理。因而,"天下无无理之气,无无气之理。"②既相依不离,故"气"有偏,"理"亦随之而偏。他说:

> 大要死槁土尘亦莫不有其气,有其气便有其理。惟其气各有偏,理之在是物者,亦不能不随而偏。③

"理"与"气"相依不离,是普遍存在的,即使是死槁土尘亦有理与气。此其一。

其二,"理"与"气"相须不分:"故以为未有无理之气,亦未有无气之理。"这便是"理气之相循不离","是则就理气相须之中而浑沦言之也"④。"理"与"气"各以对待方面的存在为依附,失去一方,便不能相互附着。

其三,"理"与"气"相互为体用:"盖理之与气,本相须以为体,相待以为用。固未有无理之气,亦未有无气之理。"⑤"气"以"理"为体,而不离体,与体相分;"理"以"气"为用,而依附于用,与用不杂。以体用关系,明"理气"的统一。

"理"与"气"非为一物而相分,即帅与卒、然与所以然而不杂,为"理气"对待;两者又相依不离,相须不分,互为体用,为"理气"统一。这样便构成了"理"与"气"不杂不离、即离即杂,体用一源,显微无间的关系。这种关系,亦贯通于"太极"与"阴阳"、"道"与"器"之间。他说:

> 凡有貌象形气而盈于六合之内者,皆器也;而其所具之理,即道也。道不离器,以其无形影可指,故谓之形而上也;器不离道,以其有形象可言,故谓之形而下也。太极在阴阳中,而不杂乎阴阳,故云上耳,非谓在

---

① 李滉:《天命图说》,《陶山全书》(三),第600页。
② 李滉:《答李宏仲问目》,《陶山全书》(三),第89页。
③ 李滉:《答李宏仲》,《陶山全书》(三),第80页。
④ 李滉:《答奇明彦(论四端七情第二书)·改本》,《陶山全书》(二),第42页。
⑤ 李滉:《答奇明彦(论四端七情第一书)》,《陶山全书》(二),第215页。

其上也。阴阳不外于太极,而依旧是形气,故云下耳,非谓在其下也。①
"太极"在"阴阳"中,"阴阳"不外"太极",互指渗透,互相包含。"道"不离
"器"、"器"不离"道"。这就是相依不离。同时,亦相分不杂。他说:"然就
造化而看,太极为形而上,阴阳为形而下;就彝伦而看,父子君臣为形而下,
其仁与义为形而上;就日用而看,事物为形而下,所具之理为形而上。盖无
物不有,无处不然,凡形而上皆太极之理,凡形而下皆阴阳之器也。"②就造
化、彝伦、日用三方面而言,"太极"与"阴阳"、"君臣"与"仁义"、"事"与
"理"、"道"与"器"都有形而上、下之分而不相杂。总之,"理气本不相杂,
而亦不相离。不分而言,则混为一物,而不知其不相杂也;不合而言,则判为
二物,而不知其不相离也。"③这种不离不杂、即离即杂,便形成了退溪的辩
证思维。

"理"与"气"的辩证推衍,即是"太极"与"阴阳"的演化过程,便进入
"五行"的化生、凝聚造物的前阶。

4. "五行"的化生凝聚

退溪对"理"、"太极"、"道"及其与"气"、"阴阳"、"器"的内涵、外延和
关系的规定,制约着"五行"范畴的性质和演化进程。"五行"是作为"太
极"("理"、"道")——"阴阳"("气")而后的一层次的范畴,而又是相联系
的范畴。他说:

> 所谓理者,四德是也;所谓气者,五行是也。而其于流行之际,元为
> 始物之理,则木之气承之以生;亨为通物之理,则火之气承之以长;利为
> 遂物之理,则金之气承之以收;贞为成物之理,则水之气承之以藏(土
> 则俱旺四季)。此天之所以具四德五行而成其道者也。④

"理"与"气"在其流行过程中,便有元、亨、利、贞的始物、通物、遂物、成物之
理,"五行"中的木、火、金、水承之而有生、长、收、藏,构成了世界万物从生

① 李滉:《答李宏仲》,《陶山全书》(三),第79页。
② 李滉:《答李宏仲》,《陶山全书》(三),第79页。
③ 李滉:《言行录》卷四,《增补退溪全书》(四),成均馆大学校大东文化研究院本,第218页。
④ 李滉:《天命图说》,《陶山全书》(三),第600—601页。

长到收藏的整个过程和规律。这个化生万物的演化过程,退溪曾做了描述:"以生出言,水阳穉,木阳盛,火阴穉,金阴盛也;以运行言,木阳穉,火阳盛,金阴穉,水阴盛,各有一义。今图解所指似是生出之妙。"①正因为世界万物由"五行"所具体构成,因此,五行普遍地存在于世界万物之中。

就自然界的现象而言,各具"五行"。"阴阳各具五行,如春夏属阳而逐月有许多五行,秋冬属阴而逐月有许多五行,其月之于日,日之于时亦然。以此推之,各具之义。可见,若五行之生,各具阴阳。"②春夏秋冬,年、月、日,都各具五行;五行之生,又各具阴阳。五行、阴阳层层推演。

就人与物而言,亦各具"五行"。"五行各一其性,然一物又各具五行之理,然则举一物皆具此五者,况人乎!盖无此五者,做人物不成故也。"③每一人或物,都具有五行,否则便不能构成具体的人和物。他举例说:"比如铸金成鼎,虽尽是金,然必须以土和水作范,以木炽火镕金,而后可以成鼎。则金器之成,自具五者之用。可见,五金做人亦犹是也。"④任何一人一物,皆具五行,由是推而世界万物亦然。

由"理"("太极"、"道")——"气"("阴阳")——"五行"——"人物",构成了宇宙本体化生的逻辑次序或联系层次,而人物各具一五行,五行一阴阳,阴阳一太极,又构成了"人物"——"五行"——"阴阳"——"太极"的回归的逻辑顺序,这便构筑了李退溪"天道"(图)范畴的逻辑结构系统。这个结构系统属于宇宙自然范围,即客体阶段,而未进入主体阶段。

(二)"四七"、"心"、"善恶"的
逻辑范畴演变

"天道"(圆)范畴逻辑结构的进一步演变,便从客体推向主体逻辑阶段,即由存在进入思维或由自然存在跨进社会意识。如果说在"太极"

① 李滉:《李公浩·问目》,《陶山全书》(三),第186页。
② 李滉:《答金景仁问目》,《陶山全书》(四),第72页。
③ 李滉:《答金景仁问目》,《陶山全书》(四),第73页。
④ 李滉:《答金景仁问目》,《陶山全书》(四),第73页。

(理)——"阴阳"(气)——"五行"的演变过程中,"动静"、对待统一和"体用"范畴成为其中间的过渡环节的话,那么,在"四七"、"道心人心"、"善恶"的演变过程中,"同异"、"相须互发"等范畴成为其中间的过渡环节。

1."四端七情"之辩

依据"天人合一"的逻辑思路,退溪把人看作"地道"(方)即社会的主体。由于"理妙气凝"而成"人形",因此"理气"的"妙凝"作用,便决定人性、"道心人心"以及"善恶"的本质特性。

"四端七情"问题其实质是"性"与"情"的关系问题。退溪在《天命新图》中主张:"四端理之发,七情气之发。"①在《圣学十图》的《第六心统性情图》中又主张:"四端,理发而气随之;七情,气发而理乘之。"②后者主张较前者更能体现理气之间的相须互发的关系。这种改变是在与奇明彦"四端七情"之辩中,不断完善起来的。

人类社会以人为主体,"人为天地之秀子而为阳,……物为天地之偏塞子而为阴。"③因此在"性"的问题上,便有"人性"与"物性"之别。他说:

> 凡物之受此理气者,其性则无间而其气则不能无偏正之殊矣。是故人物之生也,其得阴阳之正气者为人,得阴阳之偏气者为物。人既得阴阳之正气,则其气质之通且明可知也;物既得阴阳之偏气,则其气质之塞且暗可知也。然就人物而观之,则人为正,物为偏。就禽兽草木而观之,则禽兽为偏中之正,草木为偏中之偏。……其性之所以或通或塞者,乃因气有正偏之殊也,其形之所以或白或黑者,乃示气有明暗之异也。④

人性与物性之异在于:人得阴阳之正气,物得阴阳之偏气。正偏之分,便是"通"与"塞"、"明"与"暗"之别。正气之中,又有清浊粹驳之异,禀得清且粹之气者为"上智"之人,"自与天合";禀得清而驳浊而粹者为"中人","与

① 李滉:《天命图说后叙》,《陶山全书》(三),第236页。
② 李滉:《进圣学十图札(并图)》,《陶山全书》(一),第197页。
③ 李滉:《天命图说注》,《陶山全书》(三),第602页。
④ 李滉:《天命图说注》,《陶山全书》(三),第602页。

天有合有违";禀得其浊且驳者为"下愚","远与天违"①。天人合一,合之又有异。有违亦需改变气质,使之与天相合而不违。

明此人性、物性之别和"上智、中人、下愚三等之殊"②,便可进而论"四端七情"之关系。

其一,就四端七情之所从来讲,两者是同中有异,异中有同的关系。他说:

> 就同中而知其有异,就异中而见其有同。……昔者孔子有继善成性之论,周子有无极太极之说。此皆就理气相循之中剔拨而独言理也。孔子言相近相远之性,孟子言耳目口鼻之性,此皆就理气相成之中偏指而独言气也。斯四者岂非就同中而知其有异乎?③

"理气"相循相成,便成四端七情,但由于侧重点和角度的不同,有独言理,如《系辞传》"一阴一阳之谓道,继之者善也,成之者性也"和"无极而太极"的说法等;有独言气,如孔子的性相近,习相远和孟子的耳、目、口、鼻之性等。这便是同中知异,从四端之同中而知异。

所谓异中之同,他说:"子思之论中和,言喜怒哀乐而不及于四端;程子之论好学,言喜、怒、哀、惧、爱、恶、欲而亦不言四端。是则就理气相须之中而浑沦言之也,斯二者岂非就异中而见其有同乎!"④子思论中和及程颐《颜子所好何学论》,虽讲七情而不言四端,但就"理气"相须浑沦合一而言,那是异中见同。

四端与七情既有同,又有异。"滉意以谓就异中而见其有同,故二者固多浑沦言之;就同中而知其有异,则二者所就而言,本自有主理主气之不同,分属何不可之有斯理也。"⑤"同异"范畴,既说明"理"与"气"同中有异,异中有同,即同即异,非同非异;由"理气"之所从来的四端七情亦同中有异,异中有同,即同即异,非同非异。这种同异的比较研究,不仅为把握"四端七情"的特性提供了思维方法,而且为深入认识"四端七情"的本旨提供了

---

① 李滉:《天命图说注》,《陶山全书》(三),第603页。
② 李滉:《天命图说注》,《陶山全书》(三),第603页。
③ 李滉:《答奇明彦(论四端七情第一书)》,《陶山全书》(二),第22页。按《改本》"偏指"改为"兼指"、"独言气"改"主言气"。
④ 李滉:《答奇明彦(论四端七情第一书)》,《陶山全书》(二),第22页。
⑤ 李滉:《答奇明彦(论四端七情第二书)》,《陶山全书》(二),第46页。

逻辑路径。

其二,从四端七情之所形成说,两者相须互发。他说:

> 尽人之一身,理与气合而生,故二者互有发用,而其发又相须也。
> 互发则各有所主可知,相须则互在其中可知。①

"理气"合而生人,两者相须互发,既各有所主,而又互在其中,即既相分而又相渗透。由理气之互发相须。便推至"四端七情"的互发相须。他说:"大抵有理发而气随之者,则可主理而言耳,非谓理外于气,四端是也;有气发而理乘之者,则可主气而言耳,非谓气外于理,七情是也。"②"理"发,"理"为主而"气"随之;"气"发,"气"为主而"理"乘之。四端七情,既没有理外于气,亦没有气外于理,"理气"相互包含,"四端七情"亦相互包含。

"四端七情"既互发相须,便缺一不可。他说:

> 四端理发而气随之,七情气发而理乘之。理而无气之随,则做出来不成;气而无理之乘,则陷利欲而为禽兽。③

"理而无气"、"气而无理"都是一种片面性,或做不成,或陷利欲,因此"四端七情"便是"理气"互发相须的结果。

总四端七情的关系,便是"分而为二而不害其未尝离,合而为一而实归于不相杂,乃为周悉而无偏也"④。一分二,同而异;二合一,异而同;分二而不离,合一而不杂;不离不杂,即离即杂。这是辩证无偏的思维。如果说朱熹已具一分二、二合一或一而二、二而一的光辉思想,但于同中知异、异中见同则无甚论述的话,那么,退溪的同与异的辩证比较思维方法便是对朱熹"一两"辩证思维的深入发展,具有重要的意义。

2. "道心"与"人心"的规定

与四端七情相联系,便是"道心"、"人心"范畴。他说:"人心为七情,道

---

① 李滉:《答奇明彦(论四端七情第二书)》,《陶山全书》(二),第46页。
② 李滉:《答奇明彦(论四端七情第二书)》,《陶山全书》(二),第49页。
③ 李滉:《答李宏仲问目》,《陶山全书》(三),第89页。
④ 李滉:《答奇明彦(论四端七情第一书)》,《陶山全书》(二),第22页。

心为四端。"①"人心，七情是也。道心，四端是也。非有两个道理也。"②以"道心"、"人心"来规定"四端七情"，便使"四端七情"之内涵更为具体，这显然是深一层次的展开。然之所以能以"道心人心"规定"四端七情"，是因为"四端之发，孟子既谓之心，则心固理气之合也"。虽然四端主于理，但"仁义礼智之性，粹然在中而四者其端绪也"③。又说："夫理与气合而有心之名，图之气圈气也，其中之虚白理也，只此一团合而命之曰心。"④"心"既是"理气"之合，而有"道心"与"人心"之分，这亦是一分二、二合一的理路。"四端七情"为"理气"之相须互发，两者之所从来，都是"理"与"气"，故以"道心人心"规定"四端七情"。

所谓"道心"、"人心"，退溪在回答侨侄"人心又曰人欲，所谓人心人欲同乎异乎孰为先后"之问时说：

> 人心者人欲之本，人欲者人心之流。夫生于形气之心，圣人亦不能无，故只可谓人心而未遽为人欲也。然而人欲之作，实由于此，故曰人欲之本。陷于物欲之心……乃名为人欲，而变称于人心也。是知人心之初本不如此，故曰人心之流。此则人心先而人欲后，一正一邪，不可以轻重言也⑤。

"人心"与"人欲"有异，而不等同，两者是本与流的关系。这是由于人心陷溺于物欲的结果，是人心的变称，"人心"是本，"人欲"为流。退溪的观点，是对于朱熹的发展。程颐主张："人心私欲，故危殆。道心天理，故精微。灭私欲则天理明矣。"⑥对此朱熹曾做了两点修正：其一，"人心"不完全是人欲，两者不能等同，因人心有善有恶，圣人亦具有"人心"，"人欲"则是恶的，是圣贤所不具的；其二，"人欲"又不尽同于"欲"，两者不能混淆。"欲"在朱熹逻辑结构系统中是指人们对于物质生活的正常要求和欲望。因此，朱熹反对佛教笼统地"禁欲"、"无欲"，反对"释氏欲驱除物累，至不分善恶，皆欲扫尽"⑦。所以，他把人们对日常饮食的要求，说成是"天理"。"饮食

---

① 李滉：《答李平叔》，《陶山全书》（三），第229页。

② 李滉：《答李宏仲问目》，《陶山全书》（三），第89页。

③ 李滉：《答奇明彦（论四端七情第一书）》，《陶山全书》（二），第21页。

④ 李滉：《答申启叔沃·别纸》，《陶山全书》（三），第164页。

⑤ 李滉：《答侨侄问目（中庸）》，《陶山全书》（三），第207页。

⑥ 程颢、程颐：《二程遗书》卷二十四。

⑦ 黎靖德编：《朱子语类》卷一百二十六。

者,天理也;要求美味,人欲也。"①朱熹对程颐的修正,退溪是看到了的。他在总结朱熹思想转变的脉络时说:

> 人心为私欲,程门只作如此看。朱子初间亦从之,其说见于大全书《答何叔京》等书者可考。其以为非私欲乃晚年定论。②

鉴于此,退溪规定"人心"为本,"人欲"为流。"人心之中理中节为好底,反是为不好底。能精能一则不畔于道心,不流于人欲矣。程子谓人心为人欲,朱子晚觉其说犹有未尽,故不得不改从今说。"③"人心"有好的、有恶的,中理中节的"人心"不违于"道心",不流于"人欲",便为好的,否则就是不好的。

"人心"既有好的、恶的,便相似于气质。人禀天之气,禀地之质。气之造化流行,便有清浊粹驳之分。"盖造化流行,其气元自有清浊粹驳。如这一朵花或早发,或晚发,或十分好艳,或小色,或大或小,其分不齐。气有不齐,如这花。"④"人心"也有好的、不好的之分。

"人心"好的方面与"道心"相符,不好的陷溺于"人欲",又与气质相似,这是对"人心"的规定。

所谓"道心",即是义理之心。退溪说:"义理精微难见一条,尝考《语类》,非有误也。盖于此答道心惟微之问,而欲说义理精微处以晓之。……又以见禽兽知饥食渴饮而不知利害,众人知利害而不知义理,惟君子存其所以异于禽兽者,故能知义理之精微,其大义不过如此。"⑤"道心"是既异于禽兽而不知利害,又别于众人知利害而不知义理,只有君子知利害、知义理,而具有"道心"。

"道心"是与"四端"相联系。"若夫道心之与四端,虽与人心七情之说不同,然道心以心言,贯始终而通有无,四端以端言,就发见而指端绪,亦不能无少异。"⑥尽管"道心"和"四端"有异,但基本相符合。

"道心"是"存天理"之事。他说:"遏人欲事,当属人心一边;存天理事,

---

① 黎靖德编:《朱子语类》卷十三。
② 李滉:《答赵士敬·别纸》,《陶山全书》(二),第265页。
③ 李滉:《答李宏仲问目》,《陶山全书》(三),第97页。
④ 李滉:《金道盛太极图说讲录》,《陶山全书》(四),第392页。
⑤ 李滉:《答赵士敬·别纸》,《陶山全书》(四),第265页。
⑥ 李滉:《答李平叔》,《陶山全书》(三),第139—140页。

当属道心一边可也。"①"道心"与"人心"的功能之异,便是"存天理,遏人欲"之事。

"道心人心"之关系,实是四端七情,天地之性与气质之性的相分不离、相合不杂的意味。

3."善"与"恶"的逻辑归结

沿着理气、四端七情的逻辑演化,而推出性情善恶问题。他说:

> 朱子所谓虽在气中,气自气,性自性,不相夹杂之性是也。其言性既如此,故其发而为情,亦以理气之相须或相害处言。如四端之情,理发而气随之,自纯善无恶;必理发未遂,而掩于气,然后流为不善。七者之情,气发而理乘之,亦无有不善;若气发不中,而灭其理,则放而为恶也。②

"理"发而"气"随之的"四端之情",是纯善无恶的。"气"发而"理"乘之的"七情",是有善有恶的。虽"理"发而"气"随之是纯善的,但由于"理"发未遂而掩于"气",也会流变为不善,不过这是一种特殊的情况。然于理论上说,只能讲:"纯理故无不善,兼气故有善恶,此言本非舛理也。知者就同而知异,亦能因异而知同。"③就同知异,因异知同,以同异的辩证思维方法,便可知理发、气发的善恶之别。

但是,理发未遂虽为一种特殊情况,而总会有这种情况。退溪解释说:"四端既发固不免于或失其正,然孟子只就其发见正当处言之,今不可以流于不善者杂而为说,或说必以恶亦不可不谓之性。"④尽管有或失其正的情况,然孟子是从正当处说的。因此,不可以流于不善混在一起说。就"气"来说,总是有不善的。他说:

> 湛一气之本,当此时未可谓之恶,然气何能纯善,惟是气未用事时,理为主,故纯善耳。⑤

---

① 李滉:《答李平叔》,《陶山全书》(三),第140页。
② 李滉:《进圣学十图札》,《陶山全书》(一),第198页。
③ 李滉:《答奇明彦(论四端七情第二书)》,《陶山全书》(二),第48页。
④ 李滉:《答李公浩问目》,《陶山全书》(三),第187页。
⑤ 李滉:《答李公浩问目》,《陶山全书》(三),第187页。

气之本体清粹,未可谓恶;或气未用时,理为主,在这两种情况下,气是纯善无恶的。但毕竟气"易流于恶"。

由"四端七情"——"道心人心"——"善恶"等范畴,构成了"人道"演化的逻辑次序或联系层次。它是作为人对宇宙本体和化生过程的体认以及在这个体认过程中人的主体的自我逻辑展开,在主体思维之内,由"性"、"心"、"情"的人性而推向善恶的社会道德规范。这样层层展开,不断深入,从而构筑了"地道"(方),实即"人道"范畴的逻辑结构系统。这个结构系统属于人类社会意识范围,即主体阶段。同时,它是与客体,即属于宇宙自然的"理"与"气"等范畴体系直接相关联的,而又合而为一。

总"天道"与"地道"(人道),由"理"("太极"、"道")——"气"("阴阳"、"器")——"五行"——"人物"而到"四端七情"——"道心人心"——"善恶"的整个行程,是与《天命图说》的 1."天命之理",2."五行之气",3."理气之分",4."生物之原",5."人物之殊",6."人心之具",7."性情之目",8."意几善恶",9."气质之品",10."存省之要"的本旨相符合的;亦与《圣学十图》,即:1.周濂溪(敦颐)的《太极图》,2.程林隐(复心)作的张子《西铭图》,3.李退溪作的朱子《小学图》,4.权近(阳村)作的《大学图》,5.李退溪作的《白鹿洞规图》,6.《心统性情图》(上图程林隐(复心)作,中下二图李退溪作),7.朱子《仁说图》,8.程林隐(复心)作的《心学图》,9.王柏作的朱子《敬斋箴图》,10.李退溪作之陈南塘《夙与夜寐箴图》的旨趣相近似。《天命图说》和《圣学十图》的主旨,均在说明由"天道"到"人道",由"人道"回复"天道"的问题。因此,李退溪在概括《圣学十图》时曾说,前"五图本于天道,而功在明人伦,懋德业"[①],后"五图原于心性,而要在勉日用,崇敬畏"[②]。由此,李退溪哲学逻辑结构系统,便是"天人合一"。这个"天人合一"的逻辑结构系统,不仅贯通其整个范畴体系,而且贯穿其各个方面。倘若细细寻觅其整体逻辑结构系统,这是不难揭示的。只有揭示这个逻辑结构系统,才能明白各哲学逻辑范畴在这个逻辑结构系统中的地位和作用以及诸范畴之间的联系,由此,才能揭示退溪哲学特点、品格、风貌和神韵。本文管窥蠡测,意在抛砖引玉。

---

① 李滉:《进圣学十图札(并图)》,《陶山全书》(一),第197页。
② 李滉:《进圣学十图札(并图)》,《陶山全书》(一),第197页。

十二、李退溪认知范畴系统论

——退溪对于朱熹思想的阐释

李退溪认知范畴系统是其哲学逻辑结构整体的部分。① 当其哲学逻辑结构从客体推向主体阶段，即由自然领域跨入社会意识领域以后，作为社会主体的人便是群体认识的主体，人"心"是知觉能力，亦是知觉内容，是人的主体意志结构主宰、制约、选择的功能。这构成有别于"心"所认识的客体——"理"的认知范畴系统的第一层次。主体通过"格物致知"的功夫，体认客体中存在的真、善、美的和谐统一，这便是"穷理"，构成连接主体和客体，"心"和"理"的第二层次。然而主体与客体，"心"与"理"并不能始终保持方向的一致，便需有"知行"这个环节，使"致知"转化为"穷理"的实践。这构成认知范畴系统的第三层次。合此三层次便成"天人合一"、"心理"和谐的认知结构系统。

（一）心 的 疏 释

李退溪认知范畴系统的前提和起点，是关于"心"的学说。他从"心"、"性"、"知"的关系中，阐述了认知能力和道德意志能力。李退溪认为，"夫理与气合而有心之名。"②"心者，理气之合。"③这虽是从构成论角度规定"心"，但理气之特性不能不影响"心"之潜能。

---

① 参见本书前文《李退溪哲学逻辑结构探析》。
② 李滉：《答申启叔别纸》，《陶山全书》（三），第 164 页。
③ 李滉：《答金而精》，《陶山全书》（二），第 460 页。

　　如果说朱熹的"理"是被客体化了的自然和道德意识中的知识成分，是建立在理性结构基础上的话，那么，王守仁则注重被朱熹所忽视的意志的作用，是把"理"建立在主体意志结构基础上的。李退溪承袭朱熹，亦有所修正，他给"心"做了这样一些区分：

> 以其本然之善，谓之良心；本有之善，谓之本心；纯一无伪而已，谓之赤子心；统一无伪而能通达万变，谓之大人心；生于形气，谓之人心；原于性命，谓之道心。①

此六"心"，并非先后之异，而只有层面之别。"良心"、"本心"其义相近，对置于图之上方；"赤子心"、"大人心"、"人心"、"道心"，左右对置，于图之中下方。朱熹以"赤子心"与"大人心"皆为纯一无伪。退溪则细分为"赤子心"是"无知无能底纯一无伪"、"大人心"是"有知有能底纯一无伪"，虽然此六"心"均属道德意识范畴，但此是"心"之"虚灵知觉"的基础。明此，便可探讨退溪对于"心"之认知范畴的规定。

　　第一，"心"既是认知器官，又是知觉能力。王守仁认为，朱熹之所以"析心与理为二"，便在于以"心"为个人认知器官，王氏则把"心"目为人在思维和践行中的意志能力。退溪承孟子"心之官则思，思则得之，不思则不得"②的思想，以"心"为能思维的器官。同时，他亦以心为能思能知的能力。退溪在批评花谭之失时说："耳听皆有天则，而主之者心也。然而有时不待心使之，而自能然者……又其实理使然也，理字作心字如何！"③见闻是感觉器官耳目的功能，耳目见闻则由"心"主之，"心"便有知觉能力；即使是不待"心"的主使，而是"理"的使然，此"理"亦有"心"义。这种"心"的知觉能力有时亦谓之"神明"，"知者，心之神明。"④知觉能力的作用，便呈现为思维活动，"所觉者心之理也，能觉者气之灵也。"⑤"能"、"所"作为相对范畴，在佛教中相当于认知主体与认知客体。这里"所觉"并不是指认知的客体对象，而是能思能知的主体认知的结果或具体内容；"能觉"并不是指感觉器官，而是指主体的认知功能。因此，"心"是能知觉，又是所知觉，即既

----

①　李滉：《答李叔献》，《陶山全书》（一），第404页。
②　李滉：《答金惇叙》，《陶山全书》（二），第432页。
③　李滉：《答郑子中别纸》，《陶山全书》（二），第339页。
④　李滉：《答奇明彦别纸》，《陶山全书》（四），第69页。
⑤　李滉：《答郑子中别纸》，《陶山全书》（二），第331页。

是知觉思维的能力，又是具体知觉思维。

第二，"心"既是个体活动中的功用，又是支配其他器官的精神能力。心是一块血肉，又非仅是一块血肉。

> 且凡言心，固皆主方寸而言，然其体其用，满腔子而弥六合。真西山所谓敛之方寸，太极在躬，散之万事，其用无穷。当如此活看（著），不可只识一块血肉之心为心也。①

"方寸"是"心"，指器官而言便是一块血肉之心；"主方寸"而有体用，敛之"方寸"太极在躬，散之万事，其用无穷，则是一种精神力量或意识能力，它能主宰人身的一切活动，"心为主宰，各随其则而应之"②。心的主宰作用，是指人的思维或情欲行动均属心的支配或运用。它既包括对个体形体的器官、肢体的主宰，亦包括对意志选择和能动性的支配。从这个意义上看，人的意识活动的主体只有一个，并非两个、三个。他说："心一而已，心中之心字与一心字之心，心先动之心，安有两个三个心耶？"③"心"为一非二，但是能力和运用各有不同和差异，而非一。

第三，"心"既是认知主体，又是思维功能。他说："盖人心虚灵不测，万理本具，未感之前，知觉不昧，故其发而应事有不知其所以然而然者。然平时涵养本原之功不至，则亦何冀其一蹴而能造就于是哉？"④主体"心"，一方面未与外物所感应，是本体之"虚"。由"虚"而"明"，即主体"心"无所偏蔽，即使已发，亦合乎中节，而义理昭著。"当其思虑未萌也，心体虚明，本领深纯。及其思虑已发也，义理昭著。"⑤虽然心之本体，其本然的状态无所谓善恶、正偏之别，然其应接外物之时，不免有所偏执。"如今人亦有视听偕应，手足并用时节。苟一于所听而所视专不照管，一于手容而足容任其胡乱……其不照管、任胡乱处，可见其心遇此事，当应不应，顽然不灵，便是心失其官处。以此酬酢万变，岂能一一中节哉？"⑥由于专一于一个侧面，而另一面便往往产生"不照管"、"任胡乱"的现象。这便使主体"心"在接应事

---

① 李滉：《答金而精》，《陶山全书》（二），第 462 页。
② 李滉：《答郑子中》，《陶山全书》（二），第 295 页。
③ 李滉：《答金而精》，《陶山全书》（二），第 462 页。
④ 李滉：《答金惇叙》，《陶山全书》（二），第 433 页。
⑤ 李滉：《答金惇叙》，《陶山全书》（二），第 432 页。
⑥ 李滉：《答金惇叙》，《陶山全书》（二），第 432—433 页。

物、酬酢万变之时,失其官处,产生偏差。只有历经一定的涵养功夫,"勿论有事无事、有意无意,惟当敬以为主"①,则接应处事、动静万变均不失其则,保持或恢复本然的虚明。这种心的修养的"主敬"功夫,就是使"心"回复到本然状态,正确处理认知主体与对象的关系。

另一方面,人心之虚灵不测,是指主体思维功能具有至虚至灵的特质,并表现为神妙不测。"昭昭明明也,灵灵灵也,即指心而言也。"②由于虚灵,而能动静万变,无所不入,无处不在,便是心贯动静,神化妙用。但人心有时被事物所蔽,私意所围,往往杜塞了心的思维功能的发扬。只有去蔽和私意,才能虚灵而不测。

退溪所说的"心",实际上是主体意志或道德意识中的知识成分和如何体认客体"理",达到与"理"相符合的进程。因此,它需要区别主体在体认"理"的过程中知觉的作用。

> 凡有血气者,固皆有知觉乎! 况此说知觉,实因传心之法,危微精一之义,而以此二字并虚灵言之,发明人心体用之妙。读者当就吾心知觉处,玩味体识出正意思来,方见得真实无差。岂可远引鸟兽之知觉以混乱正意,而置疑于不当疑之地耶?③

"血气"似指有生命的群体,包括人类和禽兽等。当然,草木有气而无知,因此,有知觉有血气者,则指动物而言。人和禽兽虽都有固有的知觉,但其别就在于禽兽的知觉偏塞,人的知觉虚灵,人的知觉的目的在于发明人心体用之妙和体认出正意来。尽管人亦有众人和圣贤之分,众人往往被气欲所拘,梏于私意,圣贤能守成传心之法,危微精一,但众人的知觉亦不同于禽兽,因为众人可以通过修养的工夫,去昏欲之蔽,而恢复"心"的"识"与"悟"的能力,最终体认出正意思来,禽兽则不能恢复"识"和"悟"的能力,亦不能有这种能力。这就是说,人"心"才具有主体在体认"理"的过程中的知觉虚灵的作用,知觉的人兽之别亦与人性和物性相关。此其一。

其二,"心"作为"神明升降之舍"或精神力量,具有形式的意义,其本然无所谓善恶。"人心"、"道心"、善恶,都是"心"之已发,而非未发。但未发、已发亦属相对。"盖静则未动,斯为未发,安有微动之静可唤做未发者

---

① 李滉:《答金惇叙》,《陶山全书》(二),第432页。
② 李滉:《金道盛太极图说讲录》,《陶山全书》(四),第395页。
③ 李滉:《答李叔献问目(中庸读法注)》,《陶山全书》(一),第400页。

乎？思则已著，斯为已发，安有未著之思可唤做未发者乎？"①不可简单地以
"心"之动静微著区分未发、已发，而把经过道德实践才能凸显的结果加之
于意志能力本身。

其三，主体"心"在体识客体"理"的必然性中，自然、社会以及人类本性
是和谐一致的，从这个意义上说，天与人是合一的。"夫人之生也，同得天
地之气以为体，同得天地之理以为性，理气之合则为心，故一人之心即天地
之心，一己之心即千万人之心，初无内外彼此之有异。"②"心"之本然或本
体是无方体可言、无内外可分的。"心即是体万物、普四海底心。"③内之一
人之心，外之天地之心，以及人己之心，通同为一，无有分别。但无内外彼此
之异，并非"心"派生万物或为万物的根源之意。而是"心"这种精神力量或
思维功能具有贯通性和能动性，以便去符合外在的标准——"理"。同时，
外在的"理"的普遍原则性，又转化为个体内在的修养的要求或先验的道德
原则，即"心"中所具之"理"。

（二）格物、致知、穷理

当外在的"理"转化为内在的道德原则的时候，便需要通过"格物致知"
的环节使主体与客体理以及事物的普遍原则相一致。因此，"格物穷理"是
连接主体与客体的重要途径。

所谓"格物"，"格字有穷而至之义，格物重在穷字，故云格物，物格重在
至字，故云物格，一说物理之极处亦通。"④退溪训格为"穷"为"至"，是对
程、朱以来理学家的总结。如程颐释"格"为"至"，穷之而至其极；李侗以
"格"为就此事反复推寻以究其理；朱熹训"格"为至也、尽也，穷极事物之理
到尽处；真德秀以天下事物之理穷究到极处，则"格"有"穷"、"至"、"尽"、

① 李滉：《答黄仲举》，《陶山全书》（二），第 140 页。
② 李滉：《答奇明彦论改心统性情图》，《陶山全书》（二），第 113 页。
③ 李滉：《答黄仲举》，《陶山全书》（二），第 139 页。
④ 李滉：《答郑子中别纸》，《陶山全书》（二），第 366 页。按：此段两处"故云物格"，依
文意，前一"故云物格"疑当作"故云格物"，传抄之误也。

"究"等义。退溪分疏为"格物"与"物格","格物"以"穷"为重,"物格"以"至"为重。"穷"即穷究之意。"物"即事或物。"格物"便是就事物而穷究其理到极处。从"理"而言,事物有事物之理,又心具众理,事物之理与心中所具之理相通同。"惟其事事物物之理,即吾心所具之理,不以物外而外,亦不以此内而内。"①因此,无物我之间和内外精粗之分。若以事物而言,"凡天下事物,实皆在吾之外,何可以理一之"②,便需以我之知去穷究事物之理。"知者吾心之知,理者事物之理,以此知彼"③,此是退溪引朱熹《答江德功》书中的话,主体心具有认知的功能,事物之理是客体或对象,主体去穷究外在的事物之"理",便是由此知彼。

以"至"为重的"物格","至"有已到的意思。"比如有人自此历行郡邑至京师,犹格物致知之工夫也,已历郡邑,已至京师,犹物格知至之功效也。"④"格物"是指"以此知彼(理)"的起点和过程说的,是做逐件格物的工夫;"物格"是指效果,已经穷极处或已到某地,某种境界说的。"至于物格工效,则物理之极处,悉皆已至,乃众理融会之后。"⑤以"穷"、"至"分疏"格物"和"物格",较程、朱规定得更细微。但基本上守程、朱之说,而不同意司马光释"格"为"扞御","温公既误解格物之格为扞御之义,则其为说,固不得与程、朱同矣"⑥。

明"格"之义,则"物"便是事或事物。"格物"从认知过程讲,是指主体作用于对象或客体,求其"所以然"和"所当然","《大学或问》格物传注问:所以然而不可易,是指理而言,所当然而不可已,是指人心而言。"退溪据朱子之意曰:"凡事固有所当然而不容已者,然又当求其所以然者,何故? 所以然者,理也。"⑦"所当然"是指道德知识原则的实践,如君之仁、臣之敬,即有了"必然"的体识,就有行为的"应该",这便是"理之实处"或乃道理合当如此,不如此就不可;"所以然",是指道德知识原则的根源或源头,如君何故用"仁",臣何故用"敬"等,即为什么仁、敬,并非人力强为之,乃"天

① 李滉:《答郑子中别纸》,《陶山全书》(二),第366页。
② 李滉:《答郑子中别纸》,《陶山全书》(二),第366页。
③ 李滉:《答郑子中别纸》,《陶山全书》(二),第366页。
④ 李滉:《答郑子中别纸》,《陶山全书》(二),第367页。
⑤ 李滉:《答郑子中别纸》,《陶山全书》(二),第366页。
⑥ 李滉:《答李叔献别纸》,《陶山全书》(一),第397页。
⑦ 李滉:《答郑子中别纸》,《陶山全书》(二),第319页。

理"之使然,故称"所以然之故,乃其上层理之源头也"①,即"所当然之则"的深层结构的使之然者。如果说,知所当然是知"性",此"性"是指道德规范,是现实的"仁敬"的话,那么,知所以然是知"天",谓知其理之所从来。"格物"不仅要穷究现实层面的"所当然",更重要的是由现实层面而及深层的源头层面的"所以然",这是由主体而及于客体的层次。

逐件理会,今日格一物,明日格一物,是"格物";格过此物以后或到物理的极处,便是"物格"。如果说"格物"和"物格"都是指认知过程中主体作用于客体或对象而言的话,那么,"致知"是指认知过程中主体自身的结果。"致知"之"知",包括主体能知的知觉和知觉结果的知识。退溪说:

> 所谓窥仁义之原,探礼乐之绪者,格物工夫也。而事物之理举集目前者,致知之效也②。

窥探仁、义、礼、乐之原绪,便是穷究"所当然"之"所以然"之理,当人们穷得"所以然"之理后,人的知识也便达到了完备的境界。这种"事物之理举集目前"的情况,正是知识的自我扩充、光大的结果,是认知实践在主体知识中的充实。

"致知",就是推极我之知识。吾之知识(主体知识)并非先验(仅仅先验),若不"格物",何缘得知?故"致知在格物","盖格物所以致知,当无物不格,自性身心皆在理会。"③是谓"格物"是为了达到"致知","致知"必须依赖"格物","格物"是"致知"的基础,"致知"在"格物"中实现,无"格物"便无以"致知",无"致知",亦无所谓"格物"。从这个意义上说,吾之知识包括由"格物"所获得的知识,即由外到内,"致知"便是因其所知而推之,"至于格物致知,在因其所知益穷至极。"④"致知"到了"至极"境界,就是"知至","格物用力之积久,而一朝脱然通透,则心之体用光明,即格物知至,如明镜止水。"⑤退溪同意金而精的意见,并曰:"看得是,甚善、甚善。"⑥通过用力"格物"的功夫,且经不断地长期地积累,而达到脱然通透,体用光

---

① 李滉:《答郑子中别纸》,《陶山全书》(二),第 319 页。
② 李滉:《答李叔献别纸》,《陶山全书》(一),第 397—398 页。
③ 李滉:《答黄仲举论白鹿洞规集解》,《陶山全书》(二),第 131—132 页。
④ 李滉:《答李平叔问目》,《陶山全书》(三),第 138 页。
⑤ 李滉:《答金而精别纸》,《陶山全书》(二),第 469 页。
⑥ 李滉:《答金而精别纸》,《陶山全书》(二),第 469 页。

明,便是"知至"。如果到了脱然贯通的境界,即使有不知其所以然之妙,亦能心解。他说:"积久功熟,自然有脱然贯通处,至此则所谓事事物物似有其理,而不知其所以然之妙者,不待寻求而自神悟心解,无许多障碍矣。"①脱然贯通,神悟心解,是指主体与客体的融合境界。因此,"知至"较之"致知"便深一层次。

"格物致知"的目的,是为了"穷理",故亦称"即物穷理"。"即"可训为"接","即物"有与事物相联结之意。当然,不能把"格物"仅仅归结为接物,但也不是绝对排斥接物,在这点上朱熹与王守仁有别。退溪在《传习录论辩》中说:

> 阳明徒患外物之为心累,不知民彝物则真至之理,即吾心本具之理,讲学穷理正所以明本心之体,达本心之用,顾乃欲事事物物一切扫除,皆揽入本心衮说了,此与释氏之见何异?而时出言稍攻释氏以自明其学之不出于释氏,是不亦自欺以诬人乎?②

如果扫除一切事事物物,都揽入本心,就陷入释氏万法唯心之说,与释氏无异。其实,外物并非都为心累,吾心之理与事物之理相互通同,穷理与明达本心之体用并无矛盾。这就是说,不能把"即物"、"致吾心之知"、"穷理"三者对立起来,这是因为"理"是无情意、无计度、无可捉摸的。然从"理"上看,"理"在逻辑上先于"气"或"物";从"物"上看,"理"即在"气"、万物之中,在现实界(形而下世界)不存在独立的"理",而只能以"气"、"物"作为它的挂搭、附着、安顿处。所以,只能从形而下之物上去穷究形而上之"理"。"格物"是今日格一件,明日格一件,是从零细说的,是一个量的积累过程;"致知"是推致、扩展"格物"所获的知识成果;"穷理",即在"即物"和"致知"基础上而达到对形而上之"理"的认知。他说:"夫学问思辨而格物知至,则理无不明。"③

然而,"穷理"的方法,有多种多样。退溪说:"穷理多端,不可拘一法。"④其法大体有四:

---

① 李滉:《答赵起伯大学问目》,《陶山全书》(三),第156页。
② 李滉:《传习录论辩》,《陶山全书》(三),第243页。退溪题叙曰:"《传习录》,王阳明门人记其师说者,今举数段而辨之,以该其余。"
③ 李滉:《答金而精》,《陶山全书》(二),第464页。
④ 李滉:《答李叔献别纸》,《陶山全书》(一),第397页。

一是循序渐进。"延平说待一事融释脱落,而后循序少进者,即是穷理之恒规。当如是其意味尤为渊永。"①朱熹的老师李侗主张"穷理之方",是一事融释脱落,再穷一事,逐渐前进。这是穷理的一般方法。

二是参验照勘。"穷一事不得,便生厌倦,遂不复以穷理为事者,谓之迁延逃避可也。不然,所穷之事或值盘错肯綮,力索可通,或吾性偶暗室,于此难强以烛破,且当置此一事,别就他事上穷得,如是穷来穷去,积累久熟,自然心地渐明,义理之实渐著,且前时复拈起向之穷不得底,细意细绎,与已穷得底道理互相参验照勘,不知不觉地并前未穷底,一时相发悟解。是乃穷理之活法,非谓穷不得而逐置之也。"②意谓,穷一事不得,或由于盘错肯綮,或由于吾性偶然暗室,而未穷得理,但这并非不能穷理。由此而放弃穷理之事,则是不对的。在此,退溪似针对王守仁格竹子而病倒说的。他认为如果一事穷不得,便暂时放下,就另一事上去穷,这样穷来穷去,积累久熟,心地渐明,义理渐著,便可以以已经穷得底道理,互相参验照勘,则前未穷得的,亦能悟解,这是穷理之活法。

三是分辨是非。"盖理无不具,一事必有两途。今才见彼说,自家便寻夜底道理。反之各说一边,互相逃闪,更无了期。今人问难,往往类此,甚可笑也。夫读书而分辨是非,乃穷理之要。"③意谓,事有两途,如日有昼夜,器有表里等,各执一边,莫衷一是,"穷理"的关键,在于通过读书,分辨是或非。因此,"穷理"包含有鉴别是非的价值观念,是则合理,非则违理,分辨是非是"穷理"的重要方法。

四是学问思辨。"博学、审问、慎思、明辨为穷理之要。"④所谓博学,朱子《中庸章句》引吕氏云:"君子所以学者,为能变化气质而已。"退溪亦云:"人之为学,趋向正当,立志坚确为贵,观此自陈之言,所向已正。更须志气坚定,不为浇俗所移夺。刻苦用功,久而不辍,何患无成?"⑤立志、刻苦、持久三者结合,定能有成。"果能此道,虽愚必明,虽柔必强而已。"⑥因此,

①　李滉:《答李叔献别纸》,《陶山全书》(一),第 397 页。
②　李滉:《答李叔献别纸》,《陶山全书》(一),第 397 页。
③　李滉:《答李叔献》,《陶山全书》(一),第 406 页。
④　李滉:《答金而精》,《陶山全书》(二),第 464 页。
⑤　李滉:《答宏仲》,《陶山全书》(三),第 74 页。
⑥　李滉:《答宏仲》,《陶山全书》(三),第 74 页。

"学问只在潜心积功,久而不懈,自然有得,不必待合堂同席,而后为益也。"①只有这样,才能有审。譬如,"王守仁学术尝略觑破,未知其行止如何,又未知其行止相似处的在何处耶,可惧可惧。"②不能审其行止,当然是很可惧的。所谓慎思,"思,《韵会》'念也'。然念不足以尽思义,念浅而思深,念疏而思密,盖心省求通之谓,亦事物上心之谓也。"③慎思并非胡思乱想,归根结底是去恶从善,主敬明理。所谓明辨,就是通过比较诸说异同,而明辨是非。故学、问、思、辨是"穷理"的重要途径。

"穷理"的终极目的,退溪与朱子一样,是为明人伦或止于至善,但就其"格物穷理"的方法而言,则充分肯定读书、审问、明辨的重要,注重主体心知对于外部事物的穷究和见闻之知的必要。因此,"穷理"亦有体认自然事和物的本质和规律的意思,然其重视知识,主要是为了修身和治国、平天下。

从"即物穷理"的体认过程而言,退溪强调"虚心观理,勿先执定"④。不要事先有所偏执,若有所偏执,便不能持平;既不能持平,亦不能虚心观理。

"格物"、"致知"、"穷理",既有节目层次之别,又和合统一。三者的关系并非由"格物"而"致知"而"穷理"的先后次序,而是互相交错,"相资相益",循环往复,构成了网状的多向结构。

(三)知行相互发明

在退溪看,"格物"、"致知"虽是一种求知的过程或行为,但基本上属于"穷理"、"明理"的知的范围,非属笃行的范围;"躬行"、"践履"、"践行",无论从主体见之于客体、知识与实行、道德知识与道德践履,还是从知识推致与修己治人来说,都是不可欠缺的。因而,退溪进而探讨了"知"与"行"的关系。

---

① 李滉:《答金而精》,《陶山全书》(二),第491页。
② 李滉:《答金而精》,《陶山全书》(二),第491—492页。
③ 李滉:《答金而精》,《陶山全书》(二),第466页。
④ 李滉:《答李叔献》,《陶山全书》(一),第395页。

"格物"与"笃行"虽有别,但又联系。退溪说:"以明德之明对修身之修,则明乃明之之明而兼知行说,格致与修身皆举之矣。"①意谓"明德"是格致的过程,"格明德则未知格为知耶,明为知耶?格为知则明之知为剩,明为知则格之知为叠矣。"②修身要躬身践履,故属行为,明德与修身即有道德知识与道德践行的意思。

退溪先生的知行观承自朱熹,基本上有三个方面的内容:先知后行说、知行相互发明论和践履真知说。

致知与力行。退溪在回答侨侄《大学》八条目次序之问时说:"八条为学之序,故先知后行,而及推行九经为治之法,故只举修身以为本领,且修身之中已兼格治,何为凌躐。"③格物、致知、诚意、正心、修身、齐家、治国、平天下八条目,朱熹在《大学章句》中说:"正心以上,皆所以修身也;齐家以下,则举此而措之耳。"④上四目是讲所以修身,即属知的范围;"修身"是由上四目转化为下三目的中间环节,故退溪认为具有兼格治的性质;下三目属行的范围,从道德知识与道德践行上说,先有道德知识而后有道德践行,需要先知后行。八条目的先知后行的为学之次序与《中庸》九经的关系,实讲八条目修身以下的齐家、治国、平天下的具体内容。所谓"九经",《中庸》曰:"凡为天下国家有九经,曰:修身也,尊贤也,亲亲也,敬大臣也,体群臣也,子庶民也,来百工也,柔远人也,怀诸侯也。"朱熹注曰:"吕氏曰:天下国家之本在身,故修身为九经之本。然必亲师取友,然后修身之道进,故尊贤次之;道之所进,莫先其家,故亲亲次之;由家以及朝廷,故敬大臣、体群臣次之;由朝廷以及其国,故子庶民、来百工次之;由其国以及天下,故柔远人、怀诸侯次之。此九经之序也。"⑤"八条目"和"九经"均以明先知后行的次序。

朱熹主张"先知",强调道德知识的重要性,而于主体意志的作用有所忽视,故王守仁主张"知行合一"。然退溪先生认为王守仁"知行合一"说自相矛盾,王守仁说:"《大学》指个真知行与人看,说如好好色,如恶恶臭,见好色属知,好好色属行,只见那好色时,已自好了,不是见了后又立个心去

<hr>

① 李滉:《答黄仲举论白鹿洞规集解》,《陶山全书》(二),第132页。
② 李滉:《答黄仲举论白鹿洞规集解》,《陶山全书》(二),第132页。
③ 李滉:《答侨侄问目》,《陶山全书》(三),第219—210页。
④ 朱熹:《大学章句》第一章。
⑤ 朱熹:《中庸章句》第二十章。

好;闻恶臭属知,恶恶臭属行,只闻那恶臭时,已自恶了,不是闻了后别立个心去恶。"①把道德知识与道德行为融合如一,认为当人看到美好的颜色产生美感,闻到恶臭产生恶感,既知亦行。退溪说:

> 然而阳明信以为人之见善而好之,果能如见好色自能好之之诚乎?人之见不善而恶之,果能如闻臭自能恶之之实乎?孔子曰:"我未见好德如好色者。"又曰:"我未见恶不仁者。"盖人之心发于形气者,则不学而自知,不勉而自能,好恶所在,表里如一。故才见好色即知其好而心诚好之,才闻恶臭即知其恶而心实恶之,虽曰行寓于知犹之可也。至于义理则不然也,不学则不知,不勉则不能,其行于外者未必诚于内。故见善而不知善者有之,知善而心不好者有之,谓之见善时已自好可乎?见不善而不知恶者有之,知恶而心不恶者有之,谓之知恶时已自恶可乎?②

意谓"知"与"行"并不是都合一的,固然见好色而心诚好之,闻恶臭而心实恶之,有表里如一的情况,但亦有见善而不知善,知善而心不好,见不善而不知恶,知恶而心不恶的情况,因此,不能说见善时已自好了,知恶时已自恶了,也不能说见好色时已自好了,闻恶臭时已自恶了,必然有先后之分、知行之别,不能以好好色和恶恶臭为知行合一。

退溪先生认为,王守仁"知行合一"说之失,就在于,"专在本心,怕有一毫外涉于事物,故只就本心上认知行为一,而滚合说去。若如其说专事本心而不涉事物,则心苟好好色,虽不娶废伦亦可谓好好色乎?心苟恶恶臭,虽不洁蒙身亦可谓恶恶臭乎?"③意谓"心必贯于事",道德知识必须通过道德践履,即主体见之于客体才称之为"行";如果专讲本心而不涉及客体事物,或怕外涉于事物,岂能为"行"?只有"好善则不但心好之,必遂其善于行事","恶恶则不但心恶之,必去其恶于行事",此"遂其善于行事"或"去其恶于行事",便是外涉于事物,见之于行事,才是"圣贤之学"的所谓"行"。就退溪先生批评王守仁,而认为心知必贯于行事来说,确有其合理内核。但以"知"、"行"关系为先知后行,则有一定的片面性。

知行相互发明论。"知行"关系,在退溪先生的思想里,主要是讨论道

---

① 王守仁:《传习录上》,《王文成公全书》卷一。
② 李滉:《传习录论辩》,《陶山全书》(三),第244页。
③ 李滉:《传习录论辩》,《陶山全书》(三),第244页。

德知识与道德践行的关系,但亦涉及人的知识与行为之间的关系。他认为,此两者之间,不仅知先行后,而且知行互发。

> 行到得恰好处,无些过与不及,乃是知得分明。事事件件理会得到一个恰好处,方能如此。此足以见知与行互相发明滋养处。①

对事事件件都能做到无过与不及,行得恰好处,便是知得分明。这就是说"知"与"行"相互发明滋养,对立统一。退溪说:

> 故义理之知行,合而言之,固相须并行,而不可缺一;分而言之,知不可谓之行,犹行不可谓之知也,岂可合而为一乎?②

他从"分"与"合"两个方面探讨"知行"的关系。先就"分"而言之,"知"是"知","行"是"行","知行"均有其自身的特定内涵,不可以"知"为"行",以"行"为"知"。退溪认为王守仁"知行合一"说不合圣贤意旨。"阳明亦自知其说之偏,故以不分知行为知行本体,以分知行为私意隔断,然则古圣贤为知行之说者,皆私意耶?"③这是说古代圣贤分"知行",难道亦是私意吗?譬如孝、弟,不能说"知孝已自孝,知弟已自弟"了,而是说"人之称孝称弟者,必已行孝行弟"。孝、弟的道德知识必须付诸践行,才是"自孝"、"自弟"了。如以"痛而知痛,饥寒而知饥寒,涂人乞人与禽兽皆能之,若是而可谓之知行,何贵于学问为哉!"④则是以知痛痒、识饥饱为性一样,实是告子"生之谓性"之说,王守仁以此而饰其辨,无疑与圣贤相违。因此,今人根据古人,而将"知行"作两个说。"古人所以既说知,又说行处,未免只依旧分作两个说,盖道理本如此,终衮合不得故也。"⑤"知行"分作两个,相互对待。

次就"合"而言之,"知行"相互联系,缺一不可。退溪譬喻说:"知行二者,如两轮两翼,互为先后,相为轻重。故圣贤之言,有先知而后行者,《大学》与《孟子》之类是也;有先行而后知者,《中庸》与《答晦叔书》之类是也。似此甚多,不可胜举。"⑥"知"与"行"犹车之两轮,鸟之两翼,不可缺损,两

---

① 李滉:《答李刚而问目》,《陶山全书》(二),第 188 页。
② 李滉:《传习录论辩》,《陶山全书》(三),第 244 页。
③ 李滉:《传习录论辩》,《陶山全书》(三),第 244 页。
④ 李滉:《传习录论辩》,《陶山全书》(三),第 245 页。
⑤ 李滉:《传习录论辩》,《陶山全书》(三),第 245 页。
⑥ 李滉:《答李刚而问目》,《陶山全书》(二),第 188 页。

者互以一方为自己存在的条件,无"知"无所谓"行",无"行"无所谓"知",从"知行统一"的角度说,两轮两翼互相发明,相资为用。因此,无所谓知先行后之分,而互为先后;无所谓知轻行重之别,而相为轻重。这是对朱熹"知之为先,行之为后,无可疑者"①和"论轻重,当以力行为重"②的修正和发展。

因为"知"与"行"的统一,是交错复杂的。"先知者非尽知而后始行也,先行者非尽行而后始知也。自始知至知至至之,始行至知终终之,贯彻相资而互进也。"③先知、先行者均不是尽知、尽行后始行、始知的,而是不尽知而行,不尽行而知,"知行"不断往复循环,相资互进,而达尽行尽知。

"知"与"行"有分有合,对立统一。有分(对待),才能构成相资,"同"便不能相资;有合(统一),才能互进或发明,"和"便能"相资相应"。

践履与真知。"知行"相资互进,才能避免"知而不行"或"行而不知"之弊。"知而不行",空谈道德知识、诚意正心,而不把所知的义理见诸行动,便要流入空而无实;"行而不知",低头践行而不知为什么要践行和怎样践履,不明义理而践行,便要陷入罔而无的。因而,退溪先生进而探讨了"知"之真与不真,"行"之明与不明的问题。他说:

> 故穷理而验于践履,始为真知;主敬而能不间断,方为实得。④

以践履来检验穷理是否至极处,始为真知。"敬"或称为"持敬"、"主敬"、"居敬",属于行的范围,它与属于知的范围的"穷格"、"致知"、"讲明"对言,"主敬"而不间断的践行,便自然有实得。仅就"致知"与"主敬","穷理"与"居敬"来说,无须先后、轻重之分,而是互发并进。从这个意义上说,"以居敬穷理对言,则如此说"⑤,即是涵养须用敬,进学在致知。

然而,退溪先生强调道德践行,由行检验知,知之与否和知之真与不真,都由行来检验。因此,他说:"终身不行,亦遂终身不知,此言切中末学徒事口耳之弊。"⑥不行便不能获得知,终身不行便终身不知;行得笃实,便知得

---

① 朱熹:《答吴晦叔》,《朱文公文集》卷四十二。

② 黎靖德编:《朱子语类》卷九。

③ 李滉:《答李刚而问目》,《陶山全书》(二),第188页。

④ 李滉:《答李叔献》,《陶山全书》(一),第396页。

⑤ 李滉:《答禹景善问目》,《陶山全书》(二),第548页。

⑥ 李滉:《传习录论辩》,《陶山全书》(三),第244页。

真切。"真知",便是真实的或真理的知识,依赖行而获得,又以行来检验。当然,退溪先生所说的主敬明理,最终还是为了窒欲改过,"其人笃志力行,主敬明理,而惩窒迁改"①,迁恶从善。

致知力行,知行相互发明,践履真知,从为学次序、知行关系、知行检验等多方面、多层次进行论证,而有所贡献。

总心性论、格物致知论和知行论,便是心知——穷理——践行的逻辑层次,是从主体意志或道德意识中的知识去穷究不分内外、精粗的"理"。此"理"从一定意义上说,是把道德规范作为与宇宙本体、自然律和人类本性的一体性来体认;"人之心"与"天地之心","心包万理"与"物物有个理",是通贯无二的。然而,穷究得"理",并不能行得"理"。君臣有君臣之理,父子是父子之理,并不是君臣、父子均依"理"而践行,而有悖理逆行之事。因此,行理不仅需要道德知识的指导,而且亦需要主体意志制约和选择,这便是在"知"指引下的"行"和在"行"中所完成的"知"。所以,践行是联结"心"与"理"不可欠缺的环节,从而构成了"心理"和谐的认知范围系统。

---

① 李滉:《答禹景善问目》,《陶山全书》(二),第516页。

十三、朱子与退溪理动静论之比较

笔者在《李退溪哲学逻辑结构探析》中认为,理(太极、道)——气(阴阳、器)——五行,是天道范畴系统;四端七情——道心人心——善恶,是人道范畴系统;它们构成了从天道到人道的一体化行程。这个行程的逻辑次序是与《天命图说》及《圣学十图》主旨相符合的。然而,人道范畴又是人对宇宙本体和化生过程的体认。因此,笔者在《李退溪认识范畴系统论》中认为,心知——穷理——践行的逻辑层次,是从主体意志或道德意识中的知识去穷究不分内外、精粗的"理"。在这里,"人之心"与"天地之心"、"心包万理"与"物物有个理"是通贯无二的。行"理"不仅需要道德知识的指导,而且亦需要主体意志制约和选择,这便是在"知"指引下的"行"和"行"中所完成的"知"。所以,践行是联结心与理不可欠缺的环节,从而构成天道——人道——天人合一,或理气——心性——理心合一的结构系统。本文意在探讨天道——人道、理气——心性间的中介范畴。这些中介范畴使一系列范畴联结起来,构成范畴系统或哲学逻辑结构。同时,中介范畴可依不同的结构方式或组合方式,排列成性质不同的体系。这样便可揭示退溪哲学的深层含义。

(一)理的动与静的两难

动静作为中介范畴,在李退溪哲学逻辑结构中,具有连接理(太极)——气(阴阳)的功能。这是对朱熹哲学的发展,亦是明代哲学演变的趋势。

在朱熹的哲学逻辑结构中,"理"与"太极"是同一层次的范畴,"太极只是一个理字"①。理的根本特性是无情意,无计度,无造作,"若理,则只是个净洁空阔底世界,无形迹,他却不会造作;气则能酝酿凝聚生物也。"②理不像气那样能酝酿变化,凝聚动静,造作万物,因此,必须借助于气的动静,而凝聚生物。"太极,理也;动静,气也。气行则理亦行,二者常相依而未尝相离也。"③在这里,似乎把动静的功能归结为气,那么,理究竟有无动静? 这便是一个值得探讨的问题。

朱熹对这个问题的回答,具有两重性。一方面,他在解释周敦颐《太极图说》"太极动而生阳,动极而静,静而生阴,静极复动。一动一静,互为其根"时,顺着周敦颐思想,以"太极之有动静,是天命之流行也"④。"动即太极之动,静即太极之静。动而后生阳,静而后生阴,生此阴阳之气。"⑤既然太极有动静,理是否有动静?《语类》记载:"问:'动静,是太极动静? 是阴阳动静?'曰:'是理动静。'"⑥"阳动阴静,非太极动静,只有理有动静。"⑦认为不是太极的动静,而是理的动静。朱熹在《答郑子上》书中亦说:"理有动静,故气有动静。若理无动静,则气何自而有动静乎!"⑧这也是对郑可学关于太极动而生阳,静而生阴的回答。就此而言,朱熹的"理"("太极")是有动静的。然而"理"("太极")有动静又与"理"的"无造作"、"无凝聚"的根本特性发生抵牾。为了解决这一矛盾,朱熹曾费了一番苦心。

另一方面,朱熹为了保持"理"的根本特性,又能理顺《太极图说》的太极动静问题,他曾以体用范畴说明动静与太极(理)的关系。"无极而太极也,所以动而阳、静而阴之本体也。"⑨太极是动静的本体,动静阴阳是太极的作用或表现。但是太极、动静的体用关系并不能完满地解决《太极图说》中的问题。朱熹在《答杨子直》的信中道出了在解决这个冲突问题上的苦

① 黎靖德编:《朱子语类》卷一。
② 黎靖德编:《朱子语类》卷二。
③ 黎靖德编:《朱子语类》卷九十四。
④ 朱熹:《太极图说解》,见《周子全书》卷一。
⑤ 黎靖德编:《朱子语类》卷九十四。
⑥ 黎靖德编:《朱子语类》卷九十四。
⑦ 黎靖德编:《朱子语类》卷九十四。
⑧ 朱熹:《答郑子上》,《朱文公文集》卷五十六。李退溪在《朱子书节要》卷十五中节录了这段话,见日本刻版《李退溪全集》(上),第303页。
⑨ 朱熹:《太极图说解》,见《周子全书》卷一。

恼。他这样说：

> 熹向以太极为体，动静为用，其言固有病。后已改之曰："太极者
> 本然之妙也，动静者所乘之机也。"此则庶几近之。来喻疑于体用之云
> 甚当，但所以疑之之说，则与熹之所以改之之意，又若不相似。然盖谓
> 太极含动静则可（以本体而言也），谓太极有动静则可（以流行而言
> 也），若谓太极便是动静，则是形而上下者不可分，而"易有太极"之言
> 亦赘矣。①

朱熹自觉到以体用喻太极与动静有弊病，而改为"本然之妙"与"所乘之机"
的关系。但所以这样改，与杨方的疑问，并不是一个意思。他认为，所以动
静之理便是太极，太极是动静的本体。由其是本体，所以太极可以含动静的
潜能；太极流行不息，便可以说太极有动静。假如说太极便是动静，那就混
淆了太极是形而上者，动静是形而下者的分别，这是不可以的。这就是说对
太极的动静要有所分析。正如对理的动静要有所区别一样，处在未发时的
理，是不动的，但蕴含着动静的根源；已发时的理是与气（阴阳）合，是可动
静的，不能说理便是动静。这就是太极不杂阴阳、理与气不相杂的意思。

朱熹基于太极与阴阳、理与气不离不杂的宗旨，以"本然之妙"与"所乘
之机"喻太极与动静，自以为较体用之喻更接近。所谓"所乘之机"，乘是乘
载的意思，"乘，如乘载之乘，其动静者，乃乘载在气上，不觉动了静，静了又
动。"②机是机栝、机关，"机，是关捩子。踏著动底机，便挑拨得那静底；踏著
静底机，便挑拨得那动底。"③"所乘之机"就是"理搭于气而行"，或"理搭在
阴阳上，如人跨马相似"④。"太极犹人，动静犹马。马所以载人，人所以乘
马。马之一出一入。人亦与之一出一入，盖一动一静，而太极之妙未尝不在
焉。"⑤马有载人的功能，气（阴阳）是理的挂搭处。当气（阴阳）动静时，太
极乘着阴阳的动静，理搭气而动静。人骑在马上不动，理搭气不动；马动作
时一出一入，人亦随之一出一入；太极（理）乘动静之马亦与之一出一入。
这就是说，太极蕴含着动静之理，所以阴阳有动静；理蕴含着动静的根据，所

---

① 朱熹：《答杨子直》，《朱文公文集》卷四十五。
② 黎靖德编：《朱子语类》卷九十四。
③ 黎靖德编：《朱子语类》卷九十四。
④ 黎靖德编：《朱子语类》卷九十四。
⑤ 黎靖德编：《朱子语类》卷九十四。

以气有动静,但太极和理自身并无动静。因此,朱熹说:"太极只是理,理不可以动静言。"①

朱熹在理(太极)动静问题上的两重性,是他哲学思维方式的表现,即太极与阴阳、理与气、道与器、心与理等不离不杂。他以不杂为前提和出发点或终结点,这就是陆九渊、王守仁批评朱熹的心与理、知与行为二的症结所在②;以不离为物化生而后"理寓于气"、"太极在阴阳中"的过程,这便为罗钦顺以至奇大升、卢守慎等人所改造和发挥,提出"理气为一物"命题的所由。朱熹的基本观点是:

> 太极无方所,无形体,无地位可顿放。若以未发时言之,未发只是静。动静阴阳,皆只是形而下者。然动亦太极之动,静亦太极之静,但动静非太极耳。③

> 盖太极是理,形而上者;阴阳是气,形而下者。然理无形,而气却有迹。气既有动静,则所载之理亦安得谓之无动静!④

从形而上的本体或未发而言,太极和理蕴含动静,这是阴阳或气之所以动静的根据,但不可以说太极和理便是动静,有动静之理而理无动静,太极和理虽为动静的所以然者或根据,但自身并不动静。太极(理)搭阴阳(气)而动静,如人乘马而一出一入,太极(理)静而不动,然太极(理)和人是主,是制约、决定阴阳(气)和马动静的最终原因。

从形而下的流行不息而言,太极有动静,理有动静,因为此时的太极和理都已经搭在阴阳或气上,或者是"理寓于气"中;"人人有一太极,物物有一太极"的人物中的理或太极,它们都随阴阳或气处在动静之中。这与其说是太极(理)的动静,不如说是阴阳(气)的动静。朱熹的学生陈淳有一说明:"才有理,便有气,才有气,理便全在这气里面。"⑤既然理全在气中,气的动静理亦动静,有动静之理而有气之动静。

然而,理(太极)动静的两重性,并不能很好地说明理如何生气和理何以为万化之原的问题。明初的曹端(1376—1434 年)、薛瑄(1389—1464

---

① 黎靖德编:《朱子语类》卷九十四。
② 参见张立文:《宋明理学研究》,中国人民大学出版社 1985 年版,第 530 页。
③ 黎靖德编:《朱子语类》卷九十四。
④ 黎靖德编:《朱子语类》卷五。
⑤ 陈淳:《太极》,《北溪字义》卷下。

年)等,虽宗朱学,但不保守。曹端为了解决朱学理(太极)气(阳)动静的两难困境,认为理自会动静,修正朱熹"太极不自会动静"说。他说:"及观《语录》,却谓太极不自会动静,乘阴阳之动静而动静耳。遂谓理之乘气,犹人之乘马。……以喻气之一动一静,而理亦与之一动一静。若然,则人为死人,而不足以为万物之灵;理为死理,而不足以为万物之原;理何足尚,而人何足贵哉?"①朱熹的理乘气、人乘马之喻,是以理气不杂、决是二物立论,理(太极)"不自会动静",但含动静,而为形而下之气(阴阳)动静的所以然;气(阴阳)自会动静,但其动因,却是形而上之理(太极),不杂不离。此论貌似完满无缺,其破绽也正如曹端所说,理(太极)既不自会动静,便是死理、死人;既是死理、死人,便不能为"万物之灵"和"万物之原";既不足为"万物之灵"和"万物之原",便不能为气(阴阳)动静的所以然,气(阴阳)亦不以死理(太极)为动因;这样,理何足尚,人何足贵? 这个逻辑上的矛盾,必导致承认理(太极)自会动静,理(太极)不需乘气(阴阳),气(阴阳)不需以理(太极)为所以然,理气一体,理(太极)与动静一体,而无间隙,"浑融而无间"②,理便成为活理。"今使活人骑马,则其出入行止疾徐,一由乎人驭之如何尔,活理亦然。"③这就解决了理(太极)自会动静与为万化根本的问题。

曹端的"太极自会动静"和"理气一体"说一出,便产生了影响。较曹端稍后的薛瑄亦认为太极(理)无动静便是死太极、死理,"太极无动静,则为枯寂之物"④。由此,而认为理气一体无间,"理气浑然无间,截理气为二则非矣"⑤。这显然与朱熹的"太极阴阳,决是二物"有异。罗钦顺继承发挥曹端、薛瑄的理气无间一体说,认为"通天地,亘古今,无非一气而已"⑥,反对"将理气作二物看"⑦,主张理气为一。他对于薛瑄"以日光飞鸟"喻理气,虽认为理气不离,但又发挥为"气有聚散,理无聚散"说,提出了批评:"薛文清《读书录》……云:'理气无缝隙,故曰器亦道,道亦器。'其言当矣。

---

① 曹端:《太极图说解辨戾》,转引自黄宗羲:《明儒学案》卷四十四。
② 曹端:《太极图说述解》,文渊阁《四库全书》本。
③ 曹端:《太极图说解辨戾》,转引自黄宗羲:《明儒学案》卷四十四。
④ 薛瑄:《读书录》卷九,文渊阁《四库全书》本。
⑤ 薛瑄:《读书续录》卷一,文渊阁《四库全书》本。
⑥ 罗钦顺:《困知记》卷上,中华书局 1990 年版。
⑦ 罗钦顺:《答林次崖第二书》,《困知记》附录。

至于反覆证明气有聚散,理无聚散之说,愚则不能无疑。其一有一无,其为缝隙也大矣。"①一有聚散,一无聚散,便承认了理气之间的缝隙,这个批评是有道理的。

总曹端、薛瑄、罗钦顺等人在理气观上对朱熹的发展有两点:一是太极(理)自会动静说;二是理气非二一体说。但这个发展往往越出朱学的"规矩",而对朱学具有挑战的作用,因此,刘宗周就罗钦顺"理气为一"说指出:"盖至是而程朱之学亦弊矣。"②

(二)"死理"与"活理"

李退溪对明代朱子学的演变,做了分疏。他为了维护朱子学,特撰《非理气为一物辩证》一文,指名批评罗钦顺"倡为理气非异物之说","而误入处,正在于理气非二之说"③。他认为理气非二一体说,"于大头脑处错了"④。这样,即使有许多精到的见解,也"未足尚"。李退溪对罗钦顺的批评,实是对徐敬德(花潭)的批评。徐敬德等接受了罗钦顺等的思想,并在朝鲜传播。退溪说:

尝试以花潭说揆诸圣贤说,无一符合处。每谓花潭一生用力于此事,自谓穷深极妙,而终见得理字不透。所以虽拼死力谈奇说妙,未免落在形器粗浅一边了,为可惜也。⑤

虽然徐敬德"论气则精到无余"⑥,与罗钦顺一样,有许多精到的见解,但终于未能见得理字透彻,因而落在形器粗浅一边,"以气为亘古今常存不

①　罗钦顺:《困知记》卷下。
②　黄宗羲:《师说》,《明儒学案》卷首。
③　李滉:《非理气为一物辩证》,《陶山全书》(三),第242页。
④　李滉:《答洪应吉》,《陶山全书》(一),第369页。李退溪对罗钦顺的批评,请参见《李退溪哲学逻辑结构探析》一文,这里就不赘述了。
⑤　李滉:《非理气为一物辩证》,《陶山全书》(三),第241页。
⑥　李滉:《论人物》,《退溪先生言行录》卷五,《增补退溪全书》(四),第99页。

灭之物"①。李退溪认为徐敬德的错误就在于："主气太过,或认气为理"②,"其为说未免认理为气,亦或有指气为理"③,就是以理气非二一体。这种观点,退溪认为,从根本上违背了孔子以来的一贯主张："孔子、周子明言阴阳是太极所生。若曰理气本一物,则太极即是两仪,安有能生者乎?""若理气果是一物,孔子何必以形而上下分道器,明道何必曰须著如此说乎!"④孔子所言,系指《周易·系辞传》"易有太极,是生两仪"和"形而上者谓之道,形而下者谓之器"。两仪即是阴阳,阴阳即气。阴阳是太极所生,即气是理所生。若理气一物,便不能构成生与被生的关系,这显然不符合孔子以来周、程、朱等人形而上下之分的旨趣。在这一点上,李退溪排除众难,严守朱子学"规矩"。

然而,为了更明确无疑地说明太极生阴阳、理生气的问题,避免朱熹在太极(理)动静问题上的两重性,李退溪又接受了曹端、薛瑄等人的太极(理)自会动静说。他说："太极之有动静,太极自动静也。天命之流行,天命之自流行也。岂复有使之者欤!"⑤太极的动静,天命的流行,都是其自身本有的属性和功能,两者并非为二,因而没有一个主使者使太极动静。

既然太极自动静,理亦自动静。当李公浩(养中)以朱熹的理无情意、无造作,恐不能生阴阳相问时,李退溪回答说:

> 朱子尝曰:"理有动静,故气有动静。若理无动静,气何自而有动静乎?"知此则无此疑矣。盖无情意云云,本然之体,能发能生至妙之用也。⑥

朱熹这段话的旨趣,与他以形而上之理(太极)含动静而自身不动,是形而下之气所以动静的根据和理搭气而动静的思想相符合。退溪却是在理自会动静这个意义上引用朱熹的话的,与朱熹稍有差别,这正是退溪对朱学的发展。

本然之理能发生动静的妙用,这就避免了曹端、薛瑄理为死理、太极为

---

① 李滉:《答南时甫》,《陶山全书》(一),第390页。
② 李滉:《论人物》,《退溪先生言行录》卷五,《增补退溪全书》(四),第99页。
③ 李滉:《答南时甫》,《陶山全书》(一),第390页。
④ 李滉:《非理气为一物辩证》,《陶山全书》(三),第241页。
⑤ 李滉:《答李达李天机》,《陶山全书》(一),第376页。
⑥ 李滉:《答李公浩·问目》,《陶山全书》(三),第185页。

死太极的诘难,摆脱了死人骑活马、死理乘活气的困境,理顺了太极动静生阴阳、理自动静生气的根本,发挥了动静范畴在连接"理"(太极)——"气"(阴阳)中的作用,显现了动静中介范畴在构筑哲学逻辑结构中的功能。

由此,退溪对动静关系,进一步做了论证:

> 若以天理观之,动之不能无静,犹静之不能无动也。……但见得一动一静,互为其根,不容间断之意,则虽下静字,元非死物,至静之中自有动之端焉。①

动静互相联系,不能偏废,动必有静,静必有动,静中有动,动中有静。倘若动而无静,静而无动,就间断为二了,这是不对的。只有动静互为其根,不能间断,那么虽讲静,也不是绝对的静,而是静中自有动,意谓静不是死物,理(太极)不是死物。这与后来王夫之总结宋明以来的动静观,提出"静者,静动"②的命题相接近,把至静看作是运动的一种特殊形态。

《静斋记》是应南彦经而作,开章就说:"太极有动静之妙,而其动也本于静;圣人全动静之德,而其动也主乎静;众人具动静之理,而静之理常汩于动。"③虽然把太极、圣人、众人都看成具有动静之妙、之德、之理,但又把动静看成有主次的,静居于主导方面,动居于次要方面。因此,动主乎静,动本于静。

"主静"之说,退溪本于周敦颐《太极图说》,"圣人定之以中正仁义而主静"④。然而周敦颐的"主静",是就"立人极"说的,并自注为"无欲故静",是指达到做人的一种境界的修养方法,而非指"立太极"而言。在"无极而太极"那里,动静互为其根,不讲主静。退溪在《答金惇叙》书中,曾言:"延平之学,以静为本,而今告晦庵曰:静处工夫,闹处使不著。且使之就日用下工夫。斯乃贯动静一显微之道,虽不言敬,而敬在其中,亦何尝去事物而偏于静乎哉?"⑤以静为本,亦是就修养工夫、道德实践而言。即使这样,退溪仍把动静看成互相联系,动静一道,显微无间。

尽管《静斋记》讲:"动静者,气也;所以动静者,理也。圣人纯于理,故

---

① 李滉:《静斋记》,《陶山全书》(三),第269页。
② 王夫之:《内篇》,《思问录》,古籍出版社1956年版,第21页。
③ 李滉:《静斋记》,《陶山全书》(三),第268页。
④ 李滉:《答郑子明、李宏仲》,《陶山全书》(三),第56页。
⑤ 李滉:《答金惇叙》,《陶山全书》(二),第423页。

静以御动。"①似乎给人以作为动静的根据的理是静的感觉,但退溪在后记中说明写此《记》的经过,并自谦"年来学未有进益",退溪的旨趣是,"理动则气随而生,气动则理随而显"②。理与气不离不杂,以不杂言,理有动静,所以化生气,理与气不是一物;以不离言,理依赖气的动静而得以显现,若气不动,理便无法显现自己。这是否说,在理动生气之前,有一个有理无气的阶段;在气动理显之前,有一个有气而理未显的阶段?若作如是观,便是由不杂进了一步,而成为间断了,这是李退溪所不同意的。从理非静有而动无、气非静无而动有来看,理动气生、气动理显是没有缝隙的,"动静无端,循环无罅"③。因此,不可分前后,若分前后,就不合退溪意思了。所以,不离不杂是统一的,如偏执一个方面,都要做出错误的结论,这具有辩证思维的方法。

(三)合与分的不离不杂

理(太极)与气(阴阳)之所以有动静,既不是神灵,也不是别物的使然,而是理(太极)自动静。这便自从理(太极)之外去寻找动静的原因,转而从理(太极)自身去探索动静的根据。这个从外到内的转变是符合辩证思维的。

在李退溪的哲学逻辑结构中,不离不杂是其构筑哲学逻辑结构的重要方法。所谓不离,就是"合",即把两个性质不同甚至相反的东西合二为一;所谓不杂,就是"分",即把统一体按其内在的不同性质分而为二。因此,分(不杂)与合(不离),便是指对待与统一或同与异。退溪说:

> 理之与气本不相杂,而亦不相离。不分而言,则混为一物,而不知其不相杂也;不合而言,则判然二物,而不知其不相离也。④

---

① 李滉:《静斋记》,《陶山全书》(三),第268页。

② 李滉:《道体》,《李子粹语》卷一,《增补退溪全书》(五),第186页。另见《答郑子中别纸》,《陶山全书》(二),第339页。

③ 李滉:《静斋记·附》,《陶山全书》(三),第269页。

④ 李滉:《道体》,《李子粹语》卷一,《增补退溪全书》(五),第186页。

就理与气的关系说,应该从不离不杂、不分不合两个方面来认识。讲不离不分,理气、动静混为一物时,要看到它们之间的不相杂的对待关系,理气决是二物的形而上、形而下之分,或动静的对待,"不与动对,则不名为静;不与静对,则不名为动"①。讲不杂不合,理气、动静判然二物时,要看到它们之间的不相离的统一关系。这样来认识理气、动静关系,就不会发生片面性。

分与合,就其内涵而言,李退溪明确把它规定为一分为二与合二为一。他有一段很精到的论述:

> 大抵义理之学,精微之致。必须大著心胸,高著眼目,切勿先以一说为主。虚心平气,徐观其义趣,就同中而知其有异,就异中而见其有同。分而为二,而不害其未尝离;合而为一,而实归于不相杂,乃为周悉而无偏也。②

所谓分而为二,就是同中知异,即从统一物的同中而认识其差异,这便是分一为二。他举例说:"昔者孔子有继善成性之论,周子有无极太极之说,此皆就理气相循之中剔拨而独言理也。孔子言相近相远之性,孟子言耳、目、口、鼻之性,此皆就理气相成之中偏指而独言气也。斯四者岂非就同中而知其有异乎!"③《周易·系辞传》引孔子的话"一阴一阳之谓道,继之者善也,成之者性也",周敦颐的《太极图说》讲"无极而太极",这是就理气相循统一之中,侧重于讲理的方面;孔子在《论语》中讲"性相近,习相远",孟子讲耳、目、口、鼻之性,这是就理气相成统一之中,侧重于讲气的方面。此四者都是就理气相循相成的统一中,而认识其差异,这都是一分为二。

所谓合而为一,就是异中知同,即从性质不同的事物之中认识其统一,这就是合二为一。此一不是绝对无异的一,而是异物相合为一,因而称此一为统一(包含着异的统一)较符合原意。他举例说:"子思之论中和,言喜怒哀乐而不及于四端。程子之论好学,言喜怒哀惧爱恶欲而亦不言四端。是则就理气相须之中而浑沦言之也,斯二者岂非就异中而见其有同乎!"④《中

---

① 李滉:《心无体用辩》,《陶山全书》(三),第240页。
② 李滉:《答奇明彦(论四端七情第一书)》,《陶山全书》(二),第21—22页。
③ 李滉:《答奇明彦(论四端七情第一书)》,《陶山全书》(二),第22页。
④ 李滉:《答奇明彦(论四端七情第一书)》,《陶山全书》(二),第22页。

庸》相传为子思所作①，子思论中和是指"喜怒哀乐之未发谓之中，发而皆中节谓之和"，程颐在《颜子所好何学论》中虽把《中庸》四情扩展为七情，但它们都只讲四情或七情，而不讲四端，从理气相须浑沦之中，来认识异中之同，这就是合二为一。

分一为二与合二为一，作为连接诸范畴的中介，具有普遍的意义。就理气而言，异中见同是合二为一，同中知异是分一为二。"就异中而见其有异，故二者固有浑沦言之；就同中而知其有异，则二者所就而言，本自有主理主气之不同。"②浑沦言之，即是合二为一；分别言之，即是分一为二。就性情或四端七情而言，"盖人之一身，理与气合而生，故二者互有发用，而其发又相须也。互发则各有所主可知，相须则互在其中可知。互在其中，故浑沦言之者固有之。各有所主，故分别言之而无不可。"③理气、性情两者相须互发，互在其中，是从浑沦合一说的；两者各有所主，是从分别为二说的。就知行而言，"故义理之知行，合而言之，固相须并行而不可缺一；分而言之，知不可谓之行，犹行不可谓之知也，岂可合而为一乎？"④合，合而为一，知行相须并行；分，分而为二，知不可谓行，行不可谓知，知行分二。理气、性情、知行之间都处在分而为二和合而为一的进程之中，并把各范畴连接起来，而构成一整体系统。

李退溪把不离不杂的辩证思维方法，扩展为浑沦与分别、分与合的不离不杂，而成为构成整体的思维方法。由此，他进一步探讨了分与合，即分而为二与合而为一的关系：

> 分开说处，作分开看而不害有浑沦；浑沦说处，作浑沦看而不害有分开。不以私意左牵右掣，合分开而作浑沦，离浑沦而作分开。⑤

从分而为二来说，统一物分开为二而不损害有浑沦的合一；从合而为一来说，浑沦的合一而不损害统一物的分开。分开合而为一为浑沦，浑沦分而为二为分开。这就是说，分而为二与合而为一既相互对待（不杂），又相互统

---

① 朱熹在《中庸章句序》中说："《中庸》何为而作也，子思子忧道学之失其传而作也。"（《朱文公文集》卷七十六）认为《中庸》是子思所作。
② 李滉：《答奇明彦（论四端七情第二书）》，《陶山全书》（二），第46页。
③ 李滉：《答奇明彦（论四端七情第二书）》，《陶山全书》（二），第46页。
④ 李滉：《传习录论辩》，《陶山全书》（三），第242页。
⑤ 李滉：《答奇明彦·后论》，《陶山全书》（二），第52页。

一(不离);分开与浑沦相辅相成,而不相害相贼。因此,任何的偏执、片面都是不符合"周悉无偏"的辩证思维方法的。所以,李退溪反对"喜同而恶离,乐浑全而厌剖析"①。喜欢同或浑沦,即合而为一;厌恶离异或剖析(分开),即分而为二。这样便毋庸置疑地偏执一面,而损害了另一面。

李退溪认为,全面、正确地认识分而为二与合而为一的关系,是很必要的。这就是,"分而为二,不害其未尝离;合而为一,而实归不相杂"。"未尝离",是指浑沦而合而为一的状态;"不相杂",是指分开而分而为二的状态。这就是说统一物分而为二,而不损害合而为一;不同性质的两物合而为一,而不损害分而为二。分而为二与合而为一,亦是一种不离不杂、对待统一的辩证关系。

李退溪分而为二与合而为一辩证关系的阐发,超越前人,而成为从朱熹到王夫之的螺旋式发展中的重要环节。一分为二的思想,在中国哲学范畴发展史中,《周易·系辞传》曾说"分而为二以象两",具有分而为二思想的萌芽。后来,隋代的杨上善在解释《老子》的"道生一,一生二"时与《系辞传》"易有太极,是生两仪"结合起来,提出了"一分为二"的命题。宋代邵雍说明了"一分为二",张载提出了"一物两体"思想,朱熹实集以往一分为二思想之大成,全面系统地阐述、发展了一分为二的思想②。朱熹虽然看到了一与两之间的对待统一关系,即一而二,二而一的问题,但重点在说明一分为二,而于合二而一说明甚少。到了明末清初的方以智,才提出"合二而一"的命题,并做了系统的论述③。王夫之吸收朱熹的"一分为二"和方以智的"合二而一",并论述了两者的关系。"《易》曰'一阴一阳之谓道',或曰抟聚而合之一也,或曰分析而各一之也。"④统一物分析而为阴阳对立两方("各一"),就是一分为二;阴阳对待两方聚合而为一,就是合二而一。"合二而一"与"一分为二"互相联系,不可偏废。"盈天地之间,皆器矣。器有其表者,有其里者,成表里之各用,以合用而底于成。……故合二以一者,既分一为二之所固有矣。"⑤器有表里两面,这是一分为二;合表里两个方面

---

① 李滉:《答奇明彦(论四端七情第一书)》,《陶山全书》(二),第22页。

② 参见张立文:《朱熹思想研究》,中国社会科学出版社1981年版,第330—343页。

③ 参见张立文:《宋明理学研究》,第49—56页。

④ 王夫之:《系辞上传》第五章,《周易外传》,中华书局1977年版,第177页。

⑤ 王夫之:《系辞上传》第十二章,《周易外传》,第201—202页。

才有器的功用,便是合二而一。从阴阳双方"浑沦于太极之中而为一"来看,是合二而一;从统一物出现"清浊、虚实、大小之殊异则固为二"①来看,是一分为二。王夫之对"一分为二"和"合二而一"的内涵,以至它们之间的相互关系,做了总结,达到了时代的高水平。

如果把李退溪放在整个"一分为二"与"合二而一"辩证思维发展的背景下来考察,就会发现他继承和发展了朱熹的"一分为二"思想,比方以智早提出"合而为一"(合二而一)的命题,并对"分而为二"与"合而为一"的关系做了辩证的论述。这些论述虽没有王夫之的全面系统,但较王夫之为早,的确是难能可贵的。

(四)变与化的两种形态

李退溪基于对理(太极)自会动静和动静的内在动因的探讨,进而探讨了动静的两种表现形态,即相对稳定和显著变化。朱熹曾称为化与变,化就是渐化,变就是顿变或著变。《语类》这样记载:

> 又问:"变化二字,旧见《本义》云:'变者,化之渐;化者,变之成。'夜来听得说此二字,乃谓'化是渐化,变是顿变',似少不同。"曰:"如此等字,自是难说。'变者,化之渐;化者,变之成',固是如此。"②

渐化中渗透着顿变,顿变中渗透着渐化;顿变是由渐化到了一定限度引起的,在顿变基础上又出现了新的量变过程,因而说渐化是顿变之成。顿变不是偶然地、无缘无故地出现的。譬如十月阳气生,"从十月积起,至冬至积成一爻。不成一阳是陡顿生?亦须以分毫积起。且如天运流行,本无一息间断。"③事物的发展,先由渐化的分毫积起,而后才向顿变转化。他把这个由渐化到顿变的过程,形象而通俗地比喻为十月怀胎,一朝分娩,便成个孩子。"一气不顿进,一形不顿亏,盖见此理。阴阳消长亦然。如包胎时十月

---

① 王夫之:《发例》,《周易内传》。
② 黎靖德编:《朱子语类》卷七十一。
③ 黎靖德编:《朱子语类》卷七十一。

具,方成个儿子。"①说明顿变不是陡然发生的偶然事件,这无疑是合理的。

渐化与顿变既相区别,互相对待,又互相联结、渗透、转化,构成事物动静的两种形态。李退溪继承了朱熹的思想,具体说明了变与化的思想。他说:

> 凡阴阳往来消息莫不有渐,至而伸反而屈皆然也。然则既伸而反于屈,其伸之余者不应顿尽,当以渐也。既屈而至于无,其屈之余者,亦不应顿无,岂不以渐乎!②

阴阳往来,屈伸消息,都是一个渐化的进程。伸而发展是有,屈而消散是无,均不能顿尽顿无,而是渐尽渐无。在这里,渐与顿表示矛盾的两个方面:一是突然、迅速地尽或无;一是逐渐、慢慢地尽或无。这具有与朱熹论顿变与渐化相似的意思。从事物存在的形态来看,长时期是处在渐化进程之中,顿变是非常短暂的。"以眼前事物言之,火既灭,炉中犹有薰热,久而方尽。夏月日既落,余炎犹在,至夜阴盛而方歇。"③渐化要持续一段时间,才能尽或歇;顿尽顿无不需要一段时间。又譬如"凡人死之鬼,其初不至遽亡,其亡有渐。"④人之死,不是急遽地死亡,而是慢慢地、逐渐地死亡。遽亡与渐亡,即是指顿变和渐化。从活人转变为死人,这个转变是遽亡,是突然发生的显著变化;但这遽亡,有一个逐渐积累的过程,或由于逐渐衰老所致,或由于疾病所致。衰老和疾病到了一定限度,即关节点,就会产生遽亡。

顿变与渐化作为动静的两种形态,便有不动而变与动而变的区别。"不动而变,天地非无动,动而不见其迹耳。然而四时自行,万物自生,是不动而变也。"⑤所谓不动而变,并不是不动,而是一种不显著、看不见痕迹的变。这种不动而变相当于渐化,而不是顿变。动而变就是有痕迹、显著的变,相当于顿变。李退溪对于动静的相对稳定和显著变动两种形态的论述,是很有见地的,这就使他的动静观富有生气和特色。

综观李退溪对理动静的论述,理(太极)自会动静;动静既不自外,其内在根据就是事物自身的分与合,分而为二与合而为一对待统一是动静的内

---

① 黎靖德编:《朱子语类》卷七十一。
② 李滉:《答南时甫》,《陶山全书》(一),第390页。
③ 李滉:《答南时甫》,《陶山全书》(一),第390页。
④ 李滉:《答南时甫》,《陶山全书》(一),第390页。
⑤ 李滉:《答李宏仲·别纸》,《陶山全书》(三),第77页。

因;动静表现的形态,基本上是顿变与渐化。这样便构成了李退溪理动论的整体思想。理(太极)既被规定为自动自静,在动静之外便没有一个使之动静者,这样就排除了有意志、有情意、有目的者的造作。理便是自本自根,既是所当然,又是所以然。理(太极)是客观精神实体,又是自然万物的根源。李退溪理动论具有辩证思维的因素,他看到了强调冲突对待一方的偏颇,从不离不杂而展开为动静、分合、变化、体用等关系的论述,具有其显明的特点。

十四、朱子与退溪、栗谷道心
人心论之比较

道心人心之辩,乃朱子学之精髓。朱熹认为,道心人心之说是圣人尧舜相传之"道"。"所谓'人心惟危,道心惟微,惟精惟一,允执厥中'者,尧舜禹相传之密旨也。"①这十六字密旨,出自《尚书·大禹谟》,理学家以此为"正眼法藏"。朱熹在 44 岁以后的《语类》中载有:"如《书》云:'人心惟危,道心惟微,惟精惟一,允执厥中。'此便是尧舜相传之道。"②十六字密旨也就成为"道统"的重要内涵。因此,它也受到朝鲜朱子学双璧退溪和栗谷的关注和重视。

(一)道心与性命

朱熹所谓的"心",是一个主体性的范畴。从性质上说,既是认识器官的物质之心,又是"存心养性"之心;从功能而言,既能"心统性情",又能"心兼体用"。前者朱熹又分为"一块血肉之心"与"潜天潜地之心",以及道心与人心之别;后者则有"未发已发"和"心体情用"之异。《朱子语类》记载:

> 问:"先生尝言,心不是这一块,某窃谓满体皆心也,此特其枢纽耳。"曰:"不然,此非心也,乃心之神明升降之舍。人有病心者,乃其舍不宁也。凡五脏皆然,心岂无运用。"③

---

① 朱熹:《答陈同甫》,《朱文公文集》卷三十六。
② 黎靖德编:《朱子语类》卷五十八。
③ 黎靖德编:《朱子语类》卷五。

一块血肉之心,是乃神明升降之舍,相当于现在所说的器官、感官;心又并非只是血肉,具有"潜天潜地"的内涵。"所谓心者,是指个潜天潜地底说,还只是中间一块肉底是?若作心说,恐未是。"①心能知觉、思虑,有意识、思维。

> 此心至灵,细入毫芒纤芥之间,便知便觉,六合之大,莫不在此。又如古初去今,是几千万年,若此念才发,便到那里;下面方来,又不知是几千万年,若此念才发,便也到那里。这个神明不测,至虚至灵。②

念,是指主体的意念,它无处不入,无所不在。既无时间的限制,又无空间的界限。如果说作为一块肉的心不能超越个体人身的话,那么,作为潜天潜地、至虚至灵的心是能够超越个体人身的。

"心统性情",统有两义:一曰"兼","心统性情,统犹兼也"③;一曰主宰,"统是主宰,如统百万军,心是浑然的物,性是有此理,情是动处"④。"性即理",情为发明。所谓"心兼体用",《语类》记载:"心有体用,末发之前是心之体,已发之际乃心之用。"⑤"心"便既是体,又具用;既是性,又是情;既有形而上的德性,又有形而下的品性。因此,当学生问:"心之理乃形而上否?"朱熹便做了这样的回答:"心比性则微有迹,比气则自然又灵。"⑥就"心即理"、"心统性","心之体"来说,为形而上;就"人心"、"心统情"、"心兼用"而言,为形而下。

道心、人心是从道德意识和道德实践意义上规定"心"的。虽然朱熹在讲"心"时往往同"理"、"性"相联系,"仁者,心与理一,心纯是这道理,看甚么事来,自有这道理在处置他"⑦,"心与理一,不是理在前面为一物,理便在心之中,心包蓄不住,随事而发"⑧。这样,"心即理,理即心"⑨,"心"、"理"、"性"具有相类的意义。"盖心之所以具是理者,以有性故也。"⑩"性

---

① 黎靖德编:《朱子语类》卷六十一。
② 黎靖德编:《朱子语类》卷十八。
③ 黎靖德编:《朱子语类》卷九十八。
④ 黎靖德编:《朱子语类》卷九十八。
⑤ 黎靖德编:《朱子语类》卷五。
⑥ 黎靖德编:《朱子语类》卷五。
⑦ 黎靖德编:《朱子语类》卷三十七。
⑧ 黎靖德编:《朱子语类》卷五。
⑨ 黎靖德编:《朱子语类》卷十八。
⑩ 黎靖德编:《朱子语类》卷五。

即理也,在心唤作性,在事唤作理。"①"心"、"性"、"理"只是在不同场所的同实异名。但是,当朱熹把"心"加以区分的时候,便不一定都与"理"、"性"有直接的继承关系。

所谓"道心",朱熹认为出于"天理"或"性命之正"。他说:"道心者,天理也,微者精微。"②也可以说"道心"生于"天理"。当学生问"道心生于天理"时,他是同意的。"道心"既出于"天理",无疑便包含有理在里面。他说:"道心者,兼得理在里面,惟精而无杂,惟一是始终不变,乃能允执厥中。"③"道心"生于"天理","道心全是天理",因此说,"道心"则"原于性命之正"④。

"道心"既为天理,则必须合乎"义理",否则便不是"道心"。他说:"道心是本来禀受得仁义礼智之心。"⑤作为主体的知觉和认识也应该从义理上去体认,"知觉从义理上去,便是道心"⑥。这就是说"道心"以"义理"为准则,"道心"也就是一种从"义理"上推衍出来的"见识"或认知,即从"义理"上起的见识(或作就道理上生出来的见识)便是道心⑦。"道心"既出于"义理"或"生于义理",又以"义理"为尺度,它包含有这样两方面的意思:一是从禀受仁、义、礼、智而发为恻隐、羞恶来说:"恻隐、羞恶、是非、辞逊,此道心也。"⑧二是从君臣、父子等伦常关系说:"知觉从君臣父子处,便是道心。"⑨这就揭示出,道心作为义理之心的具体内涵便是仁、义、礼、智和恻隐、羞恶、是非、辞逊等。

由于"道心"得于"天地之正"⑩,"发于义理之公"⑪,因此是善的,是圣人所具有的。《语类》记载:

> 又问:"圣人亦有人心,不知亦危否?"曰:"圣人全是道心主宰(时

---

① 黎靖德编:《朱子语类》卷五。
② 黎靖德编:《朱子语类》卷七十八。
③ 黎靖德编:《朱子语类》卷七十八。
④ 朱熹:《中庸章句序》,《朱文公文集》卷七十六。
⑤ 黎靖德编:《朱子语类》卷七十八。
⑥ 黎靖德编:《朱子语类》卷七十八。
⑦ 参见黎靖德编:《朱子语类》卷七十八。
⑧ 黎靖德编:《朱子语类》卷六十二。
⑨ 黎靖德编:《朱子语类》卷七十八。
⑩ 朱熹:《答陈同甫》,《朱文公文集》卷三十六。
⑪ 朱熹:《尚书·大禹谟》,《朱文公文集》卷六十五。

举录云：圣人纯是道心），故其人心自是不危；若只是人心也危。"①
但是，圣人也不可能没有人心，因为圣人首先是人，是人便需要饥食寒衣。
"虽圣人不能无人心，如饥食渴饮之类。……但圣人于此，择之也精，守得
彻头彻尾。"②饥食寒衣是延续人体生命所必需，只不过圣人善于选择，择得
精，守得彻底而已。

退溪作为李朝朱子学大家，继承和发挥了朱熹学说。他在《答洪胖》书
中语："人心、道心之义，考亭发明，无复余憾。后来诸儒说虽或有得失，苟
能研思熟玩，何待吾说而后知之耶？"③虽退溪自歉，然仍有所弘扬。退溪既
以心为一块血肉，即物质器官，又以心非一块肉，而为思维器官；既是知觉感
官，又具有认知的功能，而与朱熹同，亦与朱熹有异。譬如朱熹主张"心兼
体用"，退溪则明确主张"体用之名，虽未见于先秦之书，而程朱以来诸儒，
所以论道论心，莫不以此为主，讲辩论析，惟恐不明，而陈北溪心说，尤极言
之，何尝有人说心无体用耶？"④退溪认为以寂感为体用本于"太易"；以动
静为体用，本于《戴记》（《礼记》）；以未发已发为体用，本于子思；以性情为
体用，本于孟子。所有这些方面，都是心的体用。不仅追溯心之根源，而且
扩展了心之体用之范围，较之朱子进了一层。

所谓"道心"，退溪以为是义理之心。"义理精微难见一条，尝考《语
类》，非有误也。盖于此答道心惟微之问，而欲说义理精微处以晓之。……
又以见禽兽知饥食渴饮而不知利害，众人知利害而不知义理，惟君子存其所
以异于禽兽者，故能知义理之精微。其大义不过如此。"⑤道心是既异于禽
兽知饥食渴饮而不知利害；又别于众知利害而不知义理，只有君子知利害，
知义理，而具有"道心"。

"道心"既为义理之心，"固原于性命"⑥。因而，道心便与四端相联结，
而与七情有异。退溪说：

> 若夫道心之与四端，虽与人心七情之说不同。然道心以心言，贯始

---

① 黎靖德编：《朱子语类》卷七十八。
② 黎靖德编：《朱子语类》卷七十八。
③ 李滉：《答洪胖》，《增补退溪全书》卷三十九，第297页。
④ 李滉：《心无体用辩》，《增补退溪全书》卷三十九，第319页。
⑤ 李滉：《答赵士敬·别纸》，《陶山全书》（二），第265页。
⑥ 李滉：《答洪胖》，《增补退溪全书》卷三十九，第297页。

终而通有无;四端以端言,就发见而指端绪,亦不能无少异。①
这样仁、义、礼、智而发为恻隐、羞恶、是非、辞逊之心,都属道心的内涵,"道心为四端"②。退溪所说的"原于性命",也就是朱熹所说的"得于天地之正"③或"义理之公"。

"道心"是"存天理"之事,是经由"灭人欲"而获得的"天理",此"天理"便是"道心",或曰与道心相符合。退溪说:

> 遏人欲事,当属人心一边;存天理事,当属道心一边可也。④

"道心"便是一种最高的道德原则或理想境界。它是当时一般人道德规范、道德实践的升华。

如果说退溪重于道心人心之别,栗谷则有使两者相联结的趋向。栗谷认为:

> 朱子既曰虽上智不能无人心,则圣人亦有人心矣。岂可尽谓之人欲乎?以此观之,则七情即人心,道心善恶之总名也。孟子就七情中剔出善一边目之以四端,四端即道心及人心之善者也。四端不言信者,程子曰:既有诚心为四端,则信在其中矣。⑤

既然承认圣人也有人心,就不能说"人心"都是"人欲",若"七情"属于"人心",便不能说"七情"都是"人欲",都是恶的。由此看来,七情是人心道心善恶的总名或通称,而不能仅以"四端"为"道心","七情"为"人心",善为道心,恶为人心,而是两者的统一。"或以四端为道心,七情为人心。四端固可谓之道心矣,七情岂可只谓之人心乎?七情之外无他情,若偏指人心则是举其半而遗其半矣。"⑥七情也包括"道心";若只指人心,则是只说了一半。栗谷以道心、人心对半来分指七情,可见他对七情、人心的重视。道心人心、四端七情是统一的。这是栗谷注重现实大众的认知水平、道德意识和关注现实迁恶为善的需要。

从善恶的角度来看道心人心,栗谷曾同意振纲的说法。振纲说:

① 李滉:《答李平叔》,《增补退溪全书》卷三十七,第 256 页。
② 李滉:《答李平叔》,《增补退溪全书》卷三十七,第 256 页。
③ 参见张立文:《中国哲学范畴发展史》(天道篇)中的《中国哲学范畴系统表》。
④ 李滉:《答李平叔》,《增补退溪全书》卷三十七,第 259 页。
⑤ 李珥:《人心道心图说》,《栗谷全书(一)》卷十四,成均馆大学校大东文化研究院1986 年版,第 283 页。
⑥ 李珥:《人心道心图说》,《栗谷全书(一)》卷十四,第 283 页。

人心之善亦可谓之道心也。虽然,忠于君,孝于亲,道心之属,而原于性命之正;饥饮食,寒欲衣,人心之属,而生于形气之私;人心道心各有所主而言也。若以人心之善专谓之道心,则圣人只有道心而已①。

道心原于性命之正,人心生于形气之私,是从两者分别说的。如果说圣人亦有"人心",便不必把"人心"之善归结为"道心"。这样栗谷首先肯定了人心有善的方面,人心之善属于人心,它是本具的。若把人心善的方面归于"道心",那么,"人心"只有恶的方面了,这不符合圣人也有人心的说法。在这一点上,栗谷是有补于退溪的。朱子学双璧之互补,而起相得益彰之效用。

然而,栗谷并不否定朱子和退溪以"道心"为"义理之心"、"性命之正"和"善"。他说:

欲孝其亲,欲忠其君,见孺子入井而恻隐,见非义而羞恶,过宗庙而恭敬之类是也,此则谓之道心②。

忠于君,孝于亲之类,道心也③。

"道心"作为理想的道德境界,也是栗谷所追求的。

"道心"为"义理之心";是"至善"的,为圣人所具有的心;它原于"性命之正","生于义理";为仁、义、礼、智,恻隐、羞恶、是非、辞逊之心,则为朱子、退溪、栗谷之所同。但对于"道心"之追根溯源,及道心范围之限定,则是退溪之发展,而有异于朱子。栗谷从道心人心不可分的方面,说明七情是道心人心善恶的总名,则与退溪有异。这种异并非根本思想之异,而是在不同时期、不同情况下对于朱子和退溪的发挥,因此,可谓同中之异。

在人类社会中,人与人,人与集团、社会、国家结成一定的关系,人们都在这种关系中生活而无可逃,便要有一定的行为规范或道德规范。不同层次的人,依据其社会地位、名望、责任和受教育程度,人们对他的道德行为、伦理规范的要求亦不一样;其实不同层次的人自身,也应该有一种道德的自觉,主体在实现自我中就具有"道心",而"道心"是应该通过不同层次的个体的主体得以体现的。

---

① 李珥:《语录上》,《栗谷全书(二)》卷三十一,第233页。
② 李珥:《人心道心图说》,《栗谷全书》卷十四,第282页。
③ 李珥:《语录上》,《栗谷全书(二)》卷三十一,第231页。

（二）人心与形气

对不同层次的人，无论是行为规范，还是人格类型的要求，都应该是不一样的，这种差异既符合人们道德的现实，亦是社会所允许的。朱子学家提出道心、人心之分，也许就是基于这种考虑。

所谓"人心"，简言之就是一般常人所具有的道德心理、道德意识或道德行为、道德规范。朱熹认为，"人心"出于"形气之私"。他说：

> 心者，人之知觉，主于身而应事物者也。指其生于形气之私者而言，则谓之人心。……人心易动而难反，故危而不安。①

人心与道心的不同来源，构成了两者的重要区别。"心之虚灵知觉一而已矣，而以为有人心、道心之异者，则以其或生于形气之私，或源于性命之正。"②何谓"形气之私"？朱熹在《语类》中有这样一段记载：

> 问："或生于形气之私？"曰："如饥饱寒暖之类，皆生于吾身血气形体，而他人无与所谓私也。亦未能便是不好，但不可一向徇之耳。"③

主体在物质上的饥则求饱、寒则求暖的生理需要，作为"形气之私"的"私"，这便引起了学生们的疑惑。《语类》中有一段对话，反映了在这个问题上的分歧：

> 问："先生说人心是形气之私，形气则是口、耳、鼻、目、四肢之属？"曰："固是。"问："如此则未可便谓之私。"曰："但此数件物事属自家体段上，便是私有底物，不比道便公共，故上面便有个私底根本。"④

学生们的意思是说口、耳、鼻、目、四肢等形气与生俱来，怎么叫故"私"？如果以口、耳等属于"自家体段上"，便是"私"，那么，圣人的口、耳、鼻、目、四肢等岂不也属于"自家体段上"，也是"形气之私"吗？在这里，朱熹留下来一个矛盾。

---

① 朱熹：《尚书·大禹谟》，《朱文公文集》卷六十五。
② 朱熹：《中庸章句序》，《朱文公文集》卷七十六。
③ 黎靖德编：《朱子语类》卷六十二。
④ 黎靖德编：《朱子语类》卷六十二。

"人心"既为"形气之私",便是人欲。他说:

> 人心者,人欲也;危者,危殆也。①

所谓"人欲",就是一种饥思食、渴思饮的心,这其实就是人心,"人心便是饥而思食,寒而思衣底心","知觉从饥食渴饮,便是人心"。这便把主体生命所需要说成"人欲",无疑把圣人的这种需要亦归于"人欲",便使自身陷入自设的困境之中。

朱熹为了摆脱这个困境,他也承认圣人不得无"人心",但不承认圣人有"人欲"。为此,他对程颢、程颐的"人心,人欲也"做了两方面的修正。一方面,"虽圣人不能无人心,如饥食渴饮之类;虽小人不能无道心,如恻隐之心是也。"②在这里朱熹是依照生活之常理来说的。这样,圣人也是人,而不是神;是熟悉和与人间烟火的,而不是不食人间烟火的。圣人既不是具有"人心"的超人,就不能简单地说"人心"不好:

> 人心亦不是全不好底,故不言凶咎,只言危。盖从形体上去,泛泛而无定的,或是或非不可知,故言其危。③

> 人心不全是不好,若人心是全不好底,不应只下个危字。④

"不全是不好"底,就是有好的。承认人心有"好"底,便同"人欲"就有差别,而不能把两者等同起来。然而,朱熹并不因圣人也有人心,而把圣人与愚人等同起来。他认为两者的区别就在于,"圣人不以人心为主,而以道心为主",或者"不被人心胜了道心"⑤。人心与道心各有其主导方面和不同的价值取向,这种不同的价值取向便是圣人与愚人的选择尺度。

另一方面,"人心"既不是全不好,又为圣人所具有,就不可避免地触到了朱熹想回避而无法回避的难题,这就是"人欲"是否也有不是全不好的因素、方面。朱熹做了这样的说明:

首先,他对"人心,人欲也"这个规定提出了怀疑。他说:

> "人心,人欲也",此语有病。虽上智不能无此,岂可谓全不是。⑥

---

① 黎靖德编:《朱子语类》卷七十八。
② 黎靖德编:《朱子语类》卷七十八。
③ 黎靖德编:《朱子语类》卷七十八。
④ 黎靖德编:《朱子语类》卷七十八。
⑤ 黎靖德编:《朱子语类》卷七十八。
⑥ 黎靖德编:《朱子语类》卷七十八。

立论的依据便是"虽上智不能无"人心,由此反证"人心,人欲也"的说法有弊病。

其次,朱熹进而说明人欲也未便不好。《语类》记载:

> 问:"人心惟危,程子曰:'人心人欲也。'恐未便是人欲?"曰:"人欲也未便是不好,谓之危者危险,欲堕未堕之间。"①

在这里说明:一是,人心只是一种具有不好的可能性,可能性不一定转化为现实性,也不等于现实的不好;二是,"人心惟危",具有不确定性,只处在一种欲堕未堕之间,这种中介,具有向两个不同倾向发展的可能;三是,人欲也不是就不好,朱熹的这一层意思直接否定着朱子学的一个重要命题,即"存天理,灭人欲"。如果"人欲"不是全不好,又何必要"灭"? 既要"灭",岂不把不是不好的方面也灭了? 这里朱子又为自己设置了困境。

既然"人心"不一定就是不好的,以至说"人欲也未便不好",因而,他认为"人心"应兼善恶。《语类》记载:

> 问:"心之为物,众理具足,所发之善,固出于心。至所发不善,皆气禀物欲之私,亦出于心否?"曰:"固非心之本体,然亦是出于心也。"又问:"此所谓人心否?"曰:"是"。子升因问:"人心亦兼善恶否?"曰:"亦兼说。"②

物欲之私虽非出于"心之本体",但不能不说出于"心";心有道心、人心之分,人心兼善兼恶。

然而,朱熹把"人心"的来源说成生于"形气之私","是气血和合做成,嗜欲之类皆从此出"③,就是从贬的意义上的规定"人心"。"人心"既是"私",又怎么有不私之善、不私之公? 这个问题又为后学留下了探索的课题。

退溪对于"人欲"的规定,既继承朱子,又有所发展。第一,以"人心"与"人欲"为本与流(末)的关系。他在《答侨侄问目》中说:

> 人心者,人欲之本;人欲者,人心之流。夫生于形气之心,圣人亦不能无,故只可谓人心而未遽为人欲也。然而人欲之作,实由于此。故曰:人欲之本陷于物欲之心。众人遁天而然,故乃名为人欲而变称于人

---

① 黎靖德编:《朱子语类》卷七十八。
② 黎靖德编:《朱子语类》卷五。
③ 黎靖德编:《朱子语类》卷七十八。

心也。是知人心之初本不如此,故曰:人心之流。此则人心先而人欲后,一正一邪,不可以轻重言也。①

朱子虽讲了"人心"与"人欲"有别,然究竟是一种什么关系,并未说明。退溪把两者关系规定为"本"与"流"(末),既说明两者不可以分割的联系,流是本之流出,无本何以流;流是本之延续,无流何以展现本。又说明两者的区别,本之流,流毕竟不能与本等同;流是本的展现,展现者与被展现者亦有差异。这就是说,本与流的关系是一种源与流,也可以说是本质与现象的关系,这显然是朱子学发展。事实上,退溪是在发展朱子学中坚持朱子学的,也正是这样,使朱子学适应了李朝现实社会的需要,并在李朝得到高度繁荣,而为朝野所接受。

退溪深明朱子对二程"人心人欲也"的修正,及其间的苦心。虽留下了冲突,亦启迪了后学的思考。退溪在总结朱熹思想转变的脉络时说:

> 人心为私欲,程门只作如此看。朱子初间亦从之,其说见于大全书《答何叔京》等书者可考。其以为非私欲,乃晚年定论。②

有鉴于此,退溪规定"人心"为本,"人欲"为流。"人心之中理、中节为好底,反是为不好底。能精能一则不畔于道心,不流于人欲矣。程子谓人心为人欲,朱子晚觉其说犹有未尽,故不得不改从今说。"③探索了朱子思想发展的原委。

第二,怎样衡量"人心"中好的标准,朱熹虽讲到"人心"中有好的因素、方面,但没有讲到怎样才能算"人心"中善的或怎样才能达到好的方面,退溪提出了"中理"和"中节"两个层次。"中理",是指合乎"天理",又无过与不及。"中理"的过程,就是使"人欲"服从于"天理","天理"制约"人欲",而不致违背"天理"。"中节"是子思《中庸》中的话,退溪说:"子思谓喜怒哀乐之未发谓之中,发而皆中节谓之和。"④"中节"就是一切都合乎一定的法度。大凡做到"中理"、"中节"便是"人心"中好的呈现。

第三,人心生于"形气",而不像朱熹讲"生于形气之私","人心固生于形气"⑤。无此"私"字,便是对朱子学的发展;因形气并非不好,自然界一

---

① 李滉:《答侨侄问目》,《增补退溪全书》卷三十九,第307页。
② 李滉:《答赵士敬·别纸》,《陶山全书》(二),第265页。
③ 李滉:《答李仲宏问目》,《陶山全书》(三),第97页。
④ 李滉:《答李平叔》,《增补退溪全书》卷三十七,第259页。
⑤ 李滉:《答洪胖》,《增补退溪全书》卷三十九,第297页。

切事物都充塞着"形气"。"形气"也有正和邪之分,正者不背"天理",邪者便是"私"。"形气"的正邪,便产生和影响"人心"的奸恶。人禀天之气,禀地之质。气之造化流行,便有清浊粹驳之分。退溪说:

> 盖造化流行,其气元自有清浊精驳。如这一朵花或早发,或晚发,或十分好艳,或小色,或大或小,其分不齐。气有不齐如这花。①

气有"清浊粹驳"之分,影响"人心"有好与不好之别。好的方面与道心相符,不好的陷溺于"人欲",又与气质相对应,形气相联结。

退溪对朱子学关于道心人心说的发展,使道心人心说更趋完备。栗谷以"心为性情意之主"②,然"心即气"。他说:"有为口体而发者如饥欲食,寒欲衣,劳欲休,精盛思室之类是也,此则谓之人心。"③这是从本然之特性上规定人心。

然而,栗谷认为人心并非只源于形气,而且亦发于理。他说:

> 人心谁亦本乎理,而其发也为口体。故属之形气方寸之中,初无二心,只于发处有此二端。故发道心者气也,而非性命,则道心不生。原人心者理也,而非形气,则人心不生。此所以或原或生,公私之异者也。④

值得注意的是:其一,栗谷独创新见,一反朱子和退溪之说,以"道心"不离乎"气",而不是发于"天理"。他说:"道心虽不离乎气,而其发也为道义,故属之性命。"⑤这是与栗谷哲学以"气"为主要范畴分不开的。其二,栗谷以人心原于理,也与退溪有异。由于道心人心来源、根源与退溪有别,便导致一系列的分歧。

栗谷认为,"人心道心虽二名,而其原则只是一心。其发也或为理义或为食色,故随其发而异其名。"⑥同为一心而异名,于是,"人心道心通情意而言者也。人莫不有性,亦莫不有形,此心之知觉均由形之寒暖、饥饱、劳佚、奸恶而发,则谓之人心。初非不善,而易流于人欲。"⑦从心的知觉而发而

---

① 李滉:《金道盛太极图说讲录》,《陶山全书》(四),第392页。
② 李珥:《答成浩原》,《栗谷全书》卷九,第184页。
③ 李珥:《人心道心图说》,《栗谷全书》卷九,第282页。
④ 李珥:《人心道心图说》,《栗谷全书》卷九,第282页。
⑤ 李珥:《人心道心图说》,《栗谷全书》卷九,第282页。
⑥ 李珥:《答安应休》,《栗谷全书》卷十,第198页。
⑦ 李珥:《答安应休》,《栗谷全书》卷十二,第250页。

言,原初是善的,人欲是后来的。

朱子、退溪、栗谷对人心之规定,均随着主体认知的深入和对现实人性的体察,不断有所发现和创新,使朱子学不断得到具体和丰富。这也与人类思维发展水平相适应。

(三)道心、人心的对待统一

"道心"与"人心"内涵的丰富和发展,虽与客体的发展相联系,亦与朱子学内在的逻辑发展相一致。朱熹以"道心"与"人心"的关系,犹如"天命之性"与"气质之性"的关系,两者既相互对待,又相互联系。就其相互对待有别而言:一是来源不同。他说:

> 人心道心之别者何哉? 盖以其或生于形气之私,或原于性命之正,而所以为知觉者不同,是以或危殆而不安,或精微而难见耳。然人莫不有是形,故虽下智不能无人心;亦莫不有是性,故虽下愚不能无道心。①

"性命之正"——"道心";"形气之私"——"人心"。

二是所以为知觉者不同。"或问:'人心道心之别?'曰:'只是这一个心,知觉从耳目之欲上去,便是人心;知觉从义理上去,便是道心。'"②

三是为善为恶不同。道心为善、至善;人心为有善有恶。这是因为"人心既从形骸上发出来,易得流于恶"③。

这些不同构成了"道心"与"人心"的冲突,这种冲突是通过一方胜一方的形式表现出来的。《语类》记载:"颜子也只是使人心听命于道心,不被人心胜了道心。今便须是常常拣择教精,使道心常常在这面如个主人,人心只如客样。"④要保持"道心"的主导方面和地位,"人心"的客人的地位。这样"道心"便可控制"人心",而胜于人心。

就"道心"与"人心"的相互联系来看,朱熹一再说明两者是统一的,两

---

① 朱熹:《戊申封事》,《朱文公文集》卷十一。
② 黎靖德编:《朱子语类》卷七十八。
③ 黎靖德编:《朱子语类》卷七十八。
④ 黎靖德编:《朱子语类》卷一百二十。

者并非二心,而是一心,"道心人心,本只是一个物事"①。但却是"一个物事"的两个方面。两者既相互依存,又相互差异,不离不杂。他说:

> 然此道心却杂出于人心之间,微而难见,故必须精之一之,而后中可执。②

"道心"杂出于"人心",或"道心却在形气中",是从"道心"渗透到"人心"中而言的;"人心"也渗透到"道心"中,"人心"也未便全是不好的道理。两者你中有我,我中有你,相互蕴含。

但是"道心"与"人心"的相互联系和渗透,还是有主次或主从的。朱熹说:

> 道心则是义理之心,可以为人心之主宰,而人心据以为准者也。③
>
> 有道心则人心为所节制。④

"道心"主宰"人心","人心"以"道心"为准绳,因而人心为"道心"所节制。这是主次,主导与非主导关系。同时,"道心"与"人心"犹如士卒之听从将军,"人心如卒徒,道心如将"⑤。如果不突破这种主从,就会使"道心"与"人心"的关系陷入不平等的单一关系。

退溪的"道心"与"人心"的关系,实有四端与七情、天命之性与气质之性的相分不离、相合不杂的意味。从相分和不杂而言,两者是差异对待。"若各就其名实而细论之,则人心之名已与道心相对而立。"⑥既相对立,则求其原因,便是"自家体段上私有底。盖既曰私有,则已落在一边了"⑦。

当然,退溪是强调两者的相合不离的。这种统一,是"听命于道心而为一,不得与道心浑沦为一称之"⑧。退溪把这种有条件的统一,称为"相资相发"。他说:

> 合而言之,道心推出于人心之间,实相资相发,而不可谓判然为二物也。⑨

---

① 黎靖德编:《朱子语类》卷七十八。
② 黎靖德编:《朱子语类》卷六十二。
③ 黎靖德编:《朱子语类》卷六十二。
④ 黎靖德编:《朱子语类》卷七十八。
⑤ 黎靖德编:《朱子语类》卷七十八。
⑥ 李滉:《答李平叔》,《增补退溪全书》卷三十七,第259页。
⑦ 李滉:《答李平叔》,《增补退溪全书》卷三十七,第259页。
⑧ 李滉:《答李平叔》,《增补退溪全书》卷三十七,第259页。
⑨ 李滉:《答洪胖》,《增补退溪全书》卷三十九,第297页。

"道心"与"人心"相互依赖,相互凭借,不能分为二物。其实,这是以"道心"来统一"人心",而不是以"人心"统一"道心"。

栗谷亦以道心与人心为对待。他说:

> 人心道心则或为形气,或为道义,其原虽一,而其流既歧,固不可不分两边说。①

把道心、人心譬喻为"原"与"流",与退溪以"本"与"流"分道心、人心相似。

栗谷虽以道心、人心为对待,但更强调两者的统一。这是因为"理气浑融,元不相离。心动为情也,发之者气也,所以发者理也。非气则不能发,非理则无所发,安有理发气发之殊乎?"②既没有理发、气发之分,亦无道心、人心之别。

从道心、人心统一的观点来看,栗谷为其构筑了这样的图式(见右图)③:

这个图式说明:

其一,内圆圈为具有仁、义、礼、智四端的性,栗谷加"信",便与五行相配,而成五常。这是人心道心的核心,进而发为中节,而符合天理和气。

其二,内圆圈通过水气和心土火而进到外圆圈,才发而有"道心"与"人心"。这就是说道心和人心都与气相联系。

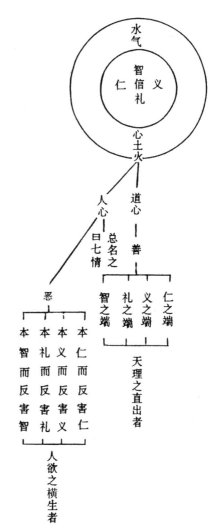

---

① 李珥:《答安应休》,《栗谷全书》卷十,第198页。
② 李珥:《人心道心图说》,《栗谷全书》卷十四,第282页。
③ 李珥:《人心道心图说》,《栗谷全书》卷十四,第282页。

其三,道心虽为善,人心虽总名之曰七情,但都包含着四端。从这个意义上说,道心和人心是"天理之直出者",换句话说,都来自"天理"。

其四,"人心"中本之仁、义、礼、智而反害仁、义、礼、智者便是恶。这种恶是"人欲之横生者",而不是直出者。横生和直出,属分了道心与人心由而所产生的善与恶。

朱熹、退溪、栗谷主张道心与人心相互对待、相互统一则同,但其如何对立,如何统一,亦有异。这种同与异的探讨,构成了两者的比较研究。

十五、朱子与退溪价值观之比较

价值观的核心是人。因其有人的存在,才衍生为人在宇宙自然中方位、地位即人的类价值;作为人类的个体,在自然、社会中定向、定位,即个体价值;人怎样生活才能实现理想人格,而有价值等。若无人,亦无所谓价值学说。

(一)人的价值和层次

中国古代所谓"价值",并没有现代价值的意思,而只具有经济学上的意义,即指商业交换中量的比值。在汉语中与现代意义上"价值"相当的是"贵"字,有贵重、珍重、可重视的意思。价值从经济学领域而迈入哲学领域,是与西方近代哲学相联系的。法国哲学家拉皮埃(Paul Lapie,1869—1927年)较早使用价值学这个概念。后来弗赖堡学派的文德尔班(Wilhelm Windelband,1848—1915年)和他的学生李凯尔特(Heinrich Rickert,1863—1936年)认为,价值不决定事物之间的关系,而决定于主体的感情、意志;抽开意志和情感,就不会有价值这个东西。新托马斯主义认为上帝是价值学说的中心和归宿,马利坦(Jacques Maritain,1882—1973年)认为,每个灵魂的无限价值以及各个种族、各种地位的人在上帝面前本质上一律平等,并把一切道德规范置于上帝制约之下。弗赖堡学派把价值归结为一种主观精神的欲望或志趣,新托马斯主义则把价值归结为超现实世界的规范和理想、神和上帝。价值便有哲学意义,或称为价值哲学。

价值,是指客体(自然、社会和某种客体形式的意识形态的作用、变化)

与主体需要之间的一种特定(肯定与否定、矛盾与一致)的关系。这就是说,人把自己生存于其中的外部世界,作为满足自身生存需要和发展的对象,外部世界亦具有满足人的需要和发展的可能,这种客观世界与人的主体需要的关系,称为价值关系。人的主体地位,是在同客观世界的关系中确立的。主体与客体之所以构成某种关系的中介是活动、劳动或实践,如果没有活动、劳动或实践这个中介,也就无所谓主体与客体。那么,作为客体与主体某种需要关系的价值,它既是主体的物化或对象化,又是客体的人化。主体的物化和客体的人化,实际上是一个互补的同步关系。因此,从价值的角度来看,主体与客体的关系便表现为客体满足主体需要的某种关系。这种价值思想的端倪,在中国和西方古代,均已有之。

朱子在《大学章句·格物致知补传》中,从认知的角度对主体与客体做了分别。"盖人心之灵,莫不有知。而天下之物,莫不有理。"①人心的灵明,是指主体而言,它具有认知的能力。自然界万物是主体所认知的客体,它是实存的,具有主体所认知的理。这种主体与客体的关系,表现为万物之理作为满足主体认知的某种需要,这可谓认知价值。

人的认知价值来自人的自身价值。在中国古代,以人之所以为人或人之价值所在,是有伦理道德的存在。荀子说:"水火有气而无生,草木有生而无知,禽兽有知而无义,人有气有生有知亦且有义,故最为天下贵也。"②荀子把知觉作为动物与植物的根本区别,而非人与禽兽的根本差异。他承认知觉是人与禽兽的共性。但人的认知与禽兽的知觉却有根本的不同。禽兽的知觉是动物的本能反应,虽高等动物也能把不同场合的感觉汇集起来,具有简单的感性综合能力,但与人的知觉有异。人在大脑中把有关事物的各种感觉集中在一起,组合起来,形成反映该事物各方面特性的整体感性形象,并能再现过去的感觉和进行创造性的构想。荀子没有把人和禽兽的知觉加以区别,这是其失。

朱子继承荀子的这个观点而有所发挥,认为人的价值所在,是五常之性。他说:

> 天之生物,有有血气知觉者,人兽是也;有无血气知觉而但有生气

---

① 朱熹:《大学章句》第五章。
② 《荀子·王制》。

者,草木是也;有生气已绝而但有形质臭味者,枯槁是也。是虽其分之殊,而其理则未尝不同。但以其分之殊,则其理之在是者不能不异,故人为最灵,而备有五常之性,禽兽则昏而不能备,草木枯槁则又并与其知觉者而亡焉。①

与枯槁→禽兽→人的进化过程相适应,是形质→生气→知觉→五常之性的过程。这两个进化过程的结合或统一,说明人是这两个进化的最高阶段,因此是最宝贵、最值得重视的。这是从人的类价值而言的,人在宇宙自然中的地位,是最高贵的;人在万物中是最灵的。

尽管荀子讲道,从水火、草木、禽兽到人,其最基本的要素是气,由气构成一切万物;但荀子并没有进一步探讨,作为构成万物的共同基础——气,为什么会产生性质、形状、特征截然相反的千差万别的事物,这与气究竟有何关系?朱子自觉地加以探索和解释,他认为气是有差别的,由气的差异决定万物的差异。

无极二五,妙合而凝,凝只是此气结聚,自然生物。若不如此结聚,亦何由造化得万物出来?无极是理,二五是气……二气五行,经纬错综于其间也。得其气之精英者为人,得其渣滓者为物。②

只是一个阴阳五行之气,滚在天地中,精英者为人,渣滓者为物。③

人物之别,是构成人物的气有"精英"和"渣滓"之异。这是从人与物(自然)的关系中,确定人的类价值。同时,朱子亦从人的社会的定位中,确定人的个体价值。"天道流行,发育万物,其所以为造化者,阴阳五行而已。而所谓阴阳五行者,又必有是理,而后有是气。及其生物,则又必因是气之聚,而后有是形。……然以其理而言之,则万物一原,固无人物贵贱之殊;以其气而言之,则得其正且通者为人,得其偏且塞者为物,是以或贵或贱,而不能齐也。彼贱而为物者,既梏于形气之偏塞,而无以充其本体之全矣。唯人之生乃得其气之正且通者,而其性为最贵。故其方寸之间虚灵洞彻,万理咸备,盖其所以异于禽兽者,正在于此。"④精英之气具有正和通的特质,渣滓之气却有偏和塞的特质,两者具有相对含义。正由于这种相对含义,而人

① 朱熹:《答余方叔》,《朱文公文集》卷五十九。
② 黎靖德编:《朱子语类》卷九十四。
③ 黎靖德编:《朱子语类》卷十四。
④ 朱熹:《四书或问》卷一。

有清浊、善恶、智愚、美丑之分。"然其通也,或不能无清浊之异。其正也,或不能无美恶之殊。故其所赋之质,清者智而浊者愚,美者贤而恶者不肖。"①气有清浊美恶之分,人有智愚贤不肖之别。人的这种分别,是人与社会、人与人关系中,人的自我满足的需要和自我对自己本身的肯定关系。

人的自我价值,是人对自己需要的满足。然而自我价值实践的过程,是劳作、活动于社会的过程。个人的生存和发展,有各种需要,如物质的、精神的需要。个人通过自己的行为来满足上述的需要,便是自我价值。李退溪从意识到人之所以为人开始,即人与物相脱离的主体意识的产生,也就是人对于独立人格的自我觉醒。退溪的《圣学十图》,首为《太极图》。它表明,阴阳二气交感,化生万物,万物生生而变化无穷,唯有人得阴阳二气之优秀而最美,说明人具有类价值。

所谓"灵",退溪解释说:"灵者,心也。而性具其中,仁义礼智信五者是也。秀者,气与质也。右质阴之为,即所谓形既生矣者也;左气阳之为,即所谓神发知矣者也。"②"灵"是指心中具有五常之性,这是禽兽所不具备的。"秀"包括两个方面,质阴与气阳,构成人的形体和精神知觉。气与质两者统一,才构成一全整的人。在这里退溪的解释较朱子的《太极图解》进了一层。

人之所以异于物,究其原,是气有偏正之殊。"是故人物之生也,其得阴阳之正气者为人,得阴阳之偏气者为物。人既得阴阳之正气,则其气质之通且明可知也。物既得阴阳之偏气,则其气质之塞且暗可知也。"③人不是在与自己虚构的超自然力量的比较中发现自我价值。只有从天或上帝的奴役中挣脱出来,回到了自然界或现实世界,人在与物的比较中,才发现了自己的价值,并由此追寻、探索人与物差异的根源,而归结为气的正偏之殊。这种追索为人生哲学、心性学说开辟了新的领域。

人是具有生命价值的。人对于生命的爱惜、需要和追求,意味着对于人在自然、社会中定位的关切。退溪对"吾人也皆得气之正者也,然亦有上智、中人、下愚三等之殊,何耶"之问,回答说:

---

① 朱熹:《四书或问》卷一。
② 李滉:《天命图说后叙》,《增补退溪全书》(二),第324页。
③ 李滉:《天命图说》,《增补退溪全书》(三),第142页。

人之气正则正矣,而其气也,有阴有阳,则其质之禀,亦岂无清浊粹驳之可言乎?是以人之生也,禀气于天,而天之气有清有浊;禀质于地,而地之质有粹有驳。故禀得其清且粹者为上智,而上智之于天理,知之既明,行之又尽,良与天合焉。禀得其清而驳、浊而粹者为中人,而中人之于天理,一则知有余而行不足,一则知不足而行有余,始与天有合有违焉。禀得其浊且驳者为下愚,而下愚之于天理,知之既暗,行之又邪,速与天违焉。①

不同的人有不同的生命价值。人的生命价值是分层次的,正如人分层次一样。不分层次既与现实社会的实际不符,即与每个人的社会定位不合,亦与人在自然中的地位不符,即与天合和不合。这种价值的层次,便涉及个体价值,而不仅仅是类价值。

朱子与退溪对于人的价值的肯定,是其同。朱子发挥儒家"天地之性,人为贵"的思想,贵在人有伦理道德,这无疑揭示了人贵于物的一方面内涵,是人的自我价值的自觉。但对于墨子所说的"今人与此(指禽兽、麋鹿、飞鸟、贞虫等)异者也,赖其力者生,不赖其力者不生。君子不强听治,即刑乱政;贱人不强从事,即财用不定"②,人能通过自觉的劳动(力),而延续人的生命价值,并从事"听治"等政治活动,有所忽视。在这点上朱子囿于儒家,而未能融会各家,是其失。退溪继承朱子,亦未注意墨家的价值观。但他比较注意从气与质两方面来探讨人的价值以及价值的层次观点,则又较朱子有所前进。

(二)义理价值与功利价值

人在自然、社会中的地位及其相互关系中,东方传统的价值观是一种整体文化所体现的群体意识和精神。在整体价值观念视野下的价值取向,表现为义与利关系。或重义轻利,或重利轻义,或义利并重。即使是儒家的义

---

① 李滉:《天命图说》,《增补退溪全书》(三),第143—144页。
② 《墨子·非乐上》。

利之辩,对于中国传统价值取向的影响,亦有不同的估价。一般认为,儒家的"重义轻利",是中国传统的主流,属于理想型的儒家伦理,西方资本主义更重视规范型伦理;或认为儒家重视物质利益,关心人民的物质生活和恒产,反对追求个人私利,而提倡克己奉公;或认为重义轻利只为少数儒家知识分子所提倡,而整个世俗社会的世俗文化是"天下熙熙,皆为利来,天下攘攘,皆为利往"①的功利主义。

道德义理与物质利益孰者为重,朱熹在注释孔子"君子喻于义,小人喻于利"时说:"义者,天理之所宜;利者,人情之所欲。"②从价值判断来说,义与利是评价君子与子人的不同价值标准或尺度。以"天理"与"人情"对言,表明义与利是有区别的。儒家的"义",是一种义理理性,它特别关怀行为本身的合理性价值,这种合理性价值,朱子称之为"宜"。他说:

> 义者,宜也。君子见得这事合当如此,却那事合当如彼,但裁处其宜而为之,则何不利之有? 君子只理会义,下一截利处便不理会。③

"宜"按照朱子的诠释,就是这事"合当"如此做,那事"合当"如彼做。所谓"合与如此",便是"君子只知得个当做与不当做,当做处便是合当如此"④。"当做"与"不当做",就是行为的合理性与非合理性。朱子认为,合理性行为,是合乎"天理"的,"义者,天理之所宜,凡事只自道理之所宜为,不顾己私"⑤。既是合理性行为,就不需顾忌行为的后果,也不顾己私,"只看道理之所宜为",而完成行为之所当为。所以,"义"作为义理理性,是把价值判断引入行为,"当做"、"不当做"本身就意味着是一种价值判断的行为。它蕴含着对现实世界中一切不合"道理"、"天理"现实的批判,又是对人类社会实现"天理"的终极目的的追求。

朱子以义理理性作为判断行为合理性与否的尺度,凡是符合义理理性的合理性价值的行为,都是"当做"的。他在注释"富与贵,是人之所欲也,不以其道得之,不处也。贫与贱,是人之所恶也,不以其道得之,不去也"时

---

① 司马迁:《货殖列传》,《史记》卷一百二十九。
② 朱熹:《里仁》,《论语集注》卷二。
③ 黎靖德编:《朱子语类》卷二十七。
④ 黎靖德编:《朱子语类》卷二十七。
⑤ 黎靖德编:《朱子语类》卷二十七。

这样说:"不以其道得之,谓不当得而得之,然于富贵则不处,于贫贱则不去。"①"不当做"、"不当得",即不符合义理理性的行为,就是得到富贵也不要。这并不是说朱子排斥富贵,拒斥当得而得之的利或富贵。"设言富若可求,则虽身为贱役以求之,亦所不辞。"②"当做"、"当得",即符合义理理性的合理性价值行为,就是身为贱役而求得富贵("利"),也在所不辞。这就是说,在义理理性指导下的行为,都是合理性价值的行为。

在朱子看来,只要遵循义理理性的行为规范,符合实现"天理"的终极目的行为规则,即使不求利亦会得到利。"循天理,则不求利而自无不利;殉人欲,则求利未得而害己随之。所谓毫厘之差,千里之缪,此孟子之书所造端托始之深意。"③按朱子理解《孟子·梁惠王上》的深意,尽管孟子声明"何必曰利",并非绝对排斥利,而是方法正当与否和为政的出发点问题。若为利、殉人欲,求利也得不到,即使得到了,也是不当得而得之。显然,这是做了不符合实现"天理"终极目的行为和义理理性的行为。朱子在注《梁惠王上》中引程颐的话说:"君子未尝不欲利,但专以利为心则有害,惟仁义则不求利而未尝不利也。"④不仅不排斥利,而且欲利,此利恐不能解释公利或国家百姓之利。重要的在于行为的动机,即出发点是否端正。若直接以仁义为目的的行为动机,不求利亦得利。"正其谊不谋其利,明其道不计其功。"正其谊则利自在,明其道则功自在;专去计较利害,定未必有利,未必有功⑤。朱子以义理理性去求利。

儒家所说的"利",有公利和私利之分。以"利"来说,是一种规则理性,它特别注重可资运用的"手段"或"条件"对达成目的(或目标)的估价,而不考虑所达成目的或目标对终极价值是否有益或符合价值理想。这种规则理性,朱子称之为"人情之所欲",就是说,"欲"是符合"人情"的。"欲"在朱子思想里,是指人对物质生活或物质利益的正当要求和欲望。他说:"若是饥而欲食,渴而欲饮,则此欲亦岂能无。"⑥如果欲是饥食渴饮,不管是圣

① 朱熹:《里仁》,《论语集注》卷二。
② 朱熹:《述而》,《论语集注》卷四。
③ 朱熹:《梁惠王章句上》,《孟子集注》卷一。
④ 朱熹:《梁惠王章句上》,《孟子集注》卷一。
⑤ 参见黎靖德编:《朱子语类》卷一百三十七。
⑥ 黎靖德:《朱子语类》卷九十四。

人还是凡人,只要是人,都是需要的。在这里,朱子并不否定人们追求维持生命的物质欲望和利益,即肯定欲、利在一定限度内的合理性价值。于是,他反对佛教笼统地"禁欲"、"无欲","释氏欲驱除物累,至不分善恶,皆欲扫尽"①。这种无欲的主张,岂不是"终日吃饭,却道不曾咬著一粒米;满身著衣,却道不曾挂著一条丝"?② 即使朱子亦主张"灭人欲",也不是佛教这种无欲的意思。

朱子认为,人对欲和利的需要,凡是合乎合理性价值的,便是义理理性。《语类》记载:

> 问:"饮食之间,孰为天理,孰为人欲?"曰:"饮食者,天理也;要求美味,人欲也。"③

饮食之欲,是人之必需,这种欲便是"天理",即义理理性。这就是说,在天理中包含着合理性价值的欲,即理中寓欲。如果欲、利超出了一定限度内的合理性价值,便是人欲和私利。这就是说,前者是"合当做",后者为"合不当做"。即使是佛教的那种无欲、寡欲,也属于非合理性价值,他说:"此寡欲,则是合不当如此者,如私欲之类。若是饥而欲食,渴而欲饮,则此欲亦岂能无? 但亦是合当如此者。"④饮食"合当如此",是欲,但不是私欲,因为它是合理的;"合不当如此",是私欲,是不合理的。

这种不合理,就是不顾义理理性,直接以物质利益或直接以私欲为目标的规则理性行为。朱子说:"小人则只计较利害,如此则利,如此则害。""小人只理会下一截利,更不理会上一截义。盖是君子之心虚明洞彻,见得义分明。小人只管计较利,虽丝毫底利,也自理会得。"⑤"小人陷溺此心,故所知者只是利。"⑥只以计较为目标,或只计较利为动机的规则理性行为,朱子认为都是非合理性的价值。他举例说:"且如有白金遗道中,君子过之,曰:'此他人物,不可妄取。'小人过之,则便以为利而取之矣。"⑦君子以义理理性指导行为,不当得就不取;小人以规则理性指导行为,不当得而取之。

---

① 黎靖德编:《朱子语类》卷一百二十六。
② 黎靖德编:《朱子语类》卷一百二十六。
③ 黎靖德编:《朱子语类》卷十三。
④ 黎靖德编:《朱子语类》卷九十四。
⑤ 黎靖德编:《朱子语类》卷二十七。
⑥ 黎靖德编:《朱子语类》卷二十七。
⑦ 黎靖德编:《朱子语类》卷二十七。

朱子的义理理性与规则理性,或者说义理价值与功利价值,两者既相互对待、排斥,亦相互联系、包含。朱子在为政、救荒期间,不仅讲功利,而且追求功利;但在人格修养上,特别是个体修心养性方面,主张不计功利。因此,儒家在高扬义理理性的时候,往往排斥或轻视物质利益。到了明代,朱子后学,比较多的是强调朱子学说中的义理理性方面,而忽视义理理性与规则理性相符合的方面,把天理与人欲绝对对立起来,而不讲理中寓欲。这是与当时统治者的需要相一致的。

李退溪虽生活于相当中国的明中叶,但他能排除朱子后学和统治者的需要所加给朱子的种种曲解和误解,直指朱子学说的本旨。当退溪的弟子黄俊良对朱子《白鹿洞书院学规》的"处事之要"提出"'正其义不谋其利',以义对利说,而又引'利者,义之和也',于不谋之意如何"的疑问时,李退溪做了这样的回答:

> 自利之本而言之,"利者,义之和",非有不善,如《易》言利不利,《书》言利用之类是也。自人之为利而言之,在君子则为心有所为之害,在众人则为私己贪欲之坑堑。天下之恶,皆生于此。利之为言,随处不同如此。[①]

义与利,本是一个对待的范畴。因此,从相对意义上说,正义不谋利;从相合意义上说,利为义之和。如果从对待意义上去理解,正义不谋利和利为义之和,便是悖论。李退溪认为,利是分层次和场所的。从利之本的层次来说,利是善的,并非恶。这就是说在儒家义理理性指导下的规则理性的行为,是符合义理理性的,义利相和合而不离。"夫以利为义之和,则利不在义之外,正义而利在其中矣。"[②]这便是义中寓利,犹如理中寓欲。换句话说,义理价值与功利价值有重合的地方。

从人之为利的层次来说,人心有谋利的导向,有陷溺之危。如果在规则理性指导下,专以谋利为目标的非合理性价值行为而行动,那么,君子之心被利所侵害,众人被私己贪欲所坑堑。这是人为的结果,而非利的本来状态。当然,出现这种情况,也并非偶然,这是与义利本身具有相对不杂的方面相联系的。他说:

---

① 李滉:《答黄仲举论白鹿洞规集解》,《增补退溪全书》(一),第477页。
② 李滉:《答黄仲举论白鹿洞规集解》,《增补退溪全书》(一),第477页。

　　　　盖利虽在于义之和,毕竟与义相对为消长胜负者,非利之故然,人
　　　心使之然也。故君子之心,虽本欲正义,而临事或不能一于义,而少有
　　　意向于利,则是乃有所为而为之,其心已与义背驰,而所谓利者,非复自
　　　然义和之利矣。所以朱子以"义之和"释利字之义,旋以"有所为"三字
　　　说破谋利之害。然后知此说利字,初非不好,缘被谋之之心便成不
　　　好了。①

利虽有与义和合不离的一面,也有此消彼长、此胜彼负的一面。这两个方
面,即构成了义利不离不杂的二重关系。尽管退溪一再说明由"义之和"之
利向私欲之利的转变,不是利的本然,而是人心的使然。但人心的使然也与
利的本然相联系。君子的行为虽有义理理性的指导,但在规则理性为目标
的行动中,不能都与义理理性相符合,而产生与义理理性相背驰的功利行
为,这种情况下的利便不是"义之和"的利。虽说李退溪的义利观是对于朱
子微旨的精研,但朱子在义与利关系上并未如退溪那样提出义利层次说和
不离不杂的关系,就此而言,退溪义利观是对于朱子的发展。

　　退溪与朱子一样,以义理理性作为判断利的行为合理性与否的标准,凡
是符合义理理性的合理性价值的一切行为,都是可行的。他说:

　　　　盖利字之义,循其本而言,只是顺遂便益之名。君子之处事以义,
　　　未尝不顺遂便益,故曰:"利者,义之和"。如云"循天理,则不求利而自
　　　无不利"者是也。若以利为人欲,则天理中一毫著不得,何云"义之和"
　　　耶? 大抵此利字、私字,皆与寻常利、私字迥然不同。②

利不一定是恶的行为。退溪在给利下定义时,指出利是"顺遂便益"的意
思,这是对利的内涵的最一般性的概括。顺遂,是谓顺着利的本来状态而
进,便能得到利益。利的本来状态就是"义之和",即与义理理性相符合。
在这种状态下,虽不计较直接的功利为行为动机,但只要符合义理理性的终
极目的的行为,自然而然地便大利相随,或获得利益。这是退溪对朱子《孟
子·梁惠王》注中意旨的体验和发微。这种利与寻常所说的利是不同的,
那是正当的利,即是合理性价值的功利价值。因此,利是不可强求或专求
的。若专计较利,强求利,便是"有所为"的谋利行为,就会使利离其本来状

─────────────

①　李滉:《答黄仲举论白鹿洞规集解》,《增补退溪全书》(一),第477页。
②　李滉:《重答黄仲举》,《增补退溪全书》(一),第480页。

态,变为与义理理性相背驰的不义之利,这样利便流入寻常所说利,而成为"天下之恶,皆生于此"的恶的根源。所以,退溪在《戊辰六条疏》中指出:"盖家法严心,两宫交欢,则此辈无所容其奸,而不获利必也。交构互嫌,主昏伦悖,而后得以骋其术、售其谗而得大利,此小人女子之通患也。"①以谋利心,谗间两宫,而陷于不孝不慈。

人的生命价值,在于"富贵不能淫,贫贱不能移,威武不能屈"。人即使处于贫贱之时,也不能以利己克人之心即非合理性价值行为去侵害义理理性的价值行为。他说:"穷而卖田,本非甚害理。计直高下之际,约滥从平,亦理所不免。但一有利己克人之心,便是舜、跖所由分处。于此亟须紧著精采,以义利二字剖判,才免为小人,即是为君子,不必以不买为高也。然此等事留心之久,易陷入于污贱之域,切宜常激昂,庶不堕落也。"②利之于人,似不可逃。义利作为判断行为合理性与否的价值标准,亦不可逃。但为人处世理事,绝不能贼害义理理性("害理"),即使家境穷困,亦要严格修心养性,追求圣贤人格。若有一丝利己克人之心,便是虞舜与盗跖的分别所在。即使多留心一会儿,也会使人陷入卑贱的境地。

朱子与退溪的义利之辩,如果说朱子更注重于义利之分,那么,退溪则从义利之和方面做了发展。这种"义利相和",是一种不离不杂、对待统一的关系。它既不同于孟子的"先义后利"、墨子的"义,利也"、荀子的"义利相兼",也不同于董仲舒的"正义不谋利"、陈亮的"义利双行"等,是退溪对于义利的辩证关系的理论概括。

(三)天人合一的整体价值观

朱子和退溪的义理理性价值与规则理性价值对待或统一,其根据都是整体价值观。在儒家传统的整体价值观的视野下,个人在宗法血缘的纽带上,由家而宗族而国的同构网络中,都有一个特定的位置。这个特定的位

---

① 李滉:《戊辰六条疏》,《增补退溪全书》(一),第183页。
② 李滉:《答郑子中》,《增补退溪全书》(三),第164页。按:"穷而卖田",原作"穷而买田",依上下文意,疑作"卖田"为妥。既穷而买田,似于事理相违。

置,便是个人存在的根据,并组成一个个体与社会的整体结构。在这个整体结构中,不仅把个体当作一个一个整体,而且把个体之间的联系,也看作有机的整体。这样来看待人与社会、人与自然的关系,首先是把主体人,特别是个体人融化在自然、社会整体之中,即使在讲天、地、人"三才"的时候,或讲天与人的关系时,人的内涵是指社会群体,天与人是和谐、统一的。因此,便形成了中庸、和谐、协调、平衡、合一的整体价值,而与讲对待、差异、矛盾、独立、分二的个体价值迥异。整体价值观念系统下的人,是社会的,而不是个体独立的人。个人对于社会,义务重于权利,整体利益重于个体利益。个人的价值只能在整体社会中得以实现。人与人,人与社会,人与国家的整体联系,在外观上或形式上都被蒙上了温情脉脉的宗法血缘的面纱,在内容上或实质上却是"三纲五常"等伦理道德观念,以至把它变成每个人的内在的自觉要求,这较之外在的法律规范要深沉得多。在这里,道德的"自律"与"他律",亦是一体的。

朱子和退溪都受传统整体价值观的影响,把人融化在自然、家庭、国家之中,而且以人为中介,构成了自然、家庭、国家的一体化结构。天地之间,一气流行,自然、家庭和国家,或自然与社会之间,一气贯通。气既是一个混沌整体,又是可分的整体。朱子的"理一分殊",即天理分散在事事物物之中,犹如"月映万川",天理("理")是一个整体,比如天上的月亮,事事物物中所"分殊"的理,比如千千万万河川中的月亮。事事物物中的理和千千万万河川中的月亮,与天理、天上的月亮一样,是一个整体的理和月亮,并不是天理的分割或月亮的部分,它不构成理的个体或月亮的殊相,在这里只有整体。但它通过"理一分殊"或"月映万川"这个中介,把自然客体、社会、主体人联结起来,构成一个一体化结构。朱子说:

> 且如天地间人物草木禽兽,其生也,莫不有种,定不会无种子白地生出一个物事,这个都是气。……气则能酝酿凝聚生物也。但有此气,则理便在其中。①

气不仅酝酿凝聚生成人物草木禽兽,而且由于气的运行磨荡,而形成天地日月星辰。人与草木禽兽等物的区别,也是一气流通。"气质之清者、正者,得之则全,人是也;气质之浊者、偏者,得之则昧,禽兽是也。……人大体本

---

① 黎靖德编:《朱子语类》卷一。

清,故异于禽兽;亦有浊者,则去禽兽不远矣。"①在这里,气是作为一个整体,而构成天地、人物一体化结构。然而,气的最终根据者是理,"有是理而后有是气,有是气则必有是理。"②"理在气中,如一个明珠在水里。理在清底气中,如珠在那清底水里面,透底都明;理在浊底气中,如珠在那浊底水里面,外面更不见光明处。"③理又随气在酝酿凝聚生成天地万物、草木禽兽以及形形色色的各种事物中,而存在于每一个事物之中,这便是事事有一个理,人人有一个理("太极"),也就是"理一分殊"的全过程。

朱子"理一分殊"的整体思维,是传统整体价值观影响下所形成的"天地万物与我一体"的价值观念的体现。这种整体思维的特点,便是"天人合一"。朱子对张载的《西铭》做了解说,《西铭》讲:"乾称父,坤称母,予兹藐焉,乃混然中处。故天地之塞,吾其体;天地之帅,吾其性。民吾同胞,物吾与也。"④自然天地好比人的父母,人人皆是我的兄弟,万物都是我的同伴,天地万物(包括人类)与我一体。人与物都在这里找到了定位。朱子注说:

> 人之一身,固是父母所生,然父母之所以为父母者,即是乾坤。若以父母而言,则一物各一父母。若以乾坤而言,则万物同一父母矣。万物既同一父母,则吾体之所以为体者,岂非天地之塞;吾性之所以为性者,岂非天地之帅哉? 古之君子,惟其见得道理真实如此,所以亲亲而仁民,仁民而爱物,推其所为,以至于能以天下为一家,中国为一人,而非亿之也。⑤

人与物在天地之间,都有一个特定的位置,这个特定的位置,是"人物并生于天地之间"时规定好了的。这里的人与物都是作为整体的存在,客体的自然万物与主体人本来或原来就是一体,"其所资以为体者,皆天地之塞;其所得以为性者,皆天地之帅也"⑥。他人与我亦本是一体,"惟人也得其形气之正,是以其心最灵,而有以通乎性命之全体,于并生之中,又为同类而最贵焉。"⑦这样,自然、社会、人我都融合为一体。这就是说,本体就是主体,

---

① 黎靖德编:《朱子语类》卷四。
② 黎靖德编:《朱子语类》卷四。
③ 黎靖德编:《朱子语类》卷四。
④ 张载:《张子全书》卷一。
⑤ 朱熹:《西铭解》,见《张子全书》卷一。
⑥ 朱熹:《西铭解》,见《张子全书》卷一。
⑦ 朱熹:《西铭解》,见《张子全书》卷一。

主体就是本体。从"天地万物本吾一体"的自然天地万物而言,应完全满足主体人的需要。从主体吾而言,应与自然天地万物相符合。由此而推及社会,"故以天下为一家,中国为一人。"①它要求人只对天地万物负责,对社会负责;人对社会只负有伦理纲常的义务,而无个体独立人格的权利。虽然形式上有千千万万个家庭,但实质上天下要统一为一家,此一家便可代表天下千千万万个家,天下千千万万个家亦只此一家;中国形式上虽有亿亿万万个人,但实质上中国要统一为一人,此一人便可代表中国亿亿万万个人,中国亿亿万万个人亦只此一人。天下无二家,中国无二人,这种整体价值观,窒息了个体价值。

李退溪继承了朱子整体价值观。他在《圣学十图》中特列《第二西铭图》,不仅全文抄录《西铭》,亦摘录朱子《西铭解》:"一统而万殊,则虽天下一家,中国一人,而不流于兼爱之弊。万殊而一贯,则虽亲疏异情,贵贱异等,而不梏于为我之私,此《西铭》之大指也。"②退溪发挥说:

> 盖圣学在于求仁。须深体此意,方见得与天地万物为一体,真实如此处,为仁之功始亲切有味,免于莽荡无交涉之患,又无认物为己之病,而心德全矣。③

体验"天地万物为一体"的真实如此处,便是深刻领悟"仁"。从仁的心理出发,视天地万物为一体,亦正是从"亲亲而仁民,仁民而爱物",而推及"天下为一家,中国的一人"。

儒家的传统价值是一个群体文化结构,传统的诸因子、要素都建筑在群体性、整体性原则基础上,它表现为对社会、历史以及伦理道德的关注和强调,对自然、家庭、国家以及心身修养一体化的重视和倡导。李退溪所说的"仁",虽在构成"天地万物一体"中起着纽带的作用,但从价值观念的角度来看,"仁"是属于整体价值范围。这种整体价值观念把人与社会融为一体,人生的价值只有通过现存世界来表现,而不去追求现实之外的玄想。同时,天国与现实世界、现世与来生、此岸世界与彼岸世界都是一体的。人依存于天,天服务于人,天道的原则是天尊地卑、阳尊阴卑,人道的原则是君尊臣卑、父尊子卑、夫尊妻卑、天人和谐。因此,李退溪说:

---

① 朱熹:《西铭解》,见《张子全书》卷一。
② 朱熹:《西铭解》,见《张子全书》卷一。
③ 李滉:《圣学十图》,《增补退溪全书》(一),第201页。

> 颜子之心不违仁,而为邦之业在其中。曾子之忠恕一贯,而传道之
> 责在其身。畏敬不离乎日用,而中和位育之功可致。德行不外乎彝伦,
> 而天人合一之妙斯得矣。①

"天人合一"的整体价值观,把自然、家庭、社会、国家、伦理、仪礼都统一起来,而构成一体结构。

儒家"天人合一"的整体价值观,在现时不能不碰到难题:

其一,在天与人、物与我的"合德"、和谐、一体中,人们安于既定的框架,只知其"所当然",而不去追求"所以然";只满足现存的合理性价值,而不去探索现存的不合理性价值的所在,而产生一种无根据的满足感、安全感,淡化了新的、更高领域的探索和追求。

其二,"天人合一"的整体价值观念,在思维方式上引出了混沌性和模糊性。任何概念、范畴的内涵是多维的,各种不同的诠释都可以包容在一个概念、范畴之中,一个概念、范畴亦可引申出各种不同的含义的规定。这种混混沌沌、模模糊糊的概念、范畴,给人以是是非非、恍恍惚惚的感觉,而不是清晰、明确的分析。这样,便出现内涵的不确定性、解释的随意性、形式的迷离性,而缺乏一种严密的逻辑思维。

其三,对"天人合一"整体价值观的肯定,是以否定个体价值为前提的。"天人合一"要求自我与天地万物融合为一体,在这里仅仅凸显了一个整体之我,却抹杀了活生生的具体之我。同时要磨灭掉人性中合理性价值的冲动和向往,以符合"天理"的需要,以"天理"满足当作人的欲望和满足。

如果要继承与发扬朱子和退溪的学说,在现时有必要克服这些难题,但这些是能够克服的,而且已在不断克服之中。只有这样,才能揭示整体价值观的积极作用。

---

① 李滉:《进圣学十图札》,《增补退溪全书》(一),第197—198页。

十六、朱子与退溪的易学思想比较研究

朱熹(1130—1200年)号晦庵,是中国古代易学的集大成者。李滉(1501—1570年)号退溪,是朝鲜李朝的朱子学大家。他阐述和发展了朱熹的易学思想。比较研究他们两人的思想,对理解当时中朝文化思想交流及其各自思维发展的共性和特点,是有意义的。

(一)"象数"与"义理"归一

秦汉以来,对《周易》的探索,从研究的方法上看,表现为两种不同的形式:一讲象数,一讲义理。"《易》之为书,推天道以明人事者也。《左传》所记诸占,盖犹太卜之遗法,汉儒言象数,去古未远也。一变而为京(京房)、焦(焦赣),入于礼祥;再变而为陈(陈抟)、邵(邵雍),务穷造化,《易》遂不切于民用。王弼尽黜象数,说以老庄,一变而为胡瑗、程子(程颐),始阐明儒理。"①从汉京房、焦赣→陈抟、邵雍为象数学,从王弼→胡瑗、程颐为义理学。宋代,虽胡瑗倡义理,然以《伊川易传》最醇;王弼虽尽黜象数,但经邵雍等倡导,象数学盛行,而与义理学并立。两者门户之见颇深。程颐说:"颐与尧夫(邵雍)同里巷居三十年余,世间事无所不问,惟未尝一字及数。"②尽管两人私交甚好,但于此分歧颇大。朱熹有鉴于两派的利弊得失,而评论说:

近世学者类喜谈易而不察乎此。其专于文义者,既支离散漫,而无

---

① 《经部·易类》,《四库全书总目》卷一,中华书局1965年版,第1页。

② 《康节先生遗事》,《伊洛渊源录》卷五,《朱子遗书》初刻,吕氏宝诰堂刻白鹿洞原本,第5页。

所根著；其涉于象数者，又皆牵合傅会，而或以为出于圣人心思智虑之
所为也。若是者，予窃病焉。①

既不满讲义理的陷于支离散漫，不适仁义；又不满讲象数的沦于牵合傅会，
不得弘通。于是有《易学启蒙》之作，合义理与象数为一，而集其成。

从阐述《周易》的思想上看，表现为两种不同的含义：一讲"变易"，一讲
"交易"。程颐在《易传序》中说：

　　易，变易也，随时变易以从道也。其为书也，广大悉备，将以顺性命
之理，通幽明之故，尽事物之情，而示开物成务之道也。②

这没有讲"交易"。朱熹批评说："伊川言'易，变易也'，只说得相对底阴阳
流转而已，不说错综底阴阳交互之理。言易须兼此二意。"③于是，程颐便有
执一之失，但邵雍讲"交易"较多。邵雍说：

　　太极既分，两仪立矣。阳上交于阴，阴交于阳，四象生矣。阳交个
阴，阴下交于阳，而生天之四象；刚交于柔，柔交于刚，而生地之四象，于
是八卦成矣。八卦相错，然后万物生焉。④

　　阳得阴而生，阴得阳而成，故蓍数四而九，卦数六而十也。犹干支
之相错。⑤

朱熹企图摆脱这种蔽于一曲而不知其全之失，合二为一，主张"易"的
内容有两义。"某以为易字有两义，有变易，有交易。"⑥所谓"交易"，就是
"阳交于阴，阴交于阳，是卦图上底，如'天地定位，山泽通气'云云者是
也"⑦，便是阴阳交错，相对待底。所谓"变易"，"是阳变阴，阴变阳，老阳变
为少阴，老阴变为少阳，此是占筮之法，如昼夜、寒暑、屈伸、往来者是也"⑧。
便是阴阳变化，流行往来。

朱熹从形式上，合"义理"和"象数"；从内容上，兼"变易"和"交易"。

---

①　朱熹：《易学启蒙》，《朱文公文集》卷七十六。
②　程颐：《周易程氏传》，《二程集》，第689页。
③　黎靖德编：《朱子语类》卷六十五。
④　邵雍：《观物外篇上·先天象数第二》，《皇极经世绪言》卷七上，明黄粤洲注释本，第
38页。
⑤　邵雍：《观物外篇上·河图天地全数第一》，《皇极经世绪言》卷七上，第12页。
⑥　黎靖德编：《朱子语类》卷六十五。
⑦　黎靖德编：《朱子语类》卷六十五。
⑧　黎靖德编：《朱子语类》卷六十五。

他通过"象数"来明"义理",又以"义理"来释"象数",相互发明,相得益彰;又通过"变易"和"交易",来显示和概括宇宙自然、人类社会中极其复杂错综的矛盾结构及变化、发展的法则。他综罗秦汉以来易学各派,而将其发展到一个新的阶段,被中国后期宗法社会统治者奉为正宗。

被称为百世之下继朱子之绪者的李滉,赞扬朱熹"《启蒙》之书,阐发幽赜,昭如日星,而诸儒辩释皆精密"①。他笃信朱子学,继承朱熹"象数"与"义理"归一、"变易"与"交易"得兼的传统,而名之曰"理数之学",从而推进了李朝的易学研究。然而,他认为虽然诸儒对于《周易》"象数"、"义理"的辩析堪称完备、精密,但由于象数学和义理学广博精微、盘错复杂,加之仁者见仁,智者见智,观点不一,因此,众说纷纭,疑难重重。他说:

> 然而理数之学,广博精妙,盘错肯綮,未易研究,透得一重又有一重,愈索而愈无穷。矧乎人之所见,不能无异同,仁者见之谓之仁,智者见之谓之智,必须参订而后得其归趣。②

否则,实难得其宗旨。于是,李滉做了两项事情:在义理上,对于"其所援证之言,或出于幽经僻书,必须考论而后见其义……至于隐奥之义,有不得不明"③的,必须搞明白;在象数上,对于"乘除之法,又不可不详"④。

这样,李滉从两个方面发展了朱熹的易学思想。一是从更广大的层面上研读各书,博采众长。特别是朱熹死后 300 年间,中朝关于易学的研究成果,他必考阅。"顷年以来,每读是书或因思有契,或考古有证,不免随手札记。"⑤"是书"是指《易学启蒙》。所谓"有契"、"有证",是在更广博、宏大的知识层面上及与各派诸书的比较中而得到的。二是从更精微的深度上探索奥义,评判得失。譬如,他"尝观苑洛子《意见》书,可谓有功于《启蒙》,亦近世难得之书也。但为图太碎而无甚发明,为说太深而好立异义。"⑥有褒有贬,甚为妥帖。因而,便能在更深的螺旋式的层次中求得义理。然与朱熹稍有异者,乃于"变易"和"交易"谈得较少,而较重于"理

---

① 李滉:《启蒙传疑序》,《陶山全书》(三),第 260 页。
② 李滉:《启蒙传疑序》,《陶山全书》(三),第 260 页。
③ 李滉:《启蒙传疑》,《陶山全书》(四),第 413 页。
④ 李滉:《启蒙传疑》,《陶山全书》(四),第 413 页。
⑤ 李滉:《启蒙传疑序》,《陶山全书》(三),第 260 页。
⑥ 李滉:《启蒙传疑序》,《陶山全书》(三),第 261 页。按:《启蒙意见》为苑洛子韩邦奇所著。

数";在"理数"中,实又较注重于象数,而少于义理。这亦决定于李朝当时具体的情况,而有此之别的。

(二)河图洛书常变之数

朱熹哲学的核心命题是"理"与"气"。"理"是其哲学逻辑结构的最高范畴;"气"是"理"借以顿放、挂搭、附着的方所,亦是资以化生形形色色万物的中间环节。"理"与"气"的关系贯穿其哲学逻辑结构的各个方面,其易学思想亦无例外。

如果说"天下之万理出于一动一静,天下之万数出于一奇一偶,天下之万象出于一方一圆,尽只起于乾坤二画"①,理、象、数是构成易的要素的话,那么,"理"与"数"的关系是:"有是理,便有是气;有是气,便有是数。盖数乃是分界限处。"②这似乎是"理"→"气"→"数"的层次。然有时朱熹又以"气"为"数":"气便是数,有是理便有是气,有是气便有是数,物物皆然"③,是世界事物的普通现象。既然"数"与"气"相类,便具有与"气"相似的特性。《朱子语类》记载:

> 石子余问易数。曰:"都不要说圣人之画数何以如此,譬之草木皆是自然恁地生,不待安排,数亦是天地间自然底物事。才说道圣人要如何,便不是了。"④

"数"不仅是天地间自然的事物,它与草木自然而生一样,不是客体事物背后神祕的力量或主宰者的安排,从而排斥了神创论,而以"数"为客体存在;而且"数"亦不是圣人主观的臆造,它不是人们头脑里固有的,或以某些人主观意志为转移的实在,而是自然事物的存在。

在朱熹看来,"河图常数,洛书变数。"⑤河图、洛书与易的流行相联系,

---

① 黎靖德编:《朱子语类》卷六十五。
② 黎靖德编:《朱子语类》卷六十五。
③ 黎靖德编:《朱子语类》卷六十五。
④ 黎靖德编:《朱子语类》卷六十五。
⑤ 黎靖德编:《朱子语类》卷六十五。

便构成了阴阳奇偶数律的变化。他提出河图、洛书何以皆"中五"的问题，试图解决河图、洛书数字组合的谜底①。他说："天地生数到五便住"，"中数五衍之而各极其数"。"那一、二、三、四遇着五，便成六、七、八、九。"②如河图一对五而成六，二对五而成七，三对五而成八，四对五而成九，如图一。

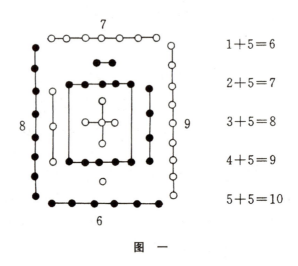

$$1+5=6$$

$$2+5=7$$

$$3+5=8$$

$$4+5=9$$

$$5+5=10$$

图　一

　　这是"中五"的一层意思。另一层意思是，"中五"与河图、洛书数字排例的关系。为解此关系，须解决两个前提：一是朱熹与以河图为九数，洛书为十数相反，以河图为十数，洛书为九数。二是与《周髀经解》以"河图者，方之象；洛书者，圆之象也"③。相反，以河图为圆之象，"圆者，河图之数，言

---

①　参见《朱熹易学思想辨析》一文。
②　黎靖德编：《朱子语类》卷六十五。
③　宋以前几乎都以洛书为十数，圆之象，河图为九数，方之象，至宋初李觏在《删定易图序论》中亦沿袭这种说法（见《李觏集》卷四，中华书局 1981 年版，第 53 页），其图为：

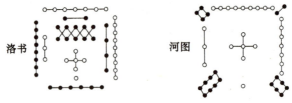

洛书　　　　　　　　河图

蔡元定说："关子明、邵康节皆以十为河图，九为洛书。"即河图象圆，洛书象方。但刘牧仍以九为河图，十为洛书。他们各持己见。朱熹继邵雍说，以河图十数、象圆，洛书九数、象方。以后多数学者同意朱熹之说。

无那四角底,其形便圆"①,洛书为方之象,"天圆地方,圆者,一而围三,……方者,一而围四"②。"凡数之始,一阴一阳而已矣,阳之象圆,圆者径一而围三;阴之象方,方者径一而围四。"③以"中五"为径,解河图、洛书圆、方之象数,同时河图、洛书的变化,又构成了五行相生相克的关系④。

然而,朱熹在《周易本义》和《易学启蒙》中并未穷尽易学,有些问题虽已提出,亦未予详论,如"河图常数、洛书变数"问题。特别是河图、洛书与八卦的关系问题,朱熹虽在《易学启蒙》中引用了汉刘歆的话:

> 伏羲氏继天而王,受河图而画八卦是也。禹治洪水,赐洛书法而陈之九畴是也。河图洛书相为经纬,八卦九章相为表里。⑤

王充亦曰:

> 说易者皆谓伏羲作八卦,文王演为六十四。夫圣王起,河出图,洛出书。伏羲王,河图从河水中出,易卦是也。⑥

应该说朱熹是知道此问题的重要的,但没有完善解决,而留给后人以课题。

李滉在《启蒙传疑》中,综合了后人的研究成果,对"洛书变数"进行了两方面探索:其一,他依据洛书"中五"具五奇数之象与河图"中五"具生数之象相类,说明一、三、五、七、九天数(奇数)变为二、四、六、八地数(偶数)的法则。天一合中五,西北六所由生;天三合中五,东北八所由生;天七退中五,西南二所由生;天九退中五,东南四所由生;天五合中五,四方十所由生。如图二。

如果说河图以一、二、三、四、五为生数,而不分别天数(奇数)、地数(偶数)的话,那么,洛书便只以一、三、七、九天数(奇数)为合(益)、退(损)之数。这便是河图之六、七、八、九、十各因五而得数以附于生数之外,洛书之二、四、六、八各因其类以附于奇数之侧的意思。李滉说:

> 今按损谓退数,益谓合数。谓一、三、五合数与河图同,而二、四则退数而后得,与河图异者,用变故也。⑦

---

① 黎靖德编:《朱子语类》卷六十五。
② 朱熹:《说卦传注》,《周易本义》卷四。
③ 朱熹:《易学启蒙》卷一。
④ 参见《朱熹易学思想辨析》第三节。
⑤ 朱熹:《易学启蒙》卷一。按:"以洛书为《洪范》,始于刘歆父子,后儒遂信之。"(《汉书·五行志上》王先谦补注)
⑥ 王充:《正说篇》,《论衡》卷二十八。
⑦ 李滉:《启蒙传疑》,《陶山全书》(四),第418页。

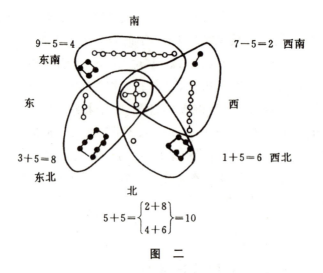

图　二

所谓"三同而二异"，即三合数同，二退数异。朱熹认为，"盖阳不可易，而阴可易。"[1]即一、三、五为阳不可易，二、四为阴可易。但李滉解 $1+5=6,3+5=8,5+5=10$，三合数与河图同，为"三同"；$7-5=2,9-5=4$，二退数与河图异，为"二异"，故以洛书"主变"。这里，李滉与朱熹理解稍异，正是此异，而发展了朱熹的易学思想，而独具特色。

其二，他依据洛书纵横十五而七、八、九、六迭为消长，说明七、八、九、六的所以消长变化的数律。下五与一为本体六，上九是六之长；上九为本体九，六是九之消；右七为本体七，左三合中五为八，是七之长；上八（二合中五与一）为本体八，七是八之消。如图三。

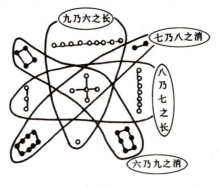

图　三

_____

① 朱熹：《易学启蒙》卷一。

$3 \times 3 = 9, 2 \times 3 = 6$，所以九为六之长，六为九之消；$5 + 2 = 7, 5 + 3 = 8$，所以八是七之长，七是八之消。俞樾在《周易平议》中说：

> 阳之数以三而奇，阴之数以二而隅。《周书·武顺篇》曰："男生而成三，女生而成两。"是其义也。《说卦传》曰："参天两地而倚数。"《正义》引郑（玄）注曰："三之以天，两之以地。"窃谓九、六之数，起于此矣。乾卦三阳，阳之数三，三其三则为九；故九者，乾之数也。坤卦三阴，阴之数二，三其二则为六；故六者，坤之数也。①

一是数之始，二是偶数之始，三是奇数之始，二、三都包含着一。参天两地，阳三阴二，所以 $2 \times 3, 3 \times 3$，或中 $5 + 2, 5 + 3$，便成 $9, 6, 7, 8$ 四数，迭为消长。朱熹认为，"七、八、九、六迭为消长，虚五分十，而一含九，二含八，三含七，四含六，则参五错综，无适而不遇其合焉。"②如图四：

4	9	2
3		7
8	1	6

图四　朱熹洛书七八九六迭为消长图

在这里，李滉与朱熹之异是：第一，朱熹"虚五分十"，即 $\left.\begin{array}{l} 1+9 \\ 2+8 \\ 3+7 \\ 4+6 \end{array}\right\} = 10$，而虚

其"中五"。李滉则实其中五，如以中 $5 + 1 = 6$ 为本体 $6, 9$ 为 6 之长，$2 + 5 = 7$ 为本体 $7, 8$ 为 7 之长。如图五：

4	9	2
3		7
8	1	6

图五　李滉洛书七八九六迭为消长图

---

① 俞樾：《群经平议》卷一，《续修四库全书》本。
② 朱熹：《易学启蒙》卷一。

这样,便不是"虚五分十"而成为实五分十五,即 $\left.\begin{array}{l}5+1+9\\5+2+8\\5+3+7\\5+4+6\end{array}\right\}=15$。第二,朱

熹讲一含九、二含八、三含七、四含六,并没有说清楚七、八、九、六之间的迭为消长的关系,而李滉用数理关系表示其消长转化的法则。由此说明了洛书变数问题。

关于河图与八卦的关系,李滉根据八卦形成的道理和河图五行生成的理数及伏羲八卦次序,将河图与八卦结合起来。如图六:

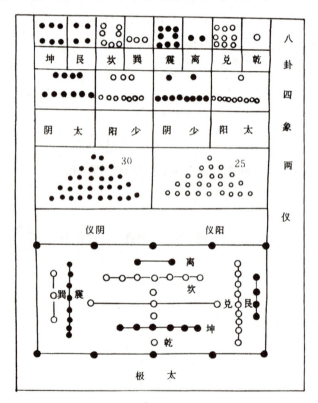

图 六

图中一、三、七、九为阳,二、四、六、八为阴,这便是阴阳两仪,为太极所生,即一生二。阳仪二十五,阴仪三十,虚阳仪五、阴仪十,则阴(偶)阳(奇)各为二十。分之一、九为太阳,二、八为少阴,三、七为少阳,四、六为太阴,即为四象,各象为十。阳仪生太阳、少阴,阴仪生太阴、少阳,以示阳中有阴、阴

中有阳的意思。他认为：

> 昔者伏羲则图以画卦也,见河图之数,阴阳具备,有太极之象焉,分其奇偶以为两仪,又分之为四象,又分之为八卦。自本而末,由干而枝,脉络分明,各有统属,皆自然也。①

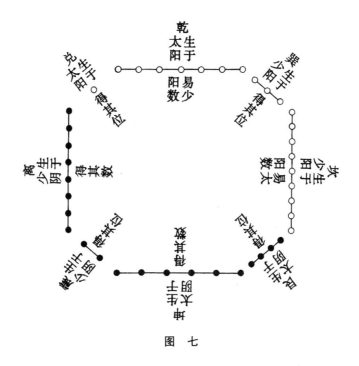

图　七

以"太极"→"两仪"→"四象"→"八卦"的排列次序是自然的,而不是人为或私智的安排和布置。朱熹认为,"河图之虚五与十者,太极也。奇数二十,偶数二十者,两仪也。以一、二、三、四为六、七、八、九者,四象也。析四方之合以为乾、坤、离、坎,补四隅之空以为兑、震、巽、艮者,八卦也。"②依其意,绘其图(图七)。所谓"得其位",即兑、震、巽、艮其位与《伏羲八卦方位图》(小圆图)相合,奇数兑、乾、巽、坎为二十,偶数离、震、坤、艮为二十。这是虚五与十后,变河图为《八卦方位图》(小圆图)。

朱熹与李滉此两图相较,其异为:第一,李图维持了河图原状,则朱图破坏了河图原貌,而强合于《伏羲八卦方位图》(《小圆图》),因此,李图

---

① 李滉:《启蒙传疑》,《陶山全书》(四),第422页。

② 朱熹:《易学启蒙》卷一。

较合理。第二,李图依"太极"→"两仪"→"四象"→"八卦"的序列,结合
《伏羲八卦次序图》(《小横图》)来考察,以河图之数配"两仪"、"四象"、
"八卦",朱熹虽讲虚五与十为"太极",奇偶各二十为两仪,一二三四为六
七八九为四象,但图中没有结合《伏羲八卦次序图》(《小横图》),而只有
《小圆图》,这是朱熹之失。而李图未结合《伏羲八卦方位图》(《小圆
图》),未构成八卦方位,亦为李图之不足。第三,八卦所得河图之数有异
同,李图乾一、兑九、离二、震八、巽三、坎七、艮四、坤六;朱图乾七、兑一、
离八、震二、巽三、坎九、艮四、坤六。李滉说:"此图分卦惟坤、艮、坎、巽
四卦同朱子。"①其实只坤六、艮四、巽三三卦相同,而坎朱图九、李图七,
并非相同。如果乾七、坎九太阳少阳之数互易,以为乾九、坎七,则坎七与
李图相同,但亦隔了一层,然而,李图八卦得河图之数的排列较为合理。
如下解:

6 坤	7 坎	8 震	9 兑
+4 艮	3 巽	2 离	1 乾
10 太阴	10 少阳	10 少阴	10 太阳

朱图的排列则欠规律性,如下解:

6 坤	9 坎	2 震	1 兑
+4 艮	3 巽	8 离	7 乾
10 太阴	12 少阳	10 少阴	8 太阳

这里除太阳和少阳为 10 外,少阳余 2,太阳缺 2。因而只有坎乾互易其数,
才能使少阳和太阳均得 10。此三异,虽然有些是李滉转述韩邦奇的《启蒙
意见》,但他在改正、修订中,亦表达了自己的看法。

　　至于洛书与八卦的关系,朱熹说:

　　　　洛书而虚其中,则亦太极也,奇偶各居二十,则亦两仪也。一二三
　　四而含九八七六,纵横十五,而互为七八九六,则亦四象也。四方之正
　　以为乾坤离坎,四隅之偏以为兑震巽艮,则亦八卦也②。

　　洛书四十五,虚其中五为四十,奇偶各二十为两仪。据其四方之正,四
隅之偏,其图如图八:

---

① 李滉:《启蒙传疑》,《陶山全书》(四),第 423 页。
② 朱熹:《易学启蒙》卷一。

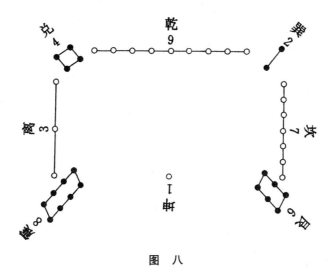

图　八

所谓"纵横十五,而互为七八九六",则指一得五而成六,二得五而成七,三得五而成八,四得五而成九,其图如图九:

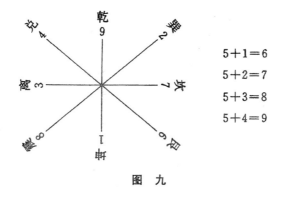

$$5+1=6$$
$$5+2=7$$
$$5+3=8$$
$$5+4=9$$

图　九

　　李滉指出:第一,一、六老阴之数和三、八少阴之数与洛书异。第二,一非老阴,三非少阳;四非老阳,二非少阳。这样构成的《八卦次序图》(《小横图》)与洛书不合,其图如图十。如此,奇偶两仪之数虽各为二十,但太阳为十三,少阴为十一,少阳为九,太阴为七,其数不当,仍有附会之嫌。

　　通过河图、洛书的常、变之数,以明"太极"→"两仪"→"四象"→"八卦"的关系,及由天地、阴阳、五行而造化万物的过程,从而体现了李滉合象数和义理为一的"理数之学"的思想。

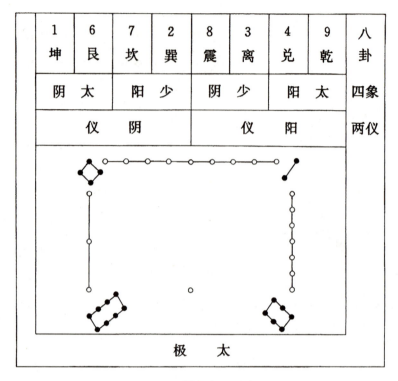

图 十

（三）"变易"与"交易"得兼

朱熹易学的核心思想便是"变易"的流行和"交易"的对待,依此,他将
《伏羲八卦方位图》(《小圆图》)看成按对待的"交易"而作,《文王八卦方位
图》看成按流行的"变易"而作。他说:

> 观《先天图》(指《伏羲八卦方位图》)便可见东边一画阴,便对西
> 边一画阳。盖东一边本皆是阳,西一边本皆是阴。东边阴画皆是自西
> 边来,西边阳画都是自东边来。①

依其意,制图十一以明之:

---

① 黎靖德编:《朱子语类》卷六十五。

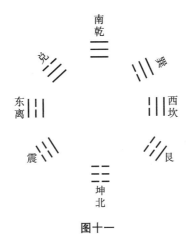

图十一

这里有两层意思:一层是东西阴阳画相对待,东边阳,西边一定是阴,反之亦然,这便是讲对待的;另一层是"阳中有阴,阴中有阳,便是阳往交易阴,阴来交易阳,两边各相对"①,这便是讲"交易"的。它是根据《周易·说卦传》的"天地定位,山泽通气,雷风相薄,水火不相射,八卦相错"的意思构成的。

《文王八卦方位图》则是依《说卦传》的"万物出乎震,震东方也。齐乎巽,巽东南也。……离也者,明也,万物皆相见,南方之卦也。……坤也者,地也。……兑,正秋也。……战乎乾,乾西北之卦也。……坎,水也,正北之卦也。……艮,东北之卦也,万物之所成终而所成始也,故曰成言乎艮"的意思构成的。如图十二:

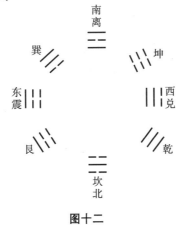

图十二

---

① 黎靖德编:《朱子语类》卷六十五。

这是依照自然天地在四季气候变化和自然环境变化的条件下,生物生长顺序而形成的八卦图①,属流行而作。《伏羲六十四卦次序图》(《大横图》)从乾、夬、大有到观、比、剥、坤卦,按"变易"的流行而构成。它按《伏羲八卦次序图》(《小横图》)的顺序,以乾一、兑二、离三、震四、巽五、坎六、艮七、坤八的八卦经为下卦,并依同样的八卦顺序为上卦,配合成六十四卦。另,新发现的马王堆汉墓帛书《易经》亦是按"变易"的流行来排列六十四卦的。它依据《文王八卦次序图》,如图十三:

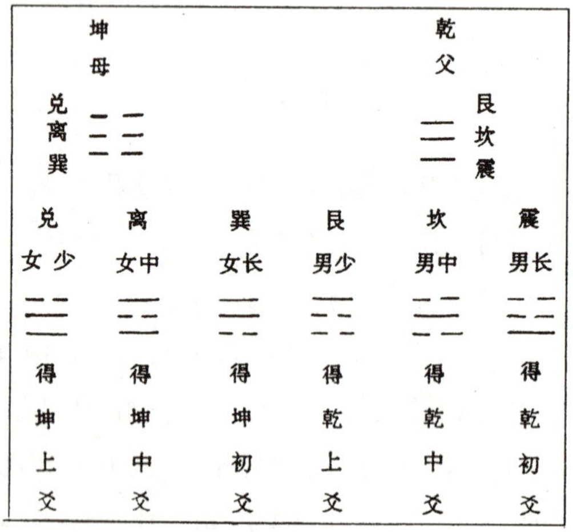

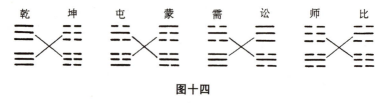

图十三

以先父男后母女的次序,乾一、艮二、坎三、震四、坤五、兑六、离七、巽八的八经卦为上卦,配乾(父)、坤(母)、艮(少男)、兑(少女)、坎(中男)、离(中女)、震(长男)、巽(长女)为下卦,而成六十四卦。惟《文王六十四卦次序图》(《大横图》)是以"交易"的对待而作的,其排列顺序是依《序卦传》,即始自乾、坤、屯、蒙,终自既济、未济,它按正反卦(互卦)的形式相对排列,说明卦象中对待和转化关系,如图十四:

图十四

---

①　参见张立文:《周易思想研究》第十章,湖北人民出版社 1980 年版,第 231—232 页。

如果按《伏羲六十四卦次序图》(大横图)排成《六十四卦方位图》(大圆图),则如图十五:

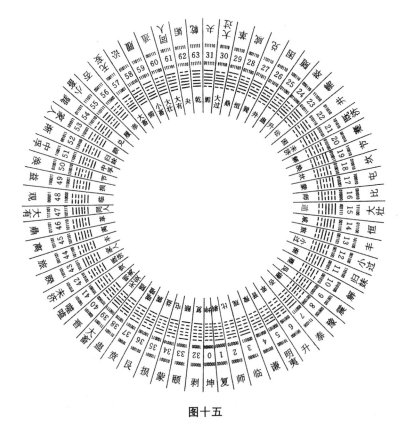

图十五

在此图中,可以得见:第一,莱布尼茨从六十四卦的图形中,发现了与他的二进制算术相合的表现形式。他说:"《易经》也就是变易之书。在伏羲的许多世纪以后,文王和他的儿子周公以及在文王和周公五个世纪以后的著名孔子,都曾在这64个图形中寻找过哲学的秘密,……这恰恰是二进制算术。……阴爻二就是○(零),阳爻一就是1。这个算术提供了计算千变万化数目的最简便的方式。"①大概他晚年曾看到邵雍《伏羲六十四卦方位图》是一种按二进制算术排列的图阵,其实,还有另一种二进制算术排列的圆阵,如图十五的外圈的排列次序。当然,亦可以形成两种方阵,方阵右下

---

① [德]莱布尼茨:《致德雷蒙的信:论中国哲学》,《中国哲学史研究》1982年第1期。

角的乾,经巽、离、艮、兑、坎、震,至左上角的坤,这条对角线上恰是八经卦,而乾、离、坎、坤为重卦,如图十六。无论方阵,还是圆阵,据愚考释,起码有四种排列方式,都包含着二进制算学。

图十六

第二,莱克尼茨以邵雍《伏羲六十四卦次序图》,由上爻而至初爻来构成二进制算术,这不合筮仪成卦由初爻而至上爻的次序;若按初爻而至上爻构成二制算术,似乎合理些。《说卦传》说:"数往者顺,知来者逆,是故《易》逆数也。"意为《易》卦六爻,自上而下数为顺,自下而上数为逆;"数往"自远至近为顺,"知来"自近而远为逆。《易经》以占知来事,故称《易》逆数,即由初爻至上爻。现排列在圆阵的最外一圈。方阵亦可由上爻至初爻,或由初爻至上爻,构成两种二进制算术,而由初爻至上爻合理些。

第三,把这两种二进制构成圆阵或方阵的结果,便惊奇地发现,原两者均依"变易"的流行而作的,却构成了对待的"交易",即构成了圆、方两组相对待的正反卦图式。不仅构成《文王六十四卦次序图》,而且恰恰构成《读易图》,除乾、坤、坎、离四经卦和颐、大过、中孚、小过四杂卦重卦外,余均为相对的正反卦,如图十七。同时,四正卦和四杂卦亦构成相对卦,如图十八。

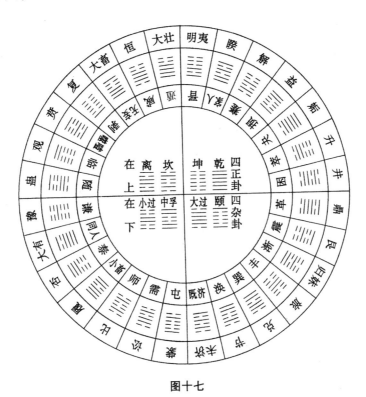

图十七

图十八

朱熹把"易"的"变易"流行和"交易"对待,概括为自然和社会的普遍法则。它们两者的关系,正如蔡元定的长子、朱熹的学生蔡渊所说,"主对待者必以流行为用;主流行者必以对待为用,学者不可不察也。"[1]两者相互依赖,相互为用。朱熹以"变易"和"交易"来概括八卦横图、圆图及六十四卦横图、圆图的变化法则,发现其中千变万化的妙处。李滉融会各家,精微探索,比较邵朱,明其异同,从而进一步搞清了《伏羲八卦次序图》的形成原因及法则。他依据邵雍《观物外篇·先天象数第二》的"阳交于阴,阴交于阳,而生天之四象;刚交于柔,柔交于刚,而生地之四象"的意思,如图十九:

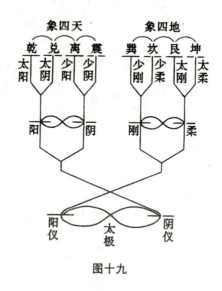

图十九

他又依据朱熹《答袁机仲·二》书中所说:

> 以第一爻而言,左一奇为阳,右一偶为阴,所谓两仪者也。……第二爻而言也,阳下之半上交于阴上之半,则生阴中第二爻之一奇一偶,而为少阳、太阴矣;阳上(当作下)之半下交于阳下(当作上)之半,则生阳中第二爻之一奇一偶,而为太阳、少阴矣:所谓两仪生四象者也。……太阳之下半交于太阴之下半,则生太阴中第三爻之一奇一偶,而为艮为坤矣;太阴之上半交于太阳之下半,则生太阳中第三爻之一奇一偶,而为乾为兑矣;少阳之上半交于少阴之下半,则生少阴中第三爻之一奇一偶,而为离为震矣;少阴之下半交于少阳之上半,

---

① 蔡渊:《易象意言》,武英殿聚珍版丛书十韵,第19页。

则生少阳中第三爻之一奇一偶,而为巽为坎矣。此所谓四象生八卦也。①

据其意,制图如二十:

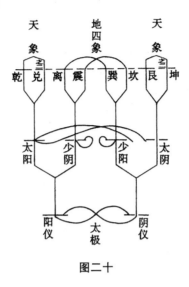

图二十

李滉指出,邵朱之异,就在于:第一,邵雍以阴阳刚柔论四象,但他并没有交代"阴阳"两仪相交错,除生阴与阳外,如何生刚与柔,而只是说"阳交阴而还生阳仪上之奇偶,阴交阳而还生阴仪上之奇偶"②。朱熹则直以"刚谓少阳,柔谓少阴"③,把刚柔纳入阴阳。因此,李滉说:"今究其所以异者,邵子不以太(太阳、太阴)、少(少阳、少阴)论四象,只以阴阳刚柔四字当之。"④所谓以太、少论四象,正是朱熹以阴阳为两仪,以太阳、少阴、少阳、太阴为四象。

第二,至于八卦,朱熹以为太阳、太阴、少阳、少阴相互交错,而生乾、兑、离、震、巽、坎、艮、坤。邵雍则"以太少论阴阳刚柔,是恰似以四象假为两个两仪,而八卦又假为两个四象矣"⑤。因其以八卦的形成为太阳(乾)、太阴(兑)、少阳(离)、少阴(震)、太柔(坤)、太刚(艮)、少柔(坎)、少刚(巽),所

① 朱熹:《答袁机仲·二》,《朱文公文集》卷三十八。
② 李滉:《启蒙传疑》,《陶山全书》(四),第426页。
③ 朱熹:《答袁机仲·二》,《朱文公文集》卷三十八。
④ 李滉:《启蒙传疑》,《陶山全书》(四),第426页。
⑤ 李滉:《启蒙传疑》,《陶山全书》(四),第426页。

以称其为两个四象,四象又归之为阴阳、刚柔两个两仪。

第三,邵雍以刚柔相交而生的坤、艮、坎、巽为地之四象,阴阳相交而生的乾、兑、离、震为天之四象。朱熹则以太阳、太阴相交而生的乾、兑、坤、艮为天之四象,少阳、少阴相交而生的离、震、巽、坎为地之四象。

第四,邵、朱以阳仪为左、阴仪为右,及八卦自左乾、兑、离、震,至右巽、坎、艮、坤排列次序均与《伏羲八卦次序图》相反。虽然中间四象,朱熹与其名称相似,但次序亦相反,所以亦与《伏羲八卦次序图》不合,其构成的圆图亦不相似。

在明邵、朱之异的基础上,李滉提出了己见。他说:

> 若以愚见论之,横图所生之数,即圆图所分之数。但分取横图中间震巽接处,交一转过,则震接坤,巽接乾而为圆图。此其为横为圆,虽若小异,其数则初非为二,安有殊涂,亦安取义于不约而会哉?①

横图所生之数,是指《伏羲八卦次序图》的乾一、兑二、离三、震四、巽五、坎六、艮七、坤八;圆图所分之数,即指《伏羲八卦方位图》。在圆图震巽中间阴阳两仪的接合处,依据"数往者顺,知来者逆"的原则,便是震接坤,巽接乾。在这里,无论横图圆图,其数之次序无二,但邵、朱的数序有异,故为李滉所不取。

同时,李滉还进一步探讨了六十四卦形成的原理。他说:

> 窃尝考之,先生所谓二涂者,皆以画卦节次言之。如所谓八卦相乘为六十四者为一涂;三画以上,三加一倍,以至六画,则三画者亦如一倍,而卦体横分亦为六十四者为一涂。②

所谓八卦相乘,即八经卦为上卦或下挂,配以八卦,8×8＝64卦,为一种方法;另一种方法是,八卦三画之上各生一奇一偶,即加一倍,为四画,依次加一倍至六画,亦为六十四卦,8×2＝16,16×2＝32,32×2＝64,这样构成六十四卦次第行列,不待人安排设置,却各含符节,不差毫厘。

李滉在论述八卦横图、圆图及六十四卦横图、圆图时继承了朱熹合"变易"和"交易"为一的思想,并在精微处有所辨析和发挥。此实难能可贵。

---

① 李滉:《启蒙传疑》,《陶山全书》(四),第 427 页。
② 李滉:《启蒙传疑》,《陶山全书》(四),第 427 页。

（四）揲蓍求卦之法和四象变数

朱熹不仅用其"变易"、"交易"的思想来概括伏羲及文王的八卦横图、圆图和六十四卦横图、圆图。而且将其贯彻到蓍策（揲蓍求卦之法）中。他说："四营，谓分二。挂一，揲四，归奇也。易，变易也，谓一变也。三变成爻，十八变则成六爻也。"①"四营"，是指揲蓍求卦时的四次经营。四营的第一营，即"交易"的一分为二的过程，将49蓍策任意分而为二，以象两（天地）；挂一蓍策于小拇指与无名指之间以象三（天、地、人三才），为第二营；以二的二倍数四为单位，分左右两部分的蓍策，"揲四"以象四时（春、夏、秋、冬），为第三营；将"揲四"后的剩余蓍策，扐于无名指与中指及中指与食指间，为第四营。经四营为一变，即为"变易"，三变而成一爻，九变成三爻得内卦（三画卦），所谓"八卦而小成"，十八变而成卦。这便是揲蓍求卦之法。朱熹的《筮仪》及时人已有详论，故无须赘述。

然而，经十二营、三变而成爻，这是成卦的基础；后六十营、十五变则是前三变的重复。因此，以三变十二营中，求知阳爻（—）、阴爻（--）出现的情况，即余策三十六（九揲之数，是为老阳九）、三十二（八揲之数，是为少阴八）、二十八（七揲之数，是为少阳七）、二十四（六揲之数，是为老阴六）四者可能出现的次数，则详论者尚少。据朱熹《明蓍策》中所述，一变四营以后，其余策有四种情况：或左一右三，或左二右二，或左三右一，或左四右四。左右相加，即四或八，加挂在左手无名指与小拇指之间的一策，便是五或九，出现五3次，九1次。四十九减五或九，则剩四十四或四十，为二变所用。二变四营以后，其余策亦有四种情况：或左一右二，或左二右一，或左三右四，或左四右三。左右相加，即三或七，加挂一，则是四或八，出现四2次，八2次。四十四或四十减四或八，则剩四十、三十六、三十二，为三变之用。三变四营以后，其余策也有四种情况：或左一右二，或左二右一，或左三右四，或左四右三。左右相加，即三或七，加挂一，亦是四或八，出现四2次，八2次，同二变余策。将四十、三十六、三十二减掉四或八，则剩三十六、三十二、二十八、二十四，除四揲，便得九、

---

① 朱熹:《系辞上传》,《周易本义》卷三。

八、七、六。现将三变十二营以后的十二种情况综合于下:一变为五、五、五、九,二变为四、四、八、八,三变为四、四、八、八。依此三变后所得各种可能数相加,以求老阳(九)、少阴(八)、少阳(七)、老阴(六)出现的次数,则为:

奇数	偶数	奇 奇 偶
$5+4+4=13$	$3×2×2=12$	$49-13=36÷4$
$5+4+8$	$3×2×2=12$	$=9$ 老阳
$5+8+4=17$	$3×2×2=12=28$	$49-17=32÷4$
挂动 $9+4+4$ 可能出现	$1×2×2=4$	$=8$ 少阴
之数 $5+8+8$ 的次数	$3×2×2=12$	$49-21=28÷4$
$9+8+4=21$	$1×2×2=4=20$	$=7$ 少阳
$9+4+8$	$1×2×2=4$	$49-25=24÷4$
$9+8+8=25$	$1×2×2=4$	$=6$ 老阴

其图如二十一(为明白起见,黑点用数字代替):

阴 老	阳 少	阴 少	阳 老	
8 8 8 8	4 4 4 4 8 8 8 8	以少虚 4 4 4 4	老虚	三变
8 8 8 8	8 8 8 8 4 4 4 4	待阳此 4 4 4 4	阴此	二变
9 9 9 9	9 9 9 9 9 9 9 9	老四以 9 9 9 9 阴又待	之以 四待	一变
四 三 二 一	十 十 十 十 十 十 二 三 四 五 六 七 八 九 十	廿 廿 廿 廿 八 七 六 五		
	8 8 8 8	4 4 4 4 8 8 8 8	4 4 4 4	三变
少 虚	8 8 8 8 老 虚	8 8 8 8 4 4 4 4	4 4 4 4	二变
阴 此	5 5 5 5 阳 此	5 5 5 5 5 5 5 5	5 5 5 5	一变
以 待	九 十 十 十 其 阳 以 一 二 右 实 待	廿 廿 廿 廿 二 十 十 十 四 三 二 一 十 九 八 七	九 十 十 十 一 二	
太 阳	8 8 8 8 故 于 少 8 8 8 8 缺 左 阴	4 4 4 4 8 8 8 8 8 8 8 8 4 4 4 4	4 4 4 4 4 4 4 4	三变 二变
十	5 5 5 5 十	5 5 5 5 5 5 5 5	5 5 5 5	一变
二 又	五 六 七 八 二 又	十 十 十 十 十 十 九 六 五 四 三 二 一	五 六 七 八	
以 待	8 8 8 8 以 8 8 8 8 待 5 5 5 5	4 4 4 4 8 8 8 8 8 8 8 8 4 4 4 4 5 5 5 5 5 5 5 5	4 4 4 4 4 4 4 4 5 5 5 5	三变 二变 一变
	一 二 三 四	八 七 六 五 四 三 二 一	一 二 三 四	

图二十一

这样便可知道:阳爻可能出现 12(老阳)+20(少阳)=32 次,阴爻可能出现 4

（老阴）+28（少阴）= 32 次，阳爻和阴爻可能出现次数相等，然而（老阳）12+（老阴）4 = 16 次，（少阳）20+（少阴）28 = 48 次，少阳、少阴的和为老阳、老阴的和的三倍，而总和均为64次，与8×8＝64卦的卦数相符。

李滉依据朱熹揲蓍求卦之法，概括了上图"四象变数"，他说：

> 老阳之变皆四，老阴之变皆八，少阳之变一四两八，少阴之变一八两四。皆就三变挂扐而言，此固易见。①

他用简易明确的语言表达了挂扐之数和"四象"可出现的次数，较朱熹精练。此其一。其二，李滉根据蔡元定《易学启蒙》注：

> 以四十九蓍虚一、分二、挂一、揲四，则为奇者二，为偶者二，而老阳得八，老阴得八，少阳得二十四，少阴得二十四，不亦善乎？②

假定老阳、老阴为八，少阳、少阴为二十四，则老少阳阴出现次数的等差，可由阴阳进退求之。李滉认为，"其挂扐过揲互相进退，必得其合如上文蔡氏所云。"③老阳八进四为十二，老阴八退四为四，少阴二十四进四为二十八，少阳二十四退四为二十。这便是李滉所说的阴阳进退、消息；亦较朱熹简易。其三，李滉指出了老阳、少阴、少阳、老阴四处空白的原因。老阳虚四以待老阴，老阴四以补老阳的空白，少阳和少阴之虚亦正相填补。此为老补老、少补少、老少相补。亦可以阴补阴、阳补阳、阴阳相补，少阴虚四以待老阴之四，以阳虚十二以待老阳之十二。此两种相补均构成每边十六的方图，较朱熹说得明白。

（五）朱熹和李滉易学思想的影响

朱熹和李滉在中朝哲学史上都曾发生过重要而深远的影响。从人类认识史发展的过程来看，他们无疑是中朝古代哲学长河中的一个高潮。

中朝朱子学的产生和发展都是其特定时代的产物，而带有其不同的特点。随着宋代高度集中的中央集权的君主专制制度的建立，统治者需要一

---

① 李滉：《启蒙传疑》，《陶山全书》（四），第433页。
② 朱熹：《易学启蒙》卷三。
③ 李滉：《启蒙传疑》，《陶山全书》（四），第436页。

种理论作为统一思想的基础,以便科举考试有一个统一的标准和衡量"异端邪说"与圣人之言的准绳。宋初,统治者对儒、释、道虽时有侧重,但基本上沿袭了唐的兼容并蓄政策。然而,自韩愈儒学中兴以来,思想界对佛、道便持批判态度,而传统儒学的理论形态又不及佛、道精致、思辨。于是朱熹在批判佛、道的同时,亦吸收佛、道的思想资料,建立了一个"致广大,尽精微,综罗百代"①的思辨理性体系,以便与佛、道相抗衡。朱熹道学统治地位的确立,便改变了学术不一、十人十义的情况,适合了"一学术"、"一道德"的时代需要。同时,唐末至五代,伦常败坏,礼仪松弛,宋统治者亦需有一整套道德伦理思想,来整顿伦常,强化礼教,维护宗法等级秩序。朱熹提出了一套完整的以"三纲五常"为核心的道德伦理思想,适应当时社会普遍的需要,于是"朱学"就被统治者巩固起来,而成为意识形态。

李滉出生在"唐家为君子之国,宋朝以为文物礼乐之邦"②的李朝(国号朝鲜)。朱子学传入高丽后,在政治上便作为新进改革派"革旧图新"的思想武器,以对应高丽朝中守旧势力;在思想上,作为反对高丽崇尚佛教的武器,反对权近指出的"漠然无物沦于老氏之虚无,佛氏之空寂,而大本有所不立"③的现象,为后来李朝抑佛扬儒奠定理论基础,以至以朱子学取佛教而代之。其进步作用似比中国为大。李滉的贡献在于,他在"破邪显正"的旗帜下,改造、修正、阐发朱子学,使其更适合朝鲜的国情和时代的需要,巩固了朱子学的意识形态地位。譬如,他以《朱子家礼》为楷模,改造佛教时俗。"家礼"有冠、婚、丧、祭四礼,"乡礼"有乡饮、乡射、乡约三礼,"国礼"有吉、凶、嘉、宾、军五礼,规定了国家、社会、家庭生活中的礼仪准则及道德行为规范。尽管如此,李滉的朱子学,是朝鲜的政治、经济结构的反映,是作为朝鲜特定经济环境下而出现的意识形态。那种认为它完全没有突破朱子的范围的观点,是不符合实际的,因此,必须将其提到一定的历史范围内,作出历史地分析,以总结人类理论思维的共同法则及其特殊法则。

---

① 黄宗羲原著,全祖望补修:《晦翁学案》,《宋元学案》卷四十八。
② 郑麟趾:《高丽史列传》卷三十三。
③ 权近:《入学图说》卷一。

十七、李退溪理数思维略论

（一）象数与义理归一

凡是根植于活生生的现实社会生活的哲学问题，越古老，却越有生命力。这似乎是不合理的，却又是现实的；现实的，不一定是合理的。形式上古老的哲学问题被否定了，实际上是在更高的层次上表现出来。这种以更深邃的内容重复着古老的形式的哲学思维，是屡见不鲜的，即使在现时代，也时常碰到。

这里所谓重复着古老的形式的哲学思维，是指象数思维和义理思维而言的。这两种思维方式是古代中国乃至古代东方儒教文化圈传统哲学思维的基本形态之一。它表现着古代东方创造性思维的特性或特征，是不同于西方传统哲学思维的殊相。

数理思维是指象数思维与义理思维的统一。它渊源于中国公元前 12 世纪的《周易》①。象、数、理是《周易》理论结构的三大主体观念。《左传》僖公十五年记载："龟，象也；筮，数也。物生而后有象，象而后有滋，滋而后有数。"②象是指用龟甲来占卜，灼以出兆，观察兆象而预测吉凶祸福；数是指用蓍草来卜筮，由蓍草成卦所得的数而表现吉凶祸福。

---

① 参见张立文：《周易思想研究》，湖北人民出版社 1980 年版。《周易》包括《易经》和《易传》（《十翼》）两部分，两者著作时代不同，这里指《易经》而言，即殷末周初之际。然而，看法有异，或主西周中期说，或主西周晚期说，也有主战国说。两千年来，未能统一。

② 《左传》僖公十五年。

　　这里所说的象,是形象的意思①,而非指《周易》的象。《周易》的象是特称,是指卦象和爻象。《系辞上》说:"圣人有以见天下之赜,而拟诸其形容,象其物宜,是故谓之象。"朱熹《周易本义》注:"象,卦之象,如《说卦》所列者。"②《说卦》以《乾》(☰)象征天,《坤》(☷)象征地,《震》(☳)象征雷,《巽》(☴)象征风,《坎》(☵)象征水,《离》(☲)象征火,《艮》(☶)象征山,《兑》(☱)象征泽。这是八卦最基本的卦象。又说:"圣人设卦,观象系辞焉而明吉凶。"朱熹注:"象者,物之似也,此言圣人作《易》,观卦爻之象,而系以辞也。"③象是指爻象。如果说八卦重叠而成六十四卦,如《小畜》(☴)下卦是乾,上卦是巽,是天上有风之象,《象传》说:"风行天上,小畜,君子以懿文德。"④由于两卦组合,卦象相当复杂。那么,爻象相对地说,要简单一些。六十四卦,三百八十四爻,其最基本符号是(—),称阳爻;(――),称阴爻。阳爻象征阳、刚、健、男性……,阴爻象征阴、柔、顺、女性……每个卦体的阴阳爻之间,又构成承、乘、比、应、据、中等关系,即互相对应,互相渗透,相互冲突,相互联系,相离相分,相辅相成,而构成统一的卦体。

　　所谓数,是指六十四卦每一个卦的六爻之数和筮法所得之数。六爻之数是指"初"、"二"、"三"、"四"、"五"、"上"之数,"天一地二,天三地四,天五地六……"天数为奇、为阳,地数为偶、为阴。筮法所得之数是三十六、三十二、二十八、二十四等4个数,即九、八、七、六的四倍数。九、六为可变之爻数,七、八为不可变之爻数。《系辞上》又说:"参伍以变,错综其数。通其变,遂成天地之文;极其数,遂定天下之象。非天下之至变,其孰能与于此?""极数知来之谓占。"朱熹注:"盖通三揲两手之策,以成阴阳老少之画,究七八九六之数,以定卦爻动静之象也。"⑤通过数的研究,对天、地、人三者在一定时间和空间内的变化趋势和发展前景作出预测,以判断未来的所谓吉凶祸福。但极其数,只要求获得事物变化的大致性趋势的知识,而不是数学的精密性的结论。

　　《周易》便是用这种"仰则观象于天,俯则观法于地,观鸟兽之文,与地

---

① 《周易·系辞下传》云:"象也者,像也。"
② 朱熹:《系辞上传》,《周易本义》卷三。
③ 朱熹:《系辞上传》,《周易本义》卷三。
④ 《周易·小畜·象传》。
⑤ 朱熹:《系辞上传》,《周易本义》卷三。

之宜,近取诸身,远取诸物,于是始作八卦,以通神明之德,以类万物之情"①
的方法,即从象、数的视角去观察天地万物,认识自然人身的思维模式,逐渐
形成了影响中华民族各个方面的独特的象数思维。

所谓理,是指讲卦画、卦名、卦辞、爻辞的义蕴,以说明人或事在一定时
间、地点、环境、方向内的变化趋向和未来前途,作出吉凶祸福的预测或判
断,这便是义理。它较之依据卦象及其变化、爻象与爻数来讲卦画、卦名、卦
辞、爻辞,要易简得多。"易简而天下之理得矣,天下之理得,而成位乎其中
矣。"②《说卦传》云:"和顺于道德而理于义,穷理尽性以至于命。"朱熹注:
"理谓随事得其条理,析言之也。穷天下之理,尽人物之性,而合于天道,此
圣人作《易》之极功也。"③由蕴含于象数中的含义,而演绎出深层的原理、
原则,并与探讨自然、社会、人生现象背后的根据结合起来,以思辨理性方法
而推导出义理思维。

象数与义理,滥觞于汉。"《易》之为书,推天道以明人事者也。《左传》
所记诸占,盖犹太卜之遗法,汉儒言象数,去古未远也,一变而为京(京房)、
焦(焦赣),入于机祥;再变而为陈(陈抟)、邵(邵雍),务穷造化,《易》遂不
切于民用。王弼尽黜象数,说以老庄,一变而为胡瑗、程子(程颐),始阐明
儒理;再变而为李光地、杨万里,又参证史事,《易》遂日启其论端。"④从汉
京房⑤、焦赣→陈抟、邵雍,为象数之学;从王弼→胡瑗、程颐,为义理之学。
《四库全书总目》将此概括为两派六宗。宋代易学中大致存在着两派;至于
六宗的概括,则未必妥当,但相互之间亦确有异。这为北宋易学的演变勾勒
了一个脉络。其实自邵雍以后,形成了图(河图)书(洛书)学。

理学集大成者朱熹,汇综象数之学(包括河〔图〕洛〔书〕学)与义理
之学,而作《周易本义》和《易学启蒙》。他说:"此书(按指《周易》)本为卜
卦而作,其言皆依象数以断吉凶。今其法已不传,诸儒之言象数者,例皆穿

---

① 《周易·系辞上传》。
② 《周易·系辞上传》。
③ 朱熹:《说卦传》,《周易本义》卷四。
④ 《经部·易类一》,《四库全书总目》卷一,第 1 页。
⑤ 西汉时有两个京房,都讲易学。一为杨何弟子,梁丘贺的老师;一为焦赣的弟子。
《汉书·儒林传》云:"京房受《易》梁人焦延寿(赣)。延寿云尝从孟喜问《易》。会喜死,房以
为延寿《易》即孟氏学。"按:这段话将京房排在焦赣前面,应指杨何弟子,否则排列次序应倒
过来。

凿;言义理者,又太汗漫,故其书为难读,此《本义》、《启蒙》所以作也。"①既不同意离象数讲义理,也不同意穿凿附会卦象、爻象和卦辞、爻辞。

退溪学问,一以程朱为准,敬义夹持,知行并进,本末兼举,植立大本②。他继承朱熹"象数"与"义理"归一、"交易"与"变易"得兼的易学思想,深究《周易》。20岁读"《周易》,讲究其义,殆忘寝食"③。此时他接触到朱熹《周易本义》和《易学启蒙》两书。对此两书,他倾注了很大的兴趣和半生的精力。退溪出于研究的需要,在54岁以后"兼治数学",并认为"数学非理外之书",《易学启蒙》有隐奥之义,不可不正之"乘除之法"。"顷年以来,每读是书,或因思有契,或考古有证,不免随手札记,累至成帙。盖所以便考阅,备遗忘耳,非以是求多于前修也。"④他沉潜而有所领悟,考古而有所根据。经多年探索,于嘉靖三十六年(1557年)撰成《启蒙传疑》一书,时年57岁。后多次与诸生教授,体验更深,并把朱熹易学,概括为"理数之学"。他说:

> 《启蒙》之书,阐发幽赜,昭如日月,而诸儒辩释,又皆精密该畅,无遗憾矣。然而理数之学,广博微妙,盘错肯綮,未易研究,透得一重又一重,愈索而愈无穷。⑤

理数之学就是象数和义理的统一,或称数理之学。它从数、理视角去观察天地万物存在的模式,认识事物之所以然的思维方法,可称为数理思维或理数思维。它影响和渗透到了东方人的生活方式、行为方式、心理结构和知、情、意方式等方面,成为古代东方独特的思维方式。

(二)对待行合的辩证思维

思维是主体人脑借助于语言对客体的本质、特征的间接的、概括的反

---

① 朱熹:《答刘君房》,《朱文公文集》卷六十。《易学启蒙》是朱熹与蔡元定相互讨论研究,合作而撰的,非朱熹一人而作。

② 参见李滉:《言行录》卷二,《增补退溪全书》(四),第24页。

③ 李滉:《言行录》卷六,《增补退溪全书》(四),第114页。

④ 李滉:《启蒙传疑序》,《增补退溪全书》(三),第209页。

⑤ 李滉:《启蒙传疑序》,《增补退溪全书》(三),第209页。按:《启蒙》指朱熹的《易学启蒙》,非指李退溪的《启蒙传疑》。

映。它作为认识方面的心理结构,是很复杂的,表现为人脑对各种信息的分析、综合、比较、抽象和系统化、具体化的过程。思维在人的心理、气质活动中的作用,是使人的知觉具有理解性和概括性,记忆具有逻辑性和意义性,想象具有深刻性和创造性。思维是高级情感和意志产生与发展的重要力量,使人具有高尚的道德感、理智感和美感①。思维方式是主体人在思维时借助于一定的思维方法,通过某些一定的阶段,而实现思维的结构、框架和模式。它是主体把握思维客体,通向客体的方式、桥梁和中介。它是由思维的立足点、角度和顺序等要素构成的和合体。

中国数学的鼻祖,当推《周易》;伏羲画八卦,是传说中最早的一人。数学无论在古代,还是在近代,都为哲学的思维提供了丰富的养料。数学哲学思维的基本问题,是先天的还是经验的(后天的)问题。邵雍易学发展了抟搏象学和数学中的数学方面,因此当时称邵雍易学为数学。程颢说:"尧夫欲传数学于某兄弟,某兄弟那得工夫,要学须是二十年工夫。"②所以邵雍先天易学和后天易学③,有先天数学和后天数学之称。朱熹《易学启蒙》对陈抟系统的邵雍数学和河洛之学(亦称图〔河图〕书〔洛书〕之学),并不采取排斥态度,而加以某些肯定和解释。《启蒙》讲易数,就是以《河图》、《洛书》为核心,而论述易学的整体思维。

《易学启蒙》首篇名《本图书》,意在说明《周易》"象数本原"④。朱熹认为卦象和阴阳奇偶之数皆出之《河图》、《洛书》。退溪同意朱熹的意见,以《河图》之数为十,《洛书》之数为九。退溪在《本图书·河图行合》中说:"行合只是谓以生数之一、二、三、四、五,合成数之六、七、八、九、十,皆以数之流行次第而合,故云行合。"⑤《河图》(图见下页)的一、三、五、七、九的5个数,为天数,为奇数,以—〇—为代表,奇数为阳,所以称阳之行;二、四、

---

① 参见张立文:《传统学引论——中国传统文化的多维反思》,中国人民大学出版社1989年版,《传统心气与思维》一节。

② 黄宗羲原著,全祖望补修:《百源学案》,《宋元学案》卷十。

③ 朱熹解释说:"据邵氏说,先天者伏羲所画之易也,后天者文王所演之易也。伏羲之易,初无文字,只有一图以寓其象数,而天地万物之理,阴阳终始之变具焉。文王之易即今之《周易》,而孔子所为作作者是也。"(《答袁机仲》,《朱文公文集》卷三十八)先《周易》而有的伏羲所画之易为先天学,文王所演之易为后天学。

④ 朱熹:《答袁机仲》,《朱文公文集》卷三十八。

⑤ 李滉:《启蒙传疑·本图书第一》,《增补退溪全书》(三),第212页。

六、八、十的 5 个数为地数,为偶数,以—●—为代表,偶数为阴,所以称阴之行。所谓"行合",是指"天以一生水,而地以六成之;地以二生火,而天以七成之;天以三生木,而地以八成之;地以四生金,而天以九成之;天以五生土,而地以十成之。此又其所谓各有合焉者也。"①天地阴阳二者没有五,就不能变化,五没有天地阴阳,亦不能自行。

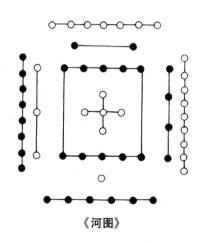

《河图》

这里体现了天地、阴阳的对待行合思维(即辩证思维)和流行次第思维(即系统思维)。

就对待行合的辩证思维而言,退溪不同意胡方平(玉斋)"《河图》五生数属阳,五成数属阴"②的说法,因这个说法不符合奇偶数的阴阳归属,也割裂了生数与成数之间的天地阴阳对待行合,违背了"二非五不能变化,五非二不能自行"的原则。不过退溪做了这样的猜测,"玉斋非不知天数为阳,地数为阴,而误为此言,但因朱子此条生数居中为主,成数居外为客之说而推类言之。"③似乎胡方平的说法是据朱熹主客关系而推类为阴阳的,即主为阳,客为阴。笔者认为,尽管主客之别可以附会阴阳,但在这里似不确切,嫌不明晰而易造混乱。然退溪认为,"盖阴阳二字,取义

① 朱熹:《易学启蒙》卷一。

② 李滉:《启蒙传疑·本图书第一》,《增补退溪全书》(三),第 213 页。

③ 李滉:《启蒙传疑·本图书第一》,《增补退溪全书》(三),第 213 页。原文注释,参见张立文主编:《退溪书节要》,中国人民大学出版社 1989 年版,第 71—76 页。

多端,如此分属,自为一说,与朱子之意初不相妨。"①此可备一说,义亦圆通。

这便是:

$$生数　　　成数$$

（阴）天←1（水）+5＝6→地（阴）

（阴）地←2（火）+5＝7→天（阳）

（阳）天←3（木）+5＝8→地（阴）

（阴）地←4（金）+5＝9→天（阳）

（阳）天←5（土）+5＝10→地（阴）

行合

胡方平认为,"《洛书》四正配四阳卦,四隅配四阴卦。"鲍宁不同意这个说法,认为朱子之言不合,"论配卦,则本先天方位,以四正为乾、坤、离、坎,四隅为兑、震、巽、艮,于名义当矣,后儒何得而异说乎?"②《洛书》(见下图)

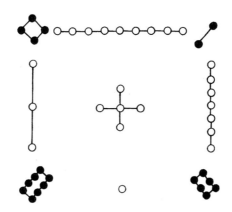

的四正,指四正边,其数是一、三、七、九,奇数为阳;四隅,指四角,其数是二、四、六、八,偶数为阴。若四正四隅八卦,而八卦的方位又依照"先天方位"即《伏羲八卦方位》(见下页图)。这里四正和四隅的配卦的位置是相符的,但《洛书》之数和《伏羲八卦方位》之数而不相协,唯离三相协,阴阳奇偶有

①　李滉:《启蒙传疑·本图书第一》,《增补退溪全书》(三),第223页。

②　李滉:《启蒙传疑·本图书第一》,《增补退溪全书》(三),第213页。

伏羲八卦方位(《先天图》)

相协,有不相协。退溪说:"今按以八卦分阴阳,乾、震、坎、艮为阳卦,坤、巽、离、兑为阴卦。若于《洛书》四正、四隅配之,以此欲从先天方位,坤、离阴而居正,震、艮阳而居隅。欲从后天方位,离、兑阴而居正,乾、艮阳而居隅。不知玉斋当何以配之。"①此八卦分阴阳是根据《文王八卦次序》(即《后天八卦次序图》),而不是依据《伏羲八卦次序》(即《先天八卦次序图》)。按照八卦次序,而有先天方位(即《伏羲八卦方位》)和后天方位(即《文王八卦方位》)。若以《伏羲八卦次序》分阴阳,便是乾1、离3、巽5、艮7为阳卦,坤8、坎6、震4、兑2为阴卦。欲从先天方位,坤8、坎5阴而居正,而非坤8、离3阴而居正;艮7、巽5阳而居隅,而非震4、艮7阳而居隅。欲从后天方位,应以《文王八卦次序》所分的阴阳卦,以后天方位来配《洛书》四正、四隅。这就是说,"先天次序"与"后天次序",阴阳交错互渗,对待矛盾。因此,"先天方位"与"后天方位",亦阴阳对待交射,相辅相济,体现了象数思维的辩证性。

象数思维的辩证性,还体现在《河图》与《洛书》的"三同二异"上。这不仅是《河图》的一、三、五生数的方位与《洛书》同,而且《洛书》的一、三、五合数(加数)与《河图》同。这便是《河图》里圈北一、东三、中五与《洛书》同。《洛书》的合数,正如《洛书·四正各居四隅类附图》所示,1+5=6,3+5=8,5+5=10,为《河图》外圈的北六,东八,中十。"二异"是指《河图》二、

① 李滉:《启蒙传疑·本图书第一》,《增补退溪全书》(三),第214页。

四生数的方位与《洛书》异,亦指《洛书》二、四退数(减数)与《河图》异,这便是《河图》里圈南二、西四与《洛书》的西南二、东南四异,《洛书》退数 7-5=2,9-5=4,与《河图》均用加法异,即里圈的一、二、三、四、五生数加五,等于外圈的六、七、八、九、十。《河图》与《洛书》位和数的三同二异,体现了两书的冲突与同一。

对待行合的辩证思维蕴含有互藏互渗、进退变化的意思。退溪在"《河图》进退饶乏之正,互藏其宅之变"①中认为,九饶(多)于八,七饶于六,六乏(少)于七,七乏于九,阳多于阴,阴少于阳,这便是饶乏阴阳之正。老阳九应居一的位置,而居于老阴之位,乃四加中五而成,老阴六应居四的位置,而居于老阳之位,乃一加中五而成,这即是二老互藏其宅之变。二少(少阴、少阳)是由二老的退而来,《河图》外圈,老阳九自西而南,退而成少阳七,老阴六自北而东,进而成少阴八。九、七的西与南,六、八的北与东互易其位,这便是二少又以为自二老而来,二少互藏之变。

为什么二老(老阴、老阳)、二少(少阴、少阳)可以互藏,这是因为八卦既出于《河图》,亦来自《洛书》。退溪说:

> 以为一、六老阴之数,而艮、坤生于老阴,则艮居六,坤居一,虽异于《河图》,而无不可也。三、八少阴之数,而离、震生于少阴,则离居三,震居八,虽异于《河图》,而无不可也。其四、九之于乾、兑,二、七之于巽、坎,取义皆然。而乾居有九,坎居七,又正得其本数,所以《洛书》亦可以为八卦者然也。②

八卦与《洛书》相配,便是根据《伏羲八卦方位》与《洛书》的四正、四隅的方位相配(见下页图);但八卦的阴阳次序与《洛书》的阴阳本数不相合,如一不是老阴,三不是少阴,四不是老阳,二不是少阳。一、三奇数属阳,四、二偶数属阴,但阴阳互变,相生相成,数也起变化。退溪根据朱子思想,对为什么一为老阴,三为少阴,四为老阳,二为少阳做了解释:"老阴之六由一而成,故一可带言于老阴;少阳之七由二而成,故二亦可带言于少阳;三之于少阴,四之于老阳,仿此。"③老阴 6=5+1,所以一可带言于老阴;少阴 8=5+3,所以三可带言于少阴;老阳 9=5+4,所以四可带言于老阳;少阳 7=5+2,所以二可带言于

---

① 李滉:《启蒙传疑·本图书第一》,《增补退溪全书》(三),第215页。
② 李滉:《启蒙传疑·本图书第一》,《增补退溪全书》(三),第218页。
③ 李滉:《启蒙传疑·本图书第一》,《增补退溪全书》(三),第218页。

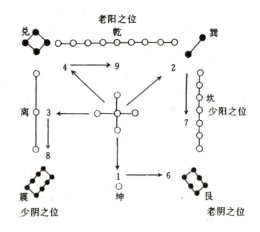

少阳。这便是说,老阴包括本数六和变数一,少阴包括本数八和变数三,老阳包括本数九和变数四,少阳包括本数七和变数二。既相互包藏,亦相互转化。

　　阴阳奇偶的易数,不仅互藏互转,而且互根互变。退溪说:"一、三、五阳数也,得地数三十者,阴根阳也。"[①]一、三、五是生数中的奇数属阳,地数三十为偶数属阴。阴根阳是指地数三十是由一、三、五天数(阳)加相对应的天数而成:(1+9)+(3+7)+(5+5)= 30。又说:"二、四,阴数也,并五中,得天数二十五者,阳根阴也。"[②]二、四是生数中的偶数属阴,天数二十五为奇数属阳。阳根阴是指天数二十五由二、四地数(阴)加相对应的地数,再加本数中五而成:(2+8)+(4+6)+5 = 25。这就是说,凡奇数(天数,阳数)+奇数除中五以外,其得数都是偶数(地数,阴数);凡偶数+偶数,其得数都是偶数。所以天数二十五必须再加五(奇数,天数)而成,否则不能构成二十五。"数皆用阴者,成于十也。"十为成数之极。无论天数、地数,除本数五以外,都构成十数,如1+9 = 10,3+7 = 10,5+5 = 10,2+8 = 10,4+6 = 10,便成5×10=50,构成五行为五十。这便是阴阳互根,即互为根本、根基,不可分离。

　　象数的互变,退溪认为就三变挂扐而言,"老阳之变皆四,老阴之变皆八,少阳之变一四两八,少阴之变一八两四。"[③]所谓"三变挂扐",是指占蓍成卦法的演变而言。《周易·系辞上》说:"大衍之数五十,其用四十有九。

---

①　李滉:《启蒙传疑·明蓍策第三》,《增补退溪全书》(三),第228页。
②　李滉:《启蒙传疑·明蓍策第三》,《增补退溪全书》(三),第228页。
③　李滉:《启蒙传疑·明蓍策第三》,《增补退溪全书》(三),第229页。

分而为二以象两,挂一以象三,揲之以四以象四时,归奇于扐于象闰,五岁再闰,故再扐而后挂。……是故四营而成易,十有八变而成卦。"大衍之数五十,即退溪所说"五衍为五十",朱熹解为"《河图》中宫天五乘地十而得之",即 $5 \times 10 = 50$。舒出一策(一根蓍草)不用,将四十九策任意分为左右两部分,分二以象两(天地);从右部分中取一策挂于左手小指与无名指间,以象征天、地、人三才。以右手四揲左边的策,以象征四时,将余策(一策→四策)取而扐于左手无名指间;以左手四揲右边的策,将所余之策(一策→四策),取而扐于左手中指间。这是一变。为此三变,总三变挂扐之策,或 13、17、21、25,即 $49-13=36$,$36 \div 4 = 9$,$49-17=32$,$32 \div 4 = 8$,$49-21=28$,$28 \div 4 = 7$,$49-25=24$,$24 \div 4 = 6$。老阳为9,三变挂扐之策为13,以减挂一法计算,即 $13-1=12$,$12=4+4+4$,就成老阳之变皆四;老阴为6,三变挂扐之策为25,依减挂一法计,即 $25-1=24$,$24=8+8+8$,便成老阴之变皆八;少阳为七,三变卦扐之策为21,依减卦一法计,即 $21-1=20$,$20=4+8+8$,便成少阳之变一四两八;少阴为8,三变挂扐之策为17,依减挂一法计,即 $17-1=16$,$16=8+4+4$,便成少阴之变一八两四。少阳一四两八,即老阳的策数一个四,老阳的策数为八,即四的二倍数,$2 \times 4 = 8$,老阴三变分别为八、六、二四,所以少阳主八而变者二。少阴一八两四,老阳三变分别为四、八、一二,所以少阳主四而变者二。四象变数,老阳、少阳、老阴、少阴之变化,既相互依赖,又相互对待,而相互变化。

　　就流行次第的系统思维而言,《周易》本身就蕴含着整体思想。退溪在《启蒙传疑》中探讨八卦与《河图》、《洛书》的关系,认为八卦之象本于《河图》、《洛书》之数,故第一篇称《本图书》;第二篇《原卦画》,说明卦画的根源,并将邵雍先天易学,纳入河洛系统;第三篇《明蓍策》,讲大衍之数,以《河图》、《洛书》为依据;第四篇《考变占》,考辨阴阳卦爻的变化。每一篇构成自我流行次第的系统。

　　《河图》、《洛书》与后天八卦方位、先天八卦方位的流行次第,相互经纬,相互表里,各自构成整体系统。退溪引胡方平的话:"先天八卦,乾、兑生于老阳之四、九,离、震生于少阴之三、八,巽、坎生于少阳之二、七,艮、坤生于老阴之一、六,其卦未尝不与《洛书》之位数合。后天八卦,坎一、六水,离二、七火,震、巽三、八木,乾、兑四、九金,坤、艮五、十土,其卦未尝不与《河图》之位数合。此《图》、《书》所以相为经纬,而先、后天亦有相为表里之妙也。"①

"先天八卦"是指《伏羲八卦方位》与《洛书》的方位、数相合（见下图）

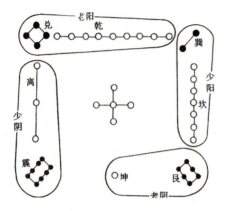

老阳 4+9=13　13−5=8
少阴 3+8=11　11−5=6
少阳 2+7=9 　9−5=4
老阴 1+6=7 　7−5=2

四象的 1、2、3、4 为生数，6、7、8、9 为成数，生数与成数相加而成四象数。四象数加中五，即 5+7+9+11+13=45，可能是《归藏易》的策数。《洛书》虚中五，而成地数。

"后天八卦"是指《文王八卦方位》与《河图》的方位、数相合（见下图）。

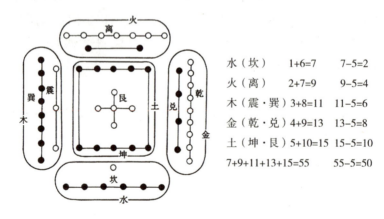

水（坎）　　1+6=7　　　7−5=2
火（离）　　2+7=9　　　9−5=4
木（震·巽）　3+8=11　　11−5=6
金（乾·兑）　4+9=13　　13−5=8
土（坤·艮）　5+10=15　15−5=10
7+9+11+13+15=55　　55−5=50

---

① 《启蒙传疑·明蓍策第三》，《增补退溪全书》（三），第 218 页。退溪在《答郑子中别纸》中说："《先天图》不是伏羲画卦次第，乃画卦后就其中间截断，而拗转之，以成此图。盖虽似稍涉安排，而阴阳消长运行次第，不如此不成模样故也。若论画卦次第，则当以横图言之乃可也。"（《增补退溪全书》（二），第 13 页）。《先天图》指《伏羲八卦方位》（圆图）及《伏羲八卦次序图》（横图，如下）。

坤	艮	坎	巽	震	离	兑	干
八	七	六	五	四	三	二	一

《河图》之数五十五,与天一地二,天三地四,天五地六,天七地八,天九地十为"天地之数五十有五"相合;《河图》之数虚中五,便与成卦的"大衍之数五十"相合。

这样,不仅把先天八卦、后天八卦与属于不同系统的《河图》、《洛书》联系起来,而且也把先天八卦方位与不同的后天八卦方位,以及《河图》十数、《洛书》九数相互经纬、表里,又组合成一个系统的整体。

退溪在《六十四卦分属八宫图》中企图把飞伏与纳甲联系起来。朱子改造京房《易》的"八宫卦",作"分宫卦象次序"歌,退溪则配以卦画。八宫依据八纯卦将六十四卦分成八个子系统。八宫卦排列次序是乾一,坎二,艮三,震四,巽五,离六,坤七,兑八。这既不同于《伏羲八卦次序》、《文王八卦次序》,亦不同于《周易·说卦传》的五种排列次序①。八纯卦每个卦组成一个系统,每个子系统的纯卦,称"本宫卦"("本卦")。按乾(父)坤(母)生六个子女的方法,一索,二索,再索,阳爻变阴爻,阴爻变阳爻,而产生五十六卦的变化。这种变化的模式,人们是可以把握的。退溪引《推飞伏例要诀》:

乾宫八卦　金兆属阳

坎宫八卦　水兆属阳

① 《周易·说卦传》的五种排列次序指:(1)"天地定位,山泽通气,雷风相薄,火水相射(根据帛书本改"水火不相射")",即乾1,坤2,艮3,兑4,震5,巽6,离7,坎8;(2)"雷以动之,风以散之,雨以润之,日以烜之,艮以止之,兑以说之,乾以君之,坤以藏之",即震1,巽2,坎3,离4,艮5,兑6,乾7,坤8;(3)"帝出乎震,齐乎巽,相见乎离,致役乎坤,说言乎兑,战乎乾,劳乎坎,成言乎艮",即震1,巽2,离3,坤4,兑5,乾6,坎7,艮8;(4)"动万物者莫疾乎雷,挠万物者莫疾乎风,燥万物者莫熯乎火,说万物者莫说乎泽,润万物者莫润乎水,终万物始万物者莫盛乎艮",即震1,巽2,离3,兑4,坎5,艮6,除去乾坤天地,而就六子女而言;(5)"乾,健也。坤,顺也。震,动也。巽,入也。坎,陷也。离,丽也。艮,止也。兑,说也。"即乾1,坤2,震3,巽4,坎5,离6,艮7,兑8。

艮宫八卦　土兆属阳

☶艮为山　☶山火贲　☶山天大畜　☶山泽损　☶火泽睽　☶天泽履

☶风泽中孚　☶风山渐

震宫八卦　木兆属阳

☳震为雷　☳雷地豫　☳雷水解　☳雷风恒　☳地风升　☳水风井

☳泽风大过　☳泽雷随

巽宫八卦　木兆属阴

☴巽为风　☴风天小畜　☴风火家人　☴风雷益　☴天雷无妄

☴火雷噬嗑　☴山雷颐　☴山风蛊

离宫八卦　火兆属阴

☲离为火　☲火山旅　☲火风鼎　☲火水未济　☲山水蒙　☲风水涣

☲天水讼　☲天火同人

坤宫八卦　土兆属阴

☷坤为地　☷地雷复　☷地泽临　☷地天泰　☷雷天大壮　☷泽天夬

☷水天需　☷水地比

兑宫八卦　金兆属阴

☱兑为泽　☱泽水困　☱泽地萃　☱泽山咸　☱水山蹇　☱地山谦

☱雷山小过　☱雷泽归妹

　　飞神是世定于真，伏神还从本卦轮。纯卦归魂来去换，递相交代是其神。乾家伏神坤卦觅，坤家伏神乾卦求。震巽彼此相抽换，递相来往自通流。兑卦伏神艮位取，艮家伏神兑家游。坎要伏神离家索，离觅伏神坎家抽。但于本宫起纳甲，从此数至世爻休。①

————————

①　李滉：《启蒙传疑·原卦画第二》，《增补退溪全书》（三），第226页。

本宫卦下的七卦。是由本宫卦的初爻阴爻变阳爻，阳爻变阴爻开始，自下而上。初爻变后所成的卦，称"一世卦"；由第二爻，第三爻，第四爻，第五爻，递次变后所成的卦，称"二世卦"，"三世卦"，"四世卦"，"五世卦"。如以乾、坎为例，便是乾宫的姤（一世卦），遁（二世卦），否（三世卦），观（四世卦），剥（五世卦）；坎宫的节，屯，既济，革，丰五卦，即从一世卦到五世卦。上爻不变，若六爻皆变，便失掉本卦的真实面貌和性质，而成为八纯卦中的另一卦。这就是退溪解释的"飞神皆在当卦，所谓定于真也"①的意思。然后以"五世卦"为基础，即乾宫的剥卦，坎宫的丰卦，从第四爻开始，自上往下，阴爻变阳爻，阳爻变阴爻。剥卦第四爻变后所成的卦为晋卦，丰卦第四爻变后所成的卦为明夷卦。晋卦和明夷卦称"游魂卦"。从"一世卦"到"游魂卦"，属于每一宫的飞伏阶段。退溪说："伏神则如乾宫之于姤至晋，坤宫之于复至需，皆本宫卦之爻随各卦飞神所在之爻而伏，故曰伏神。还从本卦轮也。"②譬如姤卦初爻飞，乾的初爻阴阳相变而伏于姤卦飞后的初爻，乾的第二爻阴阳相变而随游卦第二爻飞后，而伏于遁卦的第二爻，这便是飞神和伏神。然后，晋卦、明夷卦第三爻、第二爻、初爻同时阴阳爻互变，所成的卦为大有卦和师卦，大有和师称为"归魂卦"。之所以称归魂卦，是因为八宫每一宫的最后一卦，其内卦（或称下卦）都复归于本宫卦，故名。如乾宫的大有（☲），乾下离上，即天下火上。上卦从晋卦（游魂卦）而来，下卦归魂于乾。退溪说："若纯卦则飞神、伏神皆在上爻，而递相为飞伏，如乾上飞则坤上伏，坤上飞则乾上伏之类是也。不独上爻为然，归魂卦之相为飞伏，亦同此例。"③所谓"归魂卦之相为飞伏"，实是指《大有》（☲）的下卦《乾》（☰）与《晋》（☲）的下卦《坤》（☷）相为飞伏；坎宫的《明夷》（☲）的下卦《离》（☲）与《师》（☷）的下卦《坎》（☵）相为飞伏；艮宫的《中孚》（☲）的下卦《兑》（☱）与《渐》（☶）的下卦《艮》（☶）相为飞伏；震宫的《大过》（☱）的下卦《巽》（☴）与《随》（☳）的下卦《震》（☳）相为飞伏。这就构成了乾（天）坤（地）、坎（水）离（火）、艮（山）兑（泽）、震（雷）巽（风）的相为飞伏。其余巽宫、离宫、坤宫、兑宫的游魂卦与归魂卦，其下卦亦构成巽震、离坎、坤乾、兑艮的相为飞伏。这就是所谓"纯卦归魂来去换，递相交代是其神。乾家

---

① 李滉：《启蒙传疑·原卦画第二》，《增补退溪全书》（三），第 226 页。
② 李滉：《启蒙传疑·原卦画第二》，《增补退溪全书》（三），第 226 页。
③ 李滉：《启蒙传疑·原卦画第二》，《增补退溪全书》（三），第 226 页。

伏神坤家觅,坤家伏神乾家求。震巽彼此相抽换,递相来往自通流。兑卦伏神艮位取,艮家伏神兑家游。坎要伏神离家索,离觅伏神坎家抽"的意思。

八宫由本宫卦而变生五十六,都是按一定规则、次序而变化运动的,这是有序的、逻辑的系统思维,而不是无序的、非逻辑的非系统思维。在这种流行次第的系统思维中也蕴含着对待行合的辩证思维,因此,也有乾坤、坎离、震巽、艮兑的相互对待、相为飞伏,两者互为条件,而不是仅是此方为彼方的条件,彼方不以此方为条件。八宫相集合而成六十四卦的系统,即大系统;八宫的本宫卦与其他七卦,又集合成一系统,是为小系统;大系统的功能又是小系统的集合。

(三)理数思维的意蕴、形式和特征

象数思维的对待行合理论和流行次第理论,虽还具有直觉性、序列性、辩证性的特点,但亦蕴含着义理思维的内涵。程颐继承王弼易学,不讲象数。他说:"有理而后有象,有象而后有数。《易》因象以明理,由象而知数,得其义则象数在其中矣。"[1]以象数寓于义理之中,而忽视了对象数的探索。理学集大成者朱熹通过象数来明义理,以义理阐释象数,包容互涵,"综罗百代",以启后学。

正因为这样,退溪认为,"《易》乃理数渊源之书",合数、理为一。为学之急需,莫急于穷理尽性之学。"读《易》时苟忽此意,寝与义理不相交涉,而日远矣,甚可惧也。"[2]如果说,象数思维是从象数学的视角来说明天地万物、自然、社会、人生的所当然问题,譬如此如何用,此心如何"事",以及彼之天高地深,水寒火热,等等,那么,义理思维就如退溪所说,从穷理尽性的角度,探索天地万物、自然、社会、人生的所以然问题,即天之所以高,火之所以热,心之所以事,人之所以生活等。这是从两者异来看,是一个当然与所以然的问题。

---

① 程颢、程颐:《二程集》,第615页。
② 李滉:《答郑子中》,《增补退溪全书》(二),第5页。

在这里异并不排斥同,尽管所当然的研究对象是具体现象,说明具体现象是什么,但亦蕴含着理,数与理两者不可分。从这个意义上,所当然是事,也是理,退溪不同意奇明彦以当然为事,所以然为理的界定,认为"当然者,亦固是理也",或"究极论之,当然者为理之说为长。盖君仁臣敬之类,皆天命所当然之理,实精微之极致也。非外此而事别有所当然也。"①不研究义理,仅讲象数,也不得象数的真实。"不专事文义,而稍涉象数者,亦不得象数之真。"②进而以表里、体用关系来讲象数与义理,数是《河图》、《洛书》所表现出来的数,理是《河图》、《洛书》所隐藏的理,两者相互作用。"《河图》有流行之用,《洛书》有对待之体;《河图》有相克之理,《洛书》有相生之义",③两者参互呈现。

退溪是在理数辩证思维指导下,论述义理思维的。

第一,阴阳变易。《周易》的基本符号是阴(——)和阳(—);无论是八经卦,还是六十四卦,都是由这——和—构成。离开了阴阳基本符号或其中的一方,都不能构成完整的八卦和六十四卦。除乾坤两卦,是纯阳纯阴外,其他六十二卦都是阴阳交错而成。因此,朱熹说:"《易》字义只是阴阳。""《易》只消道'阴阳'二字括尽。"④这就是说《周易》最根本的法则、原理是阴阳原理。八卦、六十四卦以及其象征的天地万物、社会人事的存在和变化,都是阴阳及其变易。退溪称其为"天地变化之神,阴阳消长之妙"⑤,把天地万物的一切变易,都归结为阴阳的变易。退溪阴阳的变易,大致有这样几种形式:

首先,阴阳互渗。这种互渗形式,就是阳中有阴,阴中有阳。"只此四位,阳中有阴,阴中有阳。四位:子、午、卯、酉,四正位也。午,阳位之极而一阴生;子,阴位之极而一阳生。二位阳中有阴,阴中有阳,固也。卯位正东,阳方中而未极;酉位正西,阴方中而未极。阳未极则阴在其中,可知;阴未极则阳在其中,可知。盖天地间无截然为阳、为阴之理,故或以一极一生取在

---

① 李滉:《郑子中与奇明彦论学有不合以书来问考订前言以答如左·论所当然所以然是事是理》,《增补退溪全书》(二),第4页。
② 李滉:《答禹景善问目〈启蒙〉》,《增补退溪全书》(二),第133页。
③ 李滉:《答禹景善问目〈启蒙〉》,《增补退溪全书》(二),第134页。
④ 黎靖德编:《朱子语类》卷六十五。
⑤ 李滉:《答李刚而问目〈朱书〉》,《增补退溪全书》(一),第524页。

其中之义,或以一未极取一在其中之义,皆无所不可也。"①四正位是指东、南、西、北四方位,配十二时辰中的子、午、卯、酉(四正,如下图)。每一个时

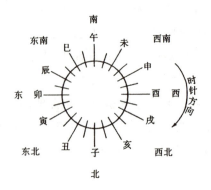

辰为两小时,午正(正午 12 时),正南方,是阳位之极,物极必反,阳便向阴转化,而一阴生;子正(正子 0 时),正北方,是阴位之极,物极必反,阴向阳转化,而一阳生。这样阳位中有阴,阴位中有阳。卯正(正卯 6 时,天亮),正东方,阳方中而未极,所以阳中有阴;酉正(正酉 18 时,黄昏),正西方,阴方中而未极,所以阴中有阳。阴阳在任何时间、方位(即时空)和任何事物中都是相互渗透的,没有绝对是阴是阳的道理,所以阴阳互渗是天地间普遍的原理、普遍的法则。

其次,阴阳消长。阴阳消长有两方面的含义:一是指阴长阳消,阳长阴消,即阴进阳退,阳进阴退;二是指阳克阴,阴克阳,阳阴相克。就前者而言,退溪在回答禹景善问"兑少女而云阳长,艮少男而云阴长,其下即系以兑在天之阴,艮在地之阳,前后之说交综,莫测其端"时说:"兑艮自下二爻而言,曰阳长阴长;自上一爻而言,曰在天之阴,在地之阳。其取义多端如此,故曰:不可为典要。若一卦只取一义,何以为易?"②《兑》为少女,卦画是☱,三爻中二爻是阳,一爻是阴,因而是阳长阴消;《艮》为少男,卦画是☶,三爻中二爻是阴,一爻是阳,因而是阴长阳消。其实,就阴阳爻的消长来说,凡男都是阴长,凡女都是阳长,如长男《震》(☳),二爻阴一爻阳,长女《巽》(☴),二爻阳,一爻阴;中男《坎》(☵),二爻阴一爻阳,中女《离》(☲),二爻阳一爻阴。若按奇偶分阴阳,男方都是五画,奇数,女方都是四画,偶数,所

---

① 李滉:《启蒙传疑·原卦昼第二》,《增补退溪全书》(三),第 227 页。
② 李滉:《答禹景善问目〈启蒙〉》,《增补退溪全书》(二),第 144—145 页。

以五画为阳男,四画为阴女。就兑与艮的三爻而言,八经卦三爻可象征天地人,即兑☱,艮☶,兑是天在阴,地在阳;艮是天在阳,地在阴,阴阳互为消长,此消彼长,彼消此长。

阴阳消长蕴含着阴阳相互进退的意思。退溪说:"震为长男,而初爻为阳,故为阳进之始,阳以长为先,是以位乎属阳之方。"①《说卦》说:"震一索而得男。"乾坤互换,震以坤为基础,一索是把坤的初爻☷阴变为阳☳,这便是阳进,或称之阳长。"兑以少女,而第三爻为阴,则退之后也,阴本主退,以少为贵,故位乎阴用事之方也。"②《说卦》说:"兑三索而得女。"兑以乾为基础,三索是把乾的第三爻☰阳变为阴☱,这便是阴退,或称之阴消。

就阴阳相克的消长而言,朱熹在《易学启蒙·原卦画》引邵雍的话:"乾四十八而四分之一分,为阴所克也;坤四十八而四分之一分,为所克之阳也。"③禹景善问退溪,这里所说"为所克之阳",是指"曾为阴所减削之阳否,抑谓克阴之阳否"。退溪回答说:"谓克阴之阳也。"④在筮法大衍之数五十,其用四十有九,把49策任意分成两部分,挂一以象三,揲之以四,即以四分之。这就是说无论成卦的结果是乾或坤,但挂一以后,参加四分的都是48根蓍策。成卦法三变而为一爻,乾(老阳)为三十六,为阴克去十二;坤(老阴)为二十四,为阳克去二十四。阴阳相克变易,而演成八卦,如兑、离阳28策,震阳20策,阴28策;艮、坎阴28策,阳20策,巽阴20策,阳28策;而构成阴阳变易的消长、进退、相克的变化。

最后,阴阳微著。如果阴阳互渗、阴阳消长都是就阴阳变易的过程说的,那么,阴阳微著是就阴阳变易过程的结果说的。"胡(平方)氏说'阴阳节候次第',性传(禹景善)按:'自震一阳至乾之极,巽一阴至坤之极,皆阴阳之自微至著'。"⑤《震》(☳)至《乾》(☰),是从一阳之微,而至三阳之著;《巽》(☴)至《坤》(☷),是从一阴之微,而至三阴之著。这是就八纯卦说的,从六十四卦来看:"推阳生于复之微,知阳极于《乾》之著;推阴生于姤之

---

① 李滉:《答禹景善问目〈启蒙〉》,《增补退溪全书》(二),第146页。
② 李滉:《答禹景善问目〈启蒙〉》,《增补退溪全书》(二),第146页。
③ 朱熹:《易学启蒙》卷二。
④ 李滉:《答禹景善问目〈启蒙〉》,《增补退溪全书》(二),第145页。
⑤ 李滉:《答禹景善问目〈启蒙〉》,《增补退溪全书》(二),第142页。

微,知阴极于坤之著。"①《复》(䷗)至《乾》(䷀),是从一阳之微而至六阳之著;《姤》(䷫)至《坤》(䷁),是从一阴之微而至六阴之著。这种从一阴一阳而推致六阴六阳,是一个从微而至著的阴阳变易过程。作为微或著,都有量上的限定,而非无形可计量,因而又是阴阳变易的结果。其结果的获得,经过了从《复》(䷗)→《临》(䷒)→《泰》(䷊)→《大壮》(䷡)→《夬》(䷪)→《乾》(䷀)的阶段。

阴阳互渗、阴阳消长、阴阳微著作为阴阳变易的形式,仅就退溪义理思维的大体而言,而阴阳互根、互转、交错、生克也都是一种阴阳变易的形式。这种阴阳变易,充分体现了退溪《易》学思想的辩证性、有序性、系统性,可称其为阴阳变易的义理思维。

第二,虚实一体。《周易》最初作为卜筮之书,具有虚实结合的特点。由于"《易》只是空说个道理,只就此理会"②,犹如一个公式,可代入许许多多的具体事物。而《周易》所说的事,也是一个假借虚设之辞,而不是真的物事。"《易》说一个物,非真是一个物,如说龙非真龙。若他书,则真是事实,孝弟便是孝弟,仁便是仁。"③物事都是非真的虚设,便使它具有最大的解释事物的功能,就好比镜子一样,任何东西都可以来照观,借此推断,预测未来一切事物的变化,体现相比附事物的阴阳吉凶祸福之理。倘若相比附之物真是真的龙,潜龙、飞龙、亢龙就会失去《周易》卦爻辞作为公式的功能,丧失借事而解释一切的镜子的作用,也就不能预测、推断未来的事变。因此,朱熹提出了"稽实待虚,存体应用"的思想。他说:

> 理定既实,事来尚虚,用应始有,体该本无。稽实待虚,存体应用,执古御今,由静制动,洁静精微,是之谓《易》,体之在我,动有常吉。④

人们所占问的事情的易理,是实在的,已经存有的;用理来推断、解释的事情,还未来到,是虚的。《易》理有体有用,体概括天地万事万物,无形可见而为无,用应万事万物,有形可见而有为。这便是存体应用,稽考实理,以待

---

① 李滉:《答禹景善问目〈启蒙〉》,《增补退溪全书》(二),第142页。

② 黎靖德编:《朱子语类》卷六十七。

③ 黎靖德编:《朱子语类》卷六十七。

④ 朱熹:《易五赞·警学》,《朱文公文集》卷八十五。《易五赞》是朱熹论《易》的重要著作,曾作为《易学启蒙》附录刊行。《朱子语类》潘时举记载"《启蒙·警学篇》云:'理定既实……'"即本文正文引的这段话;又叶贺孙记载"敬之问《启蒙》,'理定既实……'"亦引正文的《警学篇》这段话(见《朱子语类》卷六十七)。可见《易五赞》与《易学启蒙》曾一起刊行过。

事物之来。譬如屯卦六三爻辞的《易》理是:"即鹿而无虞,入必陷于林中。若不舍而往,是取吝之道。"①取吝之道是实理,事却不一定是"即鹿无虞"。此理可应万事。"这个道理,若后人做事,如求官爵者求之不已,便是取吝之道;求财利者求之不已,亦是取吝之道。"②有此实理,便可应万事;打猎,求官爵,谋财利,都可相应。这里,理实而无形为体,事虚而有形为用;以虚实范畴为核心,而展开体用、有无的论证。学《易》要旨,是掌握抽象的义理,而不拘泥于具体物事的细节。这就是说,《易》之实理愈抽象,愈空疏,其适用性就愈大,运用更灵活。这样,卦爻都被公式化了,这是义理思维的特点。

"稽实待虚",就是对《周易》卦爻辞的被抽象化、公式化了这种情况的说明和概括。"只如'潜龙勿用',其理谓当此时只当潜晦,不当用。若占得此爻,凡事便未可做,所谓'君子动则观其变,而玩其占'。若是无事之时观其象而玩其辞,亦当知其理如此。"③乾卦初九爻辞,其理和体是"只当稽悔",其应和用是不要有所作为,如人君退避、贤者隐居等等。退溪亦举乾卦九五、上九爻辞为例说:"小臣前日图上乾卦'飞龙在天'之上,又有'亢龙有悔'之言。夫'飞龙在天',乃人主极尊之位,而其上又有一位,则过高矣;故过自高亢,不肯与臣下同心同德,则贤人在下位而无辅,所谓亢龙有悔也。"④"乾卦爻辞所说的实理是过自高亢",为体,比喻龙之物事为虚。因此,退溪代入君主之事,认为君主过高或高亢,不与臣民同心同德,就会脱离臣民,结果有悔恨。他说:

> 人君势位高亢,苟不知进极必退、存必有亡、得必有丧之理,至于亢满,则志气骄溢,慢贤自圣,独智驭世,不肯与臣下同心同德,诚意交孚,以共成治理,膏泽不下于民。比如阳气亢极而不下交,则阴气无缘自上而交阳,岂能兴云致雨而泽被万物乎? 此所谓"亢龙有悔",穷之灾也。⑤

《易》就是从某一卦爻辞的辞句中领悟其中所蕴含的义理。乾卦上九爻辞

---

① 黎靖德编:《朱子语类》卷六十七。
② 黎靖德编:《朱子语类》卷六十七。
③ 黎靖德编:《朱子语类》卷六十七。
④ 李滉:《言行录》卷四,《增补退溪全书》(四),第76页。
⑤ 李滉:《经筵讲义·乾卦上九讲义》,《增补退溪全书》(一),第217页。

"亢龙有悔",不仅蕴含"过自高亢"之义,亦包含物极必反之理。"过自高亢"和"物极必反"的理,作为体,是一种原理、公式,是不变的;体的表现或作用则形形色色,多种多样,多层次,多环节。譬如君主高亢,内心便有一种亢满的心理,骄溢的情感;外表便有慢贤独智,自圣驭世的态度;造成一种阳气亢极不下交,阴气无缘而上交的局面;结果君臣上下的联系被割断,同心同德被破坏,未来的趋势便有灾祸。古代贤明的君主,深深知道这个道理,所以"常以贬抑降屈,谦恭自虚为道,其自称曰寡人,曰凉德,曰予小子,曰眇眇予末小子。其自处如此,唯恐或至于骄溢自满,而有危亡之患,所谓能知盈不可久,而阼于未亢之前,则有悔者无悔矣。"①认识掌握高亢和物极必反的《易》理,就可以作调节的工夫,以趋吉避祸。义理是静的,人事是动的,因此认识爻辞的义理,而防止于未亢之前,以应未来之变,这便是"以静制动"。玩味爻辞的义理,谦恭自虚,以处理当今的事变,这便是"执古御今"。能知盈不可久,便能化有悔于无悔。

退溪对于九五爻辞和上九爻辞的领会、体验,就是从"稽实待虚"的原则出发来理解、解释君臣之道,以求君主统治的稳定。"稽实待虚",事实上是卦爻辞所说之事的扩大化、普遍化。虽然所卜问之事和筮得卦爻辞所记载之事,往往完全不相干,但可以依据卦爻辞所说的事,加以推衍扩大,即据"亢龙有悔"这件事,而推衍扩大为一切物极必反的物事。因此,事是虚的,它可以"推类旁通,各随其事"。这就是说,《周易》卜筮的这种推衍,既包含有类概念的逻辑推理的形式,也蕴含有非类比附的非逻辑推理的形式。退溪所追求的是概念的内涵,即事物的类本质,也就是卦爻辞的实理。实理使不同物事相互印证、相互贯通。

理与事、实与虚是相互联系的,也相互对待。退溪认为两者不离不杂,互补互渗,构成一体。他说:"朱子谓'至虚之中有至实者存',则是谓虚而实耳,非谓无虚也;谓'至无之中有至有者存',则是谓无而有耳,非谓无无也。"②虚能含实,无能含有,实中有虚,有中有无。这就是说《易》之实理,假借卦爻辞的虚事来体现;无卦爻辞的虚事,便不能推类旁通,即类比或非类比附。在卦爻辞的虚事中,又都蕴含着卦爻辞之实理;无理,便不能说明、

---

①　李滉:《经筵讲义·乾卦上九讲义》,《增补退溪全书》(一),第217—218页。
②　李滉:《后论》,《增补退溪全书》(一),第421页。"则是谓虚而实耳"的"谓",《陶山全书》本作"为"。

推断物事的未来吉凶祸福。

虚实一体是运用类概念的形式逻辑和辩证逻辑的思维方法,考察卦爻辞中的概念和命题、实理和虚事。体现了退溪易学思想的能动性、整体性,可称其为虚实一体的义理思维。

第三,体用一源。虚实一体,在理论形态上就是体用一源的表现。"体用一源"的命题是程颐提出来的,他说:"至微者理也,至著者象也,体用一源,显微无间。"①以理与象的关系是微与著。在这里所谓象,包含着事。也就是说,理是精微的、无形的,事象是显著的、有形的;理为实,事为虚;理为已定,事为方来;理为静,事为动;以便存体应用;体用一源,朱熹解释说:"盖自理而言,则即体而用在其中,所谓一源也;自象而言,则即显而微不能外,所谓无间也。其文理密察,有条不紊乃如此。"②天地生万物的理为体,天地生万物的事为用;理中有事,事中有理,理寓事中,事寓理中,体用一源;显中有微,微中涵显,显微无间。

退溪拣出朱熹关于"体用一源,显微无间"的论述六七条,包括上引朱熹的解释,而体会其微旨。他认为朱熹《答吕子约》书中的两条,意义比较明白。这两条大体是说:"若以形而上者言之,则冲漠者固为体,而其发于事物之间者为之用。若以形而下者言之,则事物又为体,而其理之发见者为之用,不可概谓形而上者为道之体,而天下达道为之用也。"又说:"谓当行之路为达道,冲漠无朕为道之本原,此直是不成说话。不谓子约见处,乃知如此。须看得只此当然之理,冲漠无朕;非此理之外,别有一物冲漠无朕也。至于形而上下,却有分别。须分得此是体,彼是用,方说得一源;分得此是象,彼是理,方说得无间。若只是一物,都不须更说一源无间也。"③程颐从《周易》理与象言这两个基本范畴,体验出"体用一源,显微无间"的原理、原则。朱熹用对待统一,即"变易"和"交易"的观点解释这个原则,认为体与用不是绝对的,而是一个动态的演变过程。体与用作

---

① 程颢、程颐:《二程集》,第689页。

② 朱熹:《答汪尚书》,《朱文公文集》卷三十。参见张立文:《中国哲学范畴发展史(天道篇)》第十七章《体用论》,第621—658页。

③ 李滉:《郑子中与奇明彦论学有不合以书来问考订前言以答如右·论冲漠无朕万象森然已具》,《增补退溪全书》(二),第3页。退溪引自朱熹:《答吕子约》,《朱文公文集》卷四十八。

为一对虚性范畴,它与《周易》卦爻辞的"稽实待虚"的原理一样,是一个逻辑化、公式化的代数学。任何相对统一的物事都可以代入,而依据体与用范畴的原有性质、特征,给所代入的物事以说明或解释。退溪说:"体用当随处活看,不可硬定说。"①"活看"两字,就把体用关系看活了。从动态的视角来审察观用,便可以发现许多有益的,以至当时人所未发现的义蕴。

"活看"蕴含两方面的意思:一是体用具有对待统一性。两者有异,其性质、功能、作用都有差别,两者又相互联系,相互渗透。以理为体,以事为用。理寓于事中,即用中有体;事包含在理中,即体中有用。二是体用随时随处变化。"夫以体用二字,活非死法,元无不该,妙不可穷。"②如何"活非死法",举例说:"冲漠无朕者,主乾坤则为无极太极之体,而万象已具;在人心则为至虚至静之体,而万用毕备;其在事物也,则却为发见流行之用,而随时随处无不在。"③冲漠无朕之理,由于在乾坤、人心、事物的处所、空间的不同,其体也随之而异,这就是"非死法"的意思。

体用一源,在《易》为理体事用,理微用显。放之宇宙,则天地之理尽在《易》中。"尝闻邵子之称《易》曰吾终日言,而未尝离乎是。盖天地万物之理,尽在其中矣。夫如是,故自古群圣贤之言《易》各不同,而求得其用焉者无他,同出于此一原故也。"④《周易》可赅括天地万物之理,此理即是体,天地万物的表现就是用。体用虽一源,理事虽无间,但其中都蕴含着别。无别也就无所谓一源和无间;无一源和无间,亦无所谓别。因此,体用一源的思维,具有对待统一的辩证性,可谓体用一源的义理思维。

阴阳变易、虚实一体、体用一源,构成了退溪比较完整的义理思维。退溪运用阴阳、虚实、体用、理事、显微、有无等概念,通过一定的方式进行思维操作,经分析、综合、判断、推理活动的过程,对思维客体的义蕴、性质、特征有所体认和把握,而获得人们所需要的精神产品。

退溪的义理思维与象数思维是相互联系、不可分裂的,数中有理,理中

---

① 李滉:《郑子中与奇明彦论学有不合以书来问考订前言以答如右·论冲漠无朕万象森然已具》,《增补退溪全书》(二),第4页。
② 李滉:《心无体用辩》,《增补退溪全书》(二),第329—330页。
③ 李滉:《心无体用辩》,《增补退溪全书》(二),第329页。
④ 李滉:《新刊启蒙翼传跋》,《增补退溪全书》(二),第386页。

有数。退溪对宋代《易》学中的象数学派与义理学派有明确的论述:"康节之术,二程不贵,非独指推算知来之术,只数学亦不以为贵。盖有理便有气,有气便有数,理不能遗气以独行,亦何能遗却数耶? 来喻所谓数岂理外事者,正是如此。但主于理,则包数在其中;其或有包不得处,不计利害,而事皆得正。主于数,则其常者,固亦理在其中;其变者,则鲜合于理,而虽趋利避害、贼伦灭义之事,皆不惮为之。此二程所以不贵其术也。然此特因其术而虑夫末流之弊必至于此耳,非谓康节为然也。至于《河图》、《洛书》,乃理数之原,圣人于《系辞》既明言之,其不可舍此而学《易》明矣。"①理包数,数包理,相互包含。虽有所主,不碍互渗;既可互渗,便可称理数思维。思维主体若能体会理数思维,是大有益于人们认识功能的发挥的。"凡理数之源,委举皆了,然于心目之间,为益大矣。"②人们期待着理数思维能为社会的现代化,提供更好的认识之具和方法的作用。

---

① 李滉:《答郑子中别纸》,《增补退溪全书》(二),第14页。
② 李滉:《书〈易〉、〈范〉诸图屏后》,《增补退溪全书》(二),第377页。

十八、退溪与《朱子书节要》

李滉,号退溪,生于李氏朝鲜第十代燕山君七年(1502 年①,中国明代孝宗朱祐樘弘治十四年),卒于宣祖三年(1571 年②,中国明代穆宗朱载垕隆庆四年),历经燕山君、中宗、仁宗、明宗、宣祖五代。

李退溪先生,乃"朝鲜之朱子","东方百世之师"。先生治学,堂庑广深,笃学精思,终至德慧双修,教泽广远。尤能"集大成于群儒,上以继绝绪,下以开来学,使孔孟程朱之道焕然复明于世"③,而称誉于海内外学林,成朝鲜一代哲人。

(一)《朱子书节要》编纂的宗旨和原则

李退溪曾倾半生之精力,编纂《朱子书节要》④。是书集朱子思想之精髓,乃朱子道学入门之作。退溪编纂的初衷,"当初不期与四方共之,只为老境精力短乏,须此节约之功,以自便于省览耳。中间被黄仲举苦要印看,

---

① 李退溪生于弘治十四年辛酉十一月二十五日(据《退溪先生年谱》,《日本刻版李退溪全集》(下),李退溪研究会版,第 9 页),如按公元计算,当为 1502 年 1 月 3 日。一般计算作1501 年。

② 李退溪卒于隆庆四年庚午十二月八日,依公元计算,当为 1571 年 1 月 3 日,通常计算作 1570 年。

③ 权斗经编:《退陶先生言行通录·实记》卷一,《增补退溪全书》(四),第 16 页。

④ 据《李退溪年谱》记载:李朝明宗十年(明嘉靖三十五年,1556 年),"编次《朱子书节要》成"。在《答李仲久》(载《陶山全书》(一),第 307 页)书中,李退溪在说明编纂《朱子书节要》初衷时说:"其所指两病处,不审其为某书某条。"这里所谓病处,退溪在《答完伯》书中说:"写来晦庵书,不滞时月,深喜其敏且动也。田岁时多事,未及对校,所云误处,想不难改也。"(《陶山全书》(三),第 222 页)所说"病处"、"误处",即为一事。

不能坚执初意,然亦止为两家子弟辈谋之。不意仲举之破人宿戒,以至传入都中。思之汗栗,噬脐无及。奈何,奈何。"①其宗旨是:(一)为节约精力,便于省览,并无意付梓刊行;(二)易于概括举要,穷究要旨;(三)便于教授弟子,领悟道学;(四)传播朱子学。然出乎退溪之意料,该书一问世,影响巨大。黄仲举(俊良)在《星州印晦庵书节要跋》中说"是书之行,与《近思录》同为四书之阶梯,而其规模之大,心法之严,则又有四先生所未发者"②,实非虚言。朱子与吕祖谦辑周敦颐《太极》、《通书》,程颢、程颐兄弟《文集》、《周易程氏传》、《经说》、《遗书》、《外书》,张载《正蒙》、《文集》、《易说》、《礼乐说》、《论语说》、《孟子说》、《语录》等书中之言,按1.道体;2.为学大要;3.格物穷理;4.存养;5.改过迁善,克己复礼;6.齐家之道;7.出处进退辞受之义:8.治国、平天下之道;9.制度;10.君子处事之方;11.教学之道;12.改过及人心疵病;13.异端之害;14.圣贤气象14个专题,选录四先生言论思想之精要,编成《近思录》。以"观圣贤之大略","粗见其梗概"③。退溪参稽《近思录》,而编纂《朱子书节要》,所以同被视为"四书之阶梯",在朝鲜性理学(新儒学)史上具有重要地位。

李退溪编纂《朱子书节要》的动机,产生于《朱文公文集》之"闳博无涯",卷帙浩大,"学者观之,有惶然骇然之叹"④。因而,他"尝就集中书类抄誊其切要者,颇加节略,编为若干卷","以资讲论玩绎之益"⑤。由于其节略切要,便于学者学习和领悟其要义。

《朱子书节要》编纂原则:首先,归重于学问,亦不偏废于悟悦欣适。李退溪说:"大抵《节要》书归重于学问,则所取皆当以训诫责励之意为主。"⑥在选择原著上,为贯彻重学术思想的原则,以训诫责励的言论为主导,但如果完全取此种言论,亦会使人"拘束切蹙,而无宽展乐易,愿慕兴起底意思"⑦。因此,虽然不系训警之言,但能引起"悟悦欣适"之意的篇章,亦多取录。

---

① 李滉:《答李仲久》,《陶山全书》(一),第307页。
② 黄俊良:《星州印晦庵书节要跋》,《日本刻版李退溪全集》(上),第417页。
③ 朱熹:《书〈近思录〉后》,《朱文公文集》卷八十一。
④ 奇大升:《定州刊〈朱子书节要〉跋》,《日本刻版李退溪全集》(上),第417页。
⑤ 奇大升:《定州刊〈朱子书节要〉跋》,《日本刻版李退溪全集》(上),第417页。
⑥ 李滉:《答南时甫》,《陶山全书》(一),第392页。
⑦ 李滉:《答南时甫》,《陶山全书》(一),第392页。

其次，切于受用，惟务得要，亦不废寻常言动、兴绪情味之篇章。退溪说："就求其尤关于学问而切于受用者，表而出之，不拘篇章，惟务得要。"①切于受用，包含两方面含义：一方面，要切合朝鲜的实际。因为朝鲜远离朱子生活的南方，又相距三百余年，"况今生于海东数百载之后，又安可蕲见于彼，而不为之稍加损约，以为用工之地"②。这种"损约"既符合社会历史发展的需要，亦是基于对朝鲜实际的思考。任何外来的文化思想，能够被某一国家、地区所接受，都是与其原有文化思想相结合的结果。这种结合，就是出于工用、日用的考虑。另一方面，要讲真知实践。因为"圣经贤传谁非实学"，既为"实学"，《朱子书节要》之编纂，"将使学者感发兴起，而从事于真知实践"③。鉴于归重学问和切于受用的原则，所选篇章，皆得朱子思想的精要。然而，朱子的日常生活言谈，"游息之际，向人应物之顷，兴绪情味之为"，乃至与门人弟子"从容周旋、酬应于一堂之上，或时遇此景、此物、此人、此事"④等，不仅可资以领悟朱子思想的精深细密，而且能帮助领略朱子的人格、仪容，以便完整地体认朱子思想。

最后，注重成说，不略过程。朱子与任何伟大的思想家一样，其思想都有一个演变发展过程，即从不成熟到成熟、不完善到完善、不深刻到深刻的进程。退溪乃取成熟的、完善的定论，作为自己阐发朱子学的依据。对于朱子思想成熟完善进程中的各个阶段的思想转变，乃至在书信中对不同人、不同问题的不同答复，退溪亦不忽视。"至于书札，则各随其人材禀之高下，学问之浅深，审证而用药石，应物而施炉锤，或抑或扬，或导或救，或激而进之，或斥而警之。"⑤这样，对朱子思想便有一全面的理解。

李退溪编纂《朱子书节要》的宗旨、动机、原则，于吾人编纂《退溪书节要》提供了借鉴。吾人编纂动机，是有感于退溪书之广大宏博，若无津涯，对于初学者而言，不知所入之门径。尤觉退溪学国际学术讨论会已召开10届，对于退溪学的研究，已不限于东亚诸国，众多欧美学者亦在研究退溪学。而他们对于中国古代典籍和朝鲜李朝的史实比较生疏，对于中、韩的文化思想背景

---

① 李滉：《朱子书节要序》，《增补退溪全书》（二），第349页。
② 李滉：《朱子书节要序》，《增补退溪全书》（二），第349页。
③ 李滉：《朱子书节要序》，《增补退溪全书》（二），第349页。
④ 李滉：《答南时甫》，《陶山全书》（一），第392页。
⑤ 李滉：《朱子书节要序》，《增补退溪全书》（二），第349页。

不十分熟悉。因此,摄取退溪书中有关于大体,而切于日用者,加诸分段、标点、注释、说明,编纂为是书,以于阅读、研究、把握、体悟退溪思想,有所裨益。

吾人编纂《退溪书节要》的宗旨:一是便于完整系统地认识、把握退溪思想的精髓,以消除对退溪思想的误解和偏见。穷究退溪思想的旨趣,无疑需要掌握退溪的全部思想资料,即使这样做了,也不一定能无差错地体认李退溪思想之深意。这就需要有一本入门书以起导向作用。二是易于教授和传播。退溪的奏疏、札子、文章、书信,均系古汉语,而非现代汉语,对于现代中国人来说,能读懂文言文,而又领会其意思的人,可谓寥若晨星,一般研究者亦不克其含义,而需借助于注释。这对以其他文字语言为母体的学者来说,其困难更显而易见。《退溪书节要》以其易简,注释,有助于读懂退溪文章,使读者渐觉其言之有味,其义之无穷。三是利于探索退溪学与新儒学的现代意义。马克斯·韦伯(Max Weber,1864—1920 年)说明了经济理性主义在新教伦理的导引下出现在西方[1]。他在《中国的宗教:儒教与道教》中阐述了儒教伦理的诱导不能形成资本主义的原因。因此,现代一些学者根据韦伯的观点,把东亚的经济腾飞看作是资本主义的"传输型",而非"原生型"。即使这样,吾人仍然可以指出:韦伯所谓的阻碍资本主义兴起的儒学传统文化中,有没有现代意义和有利于资本主义经济发展和传播的直接或间接的方面、因素、成分,以及作为促进智力开发、教育发展之基础的发达型经济和高精型科技? 按照韦伯到新教中追寻资本主义精神的思路和方法,他首先注意到的是新教徒比天主教徒更愿意考取与工业发展相适应的中学和更热衷于工商业活动,以及新崛起的商业阶级大多信奉新教的事实,那么,儒教文化区的经济起飞比其他文化区[2]快,并且是首先在儒教文化区起

---

[1] 参见于晓等译马克斯·韦伯:《新教伦理与资本主义精神》,北京三联书店 1987 年版。

[2] 一些学者把人类社会和历史的发展归因于各文化的盛衰或兴亡,德国的施宾格勒(Oswald Spengler,1880—1936 年)把历史分为 8 个独立的文化:埃及、印度、巴比伦、中国、古典、伊斯兰、西方(浮士德文化)、墨西哥。英国的汤因比(Arnold Joseph Toynbee,1889—1975 年)把人类的文明史划分为 26 个文明:西方基督教文明、拜占庭东正教文明、俄罗斯东正教文明、伊朗文明、阿拉伯文明、印度文明、中国文明、朝鲜与日本文明、希腊文明、叙利亚文明、古代印度文明、古代中国文明、米诺斯文明、苏美尔文明、赫梯文明、巴比伦文明、埃及文明、安第斯文明、墨西哥文明、于嘉丹文明、玛雅文明、波利尼西亚文明、爱斯基摩文明、游牧文明、斯巴达文明、奥斯曼文明等。这些区分都有其合理性。但笔者认为,对于世界文明影响最大、最深远的,主要可分为四大文化圈,即儒教文化圈、佛教文化圈、伊斯兰教文化圈、基督教文化圈。

飞,这可以说明这样一个问题:儒教伦理与东亚的经济腾飞并非毫无关系①。李退溪作为李朝新儒学的代表人物,他的现代意义,是应该探讨的。《退溪书节要》,将有利于这种求索。

编纂《退溪书节要》的原则,基本上采纳李退溪编纂《朱子书节要》的三原则。吾人认为,这些原则对于编纂《退溪书节要》是适用的。

(二)《圣学十图》和《易学启蒙》

李退溪的思想纲目,最具综合概括性的,便是他在宣祖元年(隆庆二年,1568 年)十二月所献的《圣学十图》②,是年退溪 68 岁,可谓晚年深思熟虑、提纲挈领的结晶,也是他体认圣学大端、心法至要的心得。退溪独以图的形式,既示人以圣学入道之门,亦给人以简明易懂的启迪。《圣学十图》熔铸宋明理学之精髓,构成他的思想逻辑结构③。其规模之宏大,操履之功用,在李朝理学史上均属罕有。

退溪《圣学十图》的排列次序,体现了他思想的逻辑结构。他以朱子所说的道理的大头脑处,以及百世道术渊源的《太极图》为第一图。他认为周敦颐的《太极图》,就是《周易·系辞》中所说"易有太极,是生两仪,两仪生四象"之义"而推明之"。换句话说,《太极图》是对于《周易·系辞》义蕴的

---

① 参见张立文:《传统学引论——中国传统文化的多维反思》第七章,中国人民大学出版社 1989 年版。

② 参见《年谱下》,《增补退溪全书》(四),第 144—145 页。

③ 这里所说的"逻辑"一词,是指认识或思维的逻辑。它包括三个层面的含义:其一,外在的逻辑思维形式,即概念、判断、推理。内在的思维活动总是借助于概念、判断、推理这些外在思维,以体现逻辑思维形式。思维的成果又凝结成概念、判断和逻辑推论等形态。其二,内在的逻辑思维结构,与皮亚杰(Jean Piager,1896—1980 年)所说的逻辑相当。它是沉积在主体大脑中支配其意识活动的逻辑功能系统,包括思维逻辑关系(如先后、对应、重叠等),逻辑的格、逻辑规则、逻辑思维能力。其三,把外在思维形式和内在逻辑思维结构联结起来的逻辑思维方法,如分析与综合,归纳与演绎,从抽象上升到具体等。三层面含义中,逻辑思维结构是人的一切认识活动的前提,不仅以严密的逻辑推理为特征的认知活动离不开主体的内在逻辑结构,即使缺乏逻辑推理特征的灵感思维、直觉思维也以内在逻辑结构为基础。参见张立文:《中国哲学逻辑结构论——中国文化哲学发微》,中国社会科学出版社 1989 年版。

发明和阐述。他既不提朱熹和陆九渊在辩论"无极而太极"时所说,"无极"一词出于《老子》第二十八章①,亦不提周敦颐的《太极图》来自道士陈抟的《无极图》②,而只说"盖学圣人者,求端自此,而用力于小大学之类"③。这是《太极图》与《周易·系辞》相合之处;两者的相异,在于《易》讲卦爻,《太极图》讲造化。

所谓造化,就是讲天地万物、阴阳变化的原因或根据。周敦颐的《太极图》和《太极图说》,从"本然之全体"④上构筑了自然、社会、人生一体化的逻辑结构。他克服了韩愈之失,不是停留在直观的经验,而是切实探讨世界本体和天地万物之理。《伊洛渊源录》有这样一段记载:

> 邵伯温作《易学辨惑》,记康节(邵雍)先生事。曰:"伊川同朱光庭公访先君,先君留之饮酒,因以论道。伊川指面前食卓(桌)曰:此卓安在地上,不知天地安在甚处? 先君为极论天地万物之理,以及六合之外。伊川叹曰:'平生惟见周茂叔论至此。'"⑤

尽管程颐没有具体论及周敦颐关于天地万物根源的言论,但可以从《太极图说》中得到印证,他说:"无极而太极。太极动而生阳,动极而静;静而生阴,静极复动。一动一静,互为其根。分阴分阳,两仪立焉。阳变阴合,而生水、火、木、金、土。五气顺布,四时行焉。五行,一阴阳也。阴阳,一太极也。太极本无极也。五行之生也,各一其性。无极之真,二五之精,妙合而凝。乾道成男,坤道成女。二气交感,化生万物。万物生生,而变化无穷焉。"这

---

① 参见陆九渊:《与朱元晦》,《象山先生全集》卷二;朱熹:《答陆子美》、《答陆子静》,《朱文公文集》卷三十六。

② 朱熹曾说周敦颐《太极图》渊源于陈抟。他说:"尝读张忠定公《语录》,公问李畋云:'汝还知公事有阴阳否?'云云。此说全与濂溪同。忠定见希夷,盖亦有些来历。但当时诸公知濂溪者,未尝言其有道。"(《朱子语类》卷九十三)"按张忠定公尝从希夷学,而其论公事之有阴阳,颇与《图说》意合。窃疑是说之传,固有端绪。至于先生,然后得之于心,而天地万物之理,巨细、幽明、高下、精粗,无不贯于是,始为此图,以发其秘尔。"(《再定太极图通书后序》,《朱文公文集》卷七十六)朱熹不否定《太极图》与陈抟之间的关系。

③ 李滉:《圣学十图·第一太极图》,《增补退溪全书》(一),第199页。

④ 朱熹批评韩愈在反佛倡儒时,未能建构严密的哲学逻辑结构,与佛道相抗衡。他说:"盖韩公之学,见于《原道》者,虽有以识夫大用之流行,而于本然之全体,则疑其有所未睹,且于日用之间,亦未见其有以存养省察,而体之于身也。"(《与孟尚书书》,《昌黎先生集考异》卷五,上海古籍出版社1985年版,第199页)

⑤ 朱熹:《伊洛渊源录》卷一,《朱子遗书》本。

便构成了这样的逻辑结构：无极→太极$\underset{-合-}{\overset{动静}{\longleftrightarrow}}$阴阳$\underset{-合-}{\overset{变合}{\longleftrightarrow}}$五行（五气、四时）$\overset{妙凝}{\longleftrightarrow}$男女$\overset{交感}{\longleftrightarrow}$万物……无穷。在这里，太极的每一逻辑推衍，都有一动态的联系中介，使前一个阶段向后一个阶段过渡。所谓动态的联系中介，就是"造化"的进程，从而构成一系统的、有序的结构。这是属于"立太极"的逻辑结构，是从世界本然之全体和万物存在的本原上说的。

《太极图说》不仅为宇宙本体和万物存在设计了一个模型，而且为人、人性、人类社会设计了一个模型，这便是"立人极"。"惟人也得其秀而最灵。形既生矣，神发知矣。五性感动而善恶分，万事出矣。圣人定之以中正仁义而主静，立人极焉。"这便构成了这样的结构：人→形体$\overset{生}{\longleftrightarrow}$神知$\overset{发}{\longleftrightarrow}$五性$\overset{感动}{\longleftrightarrow}$善恶$\overset{分}{\longleftrightarrow}$万事$\overset{出}{\longleftrightarrow}$中正仁义$\overset{定}{\longleftrightarrow}$主静。从人的物质存在形式和精神存在形式以及人性、情感、意志、善恶、道德规范、道德修养、道德行为等方面，做了设计。这不是一种模糊的、混乱的混沌思维，而是有序的、系统的逻辑思维。在这里，从主体的身心结构到作用于客体结构，都具有一体性。

《太极图说》的"立太极"和"立人极"并非分离，而是一种"天人合一"的模式。因而，紧接上文记载："故'圣人与天地合其德，日月合其明，四时合其序，鬼神合其吉凶'。君子修之吉，小人悖之凶。故曰：'立天之道，曰阴与阳；立地之道，曰柔与刚；立人之道，曰仁与义。'"这里所谓"合"，就是人与天地、日月、四时、鬼神的协调、和谐、贯通、合一，而表现为德、明、序、吉凶。这便把宇宙自然、人类社会、人生生命，作有机的、有序的整体思考。

正是由于《太极图》具有融会自然、社会、人生和天道、地道、人道整体思考的特性，因而被李退溪作为《圣学十图》的第一图。而其他九图实际上是《太极图》"立太极"和"立人极"的展开。李退溪第二图为《西铭图》，此图便是从深刻体悟"求仁"中，"方见得与天地万物为一体真实如此处，为仁之功，始亲切有味"[①]；便是从主体与客体的和谐中，明天地万物一体的道

---

① 李滉：《圣学十图·第二西铭图》，《增补退溪全书》（一），第201页。

理。退溪此话，可谓阐明了《西铭》①精义。《西铭》说："乾称父，坤称母，予兹藐焉，乃混然中处。故天地之塞，吾其体；天地之帅，吾其性。民吾同胞，物吾与也。"自然天地，好比人自己的父母，它构成人的身体，统率人的本性。一切人都是我们的同胞兄弟，一切物都是我们的同伴。君主是我父母的长子，大臣是帮长子的管事人，尊敬老人就是尊敬兄长，慈爱孤儿小孩就像慈爱幼弟，所有天下衰疲、残病、鳏寡的人都是我可怜无告的兄弟。这种民胞物与的思想，是儒家仁爱观念的扩大。在人与人之间，体现为"兼爱"。"惟大人为能尽其道，是故立必俱立，知必周知，爱必兼爱，成不独成。"②把这种"兼爱"精神推致到天地万物，人与天地万物之间便体现为"物吾与也"的"爱物"精神。"兼爱"是不辟亲疏，不分差等的；"爱物"是不分物吾，不别贵贱的。以主体的情感实存和物吾的道德规范，构成"天地万物为一体"的真实关系。这种一体，按照退溪引朱子所作的理解，是一种辩证的"理一分殊"的关系："一统而万殊，则虽天下一家，中国一人，而不流于兼爱之弊；万殊而一贯，则虽亲疏异情，贵贱异等，而不梏于为我之私。此《西铭》之大旨也。"说明了一体性与万殊性的关系。

如要处理好不流于兼爱之弊和不梏于为我之私，便需要提高主体人的素质，这就要从教育入手。李退溪《第三小学图》、《第四大学图》、《第五白鹿洞规图》，就是基于这种考虑。朱子在《大学章句序》中说：

> 人生八岁，则自王公以下，至于庶人之子弟，皆入小学，而教之以洒扫、应对、进退之节，礼乐射御书数之文。及其十有五年，则自天子之元子众子，以至公卿大夫元士之适子，与凡民之俊秀，皆入大学，而教之以穷理、正心、修己、治人之道。③

---

① 《西铭》，张载弟子苏昞、范育在编《正蒙》时，没有从《乾称篇》中分出。苏昞《正蒙序》："先生著《正蒙书》数万言。……于是辄就其编，会归义例，略效《论语》、《孟子》，篇次章句，以类相从，为十七篇。"（《张载集》，第3页）范育《正蒙序》说："元祐丁卯岁（1087年），予居太夫人忧，苏子又以其书属余为之叙，泣血受书，三年不能为一辞。今也去丧而不死，尚可不为夫子言乎？"（《张载集》，第6页）但朱熹说："尝于学堂双牖，左书砭愚，右书订顽。伊川先生曰：'是启争端，改曰东铭、西铭。'"（《张子全书》卷一）可见张载原曾有砭愚、订顽之称。苏昞在编《正蒙》时，合为《乾称篇》。也可能张载原作为一篇，后分抄置学堂两牖，苏昞又将其合为一篇。

② 张载：《张载集》，第21页。

③ 朱熹：《大学章句序》，《朱子公文集》卷七十六。

对小学和大学入学年龄、对象以及教育内容,都做了具体规定。李退溪根据朱子《小学题辞》、《大学》经一章和《白鹿洞书院学规》,阐明"小学之方"是洒扫应对、入孝出恭。若能穷理修身,斯学之大;"大学之道",就是"在明明德,在新民,在止于至善",以及格物、致知、诚意、正心、修身、齐家、治国、平天下,即三纲领八条目。除官办的小学、大学以外,宋明时私办的书院盛行。朱子一生大部分时间在创办书院,讲学授徒。私学书院的宗旨,朱子在《白鹿洞书院学规》中揭出5个方面:(1)五教之目:父子有亲,君臣有义,夫妇有别,长幼有序,朋友有信;(2)为学之序:博学之,审问之,谨思之,明辨之,笃行之;(3)修身之要:言忠信,行笃敬,惩忿窒欲,迁善改过;(4)处事之要:正其义不谋其利,明其道不计其功;(5)接物之要:己所不欲,勿施于人,行有不得,反求诸己。学、问、思、辨属于穷理之要。修身、处事、接物之要,属于笃行。书院教育内容,基本上与大学相当。当然,小学教育是大学的基础。李退溪说:"盖小学、大学相待而成,所以一而二、二而一者也。"①两阶段教育是不可分离的。

李退溪按朱子及宋儒的思想,依据自己的体悟,以简明的图的形式,发展了朱子思想。如《第三小学图》以立教、明伦、敬身为纲,这就把小学教育的组织、内容、目的、宗旨讲得非常明确具体。立教包括立胎育保养,小大始终,三物四术,师弟授受之教;明伦包括明父子之亲,君臣之义,夫妇之别,长幼之序,朋友之交;敬身包括明心术之要,威仪之则,衣服之制,饮食之节等。《第四大学图》以三纲领的"明明德"为本为体,"新民"为末为用,"止至善"为"极自新新民"和"体用之标的"。明明德所包括八条目的格物、致知,属于知的层面;诚意、正心、修身,属于行的层面;新民包括齐家、治国、平天下,属于推行层面。从功夫的角度来看,明明德是"求知止善之所在"和"求得止至善之事",新民是"求得止至善之事"。从功效的角度而言,明明德是"已得至善之所在"和"已得止至善之序",新民是"得止至善之序"。

此五图,李退溪认为,"本于天道,而功在明人伦,懋德业"②。体现了《第一太极图》融自然本体、社会教育、人格培养为一体的思想。下五图,是

---

① 李滉:《圣学十图·第三小学图》,《增补退溪全书》(一),第 202 页。按,退溪在隆庆四年(1570 年)五月十九日对《大学图》知行以下有所修改。参见李滉:《答金而精》,《陶山全书》(二),第 506 页。

② 李滉:《圣学十图》,《增补退溪全书》(一),第 204 页。

"原于心性,而要在勉日用,崇敬畏"①。因此,下五图以心统性情为第一图,以明原于心性,与上五图以无极而太极为第一图,以明本于天道的意义相同。这个划分,并不是以天道与心性为二本,实是不离不杂、相依相分的关系。

《第六心统性情图》包括上、中、下三图,上图为程复心所作,中、下为李退溪所作。程氏所理解的心统性情是指心的寂然不动为性,即未发之性,为体;感而遂通为情,即已发之情,为用。未发之性是人禀木、火、金、水、土五行之秀,而具爱、敬、宜、别、实之理的仁、礼、义、智、信五性;已发之情是恻隐、辞让、羞恶、是非、诚实之心,而发为仁、礼、义、智、信之端。李退溪中下二图与程氏之别,就在于更加深刻地体会自张载提出的心统性情命题和经由程朱发挥的思想,把性情与理气结合起来,主张"合理气,统性情"。只有从理气与性情一体性观念,来看待本然之性与气质之性的关系,才能理解"理发而气随之"的恻隐、辞让、羞恶、是非的四端与"气发而理乘之"的喜怒哀惧爱恶欲的七情之间的相互渗透关系。当然,这种渗透是在不改变某一方面为主道条件下的渗透,因此,没有促成对待双方的彼此转化,而是一种理发气随、气发理乘的量渗透阶段,这是下图所体现的义蕴。中图是就"气禀中指出本然之性不杂于气禀"②,即就善恶几言善的一边,而没有讲两边的关系,所以有下图之作。这样,精一执中之圣学和存体应用之心法,都可不待外求而得,而内求于心性就可以了。

《第七仁说图》是朱子自作③。该图进一步说明四德与四端之间及其自身之间的关系,仁、义、礼、智四德之间,仁包四德,是以涵育浑全无所不统。四德发为四端,恻隐、辞让、羞恶、是非之间,恻隐贯四端,是以周流贯彻无所不通。这样,四德、四端都有其主导方面,而与非主导方面加以区别,掌握着传心体仁的奥妙。仁作为统摄四德与四端的道德理性,它既是天地生物之心,亦是人所得以为心。因而,它似是超越天地生物和人的生命的逻辑先在。仁对于天地生物的存在和过程来说,它是灵魂,没有这个灵魂,便失去

---

① 李滉:《圣学十图》,《增补退溪全书》(一),第211页。
② 李滉:《圣学十图》,《增补退溪全书》(一),第205页。
③ 参见黎靖德编:《朱子语类》卷一百〇五。李退溪原以《心学图》第七,《仁说图》第八。"后来细思《仁说图》当次于《心统性情图》,居第七,《心学图》又次之为第八。"(李滉:《答金而精》,《陶山全书》(二),第503页)

了生命的意义;对于人的存在来说,它是精神或思想,没有这个精神,便无生命存在的价值。在这里,可以窥得李退溪是借朱子的《仁说图》来作为他贯通天地自然(天)与社会人类(人)、个体生命之间的中介。仁作为兼有天地生物之心和人的心这样二重性格与功能的媒体,无可置疑地成了贯通天人的关节点。在李退溪《圣学十图》所构筑的天地、社会、人生一体化的逻辑结构中,仁是一个不可缺少的中间环节。

仁之所以兼有天地生物之心和人所得以为心的二重性格,是由于人心的存在。若无人心,亦无所谓天地生物之心。人以自己独有的成己成物的责任感,自觉地担当了天地万物与吾一体的主体。李退溪基于这种思考,以《第八心学图》作为天地生物之心的落脚处。《心学图》把心分为赤子心与大人心,人心与道心,并分别规定为:赤子心是人欲未汨之良心,大人心是义理具足之本心。由此分二为:生于形气而觉于欲者是人心,原于性命而觉于义理者是道心。人心道心的"惟精惟一",而择善固执,以便进行遏人欲而存天理的修养工夫。从遏人欲工夫而言,便是从慎独——克复(克己复礼)——心在——求放心——正心——四十不动心,而达到"富贵不能淫,贫贱不能移,威武不能屈"的价值性的道德境界;从存天理工夫而言,便是从戒惧——操存——心思——养心——尽心——七十而从心,而达到不思而得、不勉而中的合理性的道德境界。遏人欲和存天理两者工夫,又都可统一到敬字上来,因为敬是一心之主宰,就此而言,遏人欲和存天理都是敬的工夫。

因此,李退溪以《敬斋箴图》为第九图。如果说《心学图》"以见圣学心法"[1],那么,《敬斋箴图》便"为圣学之始终"[2]。如何做到敬,敬的具体规定是什么,都需要作出回答,以便人们有所遵循,有一个尺度。持敬就是主体心的主一无适。从持敬的静弗违来说,便是正其衣冠,尊其瞻视,潜心以居,对越上帝;从动弗违来说,便是足容必重,手容必恭,择地而蹈,折旋蚁封。这构成了动静弗违。弗违是主体心对客体敬的被动接受。自持敬表交正而言,便是出门如宾,承事如祭,战战兢兢,罔敢或易;自里交正而言,便是守口如瓶,防意如城,洞洞属属,罔敢或轻。这构成了表里交正。交正是主体心

---

① 李滉:《圣学十图》,《增补退溪全书》(一),第208页。
② 李滉:《圣学十图》,《增补退溪全书》(一),第210页。

对客体敬的主动适应。虽然心有间、有差,但只要心敬,而依照静动弗违、表里交正的规定来体玩警省、日用实践,就能消除有间和有差。

敬在人们行为上的贯彻,李退溪特异《敬斋箴图》,据陈柏的《夙兴夜寐箴》而作《第十夙兴夜寐箴图》。此两图都讲持敬修养工夫与敬在行为上的表现,这是其同。其异是,前者"有许多用工地头,故随其地头而排列";后者"有许多用工时分,故随其时分而排列"①。这就是说,一是按事件而列敬的修持,一是依时间而讲敬的要求。此其一。其二,《第九敬斋箴图》以心为核心而展开敬的工夫,《第十夙兴夜寐箴图》以敬为核心而辐射敬的思想情感和行为规范。譬如早晨醒来的思虑情感,省旧纳新和早晨起来的行为践履,虚明静一,然后读书应事,终日乾乾,夕惕若厉。从鸡鸣而寤,到昧爽乃兴,从读书对越圣贤到应事则验于为,再从日间动静循环、休养性情到晚上日暮人倦、心神归宿,都做了仔细的规定。第九和第十两图结合,便"何地而可辍工夫","何时而不用工夫"。"如是则不遗地头而无毫厘之差,不失时分而无须臾之间"②,而达到"作圣"的境界。

总此十图,核心是人。因此,李退溪圣学,实质是人学,即学做圣人之学。《圣学十图》,就是学做圣人的纲领条目、修养方法、程序节次、标准规范、行为践履、情感意志等。它全面、系统而又渐次深入地论述了为圣的目的、方法。其入手处便是从小培养起,而提高人的素质的关键便是教育。所以,李退溪认为《第三小学图》和《第四大学图》与上下八图当通看,"上二图(《第一太极图》和《第二西铭图》)是求端扩充、体天尽道极致之处,为小学大学之标准本原。下六图是明善诚身、崇德广业用力之处,为小学大学之由地事功。"③教育的重要,中国和朝鲜的思想家早就非常重视。朱子和退溪既为官,又亲自从事教育,亦是著名思想家、哲学家。在思想史上,几乎没有一个思想家、哲学家,不是亲自从事教育的。这种官吏、教育家、思想家三位一体的体制,比之于三者相分离的体制要好得多。三者互补,既可以陶冶心性,亦可以广收博采,避免单向度(one dimension),片面专断。而敬彻上彻

---

① 李滉:《圣学十图》,《增补退溪全书》(一),第 210 页。夙兴夜寐语见《诗经·卫风·氓》:"夙兴夜寐,靡有朝矣。"早起晚睡,形容勤奋不懈。

② 李滉:《圣学十图》,《增补退溪全书》(一),第 211 页。

③ 李滉:《圣学十图》,《增补退溪全书》(一),第 203 页。

下,贯通十图之间,从这个意义上说,"今兹十图,皆以敬为主焉"①。在李退溪看来,敬不仅是一心的主宰,而且是万事的本根。

为探天人的奥秘,李退溪对朱子的《易学启蒙》进行研究。他按照朱子"象数"与"义理"归一、"交易"与"变易"得兼的思想,而名之曰"理数之学"。"然而,理数之学,广博微妙,盘错肯綮,未易研究,透得一重又有一重,愈索而愈无穷。"②《易学启蒙》也有无穷的义蕴,李退溪阐发幽赜,而得其归趣。其一,他依据洛书"中五"具五奇数之象与河图"中五"具生数之象相类,说明一、三、五、七、九天数(奇数)变为二、四、六、八地数(偶数)的法则,以及洛书纵横十五,而七、八、九迭为消长变化的数律,对"洛书变数"做了探索。其二,根据八卦形成的道理和河图五行生成的理数及伏羲八卦次序,将河图与八卦结合起来。他引苑洛子的话说:"昔者伏羲则图以画卦也。见河图之数,阴阳具备,有太极之象焉。分其奇偶,以为两仪,又分之为四象,又分之为八卦,自本而末,由干而枝,脉络分明,各有统属,皆自然也。"③以太极→两仪→四象→八卦之数与河图之数都是自然而然,而非人为和私智的安排。其三,朱子把《易》的"变易"的流行和"交易"的对待,概括为自然和社会的普遍法则。两者的关系正如蔡渊所说:"主对待者,必以流行为用;主流行者,必以对待为用,学者不可不察也。"④相互依赖,相互为用。李退溪融会各家,精微探索,比较邵(雍)朱(子),明其异同。认为:"横图所生之数,即圆图所分之数,但分取横图中间震巽接处,交一转过则震接坤,巽接乾而为圆图。此其为横为圆,虽若小异,其数则初非为二,安有殊涂,亦安取义于不约而会哉!"⑤横图所生之数,是指《伏羲八卦次序图》;圆图所分之数,即指《伏羲八卦方位图》。在圆图震巽中间阴阳两仪的接合处,依据"数往者顺,知来者逆"的原则,便是震接坤,巽接乾。在这里,无论横图、圆图,其数之次序无二,但邵朱的数序有异,故为退溪所不取。

李退溪《启蒙传疑》是对天地象数之所当然和所以然的探讨。它与《圣学十图》相辅相成、相得益彰,也可以说是《圣学十图》具体而精微的展开。

---

① 李滉:《圣学十图》,《增补退溪全书》(一),第 203 页。
② 李滉:《启蒙传疑》,《增补退溪全书》(三),第 209 页。
③ 李滉:《启蒙传疑·本图书第一》,《增补退溪全书》(三),第 219 页。
④ 蔡渊:《易象意言》,第 19 页。
⑤ 李滉:《启蒙传疑·原卦画第二》,《增补退溪全书》(三),第 223 页。

《圣学十图》以《太极图》为第一图,以《太极图说》为辞。据潘志说,周敦颐
"深于《易》学,作《太极图·易说》、《易通》数十篇"①。《太极图·易说》即
《太极图说》,其主旨是以《易》说《图》。可见,《启蒙传疑》与《圣学十图》是
相圆通的。

(三)士祸和"立人极"

"立太极"与"立人极"互补。"立太极"要落到实处,无情意、无计度的
太极要通过生命实存来表现,"人极"是"太极"的挂搭处、顿放处。只有"立
人极","立太极"才具有价值和意义。于是,李退溪又致力于内圣外王之
学。他既避祸山林,又关注政治。

李退溪生活的时代,天灾频仍,经济凋敝,人祸迭起,生灵涂炭。执政者
内部勋旧元老派与新进士林派之间的权力之争,愈演愈烈。这种权力之争
又往往与"士祸"相终始。从燕山君(1495 年)到明宗继位(1545 年)的 50
年间,便发生"戊午士祸"(1498 年,将已故大儒金宗直"剖棺斩尸",门人十
余人遭难),"甲子士祸"(1504 年,名儒郑汝昌被"剖棺斩尸",金宏弼等八
十余新进士林派遇害。李退溪岳父权硕的父亲权柱在这次士祸中被处死,
权硕受株连流放巨济岛,退溪亦受株连,而被剥夺了授予春秋馆记事官的职
位)。"己卯士祸"(1519 年,新进士林派领袖赵光祖等"己卯名贤"七十多
人或赐死,或杖流),"乙巳士祸"(1545 年,名儒李彦迪等四十多人遇害)②。
这四次"士祸"受害者都是新进士林派有影响的代表人物,为首者是积极参
与政治的名儒。李退溪在逝世的前一年(1569 年)三月平明诣阙中说:

> 士林之祸,起于中叶,废朝戊午、甲子之事,不须言矣。中宗明圣而
> 不幸己卯祸起,一时贤人君子皆被大罪。自是邪正相杂,或奸人得时报

---

① 潘志(兴嗣):《濂溪先生墓志铭》,见《周子全书》卷二十。关于《太极图·易说》,是
否是《太极图说》外另有《易说》,详考参见张立文:《宋明理学研究》第二章"濂学——周敦颐
思想研究",第 104—105 页。

② 四次士祸,受害者达一百八十余人,参见柳洪烈:《韩国社会思想史论考》,一潮阁
1980 年版。

复私怨之时,必指为己卯余习。士林之祸连续而起,自古未有如此之时也。明宗幼冲,权奸得志,一人败又一人出,相继用事。士林之祸有不忍言者,近有伸雪之事,自上亦必知之。而臣犹陈既往之事者,欲为将来之大戒也。①

这是李退溪告老还乡时对宣祖的恳切陈词。他把"士祸"再次发生的忧虑和盘托出,有鉴于"士祸"的严重后果,"士林之祸一起,则非但伤残士林,国脉亦从而断丧"②。视士林为国脉,断丧国脉,国将何继?冤狱迭兴,士林齑粉。宣祖表示:"启告之言,当日日勉戒焉。"然而,李退溪的弟子李栗谷仍然担心士祸的重演:

自古士类多败少成。虽使持论粹然一出于正,尚被小人加以朋党之名,诛窜相继。况今士类处事失中,谗间易乘,安知后日之祸不兆于今日之举乎?若有小人窥伺机会,巧生网打之计,则臣恐激而分者,变为败而尽,而国随而亡也。乙巳大小尹之分党,初不与于士林,而尚彼小人之嫁祸。况今士林相激,而宁免士林之祸乎!③

在那谈政变色、人人自危的情况下,视仕途为畏途,今日堂上为官,来日阶下之囚。李退溪叔父李堣一时被封为"奋义靖国功臣",一时又被劾为"靖国之日,承旨等无功而有过",被追夺勋资④。政治的反复,令人心寒。特别是李退溪胞兄李瀣,进士及第,官至大司宪,因不善"趋时附势",仁庙初政,李芑为右相,两司击去之。当时李瀣为宪长,于是有隙,便诬李瀣"私漏还逆人土田臧获","至有庇护逆贼,与逆贼无异","犹恐其罪不至重,又诬公与具寿聃相朋比"⑤等罪名,与李致同鞠甚惨,死于被流放途中。叔父、岳父、胞兄的连遭横祸,使李退溪看透了官场的险恶、政治的残酷,而有"退归之志"。在这种士祸频仍的形势下,隐遁山林,便成为士风。

尽管李退溪淡泊名利,但他有强烈的爱国思想。在不能超越君主体制的条件下,只能以王道政治为理想,以内圣外王、求贤图治为目标。李退溪

---

① 权斗经编:《退陶先生言行通录》卷四,《增补退溪全书》(四),第77页。
② 权斗经编:《退陶先生言行通录》卷四,《增补退溪全书》(四),第78页。
③ 李珥:《辞大司谏兼陈洗涤东西疏》,《栗谷全书》(一),第134页。
④ 李滉:《叔父户曹参判府君墓碣识》,《增补退溪全书》(二),第412—413页。
⑤ 《嘉善大夫礼曹参判兼同知春秋馆事五卫都总府副总管李公墓志铭(并序)》,《增补退溪全书》(二),第445页。

受儒学思想教育,笃守朱子学,不能超越儒家的人治,而把经邦治国寄望于圣君贤相。这两个不能超越,构成了李退溪政治思想的基本前提。

退溪的政治思想比较集中地反映在《戊辰六条疏》中。

其一,重继统以全仁孝。李退溪根据父传于子,子承于父的正统,以便一统天下,以与天人响合。他主张"天无二日,民无二王,家无二尊,丧不二斩"①,要求绝对的一,反对有二,认为二便会发生动乱。从社会进化的角度来看,人类社会从原始部落的酋长由部落成员推举,到父传子、子承父君主专制,经历了漫长的岁月,这是从原始公众民主制向君主一人独裁制的转变。这种转变,不仅是社会进化合理性的需要,而且是政治体制变革的要求。它是一种由民选到独裁,由分殊到一统的进程。人类社会发展到近代,民主代替独裁,分殊代替一统,这种代替,又是社会发展的大势。在东方16世纪(退溪所处的时代),所谓"天无二臣,民无二王,家无二尊"的君主专制,还是有现实的合理性的。因此,李退溪在护卫君主专制的时候,提倡全仁孝,不仅合乎现实的合理性,而且试图完善这种合理性。如果君主做到仁孝,就能行仁爱之治。这是因为"孝为百行之原,一行有亏,则孝不得为纯孝矣;仁为万善之长,一善不备,则仁不得为全仁矣"②。

其二,杜谗间以亲两宫。在君主专制制度下,最高权力斗争,往往发生在皇室内部或统治集团内部,而非发生在君民之间。以至士林的参与,往往被利用为这种权力斗争的牺牲品。李退溪认为,两宫之间,父慈子孝,本出于父子天性。然而"至亲化为豺狼而莫之恤",平常人家亦有发生,但"帝王之家此患尤多"。究其原因,是由于"情势易阻而谗间益众"的缘故。这种"易阻"和"益众",是由昵侍两宫左右的"便嬖给事者"造成的。只要借鉴于《周易·家人》之义、效法《小学》明伦之训,"严于自治而谨于正家,笃于事亲而尽于子职"③,那么,便嬖之人就不能骋其术而售其奸,便能道隆继继,仁至义尽。

其三,敦圣学以立治本。李退溪认为帝王之学,心法之要,便是《尚书·大禹谟》所载"人心惟危,道心惟微,惟精惟一,允执厥中"的十六字心传。这便是学问成德为治之大本,和精一执中为学之大法。"以大法而立

---

① 李滉:《戊辰六条疏》,《增补退溪全书》(一),第182页。
② 李滉:《戊辰六条疏》,《增补退溪全书》(一),第183页。
③ 李滉:《戊辰六条疏》,《增补退溪全书》(一),第183—184页。

大本,则天下之政治皆自此而出。"以十六字心传为政治的大本和大法,换言之,就是一切政治的根本和理论基础。每一个社会自觉不自觉地都有一种指导思想作理论基础,作为衡量君、臣、民言行的是非标准,制定国家政治法律制度的准绳,社会道德行为的规范和伦理等级的典章。当政的帝王尽管自己往往违背奉为大本大法的指导思想,而不受指导思想的约缚和伦理道德规范的制约,但他要求臣民要不折不扣地实行。李退溪认为,帝王和"恒人"在这一点上应该相同,譬如"敬以为本,而穷理以致知,反躬以践实"等。特别是致知、力行,必须按《大学》旨意而行。格致诚正,学问思辨是致知之目,四者以慎思为尤重;诚意、正心、修身、齐家为力行之目,四者以心意为最关心。假如帝王自己意不诚,心不正,身不修,家不齐,如何治国、平天下!

其四,明道术以正人心。所谓道术,便是唐虞三代王道之治。高丽末,程朱之书传入,道学明于李朝,圣圣相承,其规模典章,大抵都是这道的发用。这样,道术的含义大致与道学的内涵相近。道术得明,人心得正。道术出于天命,而行于彝伦,人心正而治化易洽。明道术正人心,首先应从帝王做起。李退溪引荀子的话说:君好比盛汤浆的器皿,汤浆因器而成形,汤器方则水亦方;日晷如君主,日晷正则日影亦正。假如盂不正,表不正,水和影如何正?只有君主心术得正,才能正朝廷;朝廷正,才能正万民。没有上不正而下正,君主心术不正而能正朝廷及万民者。更无上纵肆而要求下正,而能得正的。这个道理,古今同然,切不能置若罔闻。在君主专制下,君主应使自身心术得正。

其五,推腹心以通耳目。在君临天下,万民臣服的君主专制体制下,君主的独裁专行具有现实的合法性。但李退溪强调君臣一体,使君主的独裁专行有所制约。他说:"臣闻一国之体,犹一人之身也。人之一身,元首居上而统临,腹心承中而干任,耳目旁达而卫喻。然后身得安焉。"以人身各部分器官的作用而构成一体,说明君臣相辅相成的关系。"人主者,一国之元首也,而大臣其腹心也,台谏其耳目也。三者相待而相成,实有国不易之常势,而天下古今之所共知也。"①有君而无臣,犹有首而无腹心耳目;有臣而无君,犹有身而无首,都不能成为人。倘若君主无视臣的存在和作用,独

---

① 李滉:《戊辰六条疏》,《增补退溪全书》(一),第189页。

断专行，"不信任大臣，不听用台谏者，譬如人自决其腹心，自涂其耳目，固无元首独成人之理"①。违背了古今所共知的"常势"，君主也就不成其为人。

究竟建立什么样的君臣一体的关系呢？君主要什么样的大臣为腹心，大臣要以什么样的君主为元首，相互选择，臣可不侍不贤明之主，而隐遁山林，君可拔匡济之臣而斥阿谀者。如果君主"不求其能匡济辅弼之贤，而惟求其阿谀顺旨者，以谋遂其私，是其所得者非奸邪辞政之人，则必凶贼擅权之夫。君以此人为济欲之腹心，臣以此君为济欲之元首，上下相蒙，缔结牢固，人莫能间，而一有鲠直之士，触犯其锋，则必加之窜谪诛戮，为齑为粉而后已焉。由是忠贤尽逐，国内空虚。"君侧为阿谀顺旨者所包围，耳闻歌功颂德之言，目睹莺歌燕舞之象，相互利用，以满足私欲，置天下国家于不顾。这样的腹心非国家君主的腹心，耳目非国家君主之耳目。进而任"凭耳目而鼓势煽焰，以党助权臣之恶，由腹心而积戾稔祸，以蓄成暗主之慝，侈然自以为各得所欲，而不知元首之鸩毒发于腹心，腹心之蛇蝎起于耳目也。此古今一辙，前者既覆，后不知戒，相寻而未已，诚可痛也。"君臣一体之所以变质，归根结底，责任在君主，"万事之堕，责在元首"。若将责任推给下面，一旦祸乱形成，下罪己诏也来不及了。

其六，诚修省以承天爱。李退溪引董仲舒告汉武帝的话："国家将有失道之败，天乃先出灾害以谴告之。不知自省，又出怪异以警惧之。尚不知变，而伤败乃至。以此见天心之仁爱，人君而欲止其乱也。"②今人往往不理解董仲舒这段话的旨意，而批判其为"天人感应"神学目的论。董仲舒的苦心在于说明，在君主专制独裁的体制下，如何监督君主的权力行为，如何制约君主的独断专行。董仲舒请出了现实天子的父亲——有意志、有人格的天。天具有二重性格：既是仁爱的化身，又是威严、权威的体现。这二重性格不仅体现在君权天授中，亦体现在天灾的谴告中。假如君主失道，违背了人心。天便分阶段、分层次、分程度地先以灾害谴告，次以怪异警惧，最后伤败之。如果君主得到了天的谴告，作为天的儿子的君主，应该立即向天认罪，改正自己的过错，顺应民心，以得到天的宽恕。若君主陷溺于过错而不自省,天便降怪异警惧,君主就应该猛醒而罪己,向天和人民认错,以取得天的信任从而使天不取消授命。倘再不知变更自己,天便弃昏君而伤败之。在这个一而再,再而三的告诫中,体现了天的仁爱之心,这个仁爱之心,不是仅对君主的,而是给予全体人民的。李退溪便是从这个层面和角度上理解董仲舒苦衷和义蕴的。君主居万人之上,人民不能也不可能监督、制约君主。要保证君主的仁爱之治,就要凭借天的权威和功能。天虽"高在上而日监于兹,不容有毫发之可欺",君主"在平日必有以秉心饬躬克敬克诚,以昭受上帝者,无不尽其道","遇灾谴必有以省愆修政,克慎克实,以感格天意者,益能尽其心"①。只有这样,君主才不会背人心,天便能降祥瑞。这就是说,天心、君心、民心三者是一致的,天、天子、臣民三者亦是一致的。在这里,民心抽象化为天心,臣民幻象化为天。臣民把自己不能实现的愿望,不能达到的能力转化为天或天心,而转过来对君主监督和制约。假如说君主不相信天,天对他的行为无所约束,那么他的肆无忌惮、放纵残暴便往往超过接受天的监督的君主。这可以看出李退溪的用心是很良苦的。

李退溪的六条疏从各个方面提出了如何治理好国家的政治主张,在提出这些主张时都从正反两方面进行了透彻的论证,既砭时弊,又有改革措施,真诚昭然。

(四)四端七情之辨

李退溪在《圣学十图》中所建构的世界图式,虽然天道是"标准本原",但其核心是人道。人道的中心课题是关于人的本质,人的价值,人与自然、人与社会、人与人的关系等问题。

李退溪把人看作是自然、社会的主体,由于"理妙气凝"而成"人形"。因此,理气的妙凝作用,便与心性相联系。朱子所谓"心",是一个主体性的范畴。从性质上说,既是认识器官的实存之心,又是"存心养性"的精神之心;从功能而言,既能"心统性情",又能"心兼体用"。前者朱子又分为"一

---

① 李滉:《戊辰六条疏》,《增补退溪全书》(一),第190—191页。

块血肉之心"与"潜天潜地之心",以及道心与人心之别,后者则有"未发已发"和"心体情用"之异。"血肉之心"是神明升降之舍,相当于现在所说的器官、感官;潜天潜地是指能知觉、能思虑、有意识、有思维①。作为意念的心,它无处不入,无所不在,既无时间的限制,又无空间的界限。虽作为一块血肉的心不能超越个体人身,但作为潜天潜地、至虚至灵的心是能够超越个体人身的。退溪发挥朱子学说,既把心作为一块血肉,即实存器官,又以心非一块血肉,而为思维器官。既是知觉感官,又具有认识的功能,与朱子同,亦与朱子有异。譬如朱子主张"心兼体用",退溪则明确主张:"体用之名,虽未见于先秦之书,而程、朱以来诸儒,所以论道论心,莫不以此为主,讲论辨析,惟恐不明,而陈北溪心说,尤极言之。何尝有人说'心无体用'耶?"②他认为,以寂感为体用,本于《周易》;以动静为体用,本于《戴记》(《礼记》);以未发已发为体用,本于子思;以性情为体用,本于孟子。寂感、动静、未发已发、性情,都是心的体用在不同场所、方面、层次的体现,它一以贯之。正是在这个意义上,他说:"心静而太极之体具,心动而太极之用行,故云心为太极。"③心为太极,就是心的体用、寂感、动静、性情、未发已发的统一,即体用一源,显微无间,与朱子同。然朱子以心之体为性,心之用为情;"未发之前是心之体,已发之际乃心之用"④;心之体为太极,心之用为阴阳;注重体用的形而上下之别,则与李退溪有异。此异体现了朱子学在明代的发展,而在退溪心性论中得到了反映。

李退溪在探讨性情关系时,在《天命新图》中主张"四端理之发,七情气之发"⑤,严守性体情用之别。后来,退溪沉潜反复,在 68 岁时,奉上《圣学十图》。在《第六心统性情图》中认为:"四端,理发而气随之;七情,气发而

---

① "问先生尝言,心不是这一块,某窃谓满体皆心也,此特其枢纽耳。曰:不然。此非心也,乃心之神明升降之舍。人有病心者,乃其舍不宁也。凡五脏皆然,心岂无运用。"(《朱子语类》卷五)又说:"此心至灵,细入毫芒纤芥之间,便知便觉,六合之大,莫不在此。又如古初去今,是几千万年,若此念才发,便也到那里。下面方来,又不知是几千万年,若此念才发,便也到那里。这个神明不测,至虚至灵。"(《朱子语类》卷十八)
② 李滉:《心无体用辩》,《增补退溪全书》(二),第 328—329 页。
③ 李滉:《答禹景善问目(启蒙)》,《增补退溪全书》(二),第 141 页。
④ 黎靖德编:《朱子语类》卷五。
⑤ 李滉:《天命图说后叙》,《增补退溪全书》(二),第 326 页。《年谱》记载:嘉靖三十二年(1553 年),李退溪 53 岁,改订郑之云《天命图》。

理乘之。"①这较之前者更能体现心之体用一源、相须互发的关系。从《天命新图》到《心统性情图》的转变，是通过与奇明彦辩论"四端七情"完善起来的。

人类社会以人为主体，人依天地而生。"人为天地之秀子而为阳，故头必如天，足必如地，而平正直立；物为天地之偏塞子而为阴，故形不类人而或横或逆。"②因此，在性的问题上，有"人性"与"物性"的差别。退溪说："凡物之受此理气者，其性则无间，而其气则不能无偏正之殊矣。是故人物之生也，其得阴阳之正气者为人，得阴阳之偏气者为物。人既得阴阳之正气，则其气质之通且明可知也。物既得阴阳之偏气，则其气质之塞且暗可知也。然就人物而观之，则人为正，物为偏。就禽兽草木而观之，则禽兽为偏中之正，草木为偏中之偏。……其性之所以或通或塞者，乃因气有正偏之殊也；其形之所以或白或黑者，乃示气有明暗之异也。"③人与物皆有性，从性这个角度来说，人性与物性无间而相通同。从气的角度来说，人与物有很大的差别，人得阴阳之正气，物得阴阳之偏气，正偏之分便是通与塞、明与暗之异。正气之中，又有清浊粹驳之别，禀得清且粹之气者为"上智"之人，"自与天合"；禀得清而驳、浊而粹者为"中人"，"与天有合有违"；禀得其浊且驳者为下愚，"远与天违"④。天人合一，合之中有异，异之中有合。有异有违便需要改变气质，使之与天相合而不违。

明此人性、物性之别和"上智、中人、下愚三等之殊"，便可进而论"四端七情"之关系。朱子在《孟子集注》中解释："恻隐、羞恶、辞让、是非，情也。仁、义、礼、智，性也。"⑤四德是性，四端是情。《中庸章句》又说："喜怒哀

---

① 李滉：《进圣学十图札并图》，《增补退溪全书》（一），第 204 页。

② 李滉：《天命图说·夹注》，《陶山全书》（三），第 602 页。

③ 李滉：《天命图说》，《增补退溪全书》（三），第 142 页。

④ 问："人物通塞之分，由气有正偏之殊者，既得闻命矣。吾人也，皆得气之正者也。然亦有上智、中人、下愚三等之殊，何耶？"曰："人之气正则正矣。而其气也，有阴有阳，则其气质之禀，亦岂无清浊粹驳之可言乎？是以人之生也，禀气于天，而天之气有清有浊；禀质于地，而地之质有粹有驳。故禀得其清且粹者为上智，而上智之于天理，知之既明，行之又尽，自与天合焉。禀得其清而驳、浊而粹者为中人，而中人之于天理，一则知有余而行不足，一则知不足而行有余，始与天有合有违焉。禀得其浊且驳者为下愚，而下愚之于天理，知之既暗，行之又邪，远与天违焉。此人之禀，大概有三等者也。"（李滉：《天命图说》，《增补退溪全书》（三），第144 页）

⑤ 朱熹：《公孙丑上》，《孟子集注》卷三。

乐,情也。其未发,则性也。"情即七情,未发为性。性与情的关系是确定的,即"因其情之发,而性之本然可得而见,犹有物在中而绪见于外也"①,与《中庸章句》未发已发说相似。这种"情根于性,性发为情"②的关系,就是以性为情的内在根据,而情是性的外在表现。然而,究竟情是"四端",抑或是"七情",朱子《孟子集注》与《中庸章句》稍异。若情为"四端"这样的道德情感,就有善无恶;若情为"七情"这样的情感活动,便有善有恶。

李退溪与奇明彦的"四端七情"之辩,便由此而发。奇明彦以七情指人的一切情感活动,它包括作为道德情感的四端。因而,四端和七情同源(性理),都发于仁义礼智之性。退溪认为,"情之发或主于气,或主于理。气之发,七情是也;理之发,四端是也。安有二致而然耶?"③四端七情所发有异,要么发于理,要么发于气或理气兼发。道德情感和情感活动既有其异,亦有其同。

从四端七情之所从来讲,两者是同中有异,异中有同。李退溪主张,人物之生,理气合成,"天下无无理之气,无无气之理"④。基于这个前提,便是"四端,理发而气随之;七情,气发而理乘之。理而无气之随,则做出来不成;气而无理之乘,则陷利欲而为禽兽。此不易之定理"⑤。理气相互渗透,四端七情相互随乘,但不是绝对同一。

就认识同异的方法而言,"就同中而知其有异,就异中而见其有同。……昔者孔子有继善成性之论,周子有无极太极之说,此皆就理气相循之中,剔拨而独言理也。孔子言相近相远之性,孟子言耳目口鼻之性,此皆就理气相成之中,偏指而独言气也。斯四者岂非就同中而知其有异乎?"⑥理气相循相成,便成四端七情,但由于侧重点和角度的不同,有独言理,如《系辞》"一阴一阳之谓道,继之者善也,成之者性也"和"无极而太极"的说法等;有独言气,如孔子的"性相近,习相远"和孟子的耳、目、口、鼻之性等,这便是同中知异,从四端之同中而知异。

---

① 朱熹:《公孙丑上》,《孟子集注》卷三。
② 朱熹:《答张敬夫》,《朱文公文集》卷三十二。
③ 李滉:《答李宏仲问目》,《增补退溪全书》(二),第226页。
④ 李滉:《答李宏仲问目》,《增补退溪全书》(二),第226页。
⑤ 李滉:《答李宏仲问目》,《增补退溪全书》(二),第226页。
⑥ 李滉:《答奇明彦(论四端七情第一书)》,《增补退溪全书》(一),第406—407页。

所谓异中之同,退溪说:"子思之论中和,言喜怒哀乐而不及于四端。程子之《论好学》,言喜怒哀惧爱恶欲,而亦不言四端。是则就理气相须之中,而浑沦言之也。斯二者岂非就异中而见其有同乎!"①子思论中和及程颐《颜子所好何学论》,虽讲七情而不言四端,但就"理气"相须浑沦合一而言,那是异中见同。

四端与七情既同又异。"滉意以谓,就异中而见其有同,故二者固多浑沦言之;就同中而知其有异,则二者所就而言,本自有主理主气之不同分属,何不可之有斯理也。"②同异范畴,既说明理与气同中有异,异中有同,即同即异,非同非异;由理气之所从来的"四端七情",亦同中有异,异中有同,即同即异,非同非异。这种同异的比较研究,不仅为把握"四端七情"的特性提供了思维方法,而且为深入认识"四端七情"的本旨提供逻辑路径。

再从四端七情之所形成说,两者相须互发。退溪说:"盖人之一身,理与气合而生,故二者互有发用,而其发又相须也。互发则各有所主可知,相须则互在其中可知。"③相须互发,各有所主,而又互在其中,即既相分而又互渗,便推至"四端七情"的互发相须。"大抵有理发而气随之者,则可主理而言耳,非谓理外于气,四端是也;有气发而理乘之者,则可主气而言耳,非谓气外于理,七情是也。"④四端七情的根源和构成方式有别。从性理发出而气随顺之的是四端,从形气发出而理乘驭其上的是七情。在发出上有主次之异,但没有理外之气和气外之理的截然之分,两者相互包含。

李退溪把性情区分为受外界环境影响而产生的生理心理情感(七情)和受社会关系、文化氛围影响的伦理道德情感(四端)。总四端七情的关系,便是"分而为二,而不害其未尝离;合而为一,而实归于不相杂,乃为周悉而无偏也"⑤。一分二,同而异;二合一,异而同;分二而不离,合一而不杂,不离不杂,即离即杂。这是辩证周悉无偏的思维。如果说朱子已具一分二,二合一,或一而二,二而一的辩证思想,但于同中知异,异中知同则论述较少的话,那么,李退溪的同与异的比较思维方法,便是对朱子思想的发展。

---

① 李滉:《答奇明彦(论四端七情第一书)》,《增补退溪全书》(一),第407页。
② 李滉:《答奇明彦(论四端七情第二书)》,《增补退溪全书》(一),第416页。
③ 李滉:《答奇明彦(论四端七情第二书)》,《增补退溪全书》(一),第416页。
④ 李滉:《答奇明彦(论四端七情第二书)》,《增补退溪全书》(一),第419页。
⑤ 李滉:《答奇明彦(论四端七情第一书)》,《增补退溪全书》(一),第406页。

（五）性世界和情世界

心性属主体方面,理气属客体方面。前者为人道,后者为天道。由人道到天道,从主体到客体,中间通过知行范畴把心性(人道)与理气(天道)联结起来,构成天人合一的逻辑结构。在这里,并非心性主宰理气,而是理气为性情的根据。李退溪承朱子,而把世界事物分为两个层次:一是形而上的理世界(性世界);一是形而下的气世界(情世界)。就理世界而言,有太极、道、性、心等同一层次的不同序列;就气世界而言,有阴阳、器、情、物等不同序列。退溪说:"凡有貌象形气而盈于六合之内者,皆器也。而其所具之理,即道也。道不离器,以其无形影可指,故谓之形而上也;器不离道,以其有形象可言,故谓之形而下也。太极在阴阳中,而不离乎阴阳,故云上耳,非谓在其上也。阳阴不外于太极,而依旧是形气,故云下耳,非谓在其下也。然就造化而看,太极为形而上,阴阳为形而下。"①形而上下之义,非谓在时空意义上的上下先后,而是就逻辑意义上说的。道、理、太极无形体、无声臭,器、阴阳、气有形象,因而称其为形而上下。太极在阴阳中,阴阳不外于太极,所以分上下。然而,这两个不同的世界和序列,并非截然分二,而是相分不离;亦非合一不分,而是相合不杂。因此,他批评罗钦顺以"理气为一物"的主张,是"大源头处错认了"。

李退溪对理的规定,是通过太极、道以及理与气、太极与阴阳、道与器的关系来表述的。他说:"理,太极也。太极中本无物事,初岂有四德之可名乎?但以流行后观之,则必有其始,有始则必有其通,有通则必有其遂,有遂则必有其成。……是以合而言之,则一理而已;分而言之,则有此四个理。故天以一理命万物,而万物之各有一理者此也。"②所谓四德,是指始、通、遂、成。太极便是理,但不能无流行,有流行必蕴含四德。合而一理,分为四理。太极亦可称"众理之总会",或谓"太极之理"③。

---

① 李滉:《答李宏仲(甲子)》,《增补退溪全书》(二),第 217 页。
② 李滉:《天命图说·夹注》,《增补退溪全书》(三),第 141 页。
③ 李滉:《金道盛太极图说讲录》,《陶山全书》(四),第 393 页。

道与器为对待范畴,犹如理与气之对待。"道器之分,即理气之分,故引以为证。"①理与道相当,气与器对应。

理、太极、道均属于天道范畴,因而天亦是理。"天即理也,而其德有四,曰元亨利贞是也(四者之实曰诚)。盖元者,始之理;亨者,通之理;利者,遂之理;贞者,成之理。而其所以循环不息者,莫非真实无妄之妙,乃所谓诚也。"②元、亨、利、贞具四理,即为天之四德,亦为理之四德,理、太极、道虽属同一层次,性质与地位在李退溪思想逻辑结构中基本相当,但在论述过程中亦有细微区别。

理是退溪思想的重要范畴,它具有多层次的含义。第一,理具有世界万物本原的特性,即为自然和社会的"原头本然处"③;第二,理是形而上的超时空的抽象概念,无形影可指;第三,理是社会道德伦理的最高准则;第四,理具有事物之间相对稳定的联系。就此四点规定而言,与朱熹有相似之处,然亦有其异。其重要之别在于:朱子认为,"盖气则能凝结造作,理却无情意、无计度、无造作。只此气凝聚处,理便在其中。"④在这里,理虽避免了有意志、能造作和赏善罚恶的人格神的特点,但又要保持理为世界万物之所以然的地位。既"无造作",又为万物化生者,这便是一个冲突。李退溪试图解决这个冲突:"是知无情意、造作者,此理本然之体也。其随寓发见,而无不到者,此理至神之用也。向也但有见于本体之无为,而不知妙用之能显行。殆若认理为死物,其去道不亦远甚矣乎?"⑤如果以理为无情意、无计度、无造作,便把理看作死物,这是与道不合的。他以体用这个虚性范畴⑥来说明理的本然与理的至神之间的关系。从本然之体来看,理无情意、无造作;从至神之用来看,理随处发见,无所不到。正由于理具有体与用的两重性格,便解决了理为死物的误解。

理既非死物,便是活物;既为活物,便是能动静的。朱子关于理气动静,有两种说法:一是太极犹人,动静犹马。理自身不动,骑在气上而有动静。

---

① 李滉:《非理气为一物辩证·夹注》,《增补退溪全书》(二),第331页。

② 李滉:《天命图说》,《增补退溪全书》(三),第140页。

③ 李滉:《答奇明彦(论四端七情第一书)》,《增补退溪全书》(一),第406页。

④ 黎靖德编:《朱子语类》卷一。

⑤ 李滉:《答奇明彦·别纸》,《增补退溪全书》(一),第465页。

⑥ 参见张立文:《中国哲学逻辑结构论——中国文化哲学发微》,第331—363页。

一是理有动静,故气有动静。后来学者往往从前一个意义上理解朱子的理气动静思想,而不关注和理解后一个意义上的所谓太极包含动静之理,气的动静以理的动静为根据。理便失去了对于气的动静的所当然之所以然的制约作用,而成为被动依附于气的乘载者。李退溪发展了朱子理气动静的思想,明确提出理有动静。当李公浩(名养中)问:"太极动而生阳,静而生阴。朱子曰:理无情意、无造作。既无情意、造作,则恐不能生阴阳。"他回答说:"朱子尝曰:理有动静,故气有动静。若理无动静,气何自而有动静乎?知此则无此疑矣。盖无情意云云,本然之体,能发能生,至妙之用也。"①若以气有动静,理无动静,则气之动静自何而来?作为本然之体的理,能发能生至妙之用。朱子的理假气而造作万物、"理搭于气而行"的观点,带来了太极、动静的体用关系,便犹如理之流行的体用关系一样自相矛盾。朱子曾修正说:"熹向以太极为体,动静为用,其言固有病。后已改之曰:太极者本然之妙也,动静者所乘之机也。"②然亦未解决既无情意,又为万物主宰之间的矛盾。而李退溪把体用和"本然之妙"与"所乘之机"结合起来,并改为"本然之体"与"至神之用"的关系,便较朱子完善一些。但这并不是说体用并列、理气无别,而是动静与所以动静的关系。"动静者,气也;所以动静者,理也。圣人纯于理,故静以御动。"③理气之分,为动静与所以动静之异。

理的动静,其动因何在?退溪弟子曾提问:朱子所谓"太极之有动静是天命之流行",太极背后是否有一个主宰者使太极动静?退溪回答说:"太极之有动静,太极自动静也。天命之流行,天命自流行也。岂复有使之者欤!"④太极之动静,天命之流行,都是其自身固有的属性,并非外在主宰者的使然。

李退溪对理和太极自身能动性的规定,是对明前期朱子学发展成果的吸收。曹端曾说:"及观《语类》,却谓太极不会自动静,乘阴阳之动静而动静耳,遂谓理之乘气,犹人之乘马。……若然,则人为死人而不足为万物之灵,理为死理而不足以为万化之原。"⑤后来薛瑄在《读书录》中说:"太极岂

---

① 李滉:《答李浩公·问目(庚午)》,《增补退溪全书》(二),第229页。
② 朱熹:《答杨子直》,《朱文公文集》卷四十五。
③ 李滉:《静斋记》,《增补退溪全书》(二),第358页。
④ 李滉:《答李达李天机》,《增补退溪全书》(一),第353—354页。
⑤ 曹端:《辩戾》,《太极图说述解》。

无动静乎？朱子曰：'太极本然之妙也，动静所乘之机也。'是则动静虽属阴阳，而所以能动静者，实太极为之也。使太极无动静，则为枯寂无用之物，又焉能为造化之枢纽，品汇之根柢乎！以是观之，则太极能动静也明矣。"曹、薛两人之旨意，并不单纯关注理是否自会动静，而是通过凸显理、太极所以能动静的特性，揭示理对气的动静的制约作用，明确理、太极作为造化万物的枢纽和根柢的地位。李退溪在总结曹、薛思想时，克服了薛瑄理如日光、气如飞鸟之喻具有的在某些方面回到朱子人马之喻的倾向。他把理的动静与气的动静相联结，且把理的动和气之生相联系。他说："盖理动则气随而生，气动则理随而显。濂溪云'太极动而生阳'，是言理动而气生也。《易》言'复其见天地之心'，是言气动而理显，故可见也。二者皆属造化，而非二致。"①明示理动是气生的根据和根源。

在退溪思想逻辑结构中，气一般是指阴阳二气。如果理是无声无臭、无形影的话，那么，气是有形迹可知的，它是构成人物的材料。如人物所禀之形，都来自天地之气。作为自然气化成物来说，气亦称为五行。"气者，五行是也。"②作为伦理道德来说，"其气也有阴有阳，则其气质之间，亦岂无清浊粹驳之可言乎？是以人之生也，禀气于天，而天之气有清有浊；禀质于地，而地之质有粹有驳。"③气既是宇宙气化成物的材料，又是伦理道德的气禀或气禀之性。气的这两方面含义，具有贯通天——人关系的性格。

气虽具有独立的品格，但它不能离理而独立存在。理是气的根据和化生者。朱子仅在一处提到："太极生阴阳，理生气也。"④有关理气先后问题，历来论争纷纭，朱子亦说，"本无先后之可言"。李退溪的发展在于明确理生气的问题。他在回答李公浩问时说："理自有用，故自然而生阳生阴也。"⑤在《太极图说》中，太极是能生阴阳的，但朱子以太极为理，理无情

---

① 李滉：《答郑子中·别纸》，《增补退溪全书》（二），第 18 页。
② 李滉：《天命图说》，《增补退溪全书》（三），第 141 页。
③ 李滉：《天命图说》，《增补退溪全书》（三），第 143—144 页。
④ 《太极图说·集说》，《周子全书》卷一。这条不见于黎靖德所编的《朱子语类》，亦不见于《朱文公文集》和《四书集注》。惟见于明人吕柟（1479—1542 年）所编《宋四子抄释》，其中《朱子抄释序》说："予乃取朱子门人杨与立所编《语略》者，遗其重复，取其切近，抄出峡，条释其下，以便初学览阅。"朱子"理生气"初见于《朱子语略》。此书《宋史·艺文志》、《明史·经籍志》皆有著录，《增订四库简目标注》："此书有道光十四年刻本。"可见《朱子语略》一书在宋、明、清均有刻本，今国内不见。
⑤ 李滉：《答李公浩问目》，《增补退溪全书》（二），第 299 页。

意、无造作,则太极不可说生阴阳。退溪面对这个两难局面,他认为,朱子所说的理无情意、无造作是就理的本然之体说的,理自身不造作或产生阴阳之气;但理具有"能发能生,至妙之用",阴阳之气的产生是理的作用和表现。从这个意义上,可以说太极生阴阳,理生气。这样,李退溪从理的本体和妙用(即体用)两个方面,说明了本体的无造作与妙用的能生气之间的关系。

理与气这种关系,亦可谓是不离不杂或对待统一的关系。从不杂的对待而言,理与气"决是二物","理为气之帅,气为理之卒"①。理为主导和统帅,气为非主导和兵卒。气是然、当然,理是所以然,所以然支配然。从不离的统一而言,理气相互依赖。"天地之间,有理有气,才有理便有气朕焉,才有气便有理从焉。"②理气各以相对待方面的存在,为自己存在的条件,无理就无所谓气,无气亦无所谓理,这便是相依不离。同时又相须不分,"理气相须之中而浑沦言之","故以为未有无理之气,亦未有无气之理"③。理气各以相对待方面的存在为依附。理与气的这种对待统一关系,亦即互为体用。"盖理之与气,本相须以为体,相待以为用。"④总之,"理与气本不相杂,而亦不相离。不分而言,则混为一物,而不知其不相杂也;不合而言,则判为二物,而不知其不相离也。"⑤这种不离不杂,即离即杂,构成了李退溪的辩证思维。

退溪之学,本乎朱子。其论学广大,本文未能一一论述,深以为歉。退溪沉潜朱子学,对朱子有深刻的理解和体验。从东亚文化圈而言,中国明中叶朱子学在王学的冲击下,并没有产生出发展朱子学的有生命力的思想家。朱子学却在朝鲜获得了深入发展的活力。退溪学的出现,标志着朱子学还有其生命力,亦表明朝鲜理学趋于成熟。朱子学在东亚文明的发展中产生了巨大的影响和作用,退溪学也在这个影响和作用中,确定了自己的重要地位。

---

① 李滉:《天命图说》,《增补退溪全书》(三),第141页。
② 李滉:《天命图说》,《增补退溪全书》(三),第141页。
③ 李滉:《答奇明彦(论四端七情第一书)》,《增补退溪全书》(一),第406页。
④ 李滉:《答奇明彦(论四端七情第一书)》,《增补退溪全书》(一),第405页。
⑤ 李滉:《言行录·论理气》,《增补退溪全书》(四),第218页。